中央编译局文库编辑委员会

主　任：衣俊卿

委　员：衣俊卿　俞可平　魏海生　王学东　陈和平
　　　　杨金海　柴方国　尹汾海　何增科　季正聚
　　　　郗卫东　张文成　李惠斌　杨雪冬　李京洲
　　　　薛晓源　陈家刚

中央编译出版社文库编辑中心编辑小组

薛晓源　邢艳琦　谭　洁　尹承东　韩继海
韩慧强　岑　红　贾宇琰　李小燕　杜永明
战　歌　苗永姝　李媛媛

姜椿芳文集

第九卷

随笔三 怀念·忆旧

中央编译出版社
Central Compilation & Translation Press

《姜椿芳文集》顾问委员会

衣俊卿 韦建桦 俞可平 王学东 宋书声 顾锦屏

《姜椿芳文集》编辑委员会

主　编：杨金海
副主编：薛晓源　邢艳琦　谭　洁（常务）　姜妮娜
编　委：（以姓氏笔画为序）

　　　　　杜永明　岑　红　张文成　金常政　姜　廷
　　　　　姜抗生　姜其煌　姜林红　姜战生　姜路娜
　　　　　姜解生　姚以恩　郗卫东　贾宇琰　黄鸿森
　　　　　曹荣湘　韩慧强

参加本卷编辑出版工作的有

谭　洁　战　歌　韩继海　尹承东　杜永明　郑菲菲

丛书编务统筹

李小燕

姜椿芳儿时照片

姜椿芳故居，满洲省委扩大会议会址，哈尔滨道里区中国11道街13号（半地下室）

姜椿芳父亲姜岳安,1926年摄于江苏常州

姜椿芳母亲张长生,1959年摄于北京

1950年2月19日，上海外国语大学一期学员开学典礼，陈毅（左一）、姜椿芳（左二）与来宾合影

1951年上海外国语大学部分一期学员合影，后排右三为姜椿芳

1952年1月,上海外国语大学欢送姜椿芳奉调北京市,与部分教师合影,后排左三为姜椿芳

纪念阿隆·阿甫夏洛穆夫诞辰90周年音乐会会后合影,右五为姜椿芳,右六为雅各·阿甫夏洛穆夫

出版说明

姜椿芳同志是中共中央编译局原副局长,中国大百科全书出版社原总编辑,华东人民革命大学附设上海俄文学校(上海外国语大学前身)首任校长,杰出的马克思主义翻译家、出版家和社会活动家。

姜椿芳一生著作等身,创作时间跨度从20世纪30年代到80年代,涉及领域广泛,涉及语种丰富,散见于各类报刊、图书,从未系统整理出版过。今年是姜椿芳诞辰100周年,为比较全面系统地展示姜椿芳的创作和翻译成就,我们对这些著译成果进行了全面、系统地搜集、整理,编辑出版了这套《姜椿芳文集》。

《姜椿芳文集》共约480万字。汇辑姜椿芳已发表、出版的著译及部分未刊手稿,按照收录作品的专题和体裁,分为十卷。除第十卷按内容编排外,其他九卷按作品发表时间编排,原来未发表的作品按写作时间编排。第一卷至第六卷为翻译作品部分,主要收录姜椿芳自20世纪30年代到80年代之间翻译的诗歌和歌词75篇、戏剧28部、中短篇小说37篇、文艺杂论49篇、政论时评45篇。第七卷至第十卷为著述部分,其中第七卷至第九卷主要收录姜椿芳自20世纪30年代到80年代之间创作的政论性杂文121篇,电影和戏剧评论、翻译理论与创作杂谈、书文序言等88篇,怀念、忆旧类随笔79篇;第十卷"百科全书工作",收录姜椿芳对中国大百科全书和辞书的论述、在《中国大百科全书》学科卷工作会议上的讲话辑要、亲笔撰写的百科条目、媒体对他的采访文章以及姜椿芳日志(1978~1987)。我们精选了最有代表性的照片80幅置于各卷卷首。

在文集整理编辑过程中,大致掌握以下几个原则:

一、所收作品,凡多次印行者皆选用相对出版晚近、内容较为完备的底本,或经过作者修订的新本。作品原属繁体字者,一律改为简体字。

二、所收作品,尽量保持原貌,只对个别异体字及标点进行技术性规范处理,对明显的笔误进行更正,各卷之间也不作硬性统一;保存原印本所附有关资料,举凡"译后记"、"附注"等,概不作删除。

三、对于作者的习惯性用字,我们给予最大程度的尊重。但对一些常见词语如"那末"和"那么"、"刺戟"和"刺激"等同义词语,均统一为后者。

四、除《姜椿芳同志生平》、《姜椿芳年表》、《姜椿芳日志》等及正文文章出处外,正文所有数字均统一使用汉字表示。

五、姜椿芳作品跨越20世纪30年代至80年代,个别外文译名(包括人名、地名、作品名、作品中文学形象名)前后出现变化,或者与通用译名不一致。为保存作品原貌,除包括布尔什维克、孟什维克、斯大林、季诺维也夫、契诃夫、果戈理等在内的前后译法不统一的重要译名作了统一处理之外,其他译名均未加改动,在全书书末附录"译名对照表"(包括本文集译名和通用译名),以备读者查阅。

六、原作者和译者所作的批注、译注,整理时全部保留;文中注释,除俄文版原注、作者注、译者注外,凡本书编者所加注释,均标明"编者注"。

七、为方便读者查阅,在每篇文章末尾注明文章原始出处和刊载日期、曾收入作品出处和日期,以及姜椿芳当时所署笔名。

2011年,在中共中央编译局的鼎力支持下,这套书稿成功申报2012年度国家出版基金项目。中共中央编译局对此项目高度重视,在国家出版基金资助的基础上,给予了相应的资金支持,并将这套书纳入"中央编译局文库"出版规划。中央编译出版社为这套书的立项和编辑出版做了大量艰苦细致的工作。

搜集、整理、编辑姜椿芳同志数百万言的著译成果,是一项浩大的工程。姜椿芳同志的子女苦心孤诣,细心整理,倾力配合,付出了艰辛的努力,学术界、出版界的许多同仁都给予了无私的帮助。尽管我们在编辑工作中尽心竭力,但由于编辑时间紧张,编辑学养和经验有限,难免有疏漏错误,敬请读者批评指正。

《姜椿芳文集》编辑委员会
2012年6月30日

目录

革命的诗人 …………………………………………… 1
辛克莱六十寿辰 ……………………………………… 3
乌克兰大诗人谢夫成果 ……………………………… 5
匈牙利作家马德·柴尔卡 …………………………… 7
高尔基的《在人间》 ………………………………… 9
纪念契诃夫三十五周年忌辰 ………………………… 12
忆杨靖宇同志 ………………………………………… 15
纪念高尔基想到一位战友 …………………………… 18
朋友和领袖 …………………………………………… 20
伟大的马克思主义者 ………………………………… 22
纪念斯大林诞生八十周年 …………………………… 26
最寒冷的一天 ………………………………………… 29
《三姊妹》及其他 …………………………………… 31
契诃夫戏剧创作的主题 ……………………………… 38
伟大的作家契诃夫 …………………………………… 42
不断革命的伟大导师 ………………………………… 45
纪念列宁 ……………………………………………… 47
伟大的列宁 …………………………………………… 56
不隐瞒自己的观点 …………………………………… 61

革命诗人和政治诗	63
纪念列宁,学习列宁	65
纪念列宁诞生九十周年	69
杰出的京剧艺术家周信芳	73
忆沈知白先生	81
悼念热爱党的表演艺术家周信芳同志	90
金剑啸与哈尔滨革命文艺活动	95
军事评论家"秦上校"	107
松花江上精诚在	111
《苏联文艺》的始末	114
哈尔滨培育了我	125
战斗作家高尔基	127
"孤岛"时期上海的戏剧运动	129
在茅盾同志的帮助下	139
闹市口飞行集会	144
墨水瓶污染标语牌	146
送传单上门	148
高尔基培育我们革命的一代	150
我的母亲——张长生	156
从《时代》周刊到《时代日报》	162
纪念鲁迅诞生一百周年	166
怀念林淡秋同志	168
创立中国舞剧的最早尝试	171
严冬深情祭淡秋	181
一位终身献给中国音乐事业的作曲家	188
阿甫夏洛穆夫击节赞叹李丽莲陕北采风	193
解放前地下党怎样利用公开报纸阵地	195
一九三三年的中共满洲省委扩大会议	203
姜椿芳同志代表四个举办单位致祝词	207
张仲实的翻译道路	210
战斗无神论者狄德罗	214

抗日战争前后上海文化战线的一些情况 …………………… 218
梅兰芳与中国戏剧 …………………………………………… 229
周信芳和戏剧革新 …………………………………………… 236
满洲省委扩大会议前后的杨靖宇 …………………………… 241
"上外"的节日 ………………………………………………… 245
我和梅兰芳、周信芳的交往 ………………………………… 249
怀念周信芳先生 ……………………………………………… 257
一位热爱中国的外籍音乐家 ………………………………… 258
提倡中国民族音乐 …………………………………………… 260
戏曲改革与现代音乐 ………………………………………… 261
作曲家阿甫夏洛穆夫 ………………………………………… 263
写在作曲家阿隆九十诞辰时 ………………………………… 265
忆念阿隆·阿甫夏洛穆夫 …………………………………… 267
解放战争时期的几项统战工作 ……………………………… 269
回忆几位苏联作家 …………………………………………… 273
沈钧儒先生二三事 …………………………………………… 277
为舞台而生的人 ……………………………………………… 279
满族艺术家、革命战士金剑啸同志 ………………………… 290
民族英雄赵尚志 ……………………………………………… 292
忆张西曼教授 ………………………………………………… 296
忆抗战中的上海文艺工作 …………………………………… 299
八年抗战中的上海 …………………………………………… 301
"孤岛"四年 …………………………………………………… 305
我与时代出版社 ……………………………………………… 307
姚溱与《时代日报》 ………………………………………… 317
三四十年代苏联亚洲影片公司在上海和重庆等地的活动 … 326
姜母十三迁 …………………………………………………… 330
音乐家沈知白 ………………………………………………… 345
回忆宋庆龄副主席 …………………………………………… 358

革命的诗人

——纪念马雅可夫斯基

"死并不困难,生才是困难。"这是马雅可夫斯基批评叶塞林自杀时的绝笔书的诗句。叶塞林临死时,割着动脉写着:"死固然平常,活又有什么新鲜。"

马雅可夫斯基虽然批评叶塞林,结果也走上叶塞林的死的道路。在八年前四月十四日,他竟在一颗柏司勉斯基所谓"虚无的子弹"下,结果了自己。他的死,固然与爱情有关,他说:"爱情的小舟撞碎在奔流的生命上,我是和生命没有纠葛了。"但这并非说明全部。他的死,自有客观的生活使他倔强雄伟的心脏,终于不能继续跳跃下去的境地。

关于这,我不愿多说,读了《苏联诗坛逸话》一书中藏原惟人氏所作的《马雅可夫斯基之死》,就可明白。

马雅可夫斯基,毕生是以诗为工具,服从革命,参加革命的伟大的诗人。他这样早死——虚无的死,我们是无限痛惜与些微的嫌恶。然而他所遗留下来的功绩与奋斗的经过,是极其光荣的。

列宁赞美他,高尔基赞美他,斯大林也赞美他。

马氏攻击官僚主义的讽诗——《沉湎在会议中的人们》,列宁看了微笑地说:"在这诗里,热烈地嘲笑会议,嘲笑专门沉湎在会议中的党员,在诗里,我不知道怎样,但在政治,我保证这完全是正确的批判。"不高兴他的《我们的进行曲》那种做法的列宁,在这里很称赞他的了。

高尔基有一次读了马雅可夫斯基的诗,感动得低头落泪了,泪滴落在自己的背心……在马氏的自传里,有一段说过:"把那件滴过高尔基眼泪的背心,珍贵而荣幸地自己保存起来。我对这记忆,在脑海里,是很深刻而又有兴味的。"

两三年前,斯大林曾说过:"马雅可夫斯基,在过去,在现在,都是我们的优秀,而且是颇有才能的诗人,疏忽了他或对他的作品冷淡——这是罪恶。"

当时,在苏联出现了马雅可夫斯基热,每家书店都卖他的诗集,成群结队的青年们抱着他的诗集。同时还举行着许多研究会,演讲会。

马雅可夫斯基,作为一个"劳动诗人"的资格,他是极力反对人们看不起诗——诗是什么玩意?马氏则勇敢地强调着诗的意义与价值。他说:"渔夫是可做的,拽着网,鱼儿投在网中。但是,诗人更是可敬的,不是捕鱼,而是捕活生生的人。"

马雅可夫斯基为诗,也为革命,他一切政治抒情诗,是他的政治的革命的行动的反映。他是革命诗人,他的诗是富有大众性煽动性的诗。他创造新规律,采用新言语,诗是完全明朗健康、新鲜活跃的。他的诗要在大庭广众之间,以大声来朗诵,他完全是"战斗诗人"。他的诗不仅能够"捕人",而且能够"打人"。我们读了他的有力的诗,好像他后面聚集着跟来了大群的人们,同时,又向前面凶恶卑劣的人们沸腾地冲杀上去。他那一行一字的诗,简直像成排的机关枪,这机关枪的猛击,正如沉重的拳头砸下来。这种又勇敢又自信的诗的格调与节奏,听来以为他简直是个诅咒凶恶的天神。

布哈林在论苏联诗的问题时,也说:"他的诗,是夹着冰雹的暴风雨中的锐利的箭,一齐向敌人射击的箭。他的诗喷着火,蹂躏着一切的磐石。他的诗是鼓励战争的军号。"

总之,他是一位模范诗人,他建筑有光辉灿烂的诗的纪念塔。

他在俄国内战的时候,他在有名的"讽刺的窗",画宣传画,写上诗的标语口号,向市民大众报导战争的状况。他发狂地干,有时不吃饭不睡觉地干,他做了三千幅传单和六千条标语。他为革命斗争,为主义宣传。他这种精神,这种诗与画的宣传方法,在我们正在进行伟大的民族革命解放战争当中,在我们后方市民关心抗战的激烈的情绪中,更是有使我们文化人、诗人、画家,急起直追去学习他的必要。

原载《大晚报》1938 年 5 月 28 日第 3 版

署名:林

辛克莱六十寿辰

今年九月二十日是美国大小说家辛克莱的六十寿辰。各国文学界都向他致贺,开会庆祝他。

在苏联,作家协会等也举行庆祝晚会。苏联作家协会,由主席团小托尔斯泰和法捷耶夫等著名作家十一人联名致电辛克莱,祝他长寿,并称赞他长期站在战斗的岗位上斗争,称他为"笔的战友"。

苏联《文学报》并特为辛克莱出版纪念特辑,登载许多纪念文章。彼得洛夫一篇《辛克莱福特》的文章,把这位战士作家和典型的资本家福特之间的斗争论述极详。

不久,辛克莱写一封信给苏联"国际文学的编辑部",提议和苏联作家共同写一篇大小说:《赤金》。苏联作家巴夫林哥已经接受这个建议。这部小说分前后两部,前部是关于美国的,由辛克莱写,后部是关于苏联西伯利亚的,由巴夫林哥写。巴夫林哥的名著《在东方》(中国有碧泉的《日苏未来大战》和秦瘦欧的《赤色空军之东来》两译本),是写西伯利亚事情的,他很懂西伯利亚的一切。

辛克莱的作品,在苏联销行很广,计出书二百三十四本,共三百万册。辛克莱的作品在中国的也有好几本,如《石灰王》,《煤油大王》,《钱魔》,《生命鉴》等……

辛氏的新著 NO PASARAN,在《译报》上有连载。这是描写西班牙反法西斯斗争的。

辛氏最新的著作《小钢》,是描写美国阶级斗争的方式的。现在美国《工人日报》和几份其他工人报纸上连载着。美国工人运动者把这部小说当做运动的指南。

这部小说在苏联已有人着手翻译成俄文准备出版,以纪念这位为光明而斗争的先进的美国大小说作家辛克莱六十大寿。

原载《大晚报》1938 年 11 月 17 日第 6 版

署名:欧之

乌克兰大诗人谢夫成果

——纪念诗人一百二十五年诞辰纪念

乌克兰大诗人谢夫成果,在中国是不大被人晓得的,甚至于在他的祖国——乌克兰和俄罗斯,也是不被人广泛熟悉的,直到革命之后,在苏维埃的政权之下,他才被公认为伟大的民族诗人。

这是并没有什么奇怪的,一个世袭的农奴,一个反抗农奴制度和独裁制度的革命者,一个被下狱、被逐放的犯人,在沙皇政权之下,自然是被宪兵监视着的,无论是在生前,无论是在死后。

谢夫成果是一八一四年二月二十五日(合新历三月十一日)生于乌克兰基辅省士伟尼哥罗特奥基里洛夫克村一个地主的茅舍里。他父亲是农奴,他也承继父亲的"遗业",在地主家被强迫做农奴。他有绘画与诗作的天才,他被地主当做御用的"才子"和私产炫耀在亲朋的面前。

谢夫成果的才华名闻一时,当地的大艺术家设法给他赎身,艺人们绘画标卖,得款二千五百卢布,在一八三八年为他买得自由。那时他才二十四岁。

他获得自由之后,经朋友们的援助,入艺术学院学诗学画。一八四〇年在彼得堡出版他的第一部诗集《柯布查尔》。他的作品大多是描写农妇的悲惨生活,农奴的被压迫的情况的。

一八四五年,在谢夫成果的诗集里,已预言未来的社会革命,他号召武装暴动反对地主与资产阶级。

一八四七年,他因号召乌克兰人反抗贵族与地主,鼓动革命暴动,被当局拘捕,充军十年。其间他因违反作画写诗的禁令,又被几次下狱。

一八五七年,他被大赦释放,交由警察监视。他回到彼得堡,与当时的革命团体一同活动。

以后他又被拘捕入狱、放逐、从军,糟蹋摧毁了他的铁的身体,不久便生病了。一八六七年二月十日,当他还是四十岁的时候,他便逝世了。他被安葬在彼得堡,后来依他的遗嘱,改葬在乌克兰的兰波尔河畔。

谢夫成果是一个画家诗人,他也是一个小说家。他平生作画一千余幅,现由苏联搜集到的,已有五百余幅,自今年一月三日在哈尔可夫开始公开展览。

今年是谢夫成果诞生一百二十五周年纪念,苏联全国各地都举行盛大纪念活动,立纪念碑,设纪念馆,广泛发行他的作品。

在上海一部分乌克兰侨民也隆重纪念,经阿特洛生果刘克主持,发行纪念册。苏联侨民俱乐部并于三月十八日举行纪念晚会。

当卡尔巴特乌克兰被人掠夺的时候,当大乌克兰建设兴旺而又被侵略者觊觎的时候,纪念这位乌克兰的大诗人——革命的民族诗人,是有他的特殊意义的。

当谢夫成果已经不仅是乌克兰的民族解放与社会革命的光亮,而被尊为整个苏联的光荣诗人的时候,无疑我们也应当把他当做全世界为自由而呼唤的革命诗人之一的。

谨纪念谢夫成果的诞辰一百二十五周年!

原载《大晚报》1939 年 3 月 28 日第 6 版

署名:欧之

匈牙利作家马德·柴尔卡

——在西班牙战死二周年

匈牙利作家马德·柴尔卡,化名鲁卡赤将军,参加西班牙解放战争,一九三七年六月十二日,在乌哀斯卡附近的战场上战死,今年的六月十二日,是他的殉难二周年纪念。

关于这位作家,我们是不大熟悉的,但是他的战斗的一生,是值得我们崇仰的。

柴尔卡在一九一三年便走到文坛上来,他的作品是短篇小说、中篇小说、剧本。一九一四年发生世界大战,他被征入奥匈军队。一九一六年,他已是一个大尉,他受了十一次伤,他终被帝俄军队俘虏。他被拘禁在西伯利亚。

柴尔卡经过了反军国主义和非战主义,而走到革命的国际主义。他因为在俘虏中做宣传工作,被帝俄当局罚禁役刑的拘留营。直到一九一七年的十月革命,才被新政权释放。

他在东战场、波兰战场、夫拉格列夫战场,为苏维埃而斗争,他在全俄的反革命取缔非常委员会服务,曾获得红旗奖章。

一九二〇年柴尔卡加入俄国共产党(布)。

从一九二五年起,柴尔卡发表了好几篇作品,如:《为沙皇》,《第一、第二、第三》,《永久和平的故事》等。他作品的主要题材是"俄国布尔什维克革命和反革命的欧洲人及西欧的布尔什维克革命"。他的最后一部小说《陀别尔多》,是他在西班牙做西班牙人民军第十二旅旅长的时候发表的。这本书可以证明柴尔卡创作的进步。

在西班牙战场上,鲁卡赤将军是一个出众的战斗组织者、无畏而有才能的领导者。

西班牙《孟多·奥倍洛报》载云:"鲁卡赤是一个伟大的战斗员,是人民军爱戴的领导者,是为我们祖国独立而战的最艰苦斗争的英雄。他来西班牙是为战胜死亡的。他殉难了。但是所有他的战士,整个军队,全体西班牙人民都要给他争取胜利。"

柴尔卡生于一八九六年,享年四十一岁。他生在战斗中,他活在战斗中,他死在战斗中,他一生都是为了解放人类而战斗。正如西班牙报纸所说:"他战死了,但是没有战死的要给他争取胜利。"

原载《大晚报》1939年6月14日第7版

署名:欧之

高尔基的《在人间》
——高尔基逝世三周年纪念

一

高尔基，一八六八年三月二十八日生在痛苦的人间，一九三六年六月十八日死在托洛茨基布哈林派的手中。

苏联为纪念这位"我们这时代的最伟大的作家"，把他的著名三部曲搬上银幕：《童年》，《在人间》，《我的大学》。

高尔基所创造的，所做的，所想的，所实现的，或是在他的发起之下，所进行和成就的，以及一切和他有关系的东西，全世界前进的人类都加以最深切的关注，这是十分自然的事情。

高尔基三部曲的电影化，引起人们最大的注意，当然也是很显然的。这三部曲作品在中国都有译本。高尔基在一切外国作家中，是中国人最亲近的最敬爱的作家，将来能在银幕上看到高尔基的一生，当然更觉亲切。

《童年》和《在人间》已经拍好，《我的大学》在拍摄中。《童年》去年已经运到中国，原定今春在重庆开映，同时由中苏文化协会举行高尔基作品中文译本展览会。映毕寄来上海，预备在六月十八日左右作纪念开映。但是敌人屡次轰炸重庆，影片已经不能开映，所以上海也只有延期开映了。

《童年》是由苏联研究高尔基的专家格鲁士杰夫（作有《高尔基的生活》，中国有林克多的译本及其他等）编剧，童斯基导演，高尔基一角由千万儿童中选出来的阿列克赛·略尔斯基饰演。

《在人间》仍旧是由格鲁士杰夫编剧，童斯基导演，略尔斯基主演。

格鲁士杰夫和童斯基都因制作这部影片,获得苏联最高苏维埃奖给的劳动红旗奖章。略尔斯基获得"劳动出众纪念章"。

二

"喂,阿列克赛,你不是勋章,我的颈项,不是你的地方,你到人间去吧……"

电影三部曲的第一部《童年》这样结束。于是高尔基走到"人间"去了。他在人间的遭遇是怎样呢?《在人间》告诉了我们。

《童年》是一个伟大的艺术的真实,它的力量在于忠实而聪明地表现高尔基生活在那里的环境、风俗和条件。高尔基的童年结束得很早,当他还是十二岁的孩子的时候,他就自觉,他不能,他也不敢做别人家"颈上的勋章",生活的权利要靠"劳动"赚得。于是他走到人间去了。这时期他遇到"许多在自己祖国里的外人",并且和他们友善起来。"好事情","外祖母",以后来的"马尔歌皇后","史木柳厨子",在喀山城建林可夫小店里聚集的大学生,都给予高尔基很好的影响,唤起少年高尔基对于旧生活的罪恶憎恶,唤起他良好的人的感觉。这些人又使他喜爱书本。

后来,在一九一三年,当高尔基着笔写他的童年的时候,他自问,这种野蛮腥腥的俄国生活,是不是值得描写呢?"我重新怀了信仰,回答自己说:值得的;因为这是活的、卑鄙的真实,必须根本知道这真实,以便根本拔除它,从我们整个生活里拔除它"……

影片的发展正就是循着这路线进行:表现人与书对于少年高尔基的影响,表现当时罪恶的社会,使后人嫌恶这社会,表现高尔基怎样和这个社会斗争,长成一个新世界的战士……

略尔斯基本人就是一个天才,所以演起一个天才的儿童,能那样自然。

三

但是,一个儿童(略尔斯基才十四岁)所能演出的,虽然在导演殷殷的指导下,也只能限于他所直接了解的,所以在内心情绪的表现是还嫌不够的,然而在《我的大学》里这缺点已经可以免除了,因为主角不再是儿童演,而是青年演了,同时导演的任务也复杂多了,他必须传达高尔基丰满而多面的性格,他本质的复杂性。

编剧和导演都在进行准备工作,文学界诸闻人都热心地讨论这问题,决定根据高尔基《我的大学》原书,更正确地把握住作者的真意。

当我们纪念高尔基逝世三周年的时候,更使我们翘望能早日见到这三部曲。

原载《大晚报》1939年6月19日第6版

署名:费明

纪念契诃夫三十五周年忌辰

一九〇四年七月十五日（旧历七月二日），俄国大作家契诃夫逝世。算起来，今年的七月十五日已是他的三十五周年的忌辰了。

契诃夫逝世的时候，才四十三岁。他生于一八六〇年，明年该纪念他的八十岁阴寿了。

契诃夫在中国是一个读者很熟悉的外国作家，据阿英的考据，他的小说早在光绪二十九年（一九〇三年）便被介绍到中国来了（吴寿译的《黑衣教士》）。更值得我们一提的，是外国作家的全集，在中国几乎完全没有，但是契诃夫却有赵景深译的全集，好几年前便在中国发行了。此外，他的两个独幕喜剧《求婚》和《蠢货》，更在中国舞台上不断上演。

契诃夫是中国文艺读者和喜剧观众的最亲近的外国老友之一。

契诃夫才二十岁的时候便开始写小说了。起初他是写短小的幽默故事，用"契洪吉"的笔名。他写得很多，据他自己说，这种短篇，靠近一千个，自从他的小说《黄昏》得到学术院奖金之后，他的名声，非但震动全俄，并且已经在欧洲也为人熟知了。虽然那时还有人说契诃夫是没有思想的作家，但是连托尔斯泰都说："这位作家，谁谈到他都觉得愉快。"

被称为俄国文学的巨匠的格里哥里维赤老人甚至于当时就把契诃夫和果戈理并称。并且把一个当时很有"思想"的某作家和契氏比较说："他连吻那契诃夫被虱子咬过的痕迹都不配。"

后来他又写了几篇比较大的小说和几个戏剧，自《海鸥》在艺术剧院上演获得莫大成功之后，他更成为一个出众的戏剧家。他称自己的剧作为"抒情诗的喜剧"。他的剧作内容，没有惊人的事迹，全是"平日"的小事，但都深刻而真实。

契诃夫作品的形式非常美丽,高尔基说他和普希金与屠格涅夫一样,是俄国语言的创造者,俄国语言的美丽,他是洗练者之一。托尔斯泰说,契诃夫是一个艺术家,过去的俄国作家,决不能和他相比。又说,契诃夫是一个印象主义者,他的作品近看是粗枝大叶的并不可观,远看却能给人美丽的印象。他的这种写作方法,对于俄国以及欧美作家有很大影响。

如果拿高尔基和契诃夫比较,两者是有很大的差别的。据苏联小说家、剧作家兼导演家聂米罗维奇-丹钦柯说:一个是悼惜着落日的残阳,幻想从"平日"中挣扎出来,一个也想从沉闷的"今日"中挣扎出来,紧绷着的肌肉呐喊着前进,相信"明天",不以为新世界要在二三百年之后才能实现。前者是沉默在苦闷里的契诃夫,后者是号召人们战斗的高尔基。但是他们两人的友谊是极深的。

对于写作,契诃夫所喜欢的,是平凡生活里的形象,即使写剧本也是这样。他不喜欢特殊的东西,他只喜欢平常的东西。契诃夫是一个纯粹的大俄罗斯人,所以他欢喜深深地钻入热情。他欢喜持重,又所以他是沉默的。他不欢喜自己多说话,他欢喜多听别人的话。

正因为如此,契诃夫所描写的是赤裸裸的"生活"——用平凡的语言描写的平凡的"生活",没有辞藻,看不出他的作品就是"艺术"。但是,也正因为如此,他的作品就是真正的"艺术"——因为艺术就是生活的写照、反映、批判、指示。

八九十年代的俄罗斯,是一个最昏庸、最黑暗、最反动、最动荡的时期,是一个可怕的革命前夜的时期。呼吸着这时期的空气的天才的艺人契诃夫,忠实地反映了这时期的一切。当局的昏庸和横暴,市侩的庸俗和跋扈,知识分子的软弱和动摇,贵族阶级的没落和资产阶级的抬头,这一切都成为契诃夫的写作的题材。他把当代的一切的阴暗面都反映了出来。

但是,也正因为他感觉太敏锐,所以他嫌恶了这社会,他讨厌了这庸俗的人群,他悲感着每况愈下的将来。这在他的初期和中期的作品中都明显地反映出来。

但是,契诃夫并不一直静止在这种似乎毫无出路的绝境里。他渐渐相信,生活是可以改造的,并且这改造是有现实性的。不过,他觉得这改造有些渺茫,似乎在二三百年之后。他的《樱桃园》一方面写出封建地主的没落和资产阶级的兴起,另一方面也写出后一辈青年的对于未来的憧憬。这便是一个例子。

到了他生命的最后几年,他对于未来的信仰,比较坚定,对于未来的瞭望更加清楚了。在《三姊妹》、《万尼亚舅舅》里显示了对于未来的乐观,提出了对于过去的反抗,纠正了轻胜的幻想,指示了苦干克服艰难的精神。

但是,他还只以为,"生活是渐渐改良好的,经过文化",而不是用推翻旧政权的手段。然而,他也并不静止在这一阶段上,最后他进步到反对旧社会罪恶的勇敢的斗争,可以改变生活!

遗憾的是,当他进步到这个革命的阶段的时候,他竟以四十三岁的壮年之身,死在肺病的缠绕里,没有来得及看到一年之后的一九〇五年俄国第一次革命!

原载《大晚报》1939 年 7 月 15 日第 8 版

署名:欧之

忆杨靖宇同志

最初认识杨靖宇同志是在一九三二年春天,在沦陷的哈尔滨。那时我们都唤他叫"老张",他是党的哈尔滨市委书记,我当时担任团市委宣传部的工作。

杨靖宇同志是一个相当老练的地下工作者。有一次我们约好在松花江边碰头。那时刚开江,大大小小的冰块从上游漂浮下来。我们坐在江边上,一面看着冰块,一面谈话。一架日本飞机从江南飞往江北,然后在松花江大铁桥的上空转了一圈,又飞往江北。杨靖宇同志对我说:"日本帝国主义向我们示威来了。"正在这时候,他突然放声大笑起来,接着又很悠闲地捡起一颗石子向江心一个大冰块掷去。我觉得有些奇怪。过了一会,他才解释说:

"刚才发现一个人站在我们后面的江岸上,我们板着脸谈话会增加他的猜疑,只得用一声高笑把他打发走。"

于是我们站起来,脸上堆满笑容,赏玩着江景,边走边说地谈着我们的工作问题……

这年秋冬之间,杨靖宇同志被派往南满磐石去领导党所组织的抗日游击队。冬天,和他同去的青年团员刘过风同志从磐石回来,向省委报告那边游击队发展的情况。

在杨靖宇同志领导之下,磐石游击队有了很大的发展,组成了一支有三百多骑兵的轻骑队,来往神速,活动范围很广,并且和南满其他各种抗日义勇军建立了统一战线的联系。

一九三三年秋天,杨靖宇同志被召回哈尔滨,参加省委讨论贯彻中央三月二十六日指示信的会议。这是改变整个东北抗日斗争路线的重要指示。就是根据这一指示,通过这次会议,杨靖宇同志到地方上去贯彻中央的方针,把我们党所领导的游击队(当时称为中国工农红军三十三军东北独立师)改组成为人民抗日军,并且以此为基础,和东北其他各地义勇军结成统一战线,组成抗日联军,实现了党对东北所有抗日力量的领导。

那时敌伪控制户口很严,白色恐怖很厉害,由于我家里有年老的父母,对外掩护比较好,杨靖宇同志到哈尔滨后就住在我家。那次历史性的会议是在中秋节开的①。我们用请客过节的方式,家里容纳了当时满洲省委的全部负责同志。午饭之后,在开会的桌子上也摆满了水果和月饼,造成节日气氛。那次会议开得很顺利、很安全。

杨靖宇同志在我家前后住了一月之久,像一家人一样,一有空就帮着我们做家务。他也常常和我们谈起战斗的故事,讲到刘过风同志怎样手拿一张正在起草的文件被敌人追逐而逃往山上去的时候,中弹牺牲。那张草稿纸戳在树枝上像一面旗子在风里飘动;一向跟着他一起的一位有肺病的中年同志,一次激战时沉不住气,拿着枪冲下山去,在他还唤着他站住的时候,那位同志已中弹滚下山去了⋯⋯

杨靖宇同志的鼻子里经常流下清水鼻涕。他告诉我们,那是有一次他被敌人捉住,被倒吊在给马修脚掌的木架子上,敌人用马尿灌进他的鼻子里,从此他的鼻子便弄坏了。

他讲起游击队怎样受到群众的拥护:有一次在山上作战,山下有一个老太太摆了香案,叩头求菩萨保佑红军打胜仗。磐石一带的老百姓那时真有人不相信我们的游击队是普通工农组成的,他们传说这是天神天将,是天上派下来救百姓跳出日伪火坑的。有些胡匪性质的首领,和杨靖宇同志"碰马",往往一骨碌滚下马来,向他下跪。还有一个胡匪头目,下了马,不是下跪,而是拱拱手,口称"总队员"。杨靖宇同志觉得这三个字用得很有趣味。

杨靖宇同志一有空便看报看书。他还努力学唱歌,有几次我们用口琴轻轻地伴奏学唱《国际歌》。我们还试着编《东北人民革命军军歌》,但没有编成。

他临走时把他所穿的一件灰哔叽大褂和所盖的一条单幅的炕被当掉,拿当票请我母亲保存,预备再来哈尔滨时赎出来应用。但是他从此没有再回哈尔滨,在衣服快要满期的时候,我母亲把它赎了出来。后来我家离开哈尔滨到上海,母亲一直保存着这两件东西。一九四五年日军投降后才得悉杨靖宇同志已

---

① 本卷《松花江上精诚在》一文中写到本次会议是于端午节召开的。——编者注

经牺牲。我母亲得悉这个消息后,曾哭了好几次。解放后,我们把杨靖宇同志的这两件遗物送往哈尔滨革命烈士纪念馆保存。

今天,杨靖宇同志要在他牺牲的通化县安葬了,但愿他安眠吧,他为之奋斗和牺牲的那个崇高的理想和伟大的事业已经逐步实现,而且现在正在飞跃地实现着。他那沉静、和善而坚决的形象将和他的光辉的勋绩永久活在我们的心里。

原载《人民日报》1958 年 2 月 23 日

纪念高尔基想到一位战友

每当纪念高尔基的时候，我总要想起一位革命青年怎样为了高尔基的名字进行革命斗争和终于光荣牺牲的故事。

那是一九三二年至一九三六年间的事情。金剑啸同志从上海艺术大学学画毕业回到东北的哈尔滨，参加党的地下工作——主要是给党的秘密宣传画刊画画。因为一九三二年是高尔基创作四十年纪念，金剑啸同志自己建议，在党的画刊上有所表示，他画了一幅高尔基像。

金剑啸同志曾有一个短时期在黑龙江民报工作，主编副刊，发表了不少进步作品。他还在那里组织了话剧团，演出了几个戏。在民报副刊上曾转载奥斯特洛夫斯基的《大雷雨》、秋田雨雀的《天门冬》等剧本。他曾把从上海带回的油印本高尔基的《夜店》带到黑龙江去，印了出来。在敌伪统治下的东北，要演出高尔基的作品是不可能的，但是金剑啸同志在高尔基革命精神的鼓舞之下，曾做过一番努力，争取用演出来庆祝高尔基的革命文学创作四十年。

一九三五年冬，金剑啸同志回哈尔滨和另外几位同志接办《大北画刊》。画刊是《大北新报》的副刊，《大北新报》是日本人主办的汉文报纸。在敌伪统治之下，为了做一些革命宣传工作，我们曾尽可能利用敌伪报刊。金剑啸同志主编的《大北画刊》自一九三六年初开始出版，在哈尔滨青年中传播很广。六月十日左右，一期画刊已经排好，即将付印，突然接到高尔基病重的消息，金剑啸等编辑部同志甚为激动。这样的消息，在日伪报纸上是决不会刊登的，我们的画刊应该向读者报道，于是决定把排好的版子挖去一块，嵌进一则消息，一幅高尔基像。

画刊出版后，报社社长日人山本看到画刊上有一个"外国人的相片"，不认识是什么人，再三追问，问明这是高尔基后，他暴跳如雷，追问何人利用他的刊物进行"反满抗日"的共产党宣传。一两天之后,金剑啸和其他几位同志被捕。

金剑啸同志入狱后两三天,六月十八日,高尔基逝世,但是他在狱中已无法得知这个悲痛的消息了。

金剑啸同志因为在黑龙江另有"案子",被从哈尔滨解到那里去。不久他便被日本帝国主义侵略者在黑龙江畔的老江坝枪杀了。

金剑啸同志牺牲时还只有二十多岁。一个为高尔基的名字鼓舞着做革命工作的青年,竭力想"纪念高尔基",让更多的青年得到高尔基的鼓舞,就这样牺牲在敌人的手里了。

这样的故事,在中国不是个别的。我们不是常在几次国内革命战争时期、抗日战争时期光荣牺牲的战士身上发现高尔基的作品吗?

从这里也可以看出高尔基是一面革命的旗帜。在我们国家里,曾经有多少青年通过这面旗帜认识了革命真理而奔向了革命战场啊!又有多少革命青年在这面旗帜之下前仆后继地进行战斗啊!纪念高尔基诞生九十周年,回忆这样的故事,我们将更坚决地走高尔基所指示的道路,为社会主义的前景奋斗。

原载《人民日报》1958年3月28日

署名:林陵

朋友和领袖

——纪念列宁诞辰八十九周年

人们已经习惯用这样概括的字眼称呼伟大的列宁:全世界劳动者的领袖和朋友。朋友——这是多么亲切的字眼!

列宁之成为劳动者的领袖,首先是他生活在劳动者中间,做了劳动者的亲密的朋友。列宁一生最注意和群众联系,他从群众那里了解情况,他向群众学习,他给群众提出自己的意见。列宁能谦虚和耐心地倾听别人的意见,也能坦率和亲切地向别人提意见。这就使他容易成为群众的朋友。他的热情可亲和冷静善断,使接触他的人立刻把他当做最好的朋友而不愿意离开他。克鲁普斯卡娅说:"他不是用傲慢的教师的态度对待工人,而首先是做工人的朋友和同志。"列宁早期的一位战友卡尔宾斯基回忆说:"这才真正是党的领袖,同时又是这样一个可以接近他并向他倾诉心中一切的普通同志。"

列宁寻找一切可能的机会和工农群众谈话。开什么会,他总是要找来参加会的群众交谈。群众向他反映的情况,经过他周密的分析,成为他在政治理论和革命战略方面做出结论和决定的重要依据。

在十月革命之前,列宁大部分时间侨居国外,但是他甚至比刚从俄国来的任何人都更全面地了解国内的情况。因为他每遇到一个国内来的人,就如获至宝似地"追问盘查",同国内许多党员和群众维持密切的通信关系。

通信是列宁工作方法中极重要的一项。他习惯于亲自动笔写信,即使在十月革命后,管理全党全国的事务,十分紧张,也很少用口授的方式写信写指令。一九二二年底,他的右手麻痹不能写字,他曾学习用左手书写。他身后留下了大量的书信,单是公布在列宁全集里的,就有一百多万字。

列宁甚至在监狱和流放地,也从不间断和同志们通信。通过信函,列宁了解情况,观察形势,作为考虑问题的根据,解决理论问题,指示革命斗争。他的老战友克尔日札诺夫斯基回忆说:"我们大约每周接到他两封信,因此知道他自己的工作情况以及他由于通信面广而得来的消息……他对涉及的问题的本质,总能给以简练的、经过深思熟虑的答复……接到一封信,他可以回信作激烈的论战,但是也可以对他认为完全不应该提的问题置之不理。"

学习无产阶级伟大领袖列宁的工作方法,密切联系群众,同群众打成一片,多找群众谈话,多和群众通声气,这是我们永远应该记住的。

原载《人民日报》1959年4月22日

署名:林陵

伟大的马克思主义者

——纪念斯大林诞辰八十周年

今天是伟大的马克思主义者斯大林诞辰八十周年。

斯大林是在一八七九年十二月二十一日诞生于外高加索格鲁吉亚梯弗利斯省哥里城一个皮鞋工人的家里。

一八九五年,列宁组织的"工人阶级解放斗争协会"推动了俄国全国的,其中包括外高加索的社会民主主义运动。在俄罗斯和格鲁吉亚社会民主党人的影响之下,年轻的斯大林开始参加革命运动,加入马克思主义小组,研究马克思、恩格斯、普列汉诺夫的著作。一八九八年,斯大林加入了俄国社会民主工党在梯弗利斯的组织,开始在梯弗利斯铁路工人中进行宣传工作。一八九九年,斯大林因宣传马克思主义,被教会中学开除,从那时起,他就成为职业的革命家。

一九〇一年斯大林和其他几位革命工作者一起出版列宁火星派的社会民主党的《斗争报》,并在报上发表《俄国社会民主党及其当前任务》等文章。一九〇一年底,斯大林被派往巴士姆城,在当地工人中展开革命工作,建立巴统的社会民主党组织。一九〇二年四月,斯大林被捕。他在狱中得悉在社会民主党第二次代表大会上,布尔什维克和孟什维克发生意见分歧,他立即站到布尔什维克方面。一九〇三年秋,斯大林被流放到西伯利亚,次年脱逃,潜回高加索,继续进行革命活动。此后又多次被捕、多次流放、多次脱逃,直到一九一七年二月革命后,才从流放地回到彼得格勒。

一九一二年,斯大林在流放期中被缺席推选为中央委员和中央俄国局委员。一九一七年三月回到彼得格勒后便参加中央局主席团,并参加《真理报》的编辑工作。在党的全俄第七次代表会议(一九一七年四月)上,斯大林作了民族问题的报告。

一九一七年七至八月间举行党的第六次代表大会,斯大林根据列宁的指示作了工作报告和当前政治形势的报告。斯大林驳斥了布哈林机会主义的论断和普列奥布拉任斯基认为社会主义不能在俄国取得胜利的谬论。

一九一七年十月二十三日中央通过列宁的建议,在最短时期中开始武装起义;十月二十九日中央在扩大会议上成立领导起义的革命军事中心,参加总部的有布勃诺夫、捷尔任斯基、斯维尔德洛夫和斯大林等人。

一九一七年十一月七日实现了伟大的社会主义革命;八日,在第二次全俄苏维埃代表大会上,斯大林被选为全俄中央执行委员会委员,并被批准为民族事务人民委员。

在外国武装干涉和国内战争时期,斯大林是革命军事委员会的委员,他领导北高加索军区军事委员会,并被派往若干战线执行党和政府的任务。

击退外国武装干涉者和结束国内战争后,开始经济建设,反党集团反对列宁所拟定的党的路线,斯大林坚持列宁的路线,对反党集团和派别进行斗争。一九二一年,斯大林在党的第十次代表大会上作《论党在民族问题方面的当前任务的报告》。一九二二年第十一次代表大会后,中央全会选斯大林为中央总书记。因列宁生病,党中央责成斯大林在苏联第一次苏维埃代表大会上作《关于苏维埃社会主义共和国联盟的成立》的报告。

列宁逝世后,党领导苏联人民实现列宁遗嘱,建设社会主义。斯大林作为党和国家的主要领导人物,创造性地运用和发展了马克思列宁主义。在保卫列宁主义遗产、反对列宁主义的敌人——托洛茨基分子、季诺维也夫分子和其他资产阶级代理人的斗争中,斯大林表达了人民的意愿,显示他是一个杰出的马克思列宁主义的战士。这时期斯大林发表了好几篇著作,对于保卫和宣传列宁主义、击溃列宁主义的敌对思想,具有极大的意义。

党根据列宁的指示,确定了社会主义工业化的方针。一九二五年,斯大林在向党的十四次代表大会所作的报告中,阐述了建设社会主义的路线,着重提出优先发展重工业,首先是发展机械制造业的原则。一九二六年初,斯大林的《列宁主义问题》一书出版,严厉地批评了季诺维也夫派的机会主义观点。一九二六年十一月,斯大林在第十五次党代会上作了《论我们党内的社会民主主义倾向》的报告,十二月在共产国际执委会第七次扩大全会上作了《再论我们党内的社会民主主义倾向》的报告,这两个报告是在列宁主义旗帜下团结党的队伍、揭露托洛茨基分子对资本主义的投降和他们破坏组织的活动的斗争中，起了很大的作用。

一九二七年斯大林在党的第十五次代表大会上作总结报告，大会讨论了农业集体化的问题。这时期布哈林等右倾机会主义反党集团公开反对党的总路线，斯大林的两个报告——一九二八年的《论国家工业化和联共（布）党内的右倾》和一九二九年的《论联共（布）党内的右倾》，指出右倾机会主义是富农思想的反映。

斯大林在第十六次代表大会（一九三〇年）和第十七次代表大会（一九三四年）上代表中央作工作报告，总结了党在国家工业化和农业集体化方面所取得的决定性的胜利。

一九三八年斯大林写作《关于辩证唯物主义和历史唯物主义》，简要地叙述马克思列宁主义的哲学原理，说明哲学对党的实际工作的意义。

一九三九年斯大林向党的第十八次代表大会作报告，提出党和苏联人民为完成社会主义社会建设和逐步过渡到共产主义而斗争的任务。

一九四一年五月斯大林被任命为苏联人民委员会的主席。六月法西斯德国进攻苏联，斯大林被任命为国防委员会主席、国防人民委员长、苏联武装力量最高总司令，直到战争胜利为止。

斯大林在战后发表的《马克思主义和语言学问题》（一九五〇年）和《苏联社会主义经济问题》（一九五二年），阐述了马克思列宁主义理论的重要问题。

在一九五二年十月举行的第十九次代表大会上，斯大林发表演说，阐述苏联今后经济建设和国际共产主义运动的任务，会后中央全会选举斯大林为党中央主席团委员和中央书记。

苏联政府很重视斯大林的杰出活动，曾在一九三九年授予社会主义劳动英雄的称号，一九四五年授予苏联英雄和大元帅的称号，并曾三次授予列宁勋章。

斯大林于一九五三年三月五日因重病逝世。

斯大林在晚年，曾经犯了一些严重的错误。尽管如此，但是他的一生仍是伟大的马克思列宁主义革命家的一生，在列宁逝世后的近三十年中，他始终站在历史潮流的最前面进行斗争，建设苏联的社会主义，保卫社会主义祖国，发展世界共产主义运动，和一切资产阶级的敌对思想进行坚决的斗争。

斯大林是中国人民和中国革命的朋友，斯大林的著作，早在三十五年前（一九二四年）就开始在中国传播，《斯大林全集》俄文已出的十三卷，也已完全译成中文出版。纪念斯大林八十诞辰,应该认真研究他的著作,"凡是他的著作中有益的东西,特别是他关于保卫列宁主义和正确地总结苏联建设经验的许多著作,我们都需要当做一项重要的历史遗产接受过来。"①

原载《光明日报》1959 年 12 月 21 日

---

① 《关于无产阶级专政的历史经验》。——作者注

纪念斯大林诞生八十周年

今天是苏联和国际工人革命运动的卓越活动家、苏联共产党和苏维埃国家著名领导人、马克思列宁主义的杰出理论家斯大林诞辰八十周年。斯大林于一八七九年十二月二十一日生在俄国高加索梯弗利斯省哥里城，他的父亲原来是一个手工皮鞋工人，后来是皮鞋工厂的工人。斯大林从小生活艰苦、接触劳动人民。小学毕业后进中学的时候，正是俄国革命运动日益增长和马克思主义日渐传播的时候。列宁在一八九五年组织的"工人阶级解放斗争协会"对当时的俄国工人运动起了推动的作用，年轻的斯大林，刚进中学不久，就在俄罗斯和格鲁吉亚社会民主主义者的影响之下，和马克思主义小组取得联系，研读马克思、恩格斯、列宁、普列汉诺夫的著作，开始参加革命运动。

一八九八年斯大林加入俄国社会民主工党的梯弗利斯组织，开始在梯弗利斯铁路工厂的工人中进行宣传工作，不久，斯大林因宣传马克思主义被学校开除。从此，斯大林转入地下状态，成为职业革命家。

一九○一年底，斯大林被梯弗利斯委员会派往黑海的港口巴统，在工人中进行革命工作，参加建立巴统的社会民主工党组织。一九○二年三月，巴统工人举行大规律的政治示威，斯大林是这一示威的组织者之一。同年四月，斯大林被捕，一九○三年秋就被流放到伊尔库茨克省，一九○四年一月由流放地逃出，潜往高加索，继续进行革命活动。

从一九○二年到一九一三年的十年多时间中，斯大林被捕七次，被流放六次，脱逃五次，最后一次在一九一三年被捕，放逐到土鲁罕省，没有能逃出，直到一九一七年二月革命后，斯大林才回到革命的中心彼得格勒。

斯大林回到彼得格勒后，便参加党中央的工作，并参加中央机关报《真理报》的编辑工作。这时期在列宁的直接领导之下，斯大林参加了十月革命的准备工作。一九一七年十月,党中央通过列宁的建议,决定尽快举行武装起义。为了领导起义,成立了由列宁直接领导的革命军事总部,斯大林是这一总部的一员。

伟大的十月社会主义革命取得胜利,全俄第一次苏维埃代表大会开幕,会上斯大林被选举为全俄中央执行委员会的委员,并被批准担任苏维埃政府的民族事务人民委员。

在内战时期,斯大林是革命军事委员会的委员,他曾领导北高加索军区军事委员会的工作,并被派往东部等战线执行党和政府的任务。

击退外国武装干涉和结束内战后,苏维埃俄国转入和平建设时期,反党集团反对列宁所拟定的党的路线,斯大林坚持列宁的路线,和托洛茨基等反党集团进行斗争。

斯大林在第十次党的代表大会(一九二一年)上作《关于党在民族问题方面的当前任务的报告》。在第十一次代表大会(一九二二年)后,中央全会选举斯大林为中央总书记。

列宁逝世后,党中央遵照列宁的遗嘱,领导苏联人民沿着建设社会主义的道路前进。这时期斯大林写了好几部理论著作,如《关于列宁主义的基础》、《列宁主义的几个问题》等,系统地阐述了马克思主义的基本原理,捍卫列宁主义思想,例如列宁主义关于资本主义发展不平衡规律和社会主义可能在一个国家内首先胜利的理论,关于党的建设、无产阶级专政、社会主义建设等方面的理论。击溃了托洛茨基、季诺维也夫、布哈林等反党集团。

苏联人民在党的领导下完成了两个五年计划,实现了社会主义的工业化和农业的集体化。一九三九年举行党的第十八次代表大会时,斯大林向大会报告中央拟定的为完成社会主义社会建设和逐步过渡到共产主义而斗争的纲领。

一九四一年希特勒德国进攻苏联,苏联人民掀起了伟大的卫国战争。中央、苏联最高苏维埃和人民委员会联合决定,成立以斯大林为首的国防委员会,领导苏联全国人民为击溃法西斯德国而斗争。

卫国战争胜利后,苏联人民在党的领导下展开了恢复经济的巨大工作。一九五二年举行第十九次代表大会,斯大林被选举为党的中央主席团委员和中央书记。

斯大林一生无限忠于无产阶级革命事业,是帝国主义不可调和的敌人,他尽力保卫社会主义祖国,努力发展国际共产主义运动,援助被压迫民族的解放斗争，努力维护世界和平的斗争，作出了重大的贡献。斯大林强调一切爱好和平的各国人们必须对帝国主义保持高度的警惕性，强调必须在人民群众面前揭露帝国主义的阴谋，并动员人民群众起来保卫和平进行不懈的斗争。

一九五三年三月五日斯大林逝世。

在将近三十年的时间中，斯大林领导苏联共产党和国家的工作。作为杰出的无产阶级革命家，斯大林在组织俄国无产阶级反对沙皇、地主、资本家的斗争中，在准备和进行俄国社会主义革命的工作中，在同外国武装干涉者和自卫军的斗争中，在为实现苏联工业化和农业集体化的列宁计划的斗争中，在为建成社会主义、保卫苏维埃国家的独立和为加强和平的斗争中，起了巨大的作用。特别是在列宁逝世之后，作为党的和国家的主要领导人，斯大林创造性地运用和发展了马克思列宁主义，在保卫列宁主义遗产、反对列宁主义的敌人——托洛茨基分子、季诺维也夫分子和其他资产阶级代理人的斗争中，他表达了人民的意愿，不愧为杰出的马克思列宁主义的战士。

中国工人阶级和劳动人民是熟悉斯大林生平和他的革命思想的。斯大林的著作，在我国共产党成立后不久，在一九二四年就有《论民族问题》(《论列宁主义基础》的第六章)的最早译文在中国出现。斯大林著作，三十多年来在中国翻译出版的，为数很多，传播很广，他的全集十三卷，也已在解放后出版。斯大林的著作虽然有个别错误的论点和公式，但整个说来，他的著作仍然是马列主义理论宝库中的一项重要遗产。

斯大林的一生是战斗的一生，他的著作是对马克思列宁主义宝库的重大贡献，尽管斯大林在晚年犯了一些严重的错误，这些错误同他的伟大的功勋比较起来，只是放到第二位的。现在，从斯大林错误中得出来的严重教训，已经成为国际共产主义运动的一项重要财富，对于提高共产主义者的觉悟，防止重犯错误，推进共产主义事业发展都有积极作用。斯大林仍旧是一位伟大的马克思主义者，纪念他的八十岁诞辰，应该学习他的著作中所有一切对于我们有益的东西。

原载《工人日报》1959 年 12 月 21 日

署名：许谦

最寒冷的一天

列宁于一九二四年一月二十一日逝世,今天是他的三十六周年忌辰。

在许多人的回忆文章中说,列宁逝世的那天是最寒冷的一天。列宁的遗体从哥尔克运到莫斯科,停在工会的圆柱大厅,千千万万的劳动者冒着大雪和寒风,不分昼夜地络绎不断地进入大厅,和列宁遗体告别。

人们在刺骨的风雪中,化悲痛为力量,决心依照列宁生前的指示,克服一切困难,建设共产主义世界。

每逢一月二十一日这一天,莫斯科的红场上,排队去谒列宁陵的人群总是特别多。风雪凛冽,使人们想起,列宁的伟大生命就是被这最寒冷的一天夺去的。而且天也像追悼列宁似的,每到一月二十一日,就风雪交加,特别寒冷。

照中国阴历说,一月二十一日正是交大寒节气的日子,列宁逝世在这大寒之日,年年此日也以大寒之气来悼念列宁。

新世界是在寒冷之中诞生的。世世代代、千千万万的贫寒的劳动者,从来没有过到温暖的生活,直到一九一七年十一月七至八日这个最寒冷的一夜——立冬之夜,实现了社会主义革命,列宁伸出有力的右手,高声宣布了人类历史新纪元的开始,人民才有了希望和温暖。

阴暗、寒冷象征着旧世界,光明、温暖象征着新世界。新旧世界的分水岭,在天时的表观上,正是最寒冷的立冬之夜。

宣布新世界诞生的巨人列宁,与世长辞的日子是进步人类永久悼念的日子,大寒之日正是哀痛的象征。

列宁去世了,总结他一生革命实践和革命理论的遗著,将成为我们行动的宝贵指示。列宁在他逝世前最后口授的一篇文章是《宁肯少些,但要好些》,值得注意的,正是在这篇有如遗嘱的文章里,列宁提到,新旧世界"斗争的结局取决于这一点:俄国、印度、中国等等构成世界人口的绝大多数"。现在苏联和中国正在建设共产主义和社会主义,印度人民也从帝国主义殖民地状态中解放出来,"在这个意义上讲来,社会主义的最后胜利是完全和绝对有保证的"。

这是列宁在三十七年前的预见。当时他在这篇口授的文章中提到的另一点指示,对于我们今天也有巨大的意义。他认为必须保持工人阶级对农民的领导,一方面发展农业,另一方面发展工业,并且要用厉行节约的办法来达到这一点:"从农民的庄稼汉的、穷苦的马上,从指靠破产的农民国家实行节约的马上跨到无产阶级所寻求的而且不能不寻求的马上,跨到大机器工业、电气化、沃尔霍夫水电站等等的马上。"

在最寒冷的一天悼念伟大的列宁并记取他所指示的建设社会主义的具体原则时,我们会愈加感觉到新世界的温暖和光明。

原载《新晚报》1960 年 1 月 21 日

署名:林陵

《三姊妹》及其他

——纪念契诃夫诞生一百周年

一

《三姊妹》写作和演出的时期,正是俄国第一次革命(一九〇五年)的前夜。这时期俄国资本主义大工业已在迅速发展,马克思主义正在俄国广为传播,政治性的工人罢工运动也已汹涌展开,俄国革命日益成熟。

一九〇〇年列宁在国外创办了《火星报》,团结马克思主义者,准备革命。高尔基预感到革命的风暴即将来到,在一九〇一年发表了有名的《海燕》,号召人们起来迎接战斗。

契诃夫通过他的《三姊妹》也喊出了暴风雨即将来到的呼声:"冰山上的大块积雪向着我们崩溃下来的时代到了,一场强有力的、扫除一切的暴风雨,已经降临了;它正来着,它已经逼近了,不久,它就要把我们社会里的懒惰、漠不关心、厌恶劳动和腐朽的苦闷,一齐都给扫光了!"

从上面这一段话里,我们可以看出,契诃夫在《三姊妹》里,既传达了时代的脉搏,预示了革命风暴的到来,也反映了俄国革命前夜知识分子的情绪和他们思想的变化,更重要的,他还批判了这时期俄国社会中一部分知识分子的"懒惰"和"腐朽的苦闷",谴责他们对于政治的"漠不关心"和"厌恶劳动"。正因为这个缘故,这出戏的演出曾在当时俄国政治生活中发生了不小的影响,在后来许多同时代人的回忆里说,他们看了《三姊妹》后都产生"不能再这样生活下去,要冲出去"的思想。

这时在慕尼黑主持《火星报》编辑工作的列宁很关心《三姊妹》的演出情

况,曾写信到莫斯科,向他的母亲说:"你们常去剧院吗?契诃夫的新剧作《三姊妹》怎样?你们看了吗?演得怎样?报上的剧评我读过了。'艺术通俗剧院'演得一向都好……"①

列宁注意《三姊妹》的演出不是偶然的,有人能从舞台上公开向群众号召迎接即将来到的革命风暴,而且这几句话是出自在当时俄国社会中有极大影响的、深为群众敬爱的大作家契诃夫的手笔,是来自声誉满全国、演剧艺术极高超的莫斯科艺术剧院的舞台,这对于当时反动的沙皇政权,是一个有力的打击,对于革命精神情绪高涨的广大群众是一次热情的鼓舞。因为在沙皇黑暗统治之下,稍微有一些民主倾向的公开言论,就会被当做一次革命的号召。

在我们今天看来,远不能说《三姊妹》有革命的内容,它的演出,似乎也不会对于革命运动发生什么影响。但是我们要知道,这是六十年前的剧本、六十年前的演出,那时俄国第一次革命——失败的一次革命,还没有发生,沙皇的反动统治还很强横,一般群众对于革命的认识还不够清楚,知识分子的思想还很落后和模糊,而且还有不少知识分子陷于颓废失望的情绪中,契诃夫这时能写出一个剧本公演,透出一些时代的气息,对于当时革命情绪高涨的工人和进步的青年学生,不会不产生一定影响的。要用历史的观点来看历史上的事情。

二

契诃夫诞生于一八六〇年,是列宁、高尔基的同时代人。

照列宁的说法,契诃夫应该也属于苦心孤诣、努力不懈追求革命真理的人。"在上一世纪四十到九十年代这大约半个世纪期间,俄国进步的思想界,处在空前野蛮和反动的沙皇制度的压迫之下,曾如饥如渴地寻求正确的革命理论,……在半个世纪期间真正经历了闻所未闻的痛苦和牺牲,以空前未有的革命的英勇气魄,难于置信的努力和舍身忘我的精神,从事寻求、学习和实验,……终于得到了马克思主义这个唯一正确的革命理论。"②

契诃夫生在列宁所说的这个俄国先进分子追求革命真理的半世纪中,遗憾

---

① 《列宁全集》第三十七卷,一九〇一年二月二十日列宁写给玛·亚·乌里扬诺娃的信。——作者注

② 《列宁全集》第三十一卷第七~八页。——作者注

的是：契诃夫虽然也在一直追求真理，但是他却没有找到正确的马克思主义的革命真理。因为他虽然和列宁、高尔基同时代（比列宁年长十岁，比高尔基年长八岁），但是他的全部生命不满半个世纪。疾病夺去了契诃夫才华焕发的生命，他没有来得及走到革命的行列，也没有能看到他所预言和歌颂的俄国第一次革命风暴，就在一九○四年，以不到四十四岁的寿龄去世了。甚至比他年长三十二岁的、思想比他落后得多和反动得多的托尔斯泰看到了一九○五年的革命，看到了革命失败后沙皇政权的恐怖镇压，都曾公开诅咒反动政权，如果契诃夫能多活几年，照他思想的发展，是不会不走上革命道路的。旧的社会生活圈子和过早的亡故，限制了契诃夫的革命思想的成长，截断了他可能发展的前途。即使如此，由于契诃夫的卓越的才能和他追求真理的不倦的努力，他还是在他所选择的文学工作中，为人民的进步和革命事业作出了巨大的贡献。在我们纪念契诃夫诞生一百周年的时候，应该一方面从他的局限性，另一方面又从他已经做到的一切来正确地评价他。

从契诃夫短促的生命道路，可以看出一个进步作家追求真理的历程。一八八○年，二十岁的契诃夫开始写作。他起初是在幽默刊物上写小故事，他的作品的主人公都是平民知识分子、小官吏、小职员、小伙计这一类城市里的小人物。他一反资产阶级幽默小品的庸俗形式和无聊题材，创造了短篇小说的新形式，写出了思想深刻的、反映旧俄时代现实生活的作品。随着契诃夫写作才能的生长和成熟，他愈来愈感到自己世界观的不明确和思想的矛盾，他心里非常苦闷，他也写了不少思想阴沉、生活晦暗的作品。但是他努力寻找光明，力求明确"中心思想"，追求真理，探索生活的意义。

车尔尼雪夫斯基在六十年代回答过"怎么办？"的问题，作为人民的作家，契诃夫在八十年代也必须回答这个问题。他描写当时不可容忍的生活，他提出对于美好未来的憧憬，但是究竟应该怎么办？他却回答不出，因为他没有明确的世界观，没有找到革命真理。

为了建立明确的世界观和中心思想，契诃夫愈来愈渴望参加积极的政治生活，参加社会斗争，于是他在一八九○年毅然到当时流放政治犯的库页岛去接触生活。他看到了富有才能的、追求真理的、正直伟大的人们落在蛮横、愚蠢的刽子手的手里被宰割着，他愈益大声疾呼地重复他许多作品中的主题思想：不能再这样生活下去！

契诃夫从库页岛回来之后所写的著名小说《第六号病房》，更加有力地表现了这一主题。二十二岁的列宁看到了这篇小说之后,非常激动,他说:"我读完了这篇小说之后,觉得简直可怕极了,我不能再留在自己的房间里,我站了起来,并且走了出去,我产生了这样一种感觉,好像我也被关在第六号病房里了。"据列宁的姐姐回忆说,列宁觉得他所居住的撒马拉就是这种"第六号病房",他几乎就要像契诃夫不幸的病人那样,从这城市里冲出去。并且就是在这时断然决定,第二年秋天一定离开那里。

不能再这样生活下去,要冲出去,寻找另一种生活!——这就是契诃夫这一篇和其他许多作品的中心思想。

契诃夫从库页岛回来之后,开始认真地关心政治,他在一八九一年的一封信里说:"……我需要生活在人民中间……即使一点点社会政治生活,即使很少的一点点也是好的……"于是他住到农村里去接近农民,写了好几篇关于农民生活的小说,明显地提出了反对民粹派和托尔斯泰关于农村公社的意思。接着还写了几篇关于工人生活的小说。契诃夫憎恶剥削工人的资产阶级,提出"五十年左右以后的生活一定会好起来"的对未来的向往(《出诊》)。

憎恶旧社会,预感即将发生巨大的变革,相信未来的日子是美好的——这一切便决定了契诃夫作品中的乐观主义的调子。

但是,怎样和依靠谁来达到美好的世界,契诃夫当时是不知道的。他没有能够解决怎么办的问题,也没有能够解决依靠谁的问题,因为他没有发现没落的资产阶级社会的新的发展动力是无产阶级。

列宁的《怎么办?》在一九〇二年出版,高尔基把工人描写成社会革命的动力的剧本《小市民》也在一九〇二年出现。契诃夫在一九〇〇年写作《三姊妹》的时候,还处在摸索真理的状态中。不过,在总的俄国进步思想的感染之下,这时契诃夫也认识到,不应该再写那些萎靡不振、仅仅向往未来而不能为未来斗争的人,他认为:"我觉得,现在需要写的不是这样,不是这些,而是另外一些别的东西,另外一些严肃而正直的人。"(高尔基在给波赛的信中引契诃夫一九〇〇至一九〇一年间说的话)。

这时期,契诃夫除了写《三姊妹》和《樱桃园》两个剧本之外,一九〇三年还写了《未婚妻》——他逝世之前的最后一篇小说,写一个在结婚的前夜,抛弃了家、撇开了未婚夫而奔向革命的青年女子。在契诃夫刚找到革命道路的时候,在他的创作的新时期刚刚开始的时候,他的肺病已经非常严重,他没有能走上革命的道路,就与世长辞了。

三

　　一八九六年写的《海鸥》，表现了世界观和中心思想的重要：一个人没有远大的思想目标，即使有才能，也不能在艺术上取得成就。一八九七年写的《万尼亚舅舅》表现了社会上有好多人没有远大的目的，却为一些渺小可鄙的人白白地贡献了自己一生的劳动。一九〇〇年写的《三姊妹》批判了仅仅向往美好的未来而不行动起来为未来斗争的人，提出了不辞苦难、用自己的劳动为未来美好世界创造条件的思想。一九〇〇年写的《樱桃园》是一个结束昨天、表现今天和展望明天的欢乐的喜剧。这四部戏和他过去所写的许多小说，有机地联系着，表现他对正确世界观和革命真理的追求，以及这种追求的进程。

　　在这里特别应该提一下表示契诃夫思想发展的重要阶段的《三姊妹》。

　　契诃夫的剧作也像他的短篇小说一样，是一种独特的新型的创造。莫斯科艺术剧院为俄罗斯创造了新的戏剧风格，契诃夫为莫斯科艺术剧院创造了新风格的剧作。契诃夫摆脱西欧的、俄国过去的影响，创造了新型的、俄罗斯式的戏剧。而《三姊妹》以及后来的《樱桃园》则在他创造的新的道路上，从思想意识到艺术形式，又前进了一步。

　　《三姊妹》在总的方面是表现俄国第一次革命前夜的知识分子，表现一部分知识分子被旧社会拖回落后的泥坑，一部分停留在空谈希望而没有行动的阶段上，另一部分和个人幸福的追求告别，和痛苦绝望告别，决心走上新的道路，把自己的劳动贡献给未来美好的事业。为了表现这样一个思想，契诃夫创造了悲哀与欢乐相交织、讽刺与指示相结合、正剧与喜剧相配合的戏剧形式。全剧分为四幕：

　　第一幕表现三姊妹追求幸福、美好和光明。三个姊妹的遭遇各不相同，但是她们都幻想着未来的美好生活。莫斯科是她们幻想的象征。她们把一切希望都寄托在回到莫斯科去。常到她们家作客的屠森巴赫说出了变革社会的风暴即将来到，新来拜访她们的韦尔什宁说出了二三百年之后的美丽的新生活。

　　第二幕表现庸俗粗暴的旧生活向这些幻想的人们逐步进逼。这些幻想的人们不满现实，想冲出去，追求一种新的生活。但是他们只能空谈幻想，而不能为实现自己的幻想进行斗争，甚至可憎的现实（以三姊妹的嫂子娜塔莎和她的情夫普罗托波波夫为代表）向他们进攻过来时，他们是节节后退，本来充满理想的三姊妹的哥哥安得烈首先被旧势力俘虏过去。

第三幕表现追求新生活，想改变一下现实的人和代表旧生活的人发生了冲突，前者继续加紧寻求出路，在动乱的环境中，在筋疲力尽的状态中，也并不熄灭希望之火；三姊妹既抱有高超的"理想"，也就不和庸俗的嫂子持"一般见识"，她们不屑和她争夺房产，而是一心想要冲出去。

第四幕表现三姊妹不现实的幻想全部破灭：她们不能回到日夜梦想的莫斯科去，奥尔加必须留下来做教育工作，玛莎的爱人必须开拨到远方去而和她"生离"，伊林娜的未婚夫在决斗中被杀而和她"死别"，绝望和痛苦包围三姊妹，但是她们没有屈服，没有跌倒，而是毅然和痛苦告别，相信未来，决心为未来的美好生活去参加劳动，即使自己不能享受到美好的生活，也要为后代创造新生活的条件。

契诃夫用特殊的创新的手法写作的这一剧本，有悲欢离合的故事，有动人心腑的抒情，有时用现实作为象征，有时在台词后面另有潜在的意思，情节后面另有"后景"。如果没有抓住作者的真正思想，很容易把《三姊妹》演成与作者意图相反的戏。契诃夫自认为《三姊妹》是喜剧，在莫斯科艺术剧院初读时，许多演员流了眼泪，说它是悲剧，他曾因此很为"悲伤"。在斯坦尼斯拉夫斯基导演之下，初次演出此戏的时候，台上台下哭哭啼啼，契诃夫也很不满意。

契诃夫曾再三提出，《三姊妹》要演得有欢乐的气氛，剧中主人公即使在生活中遭受种种不快和不幸，她们并没有哀形于色，她们始终是用积极的态度来对待旧生活的哀愁的。在旧俄的社会里，不会没有哀伤和痛苦，但是同时处在革命前夜的富有幻想的乐观的人们，不会没有积极的心情和意志。

在写《三姊妹》时的契诃夫就具有这样的心情，他在经历着他一生中思想最乐观最进步的阶段，那时他即使肺病严重、经常咳嗽，他也是对未来充满着乐观的希望的。

十月革命后，聂米罗维奇－丹钦柯、斯坦尼斯拉夫斯基、凯德罗夫等人重排《三姊妹》，用新时代的新观点，排出了正是契诃夫所要的充满乐观气氛的新《三姊妹》。聂米罗维奇－丹钦柯认为《三姊妹》等契诃夫的戏剧，有取之不竭的源泉，他希望将来有人能够把《三姊妹》排得更好。

问题是用什么政治态度来看待《三姊妹》，用什么尺度来衡量契诃夫的政治态度。

可注意的是契诃夫不仅在《三姊妹》里借屠森巴赫的嘴说出了社会大变革的风暴即将来到,借韦尔什宁的嘴发表了"劳动要加上教育,教育要加上劳动"的卓越思想,在剧末通过大姐奥尔加,提出了"要化今日的苦难为未来的欢乐"的主张,喊出了要懂得走什么道路的要求。而且,屠森巴赫提出的,正是要去当一个工人,去做工;伊林娜提出的理想,也是去做一个工人;最后她未婚夫被杀之后,她决定到工厂里去教书,把整个生命献给需要她的劳动的人。

有人以为,人们喜欢读契诃夫的作品,只是因为他写"人情",他不想教育任何人,他不写美好的思想和愿望。其实,我们读一下契诃夫的小说,看一些契诃夫的戏,我们就会觉得,契诃夫作品的可贵,正在于它们通过卓越的艺术手法,写出了美好的思想和愿望,使人得到教导。

契诃夫本人所追求的,正是革命,而不是个人悲欢离合的"人情",他的最后一篇遗作《未婚妻》(一译《新娘》)正是写一个青年女子投入沸腾的群众生活,走向革命。当时的党员作家魏列沙亦夫看了《未婚妻》曾对契诃夫说,一个女子不会这样走入革命。而契诃夫说,每人走向革命的方式不同。

是的,如果契诃夫没有很快去世,他会通过自己的方式走向革命的,而且就是在他生前,他已经用他自己的方式,用"人们喜欢"的写法,写出《未婚妻》、《三姊妹》等作品的那种人们"喜欢的主人公",那种追求革命的新人物了。

原载《戏剧报》1960 年第 1 期

署名:林陵

契诃夫戏剧创作的主题

——纪念契诃夫诞生一百周年

在契诃夫的创作生活中,剧本和小说占着同等重要的位子。除独幕剧外,契诃夫生平写了五个多幕剧,都是在他思想意识比较成熟、写作技巧也相当成熟的时期创作的。

契诃夫的剧作,以其风格的特殊、取材的平凡(日常的生活),在俄罗斯戏剧艺术中创造了一种新的作风,对国内外的戏剧创作,发生了深远的影响。契诃夫为莫斯科艺术剧院创作了一系列新型的剧本,莫斯科艺术剧院在演出艺术上创造了新的流派。

但是更可注意的还是契诃夫戏剧创作的政治性和思想性。

契诃夫生于一八六〇年一月二十九日,死于一九〇四年七月十五日,他的短短的四十四年的生命,正当俄国进步思想界追求救国救民的真理的时期,也就是列宁所说马克思主义思想在俄国胚胎的时期。契诃夫虽然没有能够成为马克思主义者,但是他在当时还是属于孜孜不倦地探寻正确世界观的先进知识分子之列的。由于契诃夫在文学艺术上的杰出的成就,他虽然没有成熟的政治思想意识,但反映在他作品里的那种探求真理的精神和俄国思想界的实际情况,对于当时俄国知识分子和广大群众,还是起了相当积极的作用。

他的第一个多幕剧《伊凡诺夫》是在一八八七年写的,那时俄国民意党还采取个人冒险的恐怖行动进行革命。就在那一年,列宁的长兄因为参加行刺沙皇而被判处死刑。列宁得悉他的哥哥的噩耗后,曾说,"我决不走这条道路"。

契诃夫描写的伊凡诺夫就是这样一种带有小资产阶级狂热性的知识分子。他单枪匹马地进行斗争,一时非常激烈,但是遇到一些挫折,便立刻消沉下来,热情的激起和热情的低落同样迅速。伊凡诺夫在二十多岁时狂热过一番,三十多岁时便消沉得一蹶不振。一个年轻的女子把他当做进步的理想来追求,但是他自己却丝毫没有理想,少女愿意跟他到天涯海角去,但是他没有任何地方好去。一个没有正确的人生观,仅凭一时热情"奋斗"过的人,一旦消沉下来,也就只能毁灭下去了。契诃夫写《伊凡诺夫》用的就是这样一个主题。

最后,伊凡诺夫在要和那位纯洁的努力上进的少女举行婚礼的时候,内心的苦闷达到极点,他说:"没了信心,没了爱,生活没了目的,我像个影子似地徘徊在人群里,不知道我自己是个什么,不知道我为什么活着,不知道我要什么。"不知道生活目的的伊凡诺夫,只能开枪打死了自己。契诃夫的高超的艺术,特别是用那位追求理想的少女来衬托伊凡诺夫,使观众看完了这个戏,不是觉得悲观失望,而是愤慨地说,"不能是这条道路",像列宁得悉他哥哥的噩耗之后所说的话。

写《海鸥》时已是一八九五至一八九六年,这时列宁到彼得堡去组织"工人阶级解放斗争协会",马克思主义开始在先进工人中传播。《海鸥》的主题已经比《伊凡诺夫》进了一步,但还是强调正确人生观的重要。契诃夫通过剧中的主人公——女演员尼娜追求人生目的,终于找到自己的理想为主线,另外写一个追求她的青年作家,有非凡的才能,但没有找到正确的世界观,始终彷徨在消沉的情绪中。尼娜说:"不论是在舞台上演戏,或者是写作,主要的不是光荣,也不是名声,也不是我所梦想过的那些东西,而是要有耐心,要有信心。我有了信心,所以我就不那么痛苦了,而每当我一想到我的使命,我就不再害怕生活了。"

青年作家却悲哀地说:"你已经找到了你的道路,你知道了向着那个方向走了,可是我呢,我依然在一些梦幻和形象的浑沌世界里挣扎着,不知道自己为什么写,为谁写。我没有信心,我不知道我的使命是什么。"

契诃夫给这种不知道自己使命是什么的人仍旧安排了开枪打死自己的结局。

没有正确的世界观,即使有才能,还是不会有成就的。有才能而有正确世界观的青年女演员,则愉快地坐三等车,杂在农民中间,到小村镇去演戏。她知道为什么演戏,为谁演戏。

第三个多幕剧《万尼亚舅舅》于一八九〇年写成,但到一八九七年才发表。契诃夫这时期也像他的剧中人物一样,在探求正确的人生观而不能获得,他在《万尼亚舅舅》里写的,还是前两个剧本的主题,他不满意自己的作品,他也不满意自己,所以把剧本一搁搁了七八年才发表。发表后各地争相上演,仍旧起了一定的进步作用的。因为契诃夫在这个剧本里,多少还是发出了乐观的调子,把希望寄托在美好的未来。剧中主人公万尼亚舅舅把自己的一生献给"劳动",但是为谁劳动呢?他本来以为是在为一个对于人民有贡献的大学者劳动,后来他知道,这个"学者"原来是一个渺小的庸人。当他知道这一点时,他完全失望了。契诃夫在这里企图说明:忘我的劳动是可贵的,但是要看是为谁劳动;有一个理想也是可贵的,但是盲目地崇拜理想,只会成为向偶像献祭。当万尼亚失望之余也想自杀的时候,契诃夫给了他另外一种安排:以大力克服内心的烦乱,静下心来继续劳动。

但是,可悲的是万尼亚也没有找到正确的世界观,他仍旧是为那个使他失望的偶像劳动。他用劳动来排除自己的悲哀,但不知道应该为谁而劳动。剧中人把希望寄托在一二百年之后的后代人的幸福上,只给当时的自己安排一个继续劳动的命运。

劳动而不是饱食终日,这已经是当时比较进步的主题。观众看完这戏后,同样会得出一个结论:不能这样生活下去,必须冲出去!这是《万尼亚舅舅》进步的一方面。

一九〇〇年写《三姊妹》时,正是俄国革命力量应该组织起来,进一步展开革命斗争的时候,这时列宁在国外创办了在思想理论上组织全国马克思主义者的《火星报》,不久,即在一九〇五年爆发了俄国第一次民主革命。

契诃夫在《三姊妹》里对于劳动的认识,作了一些新的发挥,一个剧中人决定脱离军籍去做工人,他说,"二十五年或三十年后每一个人都要非工作不可了"。另一个剧中人说,二三百年之后生活一定无限美好,"我们应当具有预期之感,应当期望它"。又一个人说:"无论那种日子多么辽远,每个人应当从现在起就给它去作准备,就应当去工作。"剧中人并且发出"劳动应当加教育,教育应当加劳动"的呼声。三姊妹中的小妹妹最后进工厂教书,大姐在闭幕前喊出了要懂得为什么活着的要求,她说:"我们要是懂得多好啊!"

究竟生活的目的是什么,契诃夫没有回答。但是这时期契诃夫已经预感到,革命的风暴即将来到:"一场强有力的扫清一切的暴风雨,已经降临了,它正在来着,它已经逼近了,不久,它就要把我们社会里的懒惰、漠不关心、厌恶工作和腐臭的烦恼,一齐都扫光了。"

契诃夫本人并没有看到一九〇五年的革命,他在一九〇四年便去世了。

一九〇三年，他生前所创作的最后一个剧本《樱桃园》就用更乐观的调子喊出迎接新生活的呼声了。

樱桃园象征旧俄国，旧的必须毁灭，新的才能建设起来。剧中人高喊："我们要把整个俄罗斯建设成一个大花园！""别了，旧生活！""欢迎，新生活！"

在闭幕以前，后台传来沉重的斧子砍伐樱桃树的声音，象征着对旧生活的摧毁。

从五个剧本的主题来看，契诃夫在八十、九十年代是不辞劳苦地孜孜不倦地探寻正确的世界观的，他用批判现实主义暴露了旧俄生活，特别是知识分子生活的阴沉、灰暗，他指出这都是由于没有正确人生观的关系，但是他从来不悲观，他总在悲剧的背影上展开喜剧，他对那些悲剧人物加以讽刺和嘲笑，同时他又总是指出未来的光明，未来的美好，让人们用乐观的目光看未来，唾弃黑暗的现实，为争取未来的光明而斗争。

契诃夫一直追求革命的真理，但他始终没有找到它，在逝世之前，他已经对于革命有了比较明确的认识（他写的《未婚妻》是表现一个少女奔向革命的），但是疾病夺去了他的生命，没有能使他继续前进。

契诃夫的剧作，也像他后期的许多小说一样，由于表达了他自己对于革命真理的追求，对于正确人生观的探索，字里行间透露着浓厚的思想性和政治性的气息。

用历史的眼光来看契诃夫，看到他七八十年以前在俄国文坛上所起的进步作用，清除资产阶级评论家对于他的错误的评价，肃清那些只看到他"人情"、"人性"的描写而看不到他政治性的倾向的诊断，作为对他一百岁诞辰的纪念，是非常必要的。

原载《文汇报》1960 年 2 月 12 日

署名：林陵

伟大的作家契诃夫

契诃夫是俄罗斯伟大的作家,一八六○年一月二十九日诞生,一九○四年七月十五日逝世。今年是他诞生一百周年,不仅苏联隆重纪念他,世界各国进步文艺界也都集会纪念他,并大量出版他的著作。

我国在二月九日举行了隆重的纪念会,演出了他的名剧《三姊妹》,出版了他的传记、小说选、戏剧集和论述他的生平和著作的文集。

中国读者是熟悉契诃夫的,远在一九○七年我国就翻译出版了他的小说《黑衣教士》。近年来,他的小说几乎全部翻译成中文出版,戏剧作品已经全部译出,并且有好多戏经常在中国舞台上演出。

苏联为纪念契诃夫诞生一百年发行了两枚邮票。一枚刻画了一八八六~一八九○年在莫斯科时的契诃夫,背景是他当时所住的屋子。小说《草原》、《没意思的故事》和剧本《伊凡诺夫》等作品就是契诃夫这时期在这所房子里写的。

另一枚描绘了一八九九~一九○四年在雅尔达时的契诃夫和他所住的被称为"白别墅"的房子。雅尔达在克里米亚南岸,是一个有名的气候疗养地。契诃夫并不喜欢这个城市,但因肺病严重,遵照医生的嘱咐,不得不迁居到这儿。他住在这里的时候,当时的作家,如高尔基、库普林、布宁等经常到他家聚集。契诃夫渴望回到莫斯科,尤其希望到当时革命中心的彼得堡去,投身到政治斗争中。当时正是俄国革命运动高涨,一九○五年革命的前夜。契诃夫觉得住在这里与世隔绝,感到孤独。他把雅尔达称为"温暖的西伯利亚",比做流放禁锢的地方。但是,他在这里的革命预感是很敏锐的,革命思想最浓厚的《三姊妹》、《樱桃园》、《新娘》都是在这里写的。

契诃夫二十岁就开始写作,起初还只写些幽默小品,后来随着写作才能的发展和成熟，愈来愈感觉到自己必须有一个明确的世界观，自己的作品必须对于人民起积极的作用，于是他努力追求真理，探索人生的意义，在他的作品里也充分反映了这种思想。

契诃夫在农村的时候，竭力接近农民，写了好几篇表现农民生活的作品。契诃夫原是学医的，在一八八四年曾从事一个时期的医务工作，作为一个医生，他经常接触各种各样病人。到工厂里去看病，他仔细观察工人的生活，写了几篇揭露资本家压迫工人的小说；还特地跋涉了几千里路，赶到当时放逐政治犯的西伯利亚的库页岛去，了解那些被囚的祖国优秀人物的思想和生活，著名的《第六号病房》就是他从库页岛回来后写的。

契诃夫一生虽然努力追求革命真理，但他并没有能够真正追求到无产阶级革命时代的真理，更没有能够投身到革命的浪潮里，因为他在一九〇五年俄国第一次革命的前夜，就因病去世了，当时他还不满四十四岁。

在契诃夫短促的一生中，正是俄国革命运动史上的过渡时期：他生的后一年废止了农奴法，他死的后一年发生了俄国第一次革命。生在这样一个过渡时期的作家，他的世界观是过渡性的，表现在他作品里的思想意识也是过渡性的，他对于俄国革命运动所起的作用也是过渡性的。

契诃夫的作品的主要特点是，极为生动而深刻地描绘了旧俄时代阴沉、苦闷、无聊的生活，使人读了以后产生一种憎恶旧生活的愤激感情，得出不能再这样生活下去的结论。二十二岁的列宁读了他的《第六号病房》，就产生了一种要冲出去寻找新生活的决心。

一八八九年，契诃夫在小说《没意思的故事》里描写一个追求人生目的的女演员卡佳，她想从她最敬爱的老教授那里得到指示，可是那老教授自己也不知道该走什么道路，于是卡佳只得永远离开了他，走向遥远的地方去彷徨摸索。

一八八七年，在剧本《伊凡诺夫》里，写出了一个小资产阶级狂热者伊凡诺夫一度热中于革新事业，但受到一些挫折，便消沉下来。一个年轻有为的女子把他看做是具有崇高理想的人，热爱他，并以终生相许，愿意跟着他走遍天涯海角。但是，由于伊凡诺夫自己没有中心思想，彷徨无措，在新婚之夜，他只能开枪把自己打死了。

一八九六年，契诃夫通过剧本《海鸥》说明：没有正确的世界观，即使有才能，也是不会有成就的。剧本中描写一个有才能的青年作家，影响了一个青年女子从家里逃出来奔向社会生活，找到终身全心全意为人民演戏的正确道路。

但是这位青年作家自己却被颓废的思想所包围,振拔不出来,看见自己的爱人找到出路离他而去,便在绝望中开枪把自己打死了。

一九〇〇年写的剧本《三姊妹》,描写一个青年军人预言革命的风暴即将来到,他决心去参加劳动,也号召别人去劳动;另一个中年军人预言未来的生活是美好的,劝告人们不要为目前阴暗的生活悲观失望。后来,青年军人在决斗中被杀,中年军人被调到远方去。但是受他们影响的三个姊妹决心把自己的劳动献给美好的未来,即使自己享受不到,也愿意为它的到来而贡献自己的一生。

一九〇三年写的《樱桃园》,描写一个青年使一个少女懂得了许多事情,他喊出了要把全俄国建设成一个大花园的口号,但是他自己只限于空喊空叫,而那少女却走上了身体力行的道路。

契诃夫在死前所写的最后一篇小说《新娘》,把人们追求幸福美好未来的热望表现得更清楚了:少女娜佳即将结婚,但是,由于她受了一个青年知识分子的影响,懂得了许多世界上的事情,便逃婚到彼得堡,在那里努力学习(本来作者是写她去参加革命的),决心使一切都翻个身。那青年知识分子并没有比她更前进,并且不久就因肺病去世了,而娜佳却意志坚强地继续向前迈进。

契诃夫这些小说和剧本都描写了前辈的人怎样启发了后辈的人,前者虽然由于种种条件的限制,没有能继续前进,或者由于自己的不求上进而毁灭了自己,但是后者受了他们的启发和影响,却走上了革命的道路。这是一种革命过渡时代的情况,契诃夫本人也是这种过渡时代的人物。但是他的作品却给了当时前进中的青年许多启发。特别应该指出:契诃夫在自己的作品里始终强调正确世界观的重要,有了正确的世界观,就会走上正确的革命道路,为人民和祖国献出自己的一生。契诃夫的作品是有浓厚的政治性和倾向性的,他反映了俄国革命前夜的实际情况,我们应该用历史发展的观点来看他的作品。

原载《集邮》1960 年第 3 期
署名:林陵

不断革命的伟大导师

——纪念列宁诞生九十周年

列宁是革命的不断论者,也是革命的阶段论者。关于革命不断论和革命阶段论,列宁曾讲了这样一个譬喻:

我需要从院子里运出两堆垃圾,而我只有一辆小车,并且一辆小车只能运出一堆垃圾。我该怎么办呢?

谁真正想彻底清扫院子,真心诚意渴望清洁,而不是渴望肮脏,诚心渴望光明,而不是渴望黑暗,谁就应该想出一个合理的办法。

如果确实不能一下子运出两堆垃圾,那么就先运能够一下子扫到和装到车上的那一堆,然后把车上的垃圾倒空,回家再运第二堆。不过如此而已。

我国人民先应当用自己的车子运出那叫做农奴制所有制、地主土地占有制的一堆垃圾,然后推着卸空了的车子回到比较干净的院子里,开始装运第二堆,开始清除资本主义剥削的垃圾[①]。

列宁是惯于用浅显的例子来说明深刻的问题的。对于不断革命论和革命阶段论这样重大而深刻的问题,列宁能用这样通俗易懂的譬喻来讲得一听就明白,真是惊人的才能。

革命的根本目的是建设共产主义,在开始建设以前,首先要去掉阻碍我们建设的垃圾。我们的阻碍是地主土地占有制和资本主义剥削。要把院子清扫干净,种上美好的花草树木,就先得去除堆积在那里的垃圾。

既然有两堆,搬运的时候就一定要分主次先后。一辆小车不能同时搬两堆,这就是说,不能两次革命一次进行,把民主革命和社会主义革命冶于一炉而

---

① 以上均见《列宁全集》第十二卷第二六六页。——作者注

毕其功于一役,先把地主占有制这堆垃圾扫清搬走,再把资本主义剥削这堆垃圾收拾掉,两者之间有一个过程,这就是革命的阶段论,搬完了一堆就紧跟着搬第二堆,这是不断革命论。

列宁还举过另外一个通俗的例子来说明革命阶段论和不断革命论。列宁说,一个革命家必须善于在每个时机里找出链条上的一个特别环节,并要全力抓住这个环节,掌握整个链条,准备逐步地过渡到下一环节。在历史事变发展的链条里,每个环节有次有主,形式不一,相互关联,而且各有区别①。

什么时候进行什么革命,要看得准,抓得严,这才能从一个革命阶段逐步地过渡到另一个革命阶段。民主革命和社会主义革命之间,既有关连,又有区别,不能混同。

十月革命在俄国发生,并取得胜利,照列宁的说法,是因为运用资本主义发展不平衡的规律,采取俄国这个资本主义链条上的最薄弱环节,一击而破,大功告成。

列宁把整个世界的革命都看做是一段不断革命的链条,他认为俄国一国首先取得社会主义革命胜利后,建设了社会主义生产方式的苏联工农,会去支援别国无产阶级进行革命,一国一国地扩大,终至遍及全世界,人类大解放,共产主义普奏凯歌。列宁就是这个世界范围内的无产阶级共产主义大革命的旗手和统帅,他的思想指示着段落和步骤,他引导着各国劳动人民不断前进。纪念列宁九十寿辰,我们要向这位世界革命不断论者致以最崇高的敬礼!

原载《北京晚报》1960 年 4 月 22 日
署名:蔡云

---

① 《列宁全集》第二十七卷第二五二页。——作者注

纪 念 列 宁

列宁是世界各国无产阶级革命的伟大领袖,他一生的革命经验和理论著作,包括文学方面的方针性的理论性的论述,是留给我们的丰富遗产。列宁的理论遗产一向是我们进行革命斗争的思想武器。纪念列宁诞生九十周年,进一步学习列宁战斗性的理论遗产,对于我们文学理论工作,无疑是极为重要的。

纪念列宁诞生九十周年,首先使我们想起的是这位伟大的导师为了保卫马克思主义、实现马克思主义的革命理想,同当时"修正"马克思主义的各色各样机会主义倾向进行的斗争。列宁正是在保卫马克思主义和反对修正主义的斗争中,在新的历史条件下发展了马克思主义,领导俄国无产阶级取得了十月社会主义革命的胜利并建立了世界上第一个社会主义国家——苏联。有了苏联这块基地,世界各国共产主义者循着列宁开辟的道路继续前进,在离今十年十五年前,又建立了十几个社会主义国家。

世界在飞快地发展着,今天学习九十年前诞生的列宁的思想是不是过时了呢?说列宁主义思想过时是修正主义的论调。十九世纪末和二十世纪初以伯恩施坦为首的修正主义者的论点之一,正是说马克思主义过时了。

"马克思列宁主义的理论基础是辩证唯物论。这种宇宙观反映自然界、社会和人的思维的普遍发展规律,适用于过去、现在和将来。"[①]马克思列宁主义不是死的教条,不是一成不变的学说,它随着实践的发展而向前发展。如果把它看成停止不前的东西,那就会犯教条主义的错误。如果违背了马克思列宁主义的基本原则来"发展"它,那又会犯修正主义的错误。修正主义者就是否

[①] 《共产党和工人党莫斯科会议宣言》。——作者注

马克思列宁主义根本的东西——阶级斗争和无产阶级专政,因而也就否认建设共产主义是我们的最终目标。说马克思列宁主义过时,就是企图用资产阶级的思想来代替无产阶级的革命思想。"修正主义或'修改'马克思主义是目前资产阶级影响无产阶级和腐蚀无产者的主要表现之一,甚至是最主要的表现。正因为如此,机会主义者的领袖爱德华·伯恩施坦才扬名(臭名)全世界的。"①这是列宁在差不多半世纪以前说的话。就连这句话现在也没有过时,对于现代修正主义者,对于今天的新伯恩施坦们,这是一针见血的评语。

修正主义在文学上的表现是主张模糊阶级斗争和调和阶级斗争,否认文学的教育作用和促进革命的作用,反对文学为社会主义共产主义的政治服务,仇视新社会和丑化新社会。国内外某些作家反对党领导文学、监督文学,反对文学要有党性、要有政治倾向性,宣扬资产阶级的"人道主义"和"和平主义"的论点,主张用资产阶级的"人性"、"人情"、"人道"等等唯心主义观点来代替无产阶级的共产主义世界观,都是现代修正主义思想的具体表现。纪念列宁九十岁诞辰,我们应该更深入地学习列宁关于文学和文学批评的观点,更深更广地开展文学战线上反对修正主义的斗争,为文学工作贯彻马克思列宁主义而斗争,为贯彻毛泽东文艺思想而斗争。

列宁认为文学的重要意义在于文学能够反映生活本质的重要方面,并以此来影响社会发展的进程。列宁的这一论点是从他的唯物主义的反映论出发的。列宁说:"我们的意识,只是外部世界的映象;不言而喻,没有被反映者,就不能有反映,被反映者是不依赖于反映者而存在的。"②一切事物是客观地存在着的,我们的概念和知觉只是客观事物的反映,承认这一点,我们就不会主观地、唯心地去反映现实。客观的事物永久处在运动中,处在矛盾的产生和解决的过程中。这种永恒的运动的过程,有自己的发展规律。"当我们不知道自然规律的时候,自然规律是在我们的意识之外独立存在着并起着作用,使我们成为'盲目的必然性'的奴隶。一经我们认识了这种不依赖于我们的意志和我们的意识而起着作用的(马克思把这点重述了千百次)规律,我们就成为自然界的主人。"③

人们认识了规律不是受到了限制,而是扩大了自觉积极性的范围,掌握了规律,使人更能发挥主观能动性。知道了未来社会是共产主义,人们决不会消

---

① 《列宁全集》第二十卷第三二二页。——作者注
② 《列宁全集》第十四卷第六十一页。——作者注
③ 《列宁全集》第十四卷第一九四～一九五页。——作者注

极地等候新社会的来到而不采取任何积极行动。

文学的任务就在于反映客观的世界,反映运动中的世界,反映我们知道它运动到什么方向去的世界,反映人们怎样为世界的未来——共产主义社会而进行的斗争。

人类没有比关心自己未来命运更重大的事情。作为现实反映者的文学家,没有比描写人类为争取自己美好未来而进行的斗争更重大的题材。

客观世界是形形色色的,错综复杂的,作者选择什么来反映,选择什么来描绘,是由他自己的立场、自己的世界观来决定的。只有掌握反映论的人,才能不用自己的主观思想和意志来代替客观的反映,只有具有唯物主义世界观的人,才能抓住客观世界中最本质的东西;只有反映生活本质的重要方面——为共产主义而斗争的作家,才能写出影响社会发展的作品,只有阐述这些原理,并且拿这些原理来要求文学作品的文学评论,才能起促进文学创作完成自己重要任务的作用。

马克思在发现了社会发展规律之后,指出在资本主义社会里保证历史前进的主要革命力量是工人阶级,因为在资本主义生产方式之后,只有工人阶级才能保证生产力的继续发展,只有工人阶级才能创造共产主义生产方式来保证一般人类社会的发展。

马克思列宁主义千百次地证明,无产阶级和资产阶级的矛盾是敌对的不可调和的矛盾,这些矛盾间的斗争,决定着人类的未来。这虽然是必然的、客观的规律,但是"客观主义者谈论现有历史过程的必然性,唯物主义者则是确切地肯定现有社会经济形态和它所产生的对抗关系。客观主义者证明现有一系列事实的必然性时,总是不自觉地站到为这些事实做辩护的立场上;唯物主义者则是揭露阶级矛盾,从而确定自己的立场……唯物主义本身包含有所谓党性,要求在对事变做任何估计时都必须直率而公开地站到一定社会集团的立场上。"①

这样,列宁就把问题阐述得很清楚了,应该抱唯物主义的世界观,站到无产阶级的立场上,为无产阶级的事业进行斗争。这就是党性。"无党性是资产阶级思想。党性是社会主义思想。"②

文学工作者决不是脱离历史的孤立者,也不是生活在社会里而脱离社会的

---

① 《列宁全集》第一卷第三七八~三七九页。——作者注
② 《列宁全集》第十卷第五十八页。——作者注

超阶级者,他必须有明确的立场,鲜明的党性。

关于党性,列宁在《党的组织和党的文学》一文里阐述得非常透彻。"文学应当成为党的文学。与资产阶级的习气相反,与资产阶级营利的商业性的出版业相反,与资产阶级文学上的名位主义和个人主义、'老爷式的无政府主义'和唯物是图相反,社会主义无产阶级应当提出党的文学的原则,发展这个原则,并且尽可能以完备和完整的形式实现这个原则。"①

列宁说明,党的文学的原则就是要把文学作为无产阶级总的事业的一部分而决不是个人事业。文学工作是无产阶级先锋队所开动的共产党这部统一的伟大的"机器"上的"齿轮和螺丝钉",是党的工作的一个组成部分,因此列宁喊出"打倒没有党性的文学家!打倒超人的文学家"的口号。

党性不是宗派主义。共产主义根本没有宗派主义的局限性。共产主义是人类社会发展的必然归向,是全人类全社会的问题。提出党性,是为了要同资产阶级思想以及一切与无产阶级相敌对的思想进行斗争,是为了要保证无产阶级的胜利,是为了要保证人类社会的发展能够真正合理、顺利、迅速地进行。

修正主义者卢卡契之流把列宁的这篇《党的组织和党的文学》说成是俄国党在一九〇五年革命时期的策略的阐述,是一时的战术、一时的措施。修正主义者故意降低这篇文章的意义,就是企图否认《党的组织和党的文学》是纲领性的党的文学政策的阐述,企图否定文学始终要有党性的正确提法。

我们今天文学工作者中间如果有人否认文学的党性,就是妄图否认文学要有党的领导、文学要有共产主义思想的领导,就是妄图否定作家要有无产阶级的立场、要有无产阶级的世界观,就是否认人类社会要向共产主义发展的社会发展规律。

关于这一点,从列宁的著作里我们可以看到很清楚的阐述。

列宁在《党的组织和党的文学》一文里还辩证地阐明了党性和文学形式的关系问题。列宁说,文学既是无产阶级党的事业的一部分,但同时必须绝对保证有个人创造性和个人爱好的广阔天地,有思想和幻想、形式和内容的广阔天地。因为"文学事业最不能作机械的平均、划一、少数服从多数","无产阶级的党的文学部分,不能同无产阶级的党的事业的其他部分刻板地等同起来"。但

---

① 《列宁全集》第十卷第二十五页。——作者注

是"必须无论如何一定成为同其他部分紧密联系着的社会民主党工作的一部分"。①

列宁还卓越地发挥了作家的自由和组织的自由的辩证关系。对于作家来说,"每个人都可以自由地、不受任何限制地写出他所愿意写的一切,说他所愿意说的一切……为了言论自由,我应该给你完全的权利让你随心所欲地叫喊、扯谎和写作。"②作家有充分的自由按照自己的意思写作,但是他自己应该有一个立场,他应该知道为什么写,为谁写。别的人也有充分的自由批评他。另外一方面,"为了结社自由,你必须给我权利同那些说这说那的人结合或者分离。"③就是说,党组织有权批评甚至开除自己的党员,如果这种党员作家失去了自己的立场,走上相反的道路。无论是批评或组织处分,这里的标准就是立场、世界观和奋斗目标。一句话,就是党性。党的文学应该受党的监督,这并不是没有自由,相反的,这是最大的自由。因为无产阶级文学摆脱了资产阶级的任何束缚,不受出版社老板和文化商人的摆布,不是奴隶似的为胖得发愁的有闲分子服务,而是根据历史的发展规律来为人类的命运服务。没有个人主义的束缚,也不是为文艺而文艺——这样的文学当然是最自由的文学。

修正主义者正是抓住文学受党的监督就没有创作"自由"这一点来攻击无产阶级文学的。根据列宁关于写作自由的阐述,我们可以清楚地看出修正主义者的这种攻击完全代表了资产阶级的思想。"实质上,这种叫嚷只是资产阶级知识分子个人主义的表现。"④

无产阶级的文学,是党的文学,是受党监督的文学,它会"把生气勃勃的无产阶级事业的生气勃勃的活水",注入这一工作中。党的文学是和"工人运动密切地、不可分割地联系着的、广大的、多方面的、多样性的文学事业"⑤,它是既有思想又有幻想的,是丰富多彩、百花齐放的文学。因为"要用社会主义无产阶级的经验和生气勃勃的工作去丰富人类最卓越的革命思想"的文学,也不会不这样。

---

① 《列宁全集》第十卷第二十六页。——作者注
② 《列宁全集》第十卷第二十七页。——作者注
③ 《列宁全集》第十卷第二十七页。——作者注
④ 《列宁全集》第十卷第二十六页。——作者注
⑤ 《列宁全集》第十卷第二十九页。——作者注

列宁曾和蔡特金谈到文学问题。列宁说,文学是属于人民的,是为人民服务的。这种文学,第一,要在广大劳动群众的底层有深厚的根基;第二,要为群众所了解和爱好;第三,要能结合群众的感情、思想、意志,并提高他们;第四,在群众中发掘出艺术家并使他们成长起来。

列宁经常要求创造出这样的文学作品,才真正能起为人民服务的作用。

文学要为人民服务,因为人民是历史的创造者,人民是共产主义的建设者。为这样的人民服务,也就是为共产主义事业服务。

具体地说,文学应该为什么样的人服务?列宁回答说:过去的资产阶级的文学为饱食终日的贵妇人服务,为百无聊赖、胖得发愁的"几万上等人"服务。无产阶级的文学,"是为千千万万劳动人民,为这些国家的精华、国家的力量、国家的未来服务"①。毛泽东同志提出为工农兵服务的文学方向,就是根据列宁的这种思想并进一步作了创造性的发展。

文学既为劳动人民服务,所以列宁号召文学家要接近建设共产主义的主力——工农群众:"多接近生活,多注意工农群众怎样在日常工作中实际地建设新事物。多检查这种新事物含有多少共产主义成分。"②

一九一九年列宁在一封劝高尔基离开彼得格勒的信里,把这任务说得更加明确:"无论是部队里的新事物,或是农村里的新事物,或是工厂里的新事物,您作为一个艺术家,在这里是不可能观察到并进行研究的。"③这也就是我国经常强调的作家必须下工厂、下农村、下部队去体验生活、了解新鲜事物的思想。

所谓新鲜事物,就是指正在发展着的社会主义建设和共产主义建设事业中的新事物,也就是毛泽东同志所号召的,到人民群众火热的生活里去接触的新的事物。

列宁反对修正主义者和一切机会主义者不投入火热的生活而钻进平庸的生活里去欣赏停滞的生活,反而还要美其名曰"向现实生活学习"的反动做法。列宁批判这种形形色色的机会主义者说:"他们这些盲人,永远是落在革命现实生活的后面。他们的僵死学说永远赶不上表现出那些关系到人民群众最根本利益的最深刻的现实生活要求的革命激流。"④

---

① 《列宁全集》第十卷第二十八页。——作者注
② 《列宁全集》第二十八卷第八十二页。——作者注
③ 《列宁全集》第三十五卷第四一〇页。——作者注
④ 《列宁全集》第九卷第一八七页。——作者注

为了使文学工作能更好地为建设共产主义事业服务,列宁对于接受文化遗产问题极为重视。

在著名的《青年团的任务》的报告里,关于继承文化遗产的问题,列宁从理论上作了深刻的阐述:"应当明确地认识到,只有确切地了解人类全部发展过程所创造的文化,只有对这种文化加以改造,才能建设无产阶级的文化,没有这样的认识,我们就不能完成这项任务。无产阶级文化并不是从天上掉下来的,也不是那些自命为无产阶级文化专家的人杜撰出来的。这完全是胡说。无产阶级文化应当是人类在资本主义社会、地主社会和官僚社会压迫下创造出来的全部知识发展的必然结果。"列宁并且进一步说:"只有用人类创造的全部知识财富来丰富自己的头脑,才能成为共产主义者。"①

列宁举马克思创立共产主义理论的例子,说明继承和学习过去文化遗产的重要。

列宁在关于赫尔岑、车尔尼雪夫斯基、聂克拉索夫、托尔斯泰等作家的论述中,详尽地阐发了继承文化遗产的态度,在《共青团的任务》的报告里,有几句话概括了他的思想:"你们不仅应当领会你们学到的知识,并且要用批判的态度来领会这些知识,自己的头脑不被一堆无用的垃圾塞满,而能具备现代有学识的人所必备的一切实际知识。"②

列宁关于托尔斯泰的几篇论文,最能代表马克思主义者对于接受文化遗产的态度。列宁认为托尔斯泰是伟大的天才作家,并把他称为"俄国革命的镜子"。但是列宁明确地指出:托尔斯泰的伟大只在于他"作为俄国千百万农民在俄国资产阶级革命前夕的思想和情绪的表现者"③。"托尔斯泰如此忠实地反映了他们的情绪,甚至把他们的天真,他们对政治的漠视,他们的神秘主义,他们逃避现实的愿望,他们的'对恶不抵抗',以及他们对资本主义和'金钱势力'的无力咒骂,都带到自己的学说中去了。千百万农民的抗议和他们的绝望,这就是溶合在托尔斯泰学说中的东西。"④列宁认为该抗议的东西是有的,如果没有什么要绝望。列宁说,托尔斯泰的学说"与现代制度的掘墓人无产阶级的生活、工作和斗争是完全矛盾的"。因此,俄国人民不应该向托尔斯泰学

---

① 《列宁全集》第三十一卷第二五四~二五五页。——作者注
② 《列宁全集》第三十一卷第二五四~二五五页。——作者注
③ 《列宁全集》第十六卷第三二三页。——作者注
④ 《列宁全集》第十六卷第三三一页。——作者注

习如何求得美好的生活,而应该向托尔斯泰所没有了解其意义的那个阶级学习,向唯一能摧毁托尔斯泰所憎恨的旧世界的那个阶级学习,即向无产阶级学习。"①

托尔斯泰的作品虽然有其艺术上的价值,但是只为极少数人所有,即使为了把他的作品变成人民的财富,也必须进行社会主义革命,推翻"那使千百万人陷于愚昧卑贱、苦役和贫穷境地的社会制度"才有可能②。

修正主义者断章取义地抓住列宁赞美托尔斯泰的作品的几句话,就得出结论,说艺术家没有正确的政治倾向,甚至有反动的倾向也可以创作出有价值的艺术作品。无非就是为了反对文学有党性,反对文学受党的监督。其实,从列宁更多的批评托尔斯泰、分析托尔斯泰的话里,我们完全可以看出这些修正主义的"结论"是多么的荒谬。

对过去的文化遗产要取其精华、去其糟粕,取舍的标准就是建设共产主义的具体的要求和长远的要求。继承旧文化,目的是为了普及和提高人民的文化,目的是为了建设共产主义。文化的普及和提高,首先要有政治条件。机会主义者认为俄国人民文化程度过低,不能实行社会主义革命。列宁驳斥了这种谬论,说工农群众完全可以推翻阻止他们取得文化的地主资本家反动统治,创造有利于自己的条件再提高自己的文化。

列宁认为革命后提高广大群众的文化程度是非常急切的任务,但是他把这项任务和建设共产主义的任务结合起来,而不把普及和提高文化当做一种启蒙运动来看待。列宁把这种措施看做建设共产主义的"战略"。列宁甚至把在农民中扫盲、进行文化革命也提高到建设共产主义的战略水平上来谈。

这一切说明:继承过去的文化遗产,把文化送到工农群众中去,从而普及和提高文化,是为了创造顺利建设社会主义和共产主义的条件。

对于过去的文学著作,特别是十八、十九世纪的文学著作,列宁也完全是从这一观点来论述的。使过去的文学作品能为今天的共产主义建设服务,能教育今天的共产主义建设者,就必须用无产阶级的观点、用历史主义的观点来进行批判,批判地接受过去的文化遗产;反对修正主义者陶醉于十八、十九世纪的文学作品的论调,企图用资产阶级的思想来麻痹我们新社会的广

---

① 《列宁全集》第十六卷第三五二~三五三页。——作者注
② 《列宁全集》第十六卷第三二一页。——作者注

大读者。

纪念列宁,正是要向列宁学习他保卫马克思主义、反对修正主义、为共产主义事业而斗争的思想和精神。

原载《文学评论》1960 年第 2 期

署名:林陵

伟大的列宁

——纪念列宁诞生九十周年

伟大的列宁诞生在一八七〇年,今年四月二十二日是他的九十岁寿辰。全世界劳动者都在这一天热烈地纪念他,因为他为全世界各国劳动人民的解放和幸福生活的建设,作出了非常巨大的贡献。

一

人类过去的生活是艰难困苦的,几千年来,在奴隶社会、封建社会、资本主义社会私有制度之下,绝大多数的人受少数人的剥削和压迫,生活极为凄惨。所以人类中先进的分子,总是向往着没有阶级和压迫的幸福美好的社会主义、共产主义社会。但是过去的社会主义者都是空想家,不知道怎样才能实现这个美好的理想。

一百多年前,马克思科学地分析了资本主义制度的发生和发展状况,发现了资本主义和社会发展的规律:资本主义社会必然为共产主义社会所代替,资本主义社会里的工人阶级就是创造共产主义社会的主要力量。使工人群众懂得这一理论,让最先进的分子组成一个严密的队伍——共产党,领导工人和一切被剥削的劳苦群众向剥削者进行革命斗争,就能推翻资本主义制度,实现共产主义社会。马克思和恩格斯在一百多年前把这伟大的思想写在《共产党宣言》里,号召世界各国的无产阶级联合起来,为这一理想的实现而斗争。

马克思和恩格斯指示说,工人阶级必须用武力推翻资产阶级的统治,建立无产阶级专政,先进行社会主义建设,然后再过渡到共产主义。

这一整套思想就是马克思主义。

马克思和恩格斯创造了科学社会主义的理论,但由于社会历史条件的限制,没有能够实现社会主义革命。马克思和恩格斯逝世后,欧洲社会民主党的领袖们,像考茨基和伯恩施坦之流,受资产阶级影响,实行机会主义路线,"修正"马克思主义,使工人阶级的革命事业不能循着马克思主义所指示的道路顺利发展。

七十年前,列宁接受了马克思主义思想,勇敢地起来同修正主义者进行斗争,保卫革命的马克思主义,继承了马克思和恩格斯所开始的无产阶级革命事业。他根据马克思关于无产阶级建党的理论,在俄国建立了新型的无产阶级政党,团结工农劳动群众进行革命斗争。

列宁的伟大贡献,是在新的历史条件——帝国主义时代,继续研究资本主义社会,发现了新的规律:资本主义发展到帝国主义阶段,经济政治发展不平衡,社会主义革命不可能同时在所有先进的资本主义国家发生,但可能在几个甚至一个资本主义国家首先取得胜利。

四十多年前,列宁领导俄国的无产阶级政党,在俄国推翻了资产阶级统治,建立了无产阶级专政的苏维埃政权,这便是历史上伟大的、划时代的十月社会主义革命。革命后,在列宁的领导下,打退了外国的武装干涉,消灭了国内地主资产阶级的军事反抗,开始进行社会主义建设。

一九二四年列宁逝世,他的学生和战友斯大林等继承了列宁的事业。

十年和十五年前,继俄国十月革命之后,在欧洲和亚洲又出现了十几个社会主义国家,形成了社会主义的世界体系。今天拥有全人类三分之一人口、占全世界四分之一土地的强大的社会主义阵营,就是从四十多年前列宁所创立的社会主义俄国开始的。今后世界上必将有更多的劳动者获得解放,逐渐在更广大的土地上建设社会主义。所以,四十多年前发生的十月社会主义革命,是人类历史的新纪元,胜利领导这一创纪元革命的伟大列宁的名字,将和人类历史一样,永垂不朽。

二

不朽的列宁在新的历史条件下,在领导俄国和世界各国劳动人民的革命斗争中,保卫了并发展了马克思主义,列宁的一整套无产阶级革命的理论、战略和策略思想,称为列宁主义。列宁主义是帝国主义和无产阶级革命时代的马克思主义,是社会主义、共产主义胜利时代的马克思主义,所以又称为马克思列宁主义。

列宁接受了马克思主义,不是单纯地进行宣传和学习马克思主义思想,而是对俄国的经济和阶级状况进行深刻而广泛的研究分析,针对俄国的实际情况,创造性地运用马克思主义原则。他在初期所写的《什么是"人民之友"以及他们如何攻击社会民主主义者?》、《俄国资本主义的发展》等书,就是解决怎样把马克思主义的革命真理和俄国的革命实践相结合的问题的。为了把马克思主义思想和工人运动结合起来,使实现共产主义成为工人斗争的目标,必须建立一种新型的无产阶级政党。列宁在《怎么办?》一书里详细地论述了这个思想。为了实现这个思想,列宁创办了全国性的报纸《火星报》,进行宣传,并且在一九〇三年组成了布尔什维克党。列宁领导布尔什维克党反对国内外一切机会主义和修正主义,坚持马克思主义的革命原则,在一九〇五年俄国第一次革命中发挥了党的巨大领导作用。

列宁制定了党的策略路线:首先取得资产阶级民主革命的彻底胜利,然后进一步转为社会主义革命。无产阶级必须在资产阶级民主革命中取得领导权,这样才能保证民主革命转变为社会主义革命。无产阶级为了取得革命的领导权,必须和农民结成联盟,孤立资产阶级。为了取得革命的胜利,必须进行暴力革命,用暴力夺取政权。列宁再三论证:通过暴力革命夺取政权是历史发展的一般规律,革命和平发展是非常少见和极其困难的事情。议会斗争是不能保证无产阶级取得最后胜利的。列宁在《社会民主党在民主革命中的两种策略》和其他著作里,详细地阐述了这些极为重要的革命思想和革命策略。

在第一次世界大战前夜和战争进行期间,列宁在战争和和平的问题上,对第二国际机会主义的领袖们,对国内的孟什维克等,进行了激烈的斗争。列宁认为,帝国主义的存在,是产生战争的根源,只要帝国主义存在一天,战争的危险就存在一天,无产阶级必须反对帝国主义国家之间的掠夺性的战争,那种拥护本国资产阶级政府的"保卫祖国"的战争政策,就是投降资产阶级,就是叛卖无产阶级的利益;无产阶级应该把帝国主义国家之间的战争变为反对本国资产阶级的国内战争。因此,列宁指出:无产阶级并不是反对一切战争,它反对的是资产阶级帝国主义的掠夺战争,即非正义的战争;它拥护的是反对资产阶级帝国主义的革命战争,即正义的战争。列宁也主张和平共处,但认为只要帝国主义存在,就应当准备随时应付任何突然事变,和平要为无产阶级革命事业服务;列宁也主张争取和平,但指出:只有通过斗争才能赢得和平,争取和平的斗争必须同革命斗争结合起来;谁以为资产阶级会用盘子把和平端来,谁就是十分天真的人。列宁认为,只有社会主义革命,只有社会主义制度,才能消灭战争,使人类摆脱战争。

在第一次帝国主义世界大战时期,列宁写了《帝国主义是资本主义的最高阶段》一书。列宁在这一部著作和其他一些著作里,说明资本主义发展到帝国主义,已成为垄断的资本主义、腐朽的资本主义、垂死的资本主义;因此帝国主义时代,是无产阶级社会主义革命的时代。由于帝国主义各国相互之间的矛盾,帝国主义各国国内资产阶级和无产阶级之间的矛盾,帝国主义国家和殖民地国家之间的矛盾,帝国主义国家和社会主义国家之间的矛盾,使资本主义发生了总危机,不可避免地走向崩溃。各国被压迫被剥削的劳动群众和殖民地半殖民地被压迫的人民,将掀起革命斗争和解放斗争,形成世界性的无产阶级革命运动。列宁还指出,美国是最凶残最富侵略性的帝国主义,各国劳动者必须认识它的真面目,和它进行坚决的斗争。

无产阶级革命和无产阶级专政,是马克思列宁主义最根本的内容。列宁发展了马克思的思想,再三论证,一切革命的问题,首先就是取得政权的问题;无产阶级取得了政权,必须建立无产阶级专政。列宁发现苏维埃政权是这种专政的很好形式,通过无产阶级专政,镇压被推翻的地主资产阶级和一切反革命分子的反抗,粉碎帝国主义国家的武装干涉,保卫无产阶级的革命果实;通过无产阶级专政,实行无产阶级的真正民主,开始建设社会主义,逐步过渡到共产主义。

列宁在新的历史条件下发展了马克思主义关于无产阶级世界革命的原理。列宁论证了:殖民地和半殖民地的民族解放斗争,是世界无产阶级革命的一部分,殖民地半殖民地被压迫人民,是资本主义国家无产阶级的同盟军;资本主义国家的无产阶级必须支持殖民地半殖民地国家的解放斗争;殖民地半殖民地国家的无产阶级必须掌握革命的领导权,在完成了反帝的民主革命之后,就实现社会主义革命;无产阶级取得了政权的国家,必须发挥国际主义精神,支援其他国家的劳动人民进行革命斗争;各国无产者和劳动人民的斗争,都必须以建设共产主义为自己的目标,这样才能使全人类进入共产主义的发展阶段,使几千年来人们向往的"各尽所能、按需分配"的幸福美满的共产主义社会完全实现。

十月革命的炮声，把马克思列宁主义的革命思想传入中国，中国人民的伟大领袖毛泽东同志，把马克思列宁主义的普遍真理和中国革命的实践相结合，并且创造性地发展了马克思列宁主义，领导中国人民完成了民主革命和社会主义革命，现在正用大跃进的速度建设社会主义，为过渡到共产主义而奋斗。所以中国革命的胜利和中国建设的胜利，就是马克思列宁主义在中国的胜利。

列宁继承了马克思恩格斯所开始的无产阶级革命事业，开辟了共产主义事业在全世界取得胜利的道路。列宁是全世界工人阶级、被压迫民族和一切劳动人民的伟大领袖和导师。纪念伟大列宁的九十诞辰，我们应该认真而深入地学习列宁主义，提高我们的政治思想水平，加快我国的社会主义建设，促进国际共产主义运动的发展，为伟大列宁的伟大思想取得更大更新的胜利而斗争！

原载《政治学习》1960年第4期

不隐瞒自己的观点

——纪念马克思诞生一百四十二周年

马克思生于一八一八年,今天是他的一百四十二周年诞辰。

马克思是一个正直真实毫不虚伪的人。他从来不隐瞒自己的观点,不掩饰自己的感情。据李卜克内西回忆说,马克思从不装模作样,始终保持本色,"他像一个小孩子一样不善于作假和伪装。"最了解马克思的燕妮(马克思的夫人),深知马克思不会作假,一作假就会不知所措、面红耳赤。

由于政治上的考虑,在资本主义社会里,有时也得说假话,马克思从革命利益出发,必要的时候只得不说真话,但是作为一个革命者,他知道,环境不允许说真话,绝不等于说在任何场合都应该说假话。对付敌人不说真话,是革命者保护自己的手段;可以说真话,却尽说假话,那就是虚伪,马克思最痛恨这种矫揉造作、撒谎说假的人。

马克思认为,在资本主义社会里,处在地下斗争状态中,一个革命者需要用伪装来保护自己是一回事情,但是对于社会、对于群众,决不能隐瞒自己的政治观点和革命主张,否则就是机会主义者。马克思一生和机会主义者进行坚决的斗争,马克思主义就是在和小资产阶级一切"社会主义"流派的斗争中建立起来的。

马克思批评德国工人党纲领,对于拉萨尔把纲领写得有别于《共产党宣言》,机会主义地用俾斯麦所喜欢的字眼来代替革命的字眼,马克思斥为"这纯粹是一种无耻的狂妄做法",是"廉价的无耻行径之一种"。

正因为马克思不主张隐瞒自己的观点,所以他在《共产党宣言》的最后一段里写道:"共产党人认为隐瞒自己的观点和意图是可鄙的事情。他们公开宣布:他们的目的,只有用暴力推翻全部现存的社会制度才能达到。让那些统治阶级在共产主义革命前颤抖吧。"

我们要学习马克思这种正直真实、光明磊落、立场鲜明、毫不隐瞒自己革命观点的共产主义者的革命风格。

作为革命的马克思主义者,我们今天也毫不隐瞒自己的观点:我们反对帝国主义,我们主张无产阶级的社会主义革命和殖民地半殖民地的民族解放革命,让帝国主义资产阶级在人民革命面前发抖吧!

原载《北京晚报》1960年5月5日

署名:林陵

革命诗人和政治诗
——纪念马雅可夫斯基诞生六十七周年

今天,是苏联伟大诗人马雅可夫斯基诞生六十七周年纪念。

被称为苏维埃时代最有才能的诗人的马雅可夫斯基,在他短促的生命中(他逝世时只有三十七岁),确实真实而生动地表现了他所生逢其时的十月革命前后的伟大时代,并显示了他用诗的形式表现这一时代的思想感情的杰出才能。因此,在怀念这位诗人的时候,我们首先想到:他怎样表现了自己的时代?在诗的创作方面,他有什么特出的成就呢?

马雅可夫斯基从十二岁起就参加革命活动,十五岁入党。十五岁第一次被捕,后来又几次被捕,他在狱中学习写作,十九岁开始发表诗作。第一次世界大战时写了《战争与和平》,明确地表示了对帝国主义战争的态度。在大战期间还写了一些反对资本主义的讽刺诗。一九一五年所写的长诗《裤中之云》,表达了对于革命的渴望。对一九一七年的二月革命,他采取了正确的态度,用诗篇揭露资产阶级临时政府的真面目,而对十月革命,则一开始就称为"自己的革命"。革命后马雅可夫斯基积极参加建立新艺术,歌颂社会主义。内战时用诗与画打击敌人,经济建设时歌唱劳动人民的英勇行为,同时不忘记揭露阶级敌人、反对落后现象。马雅可夫斯基始终不懈地写作政治讽刺诗和戏剧,一直坚持到一九三〇年逝世。

马雅可夫斯基当时所以受苏联人民的欢迎和尊重,就是因为他站在工人阶级的立场上,迅速而正确地反映了时代的脉搏,表达了革命人民的思想和感情。强烈的、浓厚的、尖锐的政治性,是马雅可夫斯基诗作的特点。他还写了不少反对美帝国主义的诗和支援中国人民斗争的诗(中国大革命时期)。

用诗来为革命服务,为政治服务,为人民服务,在马雅可夫斯基的诗里得到了极高的体现。他的新作一出现,不仅在报纸上刊出,也在街头上贴出,在橱窗里挂出,许多短小有力的诗篇很快地成为工农和学生口头上传诵的流行诗歌,这一切都说明一个真正的人民诗人,应该站在什么立场上写什么题材的作品。

新的内容要有新的形式来表现。马雅可夫斯基的成功是创造了新的诗体、新的格律来传达新时代的呼声。为了用革命时代的广大群众的语言写诗,马雅可夫斯基从民谣、民歌、小调、山歌中寻找语汇和歌调。马雅可夫斯基还把过去传统的格律,如抑扬格、扬抑格、扬抑抑格、抑扬抑格等混合应用,突破了旧的限制,扩大了变化的幅度。从马雅可夫斯基的创作中,最值得我们注意的是:可以打破旧的格律,也可以从民间歌曲里寻找新的形式,但是诗必须有音韵格调。马雅可夫斯基创作的新诗,是有相当严格的音韵格调的,我们不能从翻译过来的梯形诗里,以为新诗可以没有任何音韵和格律,可以随便堆砌,因而在创作我们的新诗时,不注意诗的重要元素——音韵和格律。

学习马雅可夫斯基在诗作里迅速而正确地表现时代精神和政治内容的创作思想,也要学习马雅可夫斯基对于新格律新音韵的创造,写诗应该有一定格律音韵的思想。

原载《天津晚报》1960 年 7 月 19 日第 3 版

署名:林陵

纪念列宁，学习列宁

纪念列宁的最好方式是学习列宁的革命思想。列宁的思想是一套完整的学说，是马克思主义在帝国主义和无产阶级革命时代的发展，总称为马克思列宁主义。

马克思列宁主义的理论基础是辩证唯物主义。辩证唯物主义反映自然界、社会和人的思维的普遍规律，适用于过去、现在和未来。

人类为了认识世界，经历了长期的摸索和努力。只是在马克思、恩格斯创立了辩证唯物主义认识论，才最科学地、最客观地因而也是最正确地认识了世界。列宁发展了和丰富了马克思和恩格斯所创立的辩证唯物主义，进一步阐述了认识论。列宁用一句极其简明的话概括了马克思主义的认识论，他说："我们的意识，只是外部世界的映象；不言而喻，没有被反映者，就不能有反映，被反映者是不依赖于反映者而存在的。"①

首先承认世界是在我们的身外客观地存在着，我们人的思想意识只是客观世界的反映。有了这样的认识，就有可能确立唯物主义的世界观，就不会犯主观主义、唯心主义的错误。认识了客观世界，然后又认识世界是在不断地发展着的，再进一步研究，就知道发展有一定规律。

马克思列宁主义发现了社会发展的规律，使人们知道：资本主义必然要灭亡，社会主义必然要兴起，社会主义将首先在一个国家取得胜利，然后逐渐扩大到全世界，通过社会主义的建设，逐渐过渡到共产主义社会。

马克思列宁主义的辩证唯物主义理论，是不断发展和不断丰富的理论，它是不会过时的。修正主义者说它过时，首先就犯了主观主义、唯心主义的错误。

---

① 《列宁全集》第十四卷第六十一页。——作者注

现代修正主义者,像铁托之流,甚至不是犯错误,而是当了叛徒,出卖无产阶级革命利益,为资本帝国主义服务。

马克思列宁主义者不是单纯的客观主义者,并不停留于认识社会发展的规律,认识之后,还进一步掌握这一规律,有意识有步骤地使共产主义社会早日实现。这样,人类就自己掌握了自己的命运,不再像过去那样,把自己的命运一任自然来摆布。

列宁根据这一理论,制定了具体的步骤:建立一个以实现共产主义为自己最终目的的政党——共产党,以无产阶级为核心,领导劳动群众进行这种或那种形式的无产阶级革命,建立这种形式或那种形式的无产阶级专政,和农民以及劳动群众结成联盟,建立生产资料公有制,实现农业的社会主义改造,有计划地发展国民经济,建成社会主义,然后过渡到共产主义。

学习列宁的革命思想,就是要学习辩证唯物主义的认识论和方法论,就是要学习列宁建党、斗争、夺政权、建设社会主义的整套思想。无产阶级政党不是宗派集团,它的目的不限于夺取政权,而取得政权是为了创造条件,以便有可能从事建设,建立共产主义才是它的最高目标。因此共产党是为了完成一定历史任务而建立的新型的马克思列宁主义政党。

根据列宁的认识论,使我们确信,帝国主义是资本主义的最后阶段,它已不能再向前发展,它已到了垂死阶段,新社会必将在它的废墟上建立起来,即无产阶级革命的时代已经来临。根据过去社会的发展规律,我们知道,政权的转移,一定要通过暴力,因此,资产阶级政权过渡到无产阶级,也一定要通过武装斗争。现代修正主义者硬说政权可以和平过渡,实际上就是取消革命,放弃建设共产主义的思想,就是保护资本主义、为资产阶级的利益服务。

根据列宁所阐述的帝国主义论,我们知道帝国主义国家必然要进行火并,必然要争夺和控制殖民地,必然要与社会主义国家为敌,因此资本帝国主义就是战争的根源。客观上存在着资本主义,也就是客观上存在着战争的根源,不承认这一点就是不承认马克思列宁主义最根本的东西——科学的认识论。仅仅有保卫和平的良好愿望,而不睁眼看清客观存在的现实,不积极地设法消灭战争的根源——资本帝国主义,就不是马克思列宁主义者。把和平共处的政策看成是对待资本主义世界的唯一政策,就必然牺牲无产阶级革命的利益、民族解放革命的利益。

殖民地半殖民地的民族革命既是世界无产阶级革命的一部分,各国无产阶级和取得革命胜利的社会主义国家,就应该支持民族解放战争,不能因为害怕战争而不主张进行正义的革命战争。学习列宁的革命理论,掌握列宁的认识论,就应该反对这种完全违反列宁主义原则的修正主义观点。

学习列宁的革命思想,应该用列宁主义科学的认识论即反映论来观察问题和解决问题。修正主义者宣传,发明了原子弹、导弹和火箭,就改变了整个理论世界,说什么对于革命理论也应该重新估价。这是完全错误的、极为有害的思想。抱这种思想的人,正是完全忘记了列宁曾再三详细阐述的认识论和辩证唯物主义。

远在六十年前,当科学获得迅速发展,各国科学界取得不少创造发明的成就时,特别是在宏观世界向微观世界过渡的时候,出现了物理学的危机,进而影响自然科学的其余领域,如化学、天文学、生物学、数学和心理学的观点,因而阻碍了这些科学部门的发展。许多科学家倒向不可知论,变成彻头彻尾的唯心主义者。

列宁用他的科学的认识论和方法论,解决了自然科学的危机,他指出,自然科学也是马克思主义的基础,马克思主义的辩证唯物主义应该是指导自然科学的哲学思想,科学家们把自己的科学研究拖进了"绝望的、没有出路"的峡谷,只会跌倒在唯心主义的泥坑里,可知的世界,变成了不可知的世界,于是悲观绝望,彷徨无措,不知道人类走向何处去。

列宁认为自然科学一定会克服本身的危机,关键问题是要用哲学来指导自然科学。列宁说,自然科学家必须承认自然界中客观存在着的规律性、必然性和因果性,用辩证唯物主义的哲学来指导自然科学的研究,依靠科学的认识论和方法论来进行研究,把科学的研究服从于人类未来新社会——共产主义社会的斗争,科学家也就不会空虚和绝望。科学家用辩证唯物主义观察世界,确定了自己正确的工人阶级世界观,也就有正确的观点来从事科学研究。

列宁还解释说,我们强调哲学指导自然科学,并不就是说,用哲学代替自然科学,更不是要求哲学研究和解决自然科学的一切问题。列宁说,哲学所解决的只是认识同自然界的关系问题,而决不是要解决物质的构造、形态及其特殊规律性等问题,这些问题要由自然科学来解决。

从列宁的这些阐述里,我们得到一个启示:从事科学研究工作的人必须有正确的世界观,应该从科学的认识论出发,认识世界,掌握世界发展的规律,从而确定自己正确的世界观,否则就会犯唯心主义的错误,甚至在科学工作上都得不到进展。

我们所强调的,科学工作应该让政治挂帅,应该服从党的领导,就是这个道理。

纪念列宁诞生九十周年,我们应该学习列宁的认识论,学习马克思列宁主义的辩证唯物主义,用科学的认识论和方法论,分析目前的国内外形势,反对一切机会主义和修正主义的观点,正确对待战争与和平的问题、无产阶级革命和民族解放革命问题、科学研究问题,因为马克思列宁主义的辩证唯物主义是一切革命事业和科学工作的基础。

原载《红专》1960 年第 8 期

纪念列宁诞生九十周年

列宁一八七〇年诞生于俄国的西姆比尔斯克城,今年的四月二十二日是他的九十岁诞辰纪念。

在列宁诞生前二十二年,马克思和恩格斯起草的《共产党宣言》在欧洲发表,从此便出现了科学的共产主义。

科学共产主义的理论是人类文化发展的最高成就。马克思和恩格斯总结了人类社会发展的历史和阶级斗争的经验,创造了真正科学的革命世界观。人类在马克思和恩格斯以前,不知道自己发展的前途,马克思仔细地分析了资本主义社会,找到了社会发展的规律,指出资本主义社会之后将是共产主义社会。他阐明阶级斗争是社会发展的动力,保证资本主义社会向前发展的力量是无产阶级,无产阶级将创造共产主义的生产方式,使人类社会进入最高的发展阶段。

马克思和恩格斯还阐明,无产阶级要用武力夺取政权,为保证共产主义的建设,还要建立无产阶级专政。为了领导无产阶级进行斗争,取得胜利,无产阶级最先进最觉悟的分子应该组成共产党。

马克思和恩格斯还指出,在所有国家或大多数先进国家里将发生无产阶级革命。

第二国际的领袖们歪曲和修正马克思主义,执行机会主义路线,使革命遭到失败。

列宁反对修正主义,保卫马克思主义,根据马克思和恩格斯的指示,列宁组织了无产阶级的真正革命的政党,即共产党。列宁继续分析资本主义社会,发现资本主义发展到帝国主义阶段,经济发展在世界各国是很不平衡的,因此不能等候无产阶级革命在各国同时发生,它将是首先在一国或数国取得胜利。

列宁建立了新型的无产阶级政党,领导俄国劳动者在一九一七年首先在俄国一国取得了伟大的十月社会主义革命的胜利,建立了无产阶级专政。列宁发现了工农苏维埃这一无产阶级专政的形式,依靠这种专政抵御国外的反动势力的进攻,镇压国内反革命的暴动,从事共产主义建设——首先是建设共产主义的初级阶段——社会主义。

列宁把马克思主义运用于俄国的具体环境,也就是把马克思主义和俄国革命的实践相结合,因而创造性地发展了马克思主义。

列宁发展了马克思主义,它的意义不限于俄国,俄国的革命经验,是世界性的,是具有国际意义的。

列宁关于社会主义首先在一国或数国取得胜利的理论,把整个科学共产主义理论提高到了新的历史水平,使人类的发展过程,迈进了一大步。列宁关于民族殖民地问题的马克思主义理论的发展,又把无产阶级革命的范围大大扩大。他论证了民族殖民地问题的解决和推翻帝国主义统治具有不可分割的联系。他宣布民族殖民地的解放斗争,是国际无产阶级革命的一个组成部分。

这样,马克思列宁主义就不仅是发达的资本主义国家无产阶级的革命理论,它也适用于被帝国主义统治的和受封建势力压迫的殖民地附属国家的革命。

这样,马克思主义的革命真理便通过列宁和俄国十月革命,传入半殖民地半封建的中国,使中国革命成为世界无产阶级革命的一部分。

毛泽东同志把马克思列宁主义的普遍真理和中国的具体实践相结合,并且创造性地发展了马克思列宁主义。中国共产党在毛泽东同志领导下,制定了民主主义革命的总路线,推翻了帝国主义、封建势力和官僚资本的统治;接着又制定了社会主义革命的总路线,实现了土地、资本主义工商业和手工业的三大改造;现在又制定了建设社会主义的总路线,掀起生产大跃进、农村公社化、鼓干劲争上游、多快好省地建设社会主义的伟大运动。

毛泽东思想发展了马克思列宁主义。中国革命和建设经验丰富了国际无产阶级革命理论的宝库。

从以上所述各点来看,中国革命的胜利,就是马克思列宁主义在中国的胜利,就是毛泽东思想的胜利。为了使我们的建设事业取得更多更新的胜利,我们应该更好地学习和掌握马克思列宁主义与毛泽东思想。

当我们纪念列宁九十岁诞辰的时候,展望世界革命运动的形势和中国建设事业的开展,尤其应该高举列宁主义的旗帜,更深入地钻研列宁的思想,更好地学习列宁的革命精神。对于我们图书馆工作者来说,应该更好地推广列宁的著作,应该把列宁的思想,列宁关于图书馆工作的指示,贯彻在我们日常的工作里。

中国革命的胜利既是马克思列宁主义在中国的胜利,也就是马克思列宁主义经典著作在中国传播的结果,而图书馆工作正是传播马克思列宁主义经典著作的重要中介。

最初出现在中国的列宁的著作,是一九一九年十二月十五日发表在北京出版的《新中国》杂志上的《俄国的政党和无产阶级的任务》。自此以后,列宁的作品不断在中国翻译出版,到一九四九年全国解放时,所有重要的著作,差不多都译成中文出版了。一九五九年,《列宁全集》三十八卷的出版,是列宁著作在中国传播的最高成就。

在解放前的三十年,图书馆对于传播列宁著作和其他经典著作家的作品,虽然由于政治条件的限制,还是起了相当重要的作用;解放后的十年,这作用又无比地提高;在今后的岁月里,这作用更将无可限量。因此,我们图书馆工作者的任务也就更加巨大和更加光荣了。

我们国家的指导思想是马克思列宁主义。我们的一切工作都要求党的领导,都需要政治挂帅。党的领导,也就是马克思列宁主义的领导。政治挂帅,也就是马克思列宁主义挂帅。怎样使我们图书架上的列宁著作和其他经典著作家的作品,送到读者的手里,怎样使这些书籍里所包含的理论掌握群众和为群众掌握而产生物质力量,是我们图书馆工作者的光荣任务。

在推广图书的一切手段中,最最重要的是配合当前的政治运动和思想要求,向读者介绍和宣传经典著作。例如,现在在共产主义运动中、在我们思想斗争中,最危险的是修正主义思想。我们就应该有系统地、有效地介绍和宣传列宁反对修正主义的作品。在介绍和宣传列宁反对修正主义的作品时,又应该抓住当前修正主义中的主要论点,例如关于"和平共处"和"和平过渡"的问题。经常抓紧当前的政治思想问题,采取各种有效方法,生动地向读者介绍这方面的专著,就能使图书馆工作很好地完成密切配合政治运动和思想动态的任务。

为了很好地完成这个任务,图书馆工作者本人应该很好地阅读和学习列宁和其他经典著作家的作品。

列宁也和马克思、恩格斯一样,是最善于利用图书,使图书为革命服务的伟大"读者"。纪念列宁的诞辰,学习列宁重视图书、使用图书的态度和方法,并且宣传介绍这种态度和方法,是我们图书馆工作者的迫切任务。

列宁不仅在学校里学习时尽量利用图书馆,在自由的时候尽量利用图书馆,他被监禁在监狱里,被流放在西伯利亚,也经常利用图书馆。他流亡在国外从事革命工作时,更是不断地跑图书馆,整天整月地坐在图书馆里找材料,阅读必要的书报。图书馆及其藏书,在列宁的革命事业中占着极大的地位,起了极大的作用。

据克鲁普斯卡娅回忆说,列宁"根据图书馆事业是否健全来判断文化水平,他认为图书馆事业的状况是整个文化的标志"。

纪念列宁诞辰,更有效地发挥图书馆的作用,使我们的广大读者像列宁那样地利用图书馆,像列宁那样地善读书和多读书。

纪念列宁诞辰,更广泛地把列宁的著作介绍给读者,让读者学习列宁的一切重要著作,特别是配合当前的需要,学习列宁反对修正主义,论述"和平共处"、"和平过渡"等问题的文章。

纪念列宁诞辰,学习列宁和其他经典著作家的作品,学习毛泽东同志的著作,用毛泽东同志教导我们的学习方法来认真地深入地钻研经典著作。

原载《图书馆学通讯》1960 年第 3 期

杰出的京剧艺术家周信芳

掌握了京剧的特点

周信芳在京剧艺术中所以能取得巨大的成就,是因为掌握了京剧的特点,极有效地运用了这个特点,并且进一步发挥了这个特点所包含的一切可能。

京剧在发展过程中继承了中国历代戏曲的传统,吸收和综合了中国各地戏曲中对自己有用的材料,形成了具有民族独特风格的全国性的戏剧。

京剧的特点是歌与舞的密切结合,在极大程度上发挥歌剧与舞剧的性能,在世界音乐、戏剧艺术中成为独树一帜的歌舞剧。京剧虽有二百年的历史,但直到今天还在继续发展和改进中。

周信芳对于京剧的唱、做、念、打这些演出上的组成因素给予了同等的重视,更重视这四者的密切融合。不同的戏要有不同的重点,有的重唱重做,有的重念重打;但是重视了一点,绝不忽视其他几点,把歌与舞两者有机地、和谐地结合起来,并且在这方面取得极好的艺术效果,这便使周信芳在京剧艺术上创造了杰出的成绩。

京剧在十八世纪末、十九世纪初勃兴以来,一直在京剧艺人集体加工中不断地完善着。最初的京剧剧本,有的是根据昆剧等其他剧种的本子改编而来,有的是自己创作的,一般都出自演员的手,官僚文人们认为这种戏曲难登大雅之堂,把京剧之类的戏曲叫做戏曲中的花部,以与叫做雅部的昆剧对称。但是京剧作为一种歌舞剧,所以能代替盛极一时的曲词优雅的昆剧,其力量不在于雕琢文字,而在于以变化较多、音域较宽的西皮、二黄的民歌和雄伟有力、富于风趣的身段工架作为自己表演基础的音乐和舞蹈,在于它能用比较进步的弦乐器（胡琴）代替限制唱腔的管乐器（笛子）作为主要伴奏乐器，使歌唱的活动天地更为宽广，在于它一开始就有更大的胃纳，能对于戏曲和地方戏曲兼收并蓄，加以溶化和发展。京剧在剧本上、曲调上、演出上、服饰上通过演员的演出不断地加工改进，这便形成了京剧的另一特点：京剧是通过前代后代、老辈小辈的艺人，同时代的许多艺人在不断的实践中，在互相模拟、学习中，集体地加以继承和发展的。因而在京剧艺术上有贡献的老伶工，既是演员，又是编剧，有时还是作曲和导演，甚至是服饰的设计者。程长庚、谭鑫培、汪桂芬、汪笑侬等许多名伶，都属于这一类人物。

周信芳所以成为京剧的杰出表演艺术家，正是因为他既是演员，又是编剧，既是作曲，又是导演，而且还是服装设计师。

京剧的剧目没有定本，较有成就的演员不得不各有自己的台本，这是因为历代的文人没有为京剧从事创作；京剧的唱腔没有定谱，较有成就的演员不得不自己在现成的曲调上加工，创造一些花腔来组成自己的唱腔，这是因为作曲家没有为京剧创作一定剧目的一定曲谱。在这种情况下，演员不得不自己来编剧、作曲（在原有民歌曲调上的大同小异的加工）、导演、演出。坏事变成好事，京剧演出上真正出现了百花齐放、争奇斗艳的局面，产生了各种流派的表演艺术家。周信芳在舞台上从事六十年的创造活动，在唱腔表演上取得被称为"麒派"的独特成就，正是京剧的固有特点所促成，也是周信芳本人掌握并发挥了这个特点所形成的。

老人的形象在戏剧艺术中得到如此完整而多样化的塑造，也是京剧的一个特点。京剧形成一个剧种，是由老生这一角色奠定基础的。慷慨、激昂、苍凉、浑厚的老生唱腔，和庄严、英武、苍劲、纯朴的老生形象是京剧的基础，这也许和中国诗文、绘画、雕塑中往往以描绘老人为主的风格有直接关系。老生周信芳所塑造的老人群像，通过把唱、做、念、打糅合在一起的歌与舞，把中国历史上无数激昂慷慨、英武坚强、高风亮节、苍劲纯朴、机智敦厚的须眉人物栩栩如生地活跃在舞台上，也是他掌握这一特点、继承和发展了这一特点的结果。

综合的全面的继承

不继承就没有发展。单纯的继承，只是模仿，也不会有发展。

京剧艺术的特点,要求演员功底深。作为一个好演员,必须有文、武、昆、乱的全副本领。周信芳从小就练就这种全副本领。他幼年时曾以演武戏出名,这种武生的根底,对于他后来在造型艺术上的成就有直接关系。周信芳经常劝导后辈,要多学本领,"闲时备,急时用"、"看得多,学得多,会得多,演得多,然后才能谈得到创造"。从周信芳的艺术实践中,我们可以看出,他是非常懂得毛主席所说的,在继承遗产方面要"取其精华,去其糟粕"的道理的。一方面,下苦功,全面的学习,文、武、昆、乱不挡,另一方面对于传统的和别人的东西有选择有扬弃,加以分析和综合,然后再继承和利用。

周信芳向过去的旧传统学习,向前辈学习。在唱腔上吸取汪桂芬、汪笑侬、孙菊仙的长处,而形成自己独倡的腔调,既学王鸿寿衰派老生戏和红生戏,但是又在所学来的《徐策跑城》、《扫松下书》、《走麦城》、《华容道》等戏里作了新的加工和创造;在做功上既学苏廷魁的独到之处,但是又在学来的《四进士》和《乌龙院》等戏里作出新的创造性的发展,加工成更完整的剧目。

周信芳不仅向前人学习,也向其他角色学习。他自己演武生戏,并从武生的技术中汲取有用的东西来充实老生戏;他有时也演黑头戏,塑造包公的形象,并从花脸演技中为老生吸取有用的东西;他有时还演小生戏,不仅创造性地用大嗓子唱小生,并且从小生戏中撷取有益的因素。周信芳很推崇谭鑫培能大胆地从青衣腔调中取出有用的东西来革新老生的唱腔,所以他自己也这样做。他在三十多年前所写的《谈谈学戏的初步》一文中就指出:"明明是学人,偏叫人家看不出我是学谁,这就是老谭的本领,这就是他的成功。"周信芳的成功,也在于他能学别人,学别的角色,把学来的东西和自己的角色融合,创造成为融会贯通的新艺术作品。

向其他剧种学习,从地方戏曲中借用剧本、唱腔、演技的例子很多。周信芳还常谈到,他也向今天的其他戏剧形式如话剧和电影艺术学习。更重要的,是他善于向生活学习,向劳动人民学习。他在黄浦江渡江时看到渔人的打鱼动作,改进了自己在《打渔杀家》里模拟撒网、拉网的舞蹈化动作。

进行全面的学习,拿自己的眼光来批判分析,然后再加以综合利用,有选择地继承和发扬,这是戏剧工作者应该向周信芳学习的一种学习方法。

大胆的有目的的丰富和发展

毛主席说得好:"我们必须继承一切优秀的文学艺术遗产,批判地吸收其中一切有益的东西,作为我们从此时此地的人民生活中的文学艺术原料创造作品时候的借鉴……但是继承和借鉴决不可以变成替代自己的创造,这是决不能替代的。"①

周信芳在京剧艺术中所以取得巨大成就,就是不把继承和借鉴来代替自己的创造,而是从中创造出新的艺术作品来。认为不能死学,"不要一个身段、一句唱腔那样地一味模仿。学习首要的是领会精神实质。掌握了精神实质,就可以大胆创造。任何艺术,任何流派都不是一成不变的"。

周信芳舞台艺术的独到之处是他真正认识了和掌握了京剧的主要特点——歌与舞,他使每一出戏的戏情通过唱、做、念、打的表演方法,一丝不苟地完全歌舞化,使全剧细针密缝地没有一点非歌舞化的漏洞。每一句唱腔经过周密的研究,每一个动作经过仔细的推敲。戏剧艺术应该真实,否则就不会感动人;但是京剧语言是用歌唱和念白来表达,就不可能真实,动作程式化更不可能真实;艺术家的任务在于使语言歌唱化、动作舞蹈化不失之于真实;使歌唱与舞蹈既有真实感又有艺术味,既有思想又有感情。什么地方用唱最适当、用白最有力,什么地方要用锣鼓点来加强节奏和分明段落,什么地方要用强烈的动作或柔和的姿势;要一字一句一举手一投足都服从于戏的主题思想,为了把主题思想最有效地传达给观众,采用最适当的唱、做、念、打来表演,把生活中的语言、动作搬上舞台,同时又一分钟一秒钟都不忘记必须把这些语言、动作歌舞化。我们看周信芳演《四进士》里的宋士杰,一把扇子的运用,一张一合都有舞姿,一篇状子的诵读,声调中有音乐有思想有感情,段落的划分和头眼的抬上抬下都贯穿着舞蹈。周信芳把戏剧演到这样的程度:使每一个动作每一个声音都产生美的效果和思想的效果,不使台上进行的戏有丝毫艺术的空白。

西洋的歌剧,虽称为"剧",但歌唱者往往只管唱不管演,有些以唱功见称的京剧演员,也常常只以唱完一折戏就算完成舞台任务,即使"唱",也往往为

---

① 《毛泽东选集》第三卷第八八二页。——作者注

唱而唱；即使唱、做俱来，往往是轻轻带过，美其名曰"炉火纯青"。周信芳与此相反，一上台就以全副精神演戏，使唱、做、念、打都得到发挥，真正做到向戏剧负责、向观众负责。如果周信芳早期的表演，曾被评论为"火气大"，那么他后期的表演就真正做到"炉火纯青"了。

有人说，舞剧在于人体的曲线美，京剧的服装宽袍大袖，不适于表演舞蹈。但是中国传统戏曲演员根据宽袍大袖的特点，创造了甩水袖等特殊舞姿，周信芳还创造了踢袍、抓袖等舞蹈动作，甚至于把袍角塞在腰带里，拎着袍角跑步（如《跑城》）、脱衣、扔衣（如《义责王魁》）也发展成为舞蹈。

为了使整出戏歌舞化，使剧情更有戏剧性，使戏的主题思想更加明朗和突出，使戏发挥更高的效果，就必须进行大胆的改革。周信芳很早就从事编写新剧本的工作，在自己的创作里，突破旧的传统，采用不同剧种的曲调来丰富京剧的音乐，增加乐器来提高伴奏的效果（像梅兰芳添二胡为旦角唱腔伴奏那样，周信芳也添用二胡给老生的歌唱伴奏）。他做得更多的是改编传统的剧本，改剧情、唱词、念白、曲调、演出、服装。大胆地、有目的地丰富了和发展了京剧剧目，是周信芳的重大贡献之一。

一切为了演好戏，演好戏为了服务人民

周信芳六十年如一日地从事舞台活动，一切努力都是为了把戏演好，这是为了更好地用戏剧艺术为人民服务。一丝不苟地演戏，用最大的热情演戏，使戏发挥更高的效果，使京剧的歌舞成分发挥无遗，是周信芳的一贯作风。这是有一个更高的指导思想在引领他这样做。这思想便是向观众负责，为人民服务。他倒嗓后，并不是退出舞台，而是用无比的毅力克服困难，寻求适合他嗓音的唱腔，修改传统曲调的演唱方法，常常大胆地用道白代替唱词，更大限度地发挥念白的效果，并且更进一步用做功、表情方面的艺术创造来弥补唱腔的不足。于是坏事变成好事，意外的困难促使他取得了非凡的成功。一种忠于艺术、坚强不屈的精神战胜了似乎无法克服的困难，为京剧艺术的发展作出了自己的贡献。

周信芳在切字正音上用工夫，讲究四声，着力于咬字正确，使念白和唱腔字字清切，既使观众容易听懂，又使戏剧效果提高。即使是唱功戏，他也敢于演唱，在演唱上作出新的创造。他贴演《四郎探母》的时候，内行都很惊讶，认为

唱词中必须翻高的嘎调,对于他是不可逾越的难关。但是他在唱到嘎调的地方,用带唱带白的声调念出,而且恰到好处地完全符合整个剧情和情绪的发展,使这段戏演得浑然一体,天衣无缝,在座的同行莫不为之绝倒。这种创造性的截长补短的做法,在表演艺术上有所发展,不仅形成了一种流派,而且给有志于创新的演员们开辟了道路,增加了信心。

周信芳演戏的特点之一,不仅自己全心全意地演戏,最高限度地发挥戏剧效果,而且他要求同台的演员,也与整个戏配合,发挥作用。在演出前"说戏"(排戏),使同台的演员尽量地和他合作,在台上演出时,又竭力帮助对方,使对方进入角色。因此,一般演员都喜欢和他同台演戏。有时对方"出漏子",他宁可牺牲自己的戏,弥补对方的"漏子",使戏不致演砸,挽救了同仁,也对观众负了责任。为了"同台通力合作",他不仅要求每一个配角把戏演好,他自己也常常愿意演配角,帮助别人把戏演好。

他的另外一个戏德是热心提拔新人,常常邀请不出名的但只要能够演戏的演员和他合作,经过一个时期使对方成为观众所熟悉和欢迎的演员,然后再物色新的搭档,而不是长期地只和自己的老搭档合演,不轻易和新人演出,因而不能使人才辈出。

他的高度向观众负责的态度,就是为人民服务的态度。他知道为谁演戏、不为谁演戏,充分显示了一个进步艺人的鲜明的倾向性。最明显的例子是他在抗战时期,在形成孤岛的上海演戏,经常演出《明末遗恨》这样带有激励人民爱国情绪的戏(这戏在历史材料上虽然有问题,但在当时上海演出曾起过鞭挞敌伪、激励民气的作用),汉奸强迫他到敌人控制地区去唱堂会,他坚决拒绝,敌伪组织恶势力到他演出的剧场去捣乱,轰他下台,他毫不动摇,继续演出伸张正义的戏,与敌人周旋到底。

业务上的成就和政治上的进步分不开

无论在业务上和政治上,周信芳都是经过了长期的摸索才逐渐成为自觉的戏剧革新者、自觉的革命工作者的。周信芳六十年的发展道路,从茫茫然的摸索,到知道倾向什么,靠拢谁,该演什么戏,怎样演,怎样改,演给谁看,为谁服务,这个漫长的过程,是逐步明朗,逐步提高的,因此这条在业务上和政治上进步的线,是他六十年舞台生活的主线。

业务上的进步,必然是和政治上的进步结合一起的。周信芳今天在京剧艺术上所取得的成就是和逐渐自觉起来走上革命的道路分不开的。辛亥革命前后,周信芳便积极地接近革命情绪奋发的汪笑侬、夏月珊、夏月润等进步演员,并向他们学习;大革命前后靠拢田汉、欧阳予倩等革命戏剧家,接近左翼文艺工作者,并参加进步戏剧的演出;在抗日时期竭力演出正义的剧目,抵抗敌伪的压迫,在不能演出反抗侵略的新剧目《文天祥》和《史可法》时,便把这两个剧名用大字写成,像两条反对日本帝国主义的标语似地挂在他经常演出的"卡尔登"舞台两边,用它来和观众每天见面;在解放战争时期,和上海革命民主力量更加紧密地团结在一起,积极地参加反对国民党统治的斗争(如带头签字反对国民党强迫演员和妓女一起登记等行动);在抗战和解放战争时期,就听从中国共产党地下组织的意见安排自己的演出和活动;解放后立刻站到人民的方面,服从党的领导,更加积极努力地以自己的戏剧艺术为人民服务,到工厂和农村为工农群众演出,到朝鲜前线为抗美援朝的战士演出,为国际友好和世界和平奔走演出,并且终于在一九五九年加入了共产党的行列,决心献出自己的一切为社会主义和共产主义事业服务。解放后,周信芳整理过去演出的台本,用正确的观点作了加工和修改,编演了《海瑞上疏》、《义责王魁》等新戏,把他六十年来的艺术成就更善更美地发挥在演出中,传授给新的一代。

周信芳的戏路很宽,扮演的角色是多种的(老生、小生、花脸的戏都演),塑造的形象是多样的(皇帝、宰相、将军、官员、平民、劳动者都演)。他所塑造的人物有一个特点——都是正义的、有气节的、英勇的、刚强的。这里给我们一个启发:只有政治修养高的、艺术风格高的演员才能演好正义性强的、风格高的人物。周信芳扮演的某些人物,由别的有才能的演员来演,同样可以演好,或者是风流潇洒有余,或者是机智风趣有余,就是不能像他那样演得庄严、刚毅、英明、沉着,这正可以说明政治修养的重要。

周信芳向前辈学习,向同辈学习,向别的角色学习,向其他兄弟剧种学习,同时他的艺术创造也影响了同辈的艺人,别的角色,别的剧种的艺人。例如花脸裘盛戎、武生高盛麟和一些旦角,都说学了"麒派"的艺术而使自己的艺术得到发展;有些电影和话剧演员也说在演技上曾受到周信芳的影响。

周信芳作为"麒派"的倡始者,其实他的成就对于京剧艺术说来,已超越一个流派所能作出的贡献。周信芳的京剧艺术的成就还有待我们比较全面地总结,但是有一点是可以肯定的,它对于京剧艺术的发展已作出了很可贵的贡献。京剧作为中国歌舞剧还有待艺术家们的大力改进和完善,但是周信芳六十年来在这方面所做的努力是有继往开来的意义的。

原载《上海戏剧》第 12 期,1961 年 12 月

忆沈知白先生

沈知白先生是音乐家

说沈知白先生是音乐家,即使在音乐工作者的圈子里,过去也有不少人是不承认的。后来,说沈知白是音乐理论家,中国民族音乐和外国音乐的研究者,大多数人还能承认;说沈知白是作曲家,大多数人就不肯承认了。

从我数十年的交往中,我深知他是一生把整个身心完全扑在音乐研究和实践工作上的,他是一个深有造诣的音乐家。我想从数十年交往的回忆中,摘拾几点,来说明他是一个怎样的音乐家。但我不是做音乐工作的,我对于音乐没有研究,由一个外行来叙说专家的专业,是很不适当的,必然会说出许多贻笑大方的外行话。但是为了纪念这样一位确有深交的朋友,没有理由不勉为其难。

先从四十年前的往事谈起。

一九三九年,抗战发生后的两年,在已经形成"孤岛"而畸形发展的上海租界上,春天,我认识了一位先是无国籍,后是美籍、苏籍,其后又成为无国籍的当时公共租界工部局图书馆的馆长阿甫夏洛穆夫。他在欧洲受过专门音乐教育,为爱好中国音乐而来到中国,他创作了中国题材的交响音乐、舞剧、音乐剧、钢琴组曲等。我和他交谈了几次,初步理解了他对于中国音乐的看法。在这年的夏天,他约我到他家和一位"中国音乐家"相见,这便是沈知白先生,他那时用沈敦行的名字。

我过去已经听说过沈敦行的名字,知道他虽在工部局小学教书,但专心一意地研究中国音乐和外国音乐,博览中外音乐群书,但是没有机缘认识他。他是如此废寝忘食,好学不倦,年事尚轻,就得了严重的神经衰弱症,长年失眠。

在一个星期天的下午,天气相当热,沈知白穿了一身白竹布的短褂裤,外罩一件官纱长衫,小平头,脚踏黑布鞋,完全是一个旧知识分子的打扮。

我们在墙上挂着中国画和以京戏蟒袍为装饰、案头摆着笙箫鼓笛以及唢呐和九音锣等中国乐器、墙角立着一架钢琴的外国人的房间里,用"万寿无疆"的盖碗茶杯,品着中国茶,作了两三小时的谈话。

谈话从音乐到舞剧。

阿甫夏洛穆夫说,他从小听中国戏,爱好中国音乐,喜欢京戏的舞蹈动作和开打武艺。他在西欧专攻音乐,毕业后二十年代末特地来到天津、北平,想专门从事中国音乐的研究。但是当时在平津搞音乐的,不是从外国回来的就是在国内培养出来的少数几个人,他们都搞西洋音乐,鄙弃中国音乐。他只得到农村去搜集民歌。他创作的《北平胡同》等中国民族风味的交响乐,只有住在中国的外国人才欣赏。他来到上海,好不容易经人辗转介绍,认识了沈敦行先生,只是和他谈话,才找到了共同语言。接着沈知白先生谈了他对于音乐,主要是中国民族音乐的看法。

沈知白说,中国音乐有漫长的历史,从古代的黄钟、大吕,经过弹拨乐器琴瑟琵琶到吹拉乐器笙箫丝弦,用这些乐器所演奏的各时代的乐曲,有许多流传至今。中国的戏曲音乐和民族音乐也非常丰富。中华民族有自己的音乐,今天的中国人民应该继承和发扬中国民族音乐。民族乐器固然还要利用,并且有它广阔的前途;但是现代中国音乐,应该用现代乐器。西洋乐器并不是单纯哪些民族、国家的乐器,我们可以把它称为现代乐器,它是国际性的乐器。中国过去的民族乐器,是手工制作的,是农村经济的产物;现代乐器是现代工业的、机器的产物,制作更加精密,音域音量都要大得多。用现代乐器同样能够,而且效果更好地把民族音乐演奏出来。例如《埃及之夜》,是埃及风格的乐曲,用现代乐器来演奏,同样可以把埃及民族风味表现出来。中国人民应该根据中国人民传统的民间的音乐,用中国乐曲的各种旋律,创作出新的具有中国民族风格、民族气派的中国民族音乐,用现代管弦乐器来演奏。当然,沈知白先生并不认为中国民族乐器应该淘汰,他确信:民族乐器还会长远被人民所爱好,也会长远保持自己的特色。不过,要想把民族乐器改良,是没有多大必要的,改到临了,至多是接近现代世界通用的乐器(三十年代初上海世界社做过这种改良的试验,结果失败了)。

沈先生讲到当时的中国音乐界,包括音乐的最高学府,学习的是外国音乐,并不以创作中国民族乐曲为职责,并不以培养中国民族音乐家为宗旨,教师是外国人和外国留学回来的人,课程是外国移植过来的,中国民族音乐没有地位。当时充斥在社会上的是外国乐曲和小调,流行歌曲是非驴非马,没有民族气派的靡靡之音,出版的歌曲、唱片是这一类型的东西,充斥在广播电台的也是这些东西。在外国文艺作品的影响下,形成了中国新的文学和美术,但音乐的成就还很少。

沈先生用他学者的、朴素的、有根有据的语言阐述了上述的那些观点。阿甫夏洛穆夫一会用英语,一会用俄语,一会夹杂几句中国语来插话,来帮腔。我像一个小学生那样,接受了他们的结论:中国人民要走中华民族音乐的自己的道路:要继承和发扬中华民族的音乐传统。要根据中国民族的、民间的各种乐曲的旋律,用现代作曲法写出中国民族风格、民族气派的新乐曲,用现代乐器包括管弦乐队来演奏这些乐曲。

这是整整四十年前的议论。在沈先生这不止是四十年前,而是更早时期的观点。那时,音乐学校不可能贯彻这些主张,电台不可能广播这种乐曲(假使有的话),出版社也不可能出版这种曲谱。而且这是抗战刚爆发的时候,中国人民正沦陷在无比苦难之中和艰难斗争之中。

那时全中国没有一个自己的交响乐队,只有上海租界工部局由洋人指挥和管理的主要是洋乐人组成的乐队和不完整的俄国人组织的乐队。

在那次以及后来多次的谈论中,沈知白先生说:为了提倡中国民族现代音乐,我们既没有自己的音乐学校、广播电台、出版社,那就只能考虑先从小处做起(沈知白和阿甫夏洛穆夫一起,已经尝试过几次):单纯开音乐会,难于吸引观众;演新创作的歌剧,要培养大批歌唱家,人力物力一时做不到;可以用京剧演员已有的技术,不开口,只用动作和表情来解释所演奏的音乐,演出一种新型的戏,可以或多或少地招徕观众(听众),把自己的主张逐步散布出去。这便是采用"舞剧"的形式。

那时我在上海地下党的领导下从事文艺戏剧方面的工作,在党组织的同意和支持下,把演出"中国舞剧"来宣传和提倡中国音乐作为党的文艺工作之一。一九四一年夏天,在大光明电影院,由益友社主持,上海红十字会出面演出了中国第一个舞剧《古刹惊梦》。这是一个三幕舞剧,由阿甫夏洛穆夫作曲,沈知白为顾问。阿是外国人,中国的许多事物,从音乐、表演、舞蹈、服装、道具等方面都要有深入了解和熟悉这方面情况的有素养的人提意见,做顾问。沈知白是最适当的人。

在我和沈先生第一次见面的时候,他就谈到京戏的特点:京剧界称为"工架"和"身段"的东西,就是舞蹈动作、舞蹈素材,用艺术手段加以组织,用故事、剧情来连串,用一整套的乐曲来铺陈贯通,就可以创造出一种新的艺术形式(就是后来定名为"舞剧"的那种形式)。

一九四一年十二月八日太平洋战争爆发后,"孤岛"型的租界不复存在,阿甫失业,音乐、舞剧的工作必须另辟蹊径。沈知白先生和我们一起始终如一地在这方面进行艰苦奋斗。

在日帝统治之下,话剧和其他剧种思想性比较明显的舞台演出受到种种限制,但音乐和舞剧之类的活动还可以找到缝隙进行。在沈知白的协助和支持下,又曾演出过小型的舞剧《琴心波光》等。一九四五年抗战胜利前夕排练,在胜利后演出的音乐剧《孟姜女》(阿甫作曲)是一种新的尝试,除了舞蹈之外,还加进了合唱和对白,沈知白对这一演出也献出一份力量。他特别欣赏《孟姜女》中秦始皇上殿的音乐,一种类似黄钟、大吕的庄严的声音,惊奇作者是从哪里撷取来的,因而畅谈了怎样用现代乐器表现古代音乐的问题。

在这期间,几位熟识的朋友曾经几次举行小型演奏座谈会。例如请一位名叫张佩琴的女琴手弹奏钢琴曲《邀舞》,然后由沈知白先生讲解《邀舞》这一曲子的全部内容。又如请卫仲乐教授演奏琵琶曲《十面埋伏》,详细讲解每一段乐曲所表现的内容,说这是弹奏者必须把所有指法都使用上的琵琶曲。有时也讲解乐器的发展史,给一些音乐爱好者讲琵琶怎样从埃及传到中国,如何逐渐成为中国古代的一种流传较广的乐器;胡琴怎样从北方传到南方,最初的弓是什么形状,怎样演变为今日长形的弓弦;讲解三十年代初期世界社怎样改良中国乐器(怎样把胡琴的斗逐渐放大,为了取得较高的音量,最后改成了类似今日小提琴那种形状),说明改良不能解决问题,不如直接"拿来"西方的乐器使用,从而证明完全可以用西洋乐器演奏中国民族音乐。

这些讲解和讲座,充分显示了沈知白先生对中外古今音乐的精深研究和丰富知识。解放后沈知白在上海广播电台开《世界名曲讲座》,参加中央举办的《十二年文学艺术规划》工作。正是因为他有丰富的中外音乐学识,才能胜任此项工作。

沈知白先生一向谦虚、朴素,他从不流露自己的学问和技能。他可以滔滔不绝地讲解前人的乐曲和当代作曲家的作品(例如阿甫的作品),然而,甚至于对我这样接近的朋友,几年来一直没有透露他自己能作曲的一言半语。约在一九四三年左右,我参加一次卫仲乐教授主持的中国民族乐器演奏会,听了丝竹合奏的《洞仙舞》,节目单上写着作者沈知白的名字,我才发现他会作曲。我问他,这支曲子既然称为《洞仙舞》,是否可以把它排演成一个小舞剧呢?他说,即使作为小舞剧,曲子也嫌太短,还需要加以扩大。我催他早日着手扩大,也劝他另外再写些民族乐器的曲子,他笑而不答。这个不答,原来另有内容,经过相当一段时期,我才明白:沈知白先生并不认为为民族乐器作曲是他要做的工作,即使要把《洞仙舞》加以扩大,也不是用丝竹来伴奏洞中仙人的舞蹈。

沈知白先生主张中国音乐应该走民族化的道路,并不就是提倡单纯搞民族音乐、民族乐器,更不是主张轻视或反对西方音乐。他曾经在上海音乐学院担任民族音乐系主任,有人主张他开课讲民族音乐理论。他不同意这个意见。他认为音乐理论是一个整体,中国民族音乐有一些自己的特点,但并没有自己独特的理论。他又认为,民族乐器在中学里学过,在大学里又要学习,提高固然必要,但不必用这样长的时间来"提高",把民族音乐与乐器在音乐学院里和其他课程等量齐观地来安排是不合理的。

我们曾经谈过不少有关京剧改革的问题。他起初也曾愿意为京剧的改革做些工作,但他看了一些改革过的以及用现代题材所写的京剧,渐渐地认为:如果为了建立中国的新歌剧而对京剧进行局部的改革,并不是正确的道路。我在"文化大革命"前写了一个《孙夫人》(关于孙尚香这个人物的一生及其悲剧)剧本提要给他,他不想为这个戏来写音乐,如果把它作为京剧形式来处理的话。他在一封信中说:经过改革与创造,在京剧和新歌剧合流之时,才是京剧改革成功、中国新歌剧建立成功之日。很明显,他是主张从京剧里推陈出新,撷取京剧中某些表演方法和形式,而在音乐上完全创新,才能创造出中国风格、中国气派的新型歌剧。

他主张用中国民间旋律、用现代作曲法,写出用现代乐器演奏的中国新音乐,包括戏曲音乐。他在这方面做了一些尝试。他没有宣扬,他悄悄地进行着这个尝试,只是在偶然的情况下透露出一点点痕迹。

一九四四年,傅雷发起一种座谈会,请各种学科的专家参加,每两周举行一次,每次由一位专家讲解他专业的一个专题,准备积累材料,为胜利后办刊物创造稿源。一次座谈会,沈知白谈了中国音乐问题,预先经座谈会主持人傅雷的坚持,沈知白拿出他新写的四手联弹钢琴曲,在他讲完之后,请两位女琴手联弹了这支曲子。弹完了,大家交口称赞,有的说,这支从中国民歌旋律发展出来的曲子似乎是一篇颇有风趣的对话。有的说,这段对话简直带着很俏皮的味儿。

从这次演奏,我才知道他不仅会写民族乐曲,也能创作钢琴曲。我曾在他家,只看到一架风琴,问他为什么不准备一架钢琴,对作曲可以方便些。在经济上,他没有这个条件。他风趣地回答说:"我这房间里摆上一架钢琴,一弹起来,连房子都要坍塌了!"他那时住在武定路的一座两楼两底的弄堂房子里,已相当破旧了。

抗战胜利那一年,京剧演员周信芳要实现他在日伪统治下没有能实现的夙愿,把旧剧《风波亭》扩大为一部表现岳飞一生英勇事迹的戏,我们组织了编写组,吸收沈知白参加,他特地为《满江红》词谱了一支曲子,完全是民族风格,高亢激昂,与过去流行的《满江红》曲有所不同。京剧演员吕君樵编了一出《还我河山》,把这首《满江红》在剧末用齐唱来演唱,效果很好。(这首曲子已经失散,最近吕君樵同志背诵了一下,正请人记下谱子。)这支曲子可以用民族乐器或现代乐器演奏。

解放后,我看了苏联影片《黄鹤的故事》,这是根据中国民间故事改编的,我和沈知白先生商量,可以再把它改编为舞剧。取《齐谐记》中黄鹤的故事和"黄鹤一去不复返"的诗句,加以糅合改编。沈和我都有同感,把黄鹤的舞蹈搬上舞台,可不亚于天鹅的舞姿。过了一两年,约在一九六二年左右,沈知白先生来北京,说他已想好这个舞剧的主题曲,可以用一个景,写三场戏,他还随手画了一个舞台面的草图,舞台上的装置是有名的黄鹤楼,戏就在楼前展开,有独鹤,有群鹤的舞蹈。他并且去找了戴爱莲同志,谈这个设想,戴很赞成,准备扮女独鹤,建议那个吹笛的人是一个青年书生。计划已定,但这一舞剧曲却迟迟没有拿出来,经我数次催促,也没有下文。在一九六四年,他从上海带来一本五线谱的本子,是一个不算短的组曲(交响乐),他题名为《花之舞曲》。我把它改为《百花齐放》,他也并不反对。他想先找一个地方试奏一下。我在这年的秋天,和陈冰夷同志一起,拿去送给了当时中国音乐学院院长安波同志,他答应找人试奏。过了一个时期,还没有消息,又过一段时间,中央广播局的梅益说可以由广播乐队试奏一下。但是再去找安波同志,安波同志已经去世了。不知安波同志把这个乐谱放到了什么地方,一直没有能找到。我曾把这个不幸的消息告诉沈知白,他安慰我说:"不要紧,我虽没有留底稿,但是内容还记得,可以重新写出来。"不久,"文化大革命"开始,我和他再没有通过信,大概他没有重写,这部《百花齐放》组曲竟成了绝响(还要设法寻找)！

《黄鹤》的曲谱没有见到,《百花齐放》虽然写出,却被遗失了。作品的好坏不论,但沈知白是会作曲的,并且也经常创作,他不是一般地研究中外音乐作品,研究和讲解音乐理论,翻译音乐理论,而且是一个作曲家。可是一般人不知道他会作曲。中央广播局曾经想把他调到北京,从事音乐方面的工作,尤其希望他能做些创作工作。一位从上海音乐学院调到广播电台做音乐工作的同志说,从来没有听说沈知白会作曲。中央戏剧学院也曾考虑调他到北京,我和上海音乐学院的一位负责同志谈起,他说:"我还是第一次听说沈知白会作曲。"当然这些都是一定时期的情况,晚一些时候不是上音也有人把自己的创作请沈知白提意见和修改吗！

但是不知道、不承认沈知白是作曲家的,是主要情况。有的学生说:"这个类似冬烘先生的老学究哪会创作呢？"沈知白是这样谦虚,不事标榜,更不把自己的作品示人,使人对他不理解、不重视,甚至使人得到冬烘先生的印象,说轻一点,真是啼笑皆非的事情。朋友们想把他换一个地方,无非想创造一些条件,让他能创作一些音乐作品。

我也曾鼓励他为《人民音乐》杂志写些文章,他说曾经写过一些,没有完稿,又搁下了。在"文化大革命"开始之前不久,我曾托一位上海朋友向他转言:"你已年事渐高,趁精力还够的时候,把自己计划要写的音乐作品,抓紧时间写出来吧,能否发表,先不考虑,留下来就是好事。"听说,他为此语颇感动,但不久就开始"文化大革命",他是否留下什么,我一无所知。

沈知白同志是革命者

在我和他多年的交往中,不仅有音乐活动,也有政治活动。我没有向他暴露过政治面目。因为我有一个时期编《时代》杂志,他曾不时问起国际的和国内的政治情况。他可能对我有什么猜想,但我们一直没有明言。我们的友谊很深,这个深,看来并不是因为我对音乐事业热心,而是他那个心照不宣的"猜想"起着作用。因此,不论对他提出什么要求,即使为难的、危险的事情,他也毫不犹豫地接受,并且积极地去完成,在这方面,主要的有这样几件事:

在解放前夕,我动员他去了解设在浙江路菜市场楼上的前工部局乐队情况,特别是多年积累的各种乐谱和名贵乐器。因为这些资财有被国民党带走和散失的危险,希望他去联络一些乐队里的工作人员,为保护保存这些珍贵资料和乐器做好工作。再就是上海音专的情况。他那时在音专工作,让他团结一些同事,为准备迎接解放而作种种准备,同样也包括把珍贵资料保存下来,不要散失和被国民党人带走。他尽力做好这一工作,可惜我在渡江前夜不得不逃离上海,没有把他和组织联系上。一个月后我从北京回到上海,了解他的努力还是很有成效的。又是我由于忙于其他许多工作,没有让他同文管会的有关同志多所联系。他接受了任务,做好了工作,他绝没有个人的打算和要求。

一九四五年八月间,正在日帝投降之际,约在八月十七八日,有第一架美国飞机到达上海。来到上海的是美国情报机关,它的目的是要抢在国民党来到上海之前,尽早取得敌伪的情报关系,为今后工作打下基础。随机来沪的一位中国同志,立刻通过各种社会关系找到我,要我当夜介绍一个英文翻译、一个英文打字员,第二天一早就到那个美国情报机关去工作,也是设法早于国民党,把我们的人先打进这个美国机关。因时间过于急迫,一时找不到组织关系商量此事,和几个接近的朋友们商量后,认为沈知白同志英文程度好,可以在美国机关工作,他为人老实,忠于革命事业,向他提出注意事项和具体要求,相信他决不会泄密或投向国民党方面。另外又找到一个女打字员。我连夜和陈冰夷同志一起去沈知白家,说明情况,他一口应承。第二天一早他就去上班。他把敌伪人员和美国人谈话的内容都记录下来,并且把他们翻译的英文稿打字后,偷一份藏在口袋里,第二天交给我。我这时找到了党内做这种工作的同志介绍前去和他联系,继续把情报偷出来。他担任这工作约一个月,辞职出来,由党另行派人前去接替。是不得已临时拉这位音乐家去做这工作,他是不适于长期做这工作的。

同年的九十月间,美国心理作战部从昆明迁移到上海。这也是一个美国情报机关。在这个机关工作的一个美籍华人,通过种种关系辗转地找到我。他要了解(当然是美军要了解)中共领导的武装部队在江南一带,特别是京沪杭三角地区,尤其是上海近郊的真实情况。我向当时和我联系的梅益同志报告之后,他向上级请示,因当时正是毛主席、周总理等从延安到重庆和蒋介石谈判之际,其中重要问题之一就是中共领导的人民武装在全国各地,包括华东和上海附近的力量分布情况。我们正需要报道和宣传人民武装力量在江南一带,特别是上海附近很强大,用以和国民党讨价还价。这时美军方面已插手中国事务,我们也必须向美方显示我们的强大有力。因此党组织认为有必要会见这个美国军方派来摸索情况的美籍华人。我把美籍华人介绍给梅益同志。梅要我找一个英文翻译,才能接见这个美籍华人(他在芝加哥长大,不会说中国话)。这个翻译要为人可靠,至少不会在别的场合再见到梅益。事情又很紧急,不可能另外去找人,于是我又推荐沈知白同志去执行这个任务,并且把沈的情况向党作了详细介绍,包括他曾担任美国情报机关翻译的事。组织认为沈合适,便约定时间地点(在一个商行的办公室),梅益同志和那美籍华人(军人)见面,由沈知白同志当翻译。谈话之后又约定时间,把美国军人带到上海近郊的解放区参观,看我们的武装力量和我党在这个地区内做到的实际控制以及有效的行政能力。沈知白忠实地执行了和保守了这一秘密任务。

就是为了上述两件事,沈知白同志曾受过多次审查,我和梅益都曾写材料证明这两件事是沈知白同志执行的革命任务。但在"文化大革命"时期,在执行林彪和"四人帮"的反革命路线之下,却把这两件事看成为美帝服务的反革命事件。我和梅益同志被审查案件中,这两件事也是"严重的罪行",在沈知白同志身上甚至是更"严重的罪行"。不管我写了多少材料,多次被提审讯问时,一再证明沈知白同志完全是为党做了有益的革命工作,但是谁也不尊重我们的证明,只要对沈知白同志审查问题有利的实事求是的证明都被抛在一边,"反革命分子不能为反革命分子作证"。沈知白同志为了这两件事,在运动期间受了多年的难以忍受的折磨。他不是党员,而是一个为党工作的极其忠实的知识分子。终于在一次粗暴的威胁和"镇压"之下,他被迫害致死。

清除"四害",大地春回,在以华国锋同志为首的党中央的领导下,一个含冤多年的革命音乐家,最近终于被昭雪平反了,他的论著、译著和创作亦才得以与广大群众见面。

原载《音乐艺术》1979 年第 1 期

悼念热爱党的表演艺术家周信芳同志

一九七八年八月十六日,我参加了周信芳同志的骨灰安放仪式。面对着周信芳同志的遗像,在默哀的时候,追念他生前所走过的道路:一个在政治上求进步,从靠拢中国共产党到成为共产党员的不断摸索前进的形象,一个在艺术上取得了杰出成就、塑造了一系列须眉人物的形象,生动地呈现在面前。

出身贫苦艺人家庭的周信芳,从七岁起,就登台演戏了。他的艺名"麒麟童"就是从"七龄童"转化过来的。

一九〇一年后,七龄童周信芳登上舞台,走上了生活的征途。帝国主义八国联军蹂躏中国,辛丑条约的枷锁刚刚套上了中国人民的脖子,中华民族多灾多难的命运,无不在他那正在成长的心灵上引起强烈的反响。辛亥革命之后不久,又出现袁世凯称帝的丑剧,周信芳编演《宋教仁》来表示反对;一九一九年的"五四"运动,使二十四岁的青年周信芳受了新思潮的洗礼。他编演了大学生《学拳打金刚》,在封建保守的京剧舞台上表现了学生运动。从中国共产党的成立到北伐战争,是一个更巨大的反帝反封建的革命浪潮。更见成熟的三十岁的周信芳,编演了《博浪槌》等戏,表示对旧军阀的专横的愤慨。共产党人在大革命中所起的作用,"四一二"事变之后的浴血斗争,使一个追求新思想的周信芳,逐渐产生一种要了解和接近中国共产党的愿望。这时他在京剧舞台上已经取得辉煌成就,誉满中国。他继续前进,开始与当时受上海地下党组织影响的文艺团体接近。他参加过"南国社"的活动,和欧阳予倩等同志合作演出。对于此后党所领导的许多革命文艺活动,他没有置身事外,而是和它建立了日益密切的联系。

一九三一年的"九一八"事变,一九三二年的上海战事,一九三七年的卢沟桥事变和"八一三"的上海战事,使一直向往革命和倾向共产党的周信芳,在思想上产生了新的变化,在行动上跨出了更大的步伐。在当时党所领导的各界救亡协会的推动下,他和欧阳予倩等同志领导京剧演员组织了"上海京剧界抗敌救亡协会"。在党的领导下,影剧界组织了十几个演剧队开赴各战场和后方演出。周信芳同志建立了"移风社",在上海演出较有内容的京剧,宣传抗日救亡,反对妥协投降。

在形成"孤岛"后的上海,周信芳同志继续用他的舞台演出,经常与几百万上海人民见面,尽力宣传抗战,反对屈辱投敌。这时,原来和周信芳同志有联系的地下党员已纷纷离开上海,地下党要设法和这位有巨大群众影响而又在寻找党的指导的表演艺术家取得联系。当时我在上海党组织内做文化方面的工作,党把这个任务交给了我。我原来与京剧界没有往来,也没有适当的途径可接近周信芳,于是我便从多看周信芳的戏入手。约在一九四〇年、一九四一年之间,找到了曾为周信芳编过戏的尤金圭先生,向他学习编写京剧。因为周在卡尔登戏院的舞台两旁挂着《文天祥》和《史可法》的预告,但又久久没有上演,我便在尤金圭的协助下,写了《史可法》的分场提纲,经尤的介绍,去见周信芳同志,表示愿意为他编写这个戏。从此我和周信芳同志建立了关系。这个戏以及后来送给他的《荆轲刺秦王》等提纲,虽然由于种种原因没有能够编写出来上演,但是经过几次交谈,相互之间却日益了解。针对当时上海的情况和全国抗战的形势,我按照党的指示向他建议:即使不能演出比较直接反映抗敌的戏,也要在戏里宣传重气节、反屈辱的思想,以反对国民党妥协投降的种种表现和沦陷区敌伪势力的嚣张。周信芳在他所编演的《文素臣》里多少接受了这个意见。

我在周信芳同志的面前没有暴露身份,但多次的言谈,使他了解到:党重视他的戏剧工作,党也在做他的工作。我也感到他对于我的尊重,不是对一般朋友的友好,而是在倾听党的意见。我们大家心照不宣,维持着表面上不疏不密的关系。但在多次过从中,我深切知道他是尊重党、靠拢党的。

抗战后期,在一九四四和一九四五年上半年这个时期,在党的领导下,上海京剧界的进步青年成立了"艺友座谈会"。周信芳同志对此热情支持,对他们编演的革新京剧《信义村》、《还我河山》等戏,积极帮助。抗战胜利后,周信芳同志经常参加这个座谈会,起了良好作用。这个组织,团结了一批进步演员。我也经常参加这个座谈会。周信芳同志曾对我说:"参加座谈会的小兄弟,都很听你的话。我希望以他们为基础,成立一个业余性的剧团,专门演一些戏院里暂时还不能演的革新京剧。"这些都表明了他对党的靠拢,愿意和年轻同志共同走一条进步的道路。

抗战胜利初期，周信芳同志有好些宏大的计划，都和我商量，并且要我协助进行。他想创办一个戏剧刊物，专门宣传和研究戏剧改革问题。拟议中的几位编辑同志和他共同商定，把这个刊物定名为《人民戏剧》，并且请人绘制了封面。他提议编写《岳飞》，把旧有的《风波亭》发展成为一个表现岳飞生平的大戏，并多次讨论场次等问题。我介绍上海音专的教授沈知白先生专门为这个戏谱了一个民族风格的《满江红》的曲子。周信芳同志很重视这个曲子，他想用它作为主曲，在《岳飞》这部戏里做一些京剧音乐方面的改革尝试。他还想买下一所戏院，专门演出他历年保留的较好的戏，并编演一些革新的戏，以摆脱戏院老板的剥削，为革新京剧建立一个基地。他和我商量，要把这个戏院选择在广大中下层居民集居的地方。我为他介绍了靠近南市区的亚蒙戏院，进行了多次洽谈，讲定了价钱。他又想出国演出，我们多次商量，决定先去苏联，然后到西欧，去美国，绕地球一周回国，甚至具体商量了演出剧目和怎样组织翻译。由我介绍，与苏联对外文化协会、美国新闻处代表、英国使馆文化参赞等初步接洽，周信芳同志用他新编演的《徽钦二帝》举行招待演出，邀请当时驻在上海的苏、美、英、法等国家的有关人士到黄金大戏院观看。但是由于解放战争的发展很快，上海形势的变化，党组织向他暗示全国和上海解放在即，解放后在戏剧这个领域里将出现无比宏伟的前景。周信芳同志便逐渐放弃了上述那些计划，准备迎接解放。

在解放战争期间，他响应党的号召，积极参加在上海展开的反对国民党反动统治的种种运动。周信芳同志参加了反对国民党反动派侮辱戏剧、戏曲艺人的"艺员登记"活动；参加了反对国民党当局搜刮民财进行内战的增加"娱乐捐"的抗捐运动；积极参加了反对国民党军队大举进攻解放区的"上海戏剧界反内战签名运动"。

周信芳同志经常演戏的黄金大戏院，有地下党员当经理，当宣传员。他们也像我一样，没有向他暴露身份，但他对他们也是完全信任的。一九四九年四月十八日，百万雄师渡江前夕，由于党通知我，敌人将下毒手，我不得不离开上海，向周告别时，他曾表示，他家有个小房间，可以暂避。考虑到当时形势的严重，我还是离开了上海，虽然我觉得他是诚意想要掩护一个地下党员的。

上海解放前夕，国民党反动派要裹胁周信芳同志去台湾。党的地下组织通过一定关系告诉他不要受骗。他便决心留在上海等候解放大军的进城。上海的解放,对他是多么巨大的鼓舞啊！就在上海解放这一天,我从北京归来,随解放大军回到了上海。第二天就去探望了周信芳同志,并通知他和梅兰芳同志到北京去参加第一次全国文代会,他一口答应了,并且自告奋勇地说:"兰芳处,你不用去了,我去告诉他。"

解放后,周信芳同志愈益靠拢党,热爱毛主席,听党的话,以党的意志为意志,以党员的标准严格要求自己。他参加各种政治活动,新编了一些戏,删改了过去常演的一些旧戏的不妥之处,停演了一些思想不正确的戏。他为广大群众演戏,下厂、下农村、到街头,为工农兵演戏,他还赴朝鲜慰问志愿军,并到其他国家演出。为培训新的一代,他贡献出了自己积累数十年的舞台艺术经验。在上海和北京参加观摩会演,对一切兄弟剧团和兄弟剧种的演出,他作为戏剧界的领导人之一,总是从头至尾观看所有的戏,严肃认真地提出自己的意见。

周信芳同志在早年就一直向往中国共产党所领导的革命事业,在国民党白色恐怖下面,他冒险地接近和靠拢地下党,参加党所组织的戏剧活动和政治活动,接受党的指示。经过抗日战争和解放战争,特别是在新中国成立后,在党的直接领导下,做了大量的工作,他的思想认识更为提高,对党的感情更为深厚,对毛主席更为热爱,一种要求入党的心情更见迫切。一九五九年上半年,周信芳同志从上海到北京来参加一次戏剧活动,就便到我家来访问。我们谈了入党的问题,他毫无保留地说出了心里话:他一方面热切地要求入党,但由于总觉得自己有许多不足之处以及其他问题,担心申请入党会给党带来不少麻烦。他的心里话透露出他对党的热爱,是从爱护党出发来考虑对党的影响的。在我们比较深入地谈了对入党问题的正确态度之后,他觉得颇有启发,回上海之后,便向组织提出了申请。党组织很快地吸收了这个大半生始终不渝地追随党和内心热切要求入党的杰出艺术家加入自己的行列。周信芳同志在入党宣誓大会上庄严地宣誓,决心"把自己的一切献给党,献给无产阶级的光辉事业"。

从向往党、靠近党、追随党,直到正式加入中国共产党,这就是周信芳同志在政治上所走的道路。他所以能坚持不懈地走这样的道路,是和他从小就热爱新文艺、追求新思想分不开的。周信芳同志与当时比较闭塞保守的京剧演员不同的地方是爱读书,新旧文艺作品都读。在他的书房里,堆满了线装书和洋装书。他自己能写文章,编剧本。他作为京剧界的突出人物,和新文艺界的许多知名人士一起进行过一些进步的社会活动。遇有进步人士发起的签名运动,他从不后人。一九四六年还和郭沫若、许广平、冯乃超、于伶等同志一起到万国公墓为鲁迅先生扫墓,他向来是和进步的新文艺界人士有密切往来的。

也正因为周信芳同志一向追随先进的共产党的旗帜,接近新文艺,接受新思想,他在自己的京剧艺术工作上,能够革新、创新、精益求精,不断开辟新的蹊径。他把演剧当做终身事业来做,当做革命事业来做。"倒嗓"对于一个歌唱演员是致命的打击,但周信芳同志没有因"倒嗓"脱离舞台,或改演别的行当。他根据自己的嗓音,选取适合的曲调,在唱功上开拓新的境界,《扫松下书》就是一个明显的例子;在"念"这一京剧的重要因素上,也取得新的成就,在《四进士》等戏中运用得极为成熟;更重要的是在做功上,他创造了非常杰出的风格,他集前代老伶工演技的大成,把舞蹈与音乐的成分有机地、恰到好处地融合到特定的动作里,而且在这些动作中包含着十分鲜明的性格、思想和感情。他的唱做念打形成一条独特的路子,成为京剧的一个影响很广的流派,人们称之为"麒派"。他培养了大批麒派须生,为广大观众所热爱。周信芳同志扮演任何角色,都非常严肃认真,对于每一个动作,每一个细节,每一个面部表情,每一句念词,每一个唱腔,都一丝不苟,他坚持这一表演艺术的严肃作风,也要求麒派演员必须继承这一传统。他对本人、对自己流派的要求,是从全心全意为观众服务,力求表达每出戏的最高思想内容服务的。换句话说,他是以一个崇高的政治思想来指导戏剧演出的。

一个如此严肃和热情为党的事业献身、如此热爱伟大领袖毛主席的艺术家是决不会反党的,他一生所走的道路,他一生的历史都证明了这一点。林彪、"四人帮"反党集团把周信芳同志最后编演的《海瑞上疏》(它编成于一九五九年庐山会议之前)诬陷为"反党"的戏,是完全不顾事实、别有用心的,为周信芳同志平冤、昭雪是绝对必要的。

回忆周信芳同志所走过的摸索前进、接受新思想、追求革命、跟随共产党、在艺术上革新创造、一心为人民服务的道路,使我们更为尊敬和深切悼念这位中国京剧杰出的表演艺术家。

原载《悲怀集》人民文学出版社 1979 年版

金剑啸与哈尔滨革命文艺活动

本世纪二十年代,哈尔滨是一个新兴的城市,是欧亚大陆交通的枢纽之一。在第一次世界大战结束、俄国十月革命胜利之后,欧洲各国许多谋生之人,包括数量很大的白俄,纷拥杂沓而来,在这偏于一隅的哈尔滨,形成了一个"洋世界"——一时被称为东方巴黎或莫斯科。哈尔滨虽然规模较小,但是,它和东南的上海遥遥呼应,却也是一个颇有特色的洋场。不过在这个洋场中,中国人几乎和洋人隔离着。特别在文艺方面,没有过多的洋气的影响,像上海那样出现新的面目。哈尔滨的中国青年,眼界还未向外扩展,因而还要从上海传来新文化,由少数人带来新文艺。对此,金剑啸等人的到来,可以说是空谷足音。

三十年代革命文艺的传播者

三十年代的革命文艺运动在中国近代史上占有显赫的地位。一九二五至一九二七年的大革命失败后,在中国共产党的领导下,一方面在南方数省展开了规模巨大的武装斗争,另一方面在国民党统治区,以上海为中心,又掀起了声势浩大的革命文艺浪潮。这场文艺运动,既有反帝反封建的比较深刻的内容,也有相当深入的启蒙性和建设性的工作。三十年代一开始,这场运动就以巨大的声势向全国伸展着。从上海走往各地的知识分子,则是更活跃的生力军。金剑啸同志正是在一九三一年夏天从上海回到哈尔滨的一个革命文艺的传播者,是一个浑身带着新文艺气息的人。他一到哈尔滨就看到,刚刚萌芽的文艺领域需要做的工作很多。他既要拿起笔来写诗写小说,又要拿起画笔作画;他既要写剧本和导演戏,又要大声疾呼地作宣传。确实,他既有传播新鲜事物的活力,又有勇于接受新鲜事物的气魄。他从上海为哈尔滨青年带来了三十年代革命新文艺的气息,开创了许多哈尔滨人过去没有做过的事情。对于这个新兴的塞上城市,金剑啸是文艺革命新风新雨的传播者。

他首先是一个画家

他于一九二八年从哈尔滨去上海进艺术大学(党通过左联组织的)学画。时间虽然不长,却经历了科班的训练。有一次他曾对我说:"我曾经到马路上去写生,学速写,画行人的走路,先从五六步后到二三步就能迅速地捉住行人的步态,现在好久不练,但还能捉到三、四步。"(他当时说的是行话,我现在回忆的是外行话)油画、水彩、粉画、木刻,他都下工夫学过。一九三一年秋,"九一八"事变的前后,金剑啸发起,和一些朋友组织了一个美术展览会,地址就在现在市革委会(当时是同发隆百货商店)的后面的二楼上。展览会的名称也带有三十年代罗曼蒂克的味道——"维纳斯展览会"。展览会上展出的大部分作品是他在上海画的油画,有不少是裸体人像。展出的还有他到哈市后的新作。引人注目的,还有萧红(悄吟)的习作:萝卜、青菜等水彩画。此外,还有他亲自举办的绘画训练班的新生的习作也择优展出了。这个展览会从名称到布置的形式,在哈尔滨都算是新颖的,使人有开风气之先的感觉(当然,哈市在这之前也开过国画等展览会)。

有一次我到他家里去拜访。一进屋首先映入眼帘的是满房间里挂的油画,真是壁无空白,一如进了展览会场。据他自己说,这主要是在上海的习作,到哈后画得不多,因为条件差了。家中所挂的,有些并没有在维纳斯展览会上展出,因为裸体画不能都拿出去。在他房间墙上所挂的油画中,几乎半数以上是裸体人像。可见,他极为注重基本功的训练。

大约在一九三四年秋,金剑啸被《五日画报》聘为编辑,他曾为这个画报刊出了一次人体美专号。选登了不少世界名作,洋洋大观,别开生面。他还为此写一篇论人体美的专文,并且颇为突出地用四号字排印。文章以严肃的笔调论述了裸体画在美术作品中的重要地位。这篇文章以及这一期人体美特辑引起了哈尔滨读者的极大注意,《五日画报》的社长李笑梅从此更为钦佩这位颇有造诣的美术家。

哈尔滨这个有各国侨民群集的国际都市,常有外国人举行的美术展览会,金剑啸常去参观。有一次犹太妇女的手工艺展览会,他曾亲自去拍摄了几张照片在画报上刊登。剑啸曾经几次去访问苏联画家苏伏罗赤夫,到他的画室谈话,观摩他的作品,并且去参观他和他的学生们合办的画展——这是一位侨居在哈尔滨的追随马雅可夫斯基的未来派画家。我曾和他一起去与苏伏罗赤夫谈话,剑啸特别欣赏苏的一幅画——用蓝白两种颜色构成的蓝色大海和海上密集的白色冰块,并且选了这幅画登在《大北画刊》上。

　　他除了画画,也刻木刻。在《黑龙江民报》副刊上刊出的法国作家巴比塞的木刻像就是他的作品。

　　他也为报纸副刊画报头。《国际协报》副刊《文艺》(两面是鸽子与书本飞散在空间)和《黑龙江民报》副刊《艺文》的报头就是他的作品。

　　剑啸同志也是一个漫画家,当时大家引为谈助的是他在画报上发表的连续漫画《差不多先生传》,讽刺社会上一种做事马马虎虎、对一切事物不严格要求、读书不求甚解、对己对人只要求做得"差不多"就满意的人。

他是诗人和作家

　　他在青少年时代就发表诗作,主要发表在当时道外出版的《晨光报》上。流露出少年诗人才华的一篇一篇的新诗,引起人们的注意。就是由于看到这些诗作,《晨光报》的诗刊编辑,笔名"三千弱水"的袁恕庵以及当时参加过田汉在上海创办的南国剧社的陈凝秋(塞克)等人,推荐他进了上海艺术大学。一九三一年剑啸回到哈尔滨之后,又在报刊上陆续发表不少诗作。

　　对我印象较深的是他的一首题为《白云飞了》的短诗。据他告诉我,他在上海认识了一位同学(或者同剧团的一位演员),很喜欢她,因为她爱穿格子布衣服,大家管她叫"鸽子"(格子)姑娘。后来这位鸽子姑娘离开了他,他也离开了上海。他在遥远的北国,怀念这位曾一度有过感情的"鸽子"姑娘,用白云来象征白鸽,伤感地呼喊"白云飞了"。

　　还有一些别的诗现在记不起来了。他不随便写诗,除了思想性之外,也很讲究诗的形式。有时我们一起背诗,对"月儿弯弯照九州,几家欢乐几家愁"的句子,既赞美它的社会意义,又称道那一顿一顿的节拍传达出来的抑郁之情。

我们也在下着小雨的街道上漫步,口诵着苏曼殊的诗句,欣赏诗的音节之美。

有一次我拿一本新从上海寄来的臧克家的诗集《罪恶的黑手》,他一口气读了好多行,击节称赞:"这可把诗打开新天地了!"他又对新诗的格律不断探求。留下的一首算是长诗的《兴安岭的风雪》,就相当重视炼字、造句、押韵等技巧上的推敲。

《兴安岭的风雪》的明显成就是用诗的形式记录了东北人民许多可歌可泣的抗日英勇事迹中的一个动人插曲:一群热血的青年在风雪漫漫的兴安岭上和日本帝国主义侵略者浴血搏斗,在敌人优势兵力之下,他们一共三十二人,一次就战死了十四个人,活下来的十八个人拭去身上的血迹,振臂宣誓继续战斗,为中华民族的解放血战到底。

这首诗发表在日帝统治下的黑龙江省会龙江(齐齐哈尔)的《黑龙江民报》副刊《芜田》上。由于彼时彼地是不可能发表这样激烈的诗篇的,作者不得不用"奴隶"的语言,在发表时假托妖魔来代表英勇的战士。据作者自己说,是一位亲历其境的战士给他口述了这个故事,他在十分激动的情绪中写下了这首诗。发表后,剑啸把它寄给了当时已到上海的萧军。就是依靠寄到上海去的这份剪报,这首长诗才得以保存下来。并能在一九三六年八月,剑啸同志就义后,于一九三七年用《奴隶丛书》后又改名《夜哨丛书》的名义在上海出版了小册子。诗篇的后面以附录的形式发表了萧军等十个生前好友的悼念文章。

这首诗,在技巧上,在那个时候,应该说是新颖的、有力的、成功的。作者写这诗时刚二十六岁。二十六岁的青年,抗拒着日帝残酷的统治,已磨炼得相当成熟了。

剑啸写过的诗当然不止这一首,可惜都散失了。如果能找到三十年代初期的几份哈尔滨报纸,也许还可以找到一些。

他也写散文、小品、短篇小说。一九三六年春,我和他一起去逛极乐寺的庙会(浴佛节),回来合写了一篇春游的散文,发表在他主编的《大北画刊》上。记得文中引宋人寻春诗:"尽日寻春不见春,踏破芒鞋陇头行。归来笑捻梅花嗅,春在枝头已十分。"然后加上几句类似这样的话:在极乐寺周围没有找到春的踪迹,但是我们一路上迎着微风谈笑,牙齿被风吹得冷冷的,这不就是春的消息?归来之后,往痰盂里吐了好几口夹杂着沙土的唾沫,相互大喊:春不是在痰盂里?!

用这些字句表达出来的意境以及经他洗练的一些诗句,无不显示金剑啸确实是一个诗人和作家,可惜他过早地被日本侵略者的枪弹夺去了年轻的生命!

他又是剧作家和导演

一九二九至一九三一年,金剑啸在上海艺术大学学习期间,参加了以左明等人为首的摩登剧社,他演了些什么戏或导演了什么戏,我没有问过,他曾把带回哈尔滨的高尔基的《夜店》的油印本给我阅读。

据我所知,他创作的剧本有《黄昏》、《母与子》等。一九三三年七月,他在哈尔滨组织了一个话剧团"星星剧团",由他导演,排练了《居住二楼的人》、《娘姨》、《一代不如一代》三个独幕剧。一群青年兴高采烈地排练了一阵子,但因为受到了敌人的注意,而且场地也有困难,没有能演出。这时伪满已经成立了两三年,日帝的统治愈来愈厉害,是决不会容许中国青年演这种吸引广大群众、传播新思想的进步话剧的。在敌伪白色恐怖的压迫之下,没有多久这个剧团便解散了。

哈尔滨这个城市,对于东北三省来说,还是得风气之先的。一九三〇年陈凝秋曾自编自导自演了《北归》(在西门脸基督教堂)。一九三二年还有人组织电影公司,拍了一部不成熟的影片《乘龟得福》。但总的说来,在文艺的领域里还是很荒凉的。不过,在另一方面,这个城市有三分之一的人口是旧俄和苏联侨民,他们的文艺活动是很热闹的。他们有歌剧、轻歌剧、话剧、舞剧等团体,经常演出。尤其是苏联人,虽在反动统治的严格检查之下,还是演出了一些苏联国内新创作的戏。可惜当时中国人和他们往来不多,更没有参加到他们的文艺生活中去。语言的隔阂固然是一个原因,但是那个时期由于张作霖、张学良政权"防俄反赤"的措施森严,尤其是大批白俄依附这个反动政权,无孔不入地、针锋相对地限制苏联人在哈尔滨和东北其他各地的活动,不许他们出报刊,不许他们有稍露锋芒的文艺活动,更不许苏联人和中国文化界人士接触,这就使哈尔滨的文化青年不得不舍近求远,要从上海把当时世界上最新最革命的事物,绕了很大的圈子点滴地传到哈尔滨来。其实那个时期,苏联人在哈尔滨寻取各种渠道展开活动,例如用白俄人出面在哈办《东方新闻》俄文报、《七日画报》,用美国人辛伯森在大连办英文日报,用英国人佛利特在哈尔滨办英文《大光报》和英亚电讯社,由中东铁路苏籍职员及其子弟在铁路俱乐部办剧团、组乐队，举行种种演出，由商人出面组织影片公司把苏联影片在哈市及中东铁路沿线放映（例如《生路》、《金山》、《边陲》等苏联影片，就是先在哈放映后，才运往上海的）。甚至在报刊上广泛介绍了高尔基由欧洲回国的情况，为马雅可夫斯基自杀出版号外等等。而哈尔滨的文化界却毫无反应，甚至一无所知。从这些情况看不能不说金剑啸等人是一只只春燕，既从上海带回了春的消息，也立刻呼应了从辽远的北方——莫斯科传来的春的声息，相当敏感地接触了苏联人或进步俄侨在哈尔滨的文艺活动。

约在一九三四年夏秋之间，在街上看到海报，俄侨剧团将演出奥斯特洛夫斯基的《雷雨》（即一九三七年初在上海演出的《大雷雨》）。这个剧本我们是读过的，很发生兴趣，决定买票去看。这戏由舒姆斯基导演，在商市街的俄侨商市会堂演出。记得那次是由一个男青年扮演卡吉林娜，导演舒姆斯基自演奇虹。这两个人演得很成功，扮母亲卡彭诺娃的，也演得相当好。演到最后一幕，当奇虹等人把投河而死的卡吉林娜抬出来的时候，向来畏葸无能的奇虹，也忍不住对严厉的母亲喊出了抗议的声音："这是你……"在鸦雀无声的场子里，坐在我们一排的一个俄罗斯女子，激动得从坐椅上摔倒在地。这时剑啸又激动又惊讶地站了起来。有人急急把那位摔倒的妇女扶出剧场，有人扬手让剑啸坐下。剧场里这一变化，又立刻平息下去，观众继续聚精会神地观看舞台上感人的那场戏。

我们和全场俄罗斯观众为演出所感动，我们猜想那个摔倒的妇女可能与卡吉林娜有同样的命运。两个中国青年杂坐在俄人中间看戏，本来已经引起俄人的注意，我们和其他观众一起严肃地欣赏奥斯特洛夫斯基的这一著名话剧，再加上剑啸激动地站起，更引起座旁人们的注意。当戏演完，观众鼓掌的时候，我们也站起来热烈鼓掌，竟有一位像知识分子的俄人走过来，和打着黑色花领结、戴着眼镜、艺术家模样的剑啸握手，双方都默默地互相注视、点头，表示无需用语言传达内心的共鸣。

金剑啸深深地爱上了奥斯特洛夫斯基的这部《雷雨》。他过去读过这个剧本，现在又看过俄人自己的演出，就产生了要在中国舞台上排演这个戏的愿望。一九三五年，他在当时黑龙江省会龙江（齐齐哈尔）组织白光剧社，决定排这个戏，并且先在《黑龙江民报》副刊上连载这个剧本的译文。

由于种种原因，这个戏没有能够排演。

那年秋天，在齐齐哈尔演出了他的剧作《黄昏》和《母与子》，高尔特的

《钱》，秋田雨雀的《喜门冬》共四个独幕剧。大多是由剑啸导演的。

在齐齐哈尔这样一个地处边陲的城市演出话剧，并且包括外国剧作，是破题儿第一遭。一个从三十年代革命文艺运动最前哨的上海来到东北的拓荒者金剑啸，在荒芜的龙江城，由于主编《黑龙江民报》文艺副刊，成为当地文艺青年的一面旗帜。他团结了这些青年，才有可能组织剧团、演出话剧。演出后，在报纸上刊登了一些报导，说观众中有知识分子、青年学生、职员和商人等等，这些人的反应各有不同，人们总的印象是新颖，有的人说是见所未见，有的人说没有想到在这个龙江古城能够看到这样的戏剧，有的人说对自己的启发很大，也有些人说，这不像戏，不像他们往常所看的京戏和落子……不管怎样说，在四十年前，拓荒者金剑啸等人最初在这里用辛勤的劳动播下了革命文艺的种子，确是值得我们怀念的。

演出本身是一束高举的文艺火炬。演出之后，在社会上又引起了相当的震动，因此，招致了敌伪统治者的警觉和注意。同时，剑啸所主编的《芜田》经常发表新文艺作品，在每周一次的副刊《艺文》（这个副刊的命名，来自剑啸的一篇短文。那篇短文发表在《国际协报》副刊《文艺》的终刊号上。他在文中气愤地说：“不让我们出《文艺》，我们就不能出个《艺文》？”在这个比较突出的文艺阵地上，有时他还用四号字发表公开信，点名号召南满、东满、北满各报经常发表作品的写作者互相通气（就差一点说联合起来）。这种种行动，不仅引起敌人的注意，而且早已经列入了敌人的侦探项目之中。正是由于这些革命行动，一九三六年六月，金剑啸在哈尔滨被捕，同年八月（被押解到龙江城受审后）便被敌人枪杀，英勇就义了！在引起敌人惊慌的种种革命行动中，他编剧、导演和主办的戏剧演出是突出的一种。

他也爱好音乐

也像所有努力上进的青年一样，金剑啸的兴趣是多方面的，他所追求和学习掌握的技艺是众多的，他也爱好音乐。我虽然没有直接听见他唱歌，但想来他也不会不放声唱几句。他的声音洪亮，高而尖，这是认识他的朋友都知道的。

一九三五至一九三六年间，有一位袁亚成（现名袁励康），继上海之后，也办起了"哈尔滨口琴社"，这是一个新兴的文艺阵地。这里学习的不是一般的吹口琴,而是学习一种用舌尖作种种变化,并用手打出节奏的吹奏法。不仅用一般口琴吹奏,还有各种大小口琴吹奏高低音,进而组成口琴乐队。这个口琴社成为当时哈市青年从事音乐活动的一个比较突出的集体。金剑啸以及他所引进的好几位文艺活动者,都是口琴社的积极参加者。这个口琴社是党的外围组织之一。一九三七年,被日本宪兵"大检举",许多社员被逮捕,受了种种酷刑(如侯小古、王湘等同志),而且侯小古等同志就在这次被捕后牺牲了。

金剑啸积极参加口琴社的活动,包括日常的学习、练习、演出和旅行(曾集体去呼兰旅行)。用口琴演奏的,不仅有世界名曲,还有革命歌曲(包括纪念"九一八"事变的《沈阳月》)。

一九三五年在几次中苏文艺工作者的联欢活动,剑啸也参加了。京剧演员高百岁(后改名高百绥)和吕慧君率领班子到哈尔滨演戏。高是在上海和田汉、周信芳等一起搞戏剧活动的。剑啸等好多哈市文艺青年以及苏联画家音乐家都去看了他们合演的《贩马计》、《霸王别姬》等戏。有一天晚上,在哈尔滨口琴社举行了音乐晚会。我记得金剑啸也去参加了。晚会上,高百岁唱了一段《逍遥津》,歌唱家刘性成唱了两首歌,"弦之楼"的任白鸥弹奏了吉他琴曲《钟声》等,京剧里一位老编导尤金圭先生唱了一出小生戏,袁亚成等演奏了几只口琴曲。苏联人表演了音乐和舞蹈。在当时日伪统治之下,能举行这样的中苏艺人音乐晚会,是难能可贵的,而金剑啸是积极的组织者和参加者。

他是革命战士

虽然我从一九三一年起就听到金剑啸、金健硕(后来又有巴莱的笔名)的名字,也去看过他的画展,但真正认识他是在一九三三年初夏,我在党的满洲省委宣传部工作的时候。那时省委没有宣传部长,由组织部长小李(党内名)——何成湘同志暂兼,我任宣传部干事,负责主编党报《满洲红旗》(后改名《东北人民报》),管理秘密印刷和发行两个机关。报纸和各种宣传品都要有宣传东北抗日事迹和揭露敌伪反动行为的图画。做秘密印刷工作的同志虽然字写得很工整,但不会画画。需要找一位党内同志来绘画,何成湘同志物色到一位画家,他把组织关系交给我,由我去联系,约好接头地点和时间,互相用暗号碰头。六月的一个清晨,我如约赶到道里中央大街十三道街一家商店门口,看见商店门口的长椅子上坐着一个身穿俄罗斯人爱穿的绣花衬衫,束着腰带,头戴阔边大草帽的青年,这便是金剑啸同志。我们用暗号接上头,坐在长椅子上说了几句话,觉得这样早的时候,不便在寂静的街上久坐,便站起来在人行道上散步,边走边谈。我把他要担任的工作交待给他,由我向他提出画的内容和数量。他回去画好,约定时间地点,把画交给我。然后再向他提出新的内容,由他画好,下次碰头再交给我。

按照地下工作的要求,我们互相不询问对方的情况,既不通姓名,只说代号(假名,但我知道他是金剑啸),也不说明自己的住处和过去的经历,因此我没有问他何时何地入党。我们只能约时在街上碰头,每次都必须更换地方。

但是刻蜡版的同志不会绘画,用蜡纸按着剑啸的画描绘效果不好,要求画家直接用铁笔画在蜡纸上,然后交给印刷所。这样,我们之间的工作又复杂了一层,首先要给剑啸带去钢板、铁笔、蜡纸,然后把画好的蜡纸送到秘密印刷所。这就给金剑啸增加了危险性:他要在自己的家里保存违禁品——钢板、铁笔、蜡纸,其次要带着一定的风险把画好的蜡纸随身带出来交给我。

虽然增加了一些危险性,但金剑啸很准确很机敏地完成了这个任务。这个工作延续了半年多,直到我调换工作才由别人和他联系。

我和他半年多的接触,建立了深厚的同志之爱和朋友之情。我们互相信任,但他不知道我住在什么地方,我也不知道他的地址。渐渐地,他让我知道了他的工作地点——一个俄人办的法律公证所,这个所就设在中央大街上,他在那里专做抄写状子的工作。如果我临时有紧急的需要,可以不去约定碰头的地方见面,而直接在他办公的时间到公证所去看他。

由于有了这个便利,使我们后来发生了地下党不容许的"横的关系"。大约过了一年,由于我和金剑啸时常在街上碰到,从开始"当面相逢不相识"的状态,逐渐过渡到寒暄几句,进一步到他办公处,又进而到他家里去。从到他家里去看他满屋挂着的油画,发展到我们相约去参加苏联人的画展,一直到他改做画报编辑而去编辑部访问他,又从给他写稿子的比较自由的往来,最后发展到他约了罗烽同志一起到我住处商谈在长春《大同报》(伪满政府的机关报)办周刊《夜哨》的密切程度。

我估计他那时有组织关系,他可能也猜想我仍旧在做党的工作,我们大家心照不宣地往来,做我们要做的工作,组织并没有干涉我们。我们就这样维持着朋友的关系,继续做我们宣传工作,直到我们一起被捕。

一九三五年，金剑啸失业，正好《黑龙江民报》编辑部邀请哈尔滨《国际协报》文艺副刊主编刘莉（白朗）去主编该报副刊。刘莉另有打算，推荐了金剑啸去，金便带着妻女一起去齐齐哈尔。在《民报》工作了将近一年，做了不少革命文艺的宣传工作，报馆主持人看他的倾向性过浓，在一九三五年底把他辞退了。金剑啸又带着全家回到哈尔滨。这时哈尔滨的《大北画刊》因经营不善而停刊，他找到画刊主持人孙惠菊，商定我们接办画刊，孙仍顶名为主持人，每月给他发工资。《大北新报》是日本浪人在哈尔滨办的一份中文报纸，为日伪进行宣传。孙惠菊取得日人的同意，借该报名义，出版副刊《大北画刊》，每周出一次，免费赠送报纸订户，另外有权自己发行一部分。这是借用日帝的旗帜为掩护，出我们需要的刊物进行适当的宣传工作。因为我们是无法取得日伪的许可出版刊物的（曾试图过许多次）。

《大北画刊》从一九三六年四月开始出版，颇能吸引哈尔滨及其周围城镇的青年，成为一个新的文艺阵地。金剑啸是画刊的主编。画刊上发表了不少日伪不能容忍的文章和画片。日帝的旗帜起了一定的掩护作用。六月十三日，画刊已经排好，忽得高尔基病重的消息，编辑部金剑啸等人，决定拆掉一篇短文，排进这条消息，并且加上高尔基的头像。画刊出版后，社长日本浪人山本，虽不解汉文，但看到高尔基的铜版，认出是一个外国人，追问孙惠菊是谁，答是高尔基。他不知道高尔基其人，问明是苏联著名作家，立刻大发雷霆，厉言日本报刊不能登载苏联革命作家的照片和消息，追问画刊编辑部里是否有共产党人。可能他立即报告了日本驻哈总领事馆，第二天下午，日领馆便派人把《大北画刊》社编辑部包围，把金剑啸等编辑部人员，包括来登广告和订报的人，共约十人，一并抓了去。

日帝虽然一手建立了伪满洲国，但它的领事馆还保留着治外法权，《大北新报》既是日本人经营，它的工作人员就要受日领馆管辖。于是画刊的一些人都被捉到日本总领馆，关在地下室的监房里。这些监房里只有少数中国人，大都是日本人和朝鲜人，他们是刑事犯或民事犯。画刊社的将近十人，分散在十个监房里，和日朝人等杂坐。

那次我也被抓去，我口袋里带着一批原稿，正从编辑部走出来，准备送往印刷厂，便在中央大街上被捕了。第二天是星期天，我们这些新被捕的人，都被一一叫到监房前面的过道里，按指纹、剃光头、填表格。这样，我们一伙人便互相见面了。见了面当然不能说话。一进监，戴眼镜的人都被摘去了眼镜。我和剑啸都是近视眼,摘去眼镜,看起人来要模糊些,但互相都能认清对方是谁。我们都穿上了和服式的囚衣,光光的头,无镜的眼。填表时是日人问,我们答。当日人问剑啸,你有哪些朋友时,剑啸悻悻然地回答:"我们朋友不是都在这里了吗!"日人用棍子敲了一下剑啸刚剃光的头,厉声说:"不许这样说!"剑啸恨恨地闭住嘴,再也不说一句话了。我们用没有戴眼镜的鼓鼓的眼睛互相默默地对视了一会儿。这便是我们的最后一瞥。我们重新被关进监房后,彼此就再也没有见面。

后来听说剑啸关进去之后,过不几天就被押解到齐齐哈尔去了。我在被押的第三或第四天,管"思想犯"的"高等系"主任,一个能说几句中国话的矮矮的日本人,把我叫出监房,戴上手铐,押到日领馆的门口,叫我坐在石阶上,他亲自动手,给我拍了一张照片。我当时想不出,这是为了什么。后来才明白:审问时再三问过我,是不是张福林,我说不是,又追问我,是否认识张福林。给我照相,可能是拿我的照片到齐齐哈尔去对质(也许是给告密的人看);解放后我听说,张福林确有其人,曾在齐齐哈尔工作过。我推想,也许就是这位张福林同志领导过金剑啸同志。

我和金剑啸同志有过组织关系,也可以说,我领导过他,但是他被捕后,没有把我供出来。他坚持了一个革命者应有的品德,没有牵连任何人,而是把责任全部自己承担下来了。因此,他被押往齐齐哈尔,我和其他数人在关了三十五天之后,被释放了。我被释放后数天,曾到画刊社去过,立刻引来盯梢的特务的盘问。我到报社后才知道剑啸没有释放,已被解往龙江城。因我的全部口供都是假的,很可能重新被捕,于是,仓促地收拾一下,赶快逃往上海。

到了上海,见到萧军、罗烽等人,才知道剑啸已经在齐齐哈尔就义。

在萧军、萧红、罗烽等人的主持下,筹出金剑啸的遗作《兴安岭的风雪》,作品后附上十个老友的回忆和悼念短文。我用江水的笔名,写了一篇《金剑啸》,简介他的生平。这个小册子是在上海租界地出版的,还不能公开地痛斥日本帝国主义和伪满的残酷统治,以及他们杀害东北抗日爱国志士的罪恶,也不可能公开宣传中国共产党在东北领导的抗日斗争。金剑啸同志是共产党员,我在简传中没有提,因为这是党的机密。

四十余年之后,这篇回忆金剑啸同志的纪念文,是我含着泪水一字一字地写出来的。我尽量从记忆中搜寻到他当年的活动和生活上的细节,让他的声音笑貌再现于我们面前。我爱他,钦佩他。他是一个优秀的、坚强的、英勇的共产主义战士。他是画家、作家、剧作家、导演和诗人,是一个多才多艺、才华横溢的艺术家。他的一切文艺活动,都是在党的领导下的革命工作。而且,他又是东北革命文艺运动的拓荒者、推进者,他把自己的一切都献给了壮丽的共产主义事业!

原载《哈尔滨文艺》第 11 期,1979 年 11 月 20 日

军事评论家"秦上校"

姚溱同志在"文化大革命"中被迫害致死,至今整整十三年了。党组织为姚溱同志平反昭雪、开追悼会已两年多了。我在这篇短文里只想就军事评论家这一点来怀念他。

一九四七、一九四八年,党在上海出版的刊物《群众》、党主办的《文萃》、《消息》以及进步的《文汇报》等都一一被国民党反动派查封,只有党借"苏商"名义出版的《时代日报》由于当时中苏之间的微妙关系还在继续出版。这是唯一可以发表正确消息的报纸,但又碍于"苏商"关系,不能充分加以利用。当时我作为这个报纸的总编辑和党的上海局宣委派来同我联系的姚溱同志商量,决定这样安排《时代日报》的版面:第一版登载要闻,尽量采登美联社、路透社等外国通讯社有关解放战争的电讯(为数很少,但往往是很重要的,国民党中央社所不发的,实际上是英美电讯社收听延安广播的消息);第二版是每日轮换的七个周刊;第三版是每日见报的副刊,针对时局每天发表几条"三言两语"以代社论;第四版是三种述评:半周军事述评、半周经济述评、半周国际述评。所以辟这三种述评,是为了报纸篇幅小,不可能充分刊登消息,而且官方所发的消息,很少可以采用的。用述评的形式,概括军事、经济、国际的全面情况,既是报道消息,又是发表评论。

这三种述评从一九四七年新年开锣登场,最受读者欢迎、最遭敌人痛恨的是军事述评。军事述评是由姚溱同志自己撰写的。这时正是解放战争轰轰烈烈展开,中央社只发表假消息来蒙蔽人民,经济方面通货膨胀,物价天天猛涨,国际上苏美斗争十分尖锐的时期。

姚溱同志用笔名"秦上校"写军事述评,把当时关内外,南方北方各个战场的情况作概括的叙述,使读者对战场形势一目了然。这位军事述评家所根据的都是国民党报纸和英美人所出的英文报纸上刊出的消息,没有一条是自加的。敌人对此虽然怒不可抑、恨之入骨,却抓不着把柄来禁止它。这是军事述评文章写得巧妙而尖锐所取得的成功。读者读了称快,受到鼓舞;敌人读了无可奈何地恼怒。伪国防部有时用"南京煤炭店"(它的代号)的名义写信到编辑部来,从军事学的观点上对战争发展的估计,向"秦上校"提些异议。

姚溱同志写军事述评是按照延安新华社的广播做依据,那时新华社每天发表解放战争各个战场的消息,到一定阶段发表述评性的小结,我们从《毛泽东选集》第四卷里可以看出,这些小结性的文章都是毛主席撰写的。"秦上校"有可靠的依据就能写出准确而犀利的述评文章。但是他不能直接引用新华社的电讯,而且每半周要写一次述评,也不可在三天中都收到延安的电讯。必须从敌人和外人公开发表的电讯中搜摘可用的资料。有时明明掌握了正确的消息,例如解放军占领了某某城市,却要等候外国通讯社发表后才能引用。这就需要评论员自己积累大量的资料并善于灵活运用这些资料。当时地下党员虽然每天抄收延安电台的广播,但抄收到的电讯不可能及时到姚溱同志的手里。姚溱同志的爱人韩静同志每天晚上必须收听广播。为了避免邻居发觉,只能让收音机发出很小的声音,必须捧着收音机把耳朵贴紧喇叭才能听清楚。姚溱把收听到的重要材料用小字抄在纸上,塞进房内铁床床脚的空管里,以备写稿时利用。他把登载着军事述评的旧《时代日报》(为了再写时作参考)放在菜篮里,用绳子空悬在窗外,以备一旦有事,只要移动一下绳头,篮子就掉在外面。

军事述评一登出,顿然引起广大读者和各方面的注意。读者把报纸在亲友中间传阅,或者再把述评的内容奔走相告。每逢星期三、星期六刊登述评之日,报纸要加印,全市街头上的报摊把销售载有述评的那天报纸当做一项重要工作来做。每个报摊一早就卖光那天的《时代日报》。看报的人也要当做一件重要的事情早早到报摊去买报,一般读者不订阅这份"苏商"的报纸,以免被敌人发觉,发生危险。所以出现这些情况,首先是由于广大群众对解放战争情况的十分迫切的关心,另一方面也由于述评写得简明扼要、正确有力。

姚溱同志写军事述评,首先是摆事实,让事实说话,不发议论,所举事实数字都写明出处,有根有据;小标题和行文,代表了作者的立场,公正不阿,不偏不倚,尽可能不在字面上刺激国民党。

由于每半周一次,过于频繁,颇见招摇,即使文字不刺激敌人,次数多,也就是一种刺激。为了不发生意外,乃改为一周一次;战事愈来愈激烈,材料愈多,篇幅愈大,不得不尽量缩短;一周容不下这么多材料,不久又改为半周一次。这种反复,既为适应客观的需要,又为应付客观的压力。

在这方面,姚溱同志和编辑部密切配合,随机应变,为了随机应变,编者和作者,必须接触多,但接触多,正是在当时白色恐怖下最忌讳的事情。送稿子更成为一件难事,由韩静同志送到我家,或在接头时递交,或派人送报馆,所有这些都要冒不少风险。

随着解放战争的迅速发展,"秦上校"的军事述评也愈益引起敌人的痛恨,各方面传来的情报,证明敌人对作者的猜测,"虽不中,不远矣"。

姚溱曾经用"秦佐"的笔名写过不少文章。秦佐者"溱"左去水变人也。在一般军阶中,佐级就是校级,秦上校可能就是秦佐,有不少人知道,秦佐就是姚溱。随着笔名跟踪追击,危及作者。

敌人不能下手封报,必然企图下手对付作者。在风声鹤唳之中,姚溱同志只得暂时搁笔辍写了。

《时代日报》突然不发表军事述评,读者纷纷追问原因,要求恢复。各方面的人,包括敌人,不免发生了种种猜测。恢复述评,势在必行。

姚溱同志想了一个办法:换一个外国人的名字,继续写述评。《时代日报》既然是"苏商"出面经营的,由一个苏联军事评论家来写述评,当然是合乎情理的。于是,军事述评的作者,变成"萨利根"。萨利根第一次发表述评时,在文前登了一个启事,说原来评论员秦上校因事离开了上海,临行时把一叠军事述评的剪报拿来,供萨利根参考,请他续写军事述评。于是萨利根承受衣钵,把写述评的工作接过手来。

这当然是掩人耳目的做法,明眼人不会不一眼看出来。不管怎样,广大读者热切盼望的军事述评很快就恢复了。这是一九四七年底、一九四八年初的事。

评论员换人,萨利根的写法和笔调,果然与秦上校不同。最突出的是,整个述评,没有评论员自己的评论,甚至没有自己的语言。所有评述的内容,都是广采各报各电讯社的消息,一一加引号加以引用,甚至把"共军"、"共匪"等字眼也是照抄报纸加引号引用。这样做可以使作者不必自负文责,使敌人抓不住把柄,无法寻衅。因为这时解放战争已经到了最后阶段,国民党反动派处在总崩溃的前夜,把《时代日报》及其军事述评,更加看成眼中钉,无时无刻不想拔除它。

这样的军事述评,给撰稿人增加了许多新的困难。那时据姚溱同志说,每次写稿,他必须从五六份有时上十份的报纸里(只能把报纸铺在地板上,人在地板上爬来爬去)东寻西找,东采西摘揭露出他们隐瞒的事实。也就是用敌人自己的手打自己的嘴巴。纸是包不住火的,解放军在节节胜利,国民党军队整旅整团地在被歼灭,一个一个城镇"陷落",他们不能不躲躲闪闪地顾此失彼地互相矛盾地透露出来,何况外国通讯社忍不住要"客观"地报道出来——这便都成了姚溱俯拾即是的宝贝。这是在敌人心脏地区揭露敌人的宣传工作,这是生面别开的军事评论家的工作。

前线吃紧,后方报急。在上海、南京等国统区,纸币更加毛荒,物价更加暴涨,学潮工潮更加汹涌澎湃,反饥饿、反迫害、反内战的群众斗争更加如火如荼。小小的《时代日报》不得不报道这些消息。好像一切乱源祸根都在《时代日报》,都在它的军事述评,都在撰写述评的姚溱——萨利根身上,长期拉不开面皮下手的国民党反动派,终于在一九四八年六月三日,由"京沪警备司令部"出面,用"煽动工潮学潮,扰乱金融,歪曲军情"的罪名,把《时代日报》查封了,军事述评也就被腰斩了!国民党反动派敢于对当时和它尚有"外交关系"的"苏商"报纸下手,这一行动本身首先使广大群众清楚地明白:蒋家王朝快要完蛋了!

解放战争在继续轰轰烈烈地发展。大概过了一个多月,苏商时代出版社没有被封的半月刊《时代》又发表了一篇军事述评,署名是另一个外国人"马里宁"。它不是用摘录引文的方式透露解放战争的真实情况,而是用军事学家的笔调分析了当前的战场形势。它的作者,其实仍然是姚溱同志。

这是姚溱同志在上海公开发表的最后一篇军事述评,因为就在这篇文章发表之后几天,姚溱同志就被国民党特务在街上逮捕了,关到特务的秘密据点。姚溱同志被严刑拷打后,跳楼折腰,然后又被捕关押。这是另一篇悼念文的内容。这里就按下不提了。

原载《战地》1980年第2期

松花江上精诚在
——回忆杨靖宇同志在哈尔滨的革命活动

一九三二年初,寒风刺骨,冷气袭人。被日本侵略军占领的哈尔滨,广大群众遭受铁蹄的践踏和野蛮的蹂躏,陷入极度恐怖和苦难之中,为了拯救人民于水火,中国共产党积极号召并领导人民展开英勇的抗日斗争。就在这时,杨靖宇同志来到哈尔滨,按党的指示组建起中共哈尔滨市委,任市委书记,化名张贯一,同志们都管他叫"老张"。

那时我家住在偏脸子安顺街。四月间在我家召开了共青团市委成立会议,杨靖宇同志以党的市委书记身份到会进行指导。这是我第一次和杨靖宇同志见面,他当时二十六七岁,浓眉下的两只大眼炯炯有神,显得既沉着又机警。他在会上讲了话,要求我们积极开展工作,扩大团的组织,动员各界青年群众,参加反日斗争。在他的指导下,我们几个干部进行了分工,吴仲亭任团市委书记,组织部长是赵尚朴,我任宣传部长。

靖宇同志非常关心团的工作。会后不久,他又约我在道里松花江边碰头谈情况。当时刚开江,一排排冰块从上游不断地漂浮下来,我们坐在江边上,一面装着看冰,一边谈着怎样开展宣传工作。谈着谈着,突然,靖宇同志哈哈大笑,接着又拣起一块石头向江里扔去。我觉得很奇怪,不知是怎么回事。过了一阵,他才对我解释说:"方才发现一个可疑的人,站在堤岸上向我们这里张望,我们板着脸谈话会引起他的注意,所以我装作闲谈的样子,大笑一声,他就走了。你以后也要注意,不论在什么地方,都要留心周围的情况,这是我多年搞白区工作的经验。"这件事给了我很大的教育,他是位多么老练的地下工作者啊,真是眼观六路耳听八方,时刻保持高度的警惕,而且善于巧妙地应付。

靖宇同志的生活也非常俭朴,当时党的活动经费很困难,他经常穿的就是一件旧灰哗呢大衫。洗得都发白绽线了,脚上的布鞋,有时破得张着"嘴"。他的工作很繁重,经常深入到工厂、学校和郊区农村,进行抗日宣传和发展党的组织,有时没有钱,就饿着肚子工作。

这年秋天,哈尔滨发大水,我家搬到道里中国四道街,这时我已调到团省委,任宣传部长,主编《东北青年报》。此后靖宇同志再没有来我家,一直到冬天时,我们的一位叫刘过凤的团员同志(原名刘兆堤,吉林六中学生)来到我家,说他是和靖宇同志一起被省委派去磐石县整顿抗日游击队工作的,在靖宇同志领导下,南满抗日游击队有很大发展,经常袭击敌人,受到群众的热烈欢迎。小刘同志是回来向省委汇报工作的。听了他的介绍,我非常高兴,更盼望再见到靖宇同志,听他亲自讲讲游击队的战斗生活,该是多么有意义啊。

我的盼望终于实现了。一九三三年五月间,靖宇同志被满洲省委召回哈尔滨参加重要会议,讨论贯彻中央一月二十六日指示信精神。这时我家又搬到道里西十一道街一个地下室(现十三号)。我的工作也变动了,在中共省委宣传部做干事。靖宇同志回到哈尔滨后,组织上安排他住到我家。我只有父母,还未结婚,比较方便,也便于掩护。我父母都同情革命,和靖宇同志也熟悉,欢迎他到我家来。他来时仍然穿着过去穿的那件旧大衫,外带一条薄薄的褥子。我问他衣服是带到游击队里去了吗?他笑着说:"哪里,是存到'当铺'里了,这次回哈尔滨又赎出来的。"我们家住的地下室又小又黑,床也不够用,靖宇同志就铺着他带来的旧褥子,睡在临时搭起的板铺上。

这次具有重要历史意义的省委扩大会议,是端午节那天在我家以请客过节方式召开的,记得午饭吃的是我母亲做的黄花鱼,饭后开会的桌子上还摆了一些水果、糕点。参加这次会议的有省委书记李实(又名魏抱一)、组织部长兼宣传部长何成湘、省委委员杨靖宇同志等六七个人,我因不是省委成员没有正式参加,但因在我家开会,也了解一些情况。这次会议主要是讨论中央指示精神,贯彻党的反日民族统一战线,纠正过去"左"倾路线在东北造成的严重影响,决定把原红军游击队的名称改为东北人民革命军,联合其他抗日武装共同对敌。会上,靖宇同志表示坚决拥护党的统一战线,回去积极贯彻执行。

这次会议开了一整天,很顺利,很安全。会后,靖宇同志还在我家住了几天,我们像一家人似的。

他在我家的那些日子,有空就看书看报看文件,他对政治宣传工作很重视,常叫我给他找几个会画画会写字的青年人,到他们游击队去搞宣传工作。他也愿意唱歌,我曾几次用口琴伴奏,帮助他学唱《国际歌》。低沉雄壮的歌声,在我家那间黑暗狭小的地下室里回荡着。他还和我商量要编一首《东北人民革命军之歌》,我们编了两个晚上,未编完,他就带着底稿走了。走时,他把身上穿的大衫和铺的褥子又送进了当铺,换些钱做路费,他把当票交给我母亲保存,说等他再回来时赎出来使用。第二年当票到期了,靖宇同志也没回来,我母亲花钱把两件东西赎出来,准备还给他,谁知靖宇同志再也没有来哈尔滨,我后来也因被敌人注意无法活动,离开了哈尔滨,家也搬到了上海,我母亲一直珍重地保存着靖宇同志的这两件东西。直到抗日战争胜利后,才听说靖宇同志牺牲了,母亲悲痛地哭了好几次。建国后,我家搬到北京,见到了我的老领导何成湘同志,他说要去东北,母亲就把靖宇同志的这两件遗物拿出来交给他,送到了东北烈士纪念馆陈列展出,使广大群众见物思人,更好地学习靖宇同志艰苦奋斗的革命精神,尽快地把我国建设成为社会主义的现代化强国。

原载《哈尔滨日报》1980 年 2 月 24 日第 3 版

《苏联文艺》的始末

一

四十年代在上海出版的《苏联文艺》月刊是一种特殊情况的产物。一九三七年"八一三"上海战事发生后,中国军队经过几个月的奋战,撤离上海地区,上海租界陷于沦陷区的包围之中,像汪洋大海中的一座孤岛。租界上的英美当局对中日战争宣布中立,租界上的中国报纸不能随便报导有关抗战的消息,但花钱找英美法人当发行人,改为洋商报纸,则可自由报导。于是租界上的报纸都变成了洋商发行的。左派的报纸,包括中国共产党主办的《译报》等,办了一个时期,深为敌伪所痛恨。

一九三九~一九四〇年间,这些报纸的外国发行人都被敌伪所收买,报纸失去了庇护人,只好停刊。孤岛上只有几份商业性的报纸和国民党的报纸,还挂着洋商的牌子继续出版。

英国人美国人不可靠,是否可以找同属洋人的苏联人当发行人呢?也不行,被英美殖民主义者控制的租界,不允许"宣传赤化"的苏联人办报。到了一九四一年六月,苏德战争爆发后英美和苏联结成了反对希特勒德国的统一战线,苏联人才有权在租界办报。上海地下党看准了这个形势,派人和苏联塔斯社联系,请他们出面办一份中文报纸。商谈的结果,中文报纸没有办成,但利用苏联人办的《时代》杂志,从一九四一年八月起,出了中文版的《时代》周刊。从此便有了"苏商"的中文刊物。

一九四一年十二月八日日本发动太平洋战争,日军进入上海租界,"孤岛"也沉没在沦陷区的汪洋大海里,所有用洋商名义出版的中文报刊都被迫停刊。

上海只剩下了清一色的日伪报刊。日本侵略者为了解除后顾之忧，在太平洋上继续扩大"战果"，不得不和苏联维持"友好"关系。于是苏商《时代》得以在已非租界的上海继续出版。苏联塔斯社社长罗果夫利用这个形势，又由他出任主编，在时代出版社创办了一份《苏联文艺》月刊，由上海地下党的同志翻译苏联和俄国革命前的文学艺术作品。于是，出现了过去在租界以及在全中国都办不到的事——出版专门介绍苏联革命文艺作品的刊物。月刊于一九四二年十一月七日十月革命二十五周年的节日里正式出版。显然，这是一种特殊情况下出现的"奇迹"。

《苏联文艺》虽然号称月刊，但也有几次是两月出一次，一九四二年十一月出第一期，到一九四三年七月，出版了六七月合刊的第六期。由于罗果夫调离中国，从第七期起，由塔斯社新任社长施维卓夫主编。

欧洲第二战场开辟后，西方战线的形势开始有所改变，日本在东方战线也节节失利。继续在上海出版的《苏联文艺》和《时代》杂志，愈益成为日本帝国主义者的眼中钉。一九四三年冬，由汪伪政府的警察厅发出通知，要求《苏联文艺》在付印前把全部中文稿件送去审查。结果有些段落被删掉，有几页上面开了"天窗"，事后，广大读者群情激愤，更加爱护这个刊物。敌伪自知检查措施不能奏效，索性在一九四四年初由伪警厅出面，以外国人不得在中国出版中文刊物为借口，下令停刊。

日军一方面封闭《苏联文艺》，一方面却和刊物的主编施维卓夫交好，几乎每天请他赴宴，以维持"友好"关系，争取苏联能在美日之间调停。

在时代社编辑部和印刷厂工作的中国同志明白这是暂时现象，在"苏商"支持下，照常上班，绝不解散，继续翻译苏联文艺作品，为估计不久即能复刊的《苏联文艺》准备材料。这引起了日伪方面的猜疑，他们不知这批"为苏联效劳的家伙"究竟在搞些什么秘密勾当，暗中进行了更加严厉的监视和迫害。

经过了一年的艰难岁月，在一九四五年一二月间，有一个中国人得到了伪政权的准许，准备出版《六艺》月刊。这个出版商得到一笔报酬，才接受了时代社长期积累的译稿，和几篇装潢门面的中国作品混在一起排印。《苏联文艺》终于得以用中国刊物《六艺》的面目复刊。但是《六艺》刚刚印出，就被敌人发觉，不仅不许发行，发行人也立即被捕了。

一九四五年三四月间，苏军已攻入德国境内，向柏林挺进。轴心国的东西方两个战线日益崩溃，日本政府感到末日临近，于是极力讨好苏联。"苏商"时代社利用这种形势,就在日本宪兵队和伪警的眼皮底下,"肆无忌惮"地在自己印刷厂里排印中文的《苏联文艺》月刊和《时代》杂志。日伪眼睁睁地看着这种情况,也不敢公开出面干涉。然而时代社的中国工作人员却在暗中受到更为严重的迫害。

四月底、五月初,《苏联文艺》的全部篇幅都登载着有关苏军进入敌境的诗歌和小说。《时代》杂志登满了苏军攻占柏林、红旗插上德国国会大厦的消息与照片,公开出版发行。盼望着天亮的中国人民,在街头争相抢购这些冲破禁令的刊物。

《苏联文艺》终于复刊了。编者、译者和读者都喜在心头,但处在日伪统治之下的译者,却身受着更加恐怖的花样翻新的迫害。不过这种情况也只延续了三个多月,一九四五年八月八日苏联对日宣战,日本帝国主义很快就宣布无条件投降了。

日军投降,美军闯进上海,国民党的军政要人也相继进入上海。《苏联文艺》必须承受新的考验:国民党当局是否准许它继续出版?

苏联和美、英、法三国一样,是中国反法西斯的盟邦,国民党政府还和苏联政府签订了友好条约,不管怎样,国民党政府不得不和苏联维持"友好"关系。上海的"苏商"在敌伪时期出版的报刊,国民党也不能一来就立即加以查封。于是《苏联文艺》和其他时代出版社的报刊(包括《时代日报》和《时代》杂志等)又在另一种特殊情况下得以继续出版发行,公开宣传共产党的政策,苏联社会主义的建设成就和社会主义的文学艺术。

《苏联文艺》自然也成了国民党反动当局的眼中钉。一九四八年上海警备司令部查封了《时代日报》,却没有封闭《苏联文艺》,这又是一种特殊的局面:相形之下,《时代日报》要尖锐得多,封了日报,保存月刊,使《苏联文艺》得以幸存,并使它一直延续到一九四九年上海解放之后。

《苏联文艺》原主编罗果夫于一九四六年十月重来上海,他接编的第二十四期于十月出版。这时解放战争日益发展,上海工人、学生的反美、反内战、反饥饿的斗争日益扩大,进步报刊如《文汇报》、《文萃》等都被国民党当局查封,只有《苏联文艺》等打着"苏商"的招牌继续在上海出版,发挥了很好的宣传作用。

一九四九年五月《苏联文艺》以第三十六期迎接了上海的解放。七月出版的第三十七期是终刊号。解放后,北京、上海以及全国各地的报刊都能大量译载苏联的文学艺术作品,用不着再利用"苏商"的名义出版报刊了。《苏联文艺》利用敌伪和国民党统治时期出现的特殊情况,经历了七个年头,已经完成了自己的历史任务,可以"退位让贤"了。

二

《苏联文艺》经历了三个时期:敌伪统治时期、国民党统治时期、解放后的人民政权时期。前两个时期,照理是不能出版《苏联文艺》这种刊物的,但它利用国际政治条件所形成的特殊局面,得以长期存在。但在特殊环境中应有特殊战术才能出奇制胜。

当时,苏联人有自己的政府保护。而中国的工作人员处在日伪和国民党的反动统治之下,却得不到任何保护,只能受到迫害,真是备尝艰辛。

用苏联的旗帜做掩护,目的是为了做有利于革命,有利于解放事业的宣传教育工作。不能直接宣传我们党的政策和解放区的情况,但是介绍苏联的情况,出版苏联的革命文学艺术作品,也是一种宣传教育的方式。在当时的时代出版社工作,就是执行党的任务,为党做工作,根本不考虑危险与否,受迫害与否。既然担当了这种性质的工作,就得采取适应这种工作的方法,适应这种斗争的战术,而不是知难而退。

首先,党组织派到时代社去工作的人应当是没有暴露身份的、在社会上不太知名的地下党员,这样才能易于隐蔽,不招人注意。其次当时在时代社内,决定不建立党组织,不展开组织活动,不发展党员。一方面因为这个以苏联旗帜为掩护的出版社,本身就是惹人注意的,本来就容易出事。另一方面,必须注意,在苏联机构里搞党的组织活动,一旦出事,就会成为国际性的政治事件,而敌人无时不在盼望出现这种事件。再次,在社里工作的中国人,要十分检点,从生活到社会关系,都要十分简朴,不能有任何突出的地方。

物色人选,还要考虑另一个重要条件:必须会俄文,能翻译苏联文艺作品。这样的人才,当时寥寥无几,因此不得不设法专门培养。明明是做政治工作,偏要装作"十里洋场"上吃洋行饭的洋行职员。明明用的是俄语,而不是英语、日语,却要装出和英美日洋行里的职员差不多的模样;用俄语的人,本身就是"左倾"人物,却偏偏要混同于洋行职员,这也是十分难办的。

不管困难不困难，好办不好办，客观需要这样办，就得想尽办法克服困难。不打牌，不跑舞场，但可以去下下小馆，喝喝酒，看看戏。这也像一个玩世不恭、并无政治色彩、只知吃喝玩乐的人物吧。

不看朋友，更不能和原来有组织关系的人来往，甚至在街上遇见了，也不打招呼，免得连累别人。另一方面，还要故意进行一些没有意思的交往，以掩人耳目，扰乱盯梢的目标。

这样做是估计敌人一定会监视、盯梢。事实果真如此。胜利之后，已经弄清敌伪机关对我们搞了哪些监视活动；解放之后，在国民党特务机关的档案里也查出了某人哪年、哪月、哪日、哪时在什么地方曾和苏联人联系，谈了几分钟，进某某房屋几分钟之类的情报资料。

监视、盯梢，只是敌人所采用的方法之一，敌人比较常用的方法是由宪兵队、保甲机关出面找时代社的职工，包括排字工人和通讯员，威胁利诱，给他们任务，定期到保甲机构和警察局向指定的人汇报社内情况和关于几个主要的中国编辑人员里里外外的各种情况。这些人大多数都能偷偷地向社内中国负责人员报告他们被拉去的经过以及他们被询问的内容。

少数人当了暗探，解放后，到肃反的时候才交代出来。

敌人更常用的方法是：出动日宪兵、伪警察、国民党特务和警察逮捕时代社内的工作人员，有时是编辑、翻译，有时是营业员和送报员，有时是排字工和印刷工，审问一天半天，又放回家，临放时严厉告诫，不许向苏联人和中国负责人透露被捕的事。

逮捕审讯最频繁的是在一九四四年、一九四五年间《苏联文艺》、《时代》杂志被迫停刊，而工作人员全部留下继续从事翻译的那段时间。敌人最感兴趣的是这个苏联机构里供养着一大批中国人，究竟搞些什么"阴谋勾当"。有时警局的白俄暗探带着几个狗腿子，突然闯到编辑部来，搜查中国工作人员身上带有什么东西。

一九四四年秋，时代社一个中国方面的主要负责人有过这样一段经历：日本驻上海宪兵队的一个专门反苏反共的军曹，身穿长衫，化装成中国人到他家里访问，声称要交朋友，他用俄语交谈，每星期来访两三次，有时清早来，有时深夜来，有时中午吃饭的时候来，以"朋友"的姿态，盘问的口气，询问个人和社内的种种情况。这种做法十分阴险毒辣，其目的无非是既想了解情况又不触犯"友好"的苏联。为此，这个宪兵曾再三嘱咐，不要把他的"来访"告诉苏联人。

日本投降之后，这个日本宪兵竟然投靠国民党特务机关，把他所了解的情况全部移交给国民党反动派，他又作为国民党的特务继续来"交朋友"。

有时，国民党派特务到《苏联文艺》编辑部来，求见编辑和翻译，滔滔不绝地讲述他如何向往解放区，如何拥护共产党，希望我们介绍他到解放区去，想抓住我们的差错，借口"苏商"时代社的人就是共产党人，以期挑起争端，引起中苏国际性的政治纠纷。

他们有时在门口用微型照像机偷拍编辑部进出的人员。国民党特务和日本特务一样，碍于同苏联的"友好"关系，不好下手封闭时代社和逮捕工作人员，但实际上骨鲠在喉，他们用尽心计要下毒手。一九四九年四月，解放军渡江前夕，他们决定用汽车在街上撞死《苏联文艺》的主要翻译、编辑，推说是交通事故，逃避政治责任。幸亏敌人内部有我们的同志送来了紧急情报，他们连夜乘飞机潜往香港，才避免了这场"交通事故"。

翻译人员埋头翻译苏联文艺作品招来了反动派的刻骨仇恨，被他们当做罪犯，必欲置之死地而后快。翻译工作者明知自己的处境危险，还是不避艰难险阻，坚守在自己的岗位上。

翻译们平时工作，处处都要注意不露锋芒，以免招惹是非，惯用的战术之一是不用真名，而用各种各样的笔名，其实起初编辑部只有两三个俄文翻译，却有几十个不同的笔名。例如，陈冰夷用过的笔名有：萧瑟、管弦、司竹、若虚、梁香、白寒、高明等几十种；叶水夫用过严洪、叶原、叶落、邬启斋、水夫等笔名，后来采用了水夫这个笔名；许磊然用过榆青、葛达、萨皮娜、磊然等不少笔名，后来采用了磊然这个笔名；姜椿芳用过狄希、遇通、遇平、钮麻、林、令、羚、伶、卓费等笔名，后来采用林陵为笔名。所用的笔名太多，以致现在重新翻阅过去的《苏联文艺》，连本人也弄不清楚究竟哪些是自己采用过的笔名了。

不仅不能出名，反而要隐姓埋名，有时需要署名，时间紧迫，一时想不出，就随便写上一个像是开玩笑的笔名。例如，钟尴、修士、杨朱、怀旧、葛达（意即"疙瘩"）等等，看来似乎有些不严肃，但这都是当时环境的产物。

翻译的队伍逐步扩大，抗战胜利之后，增加一批，解放之后又增加一批。随着形势的变化，新来的翻译有的用真名，有的经常用同一个笔名。例如戈宝权也间用葆荃、北泉等笔名，包文棣用辛未艾为笔名，陈君实取名梦海，汤拂止取名汤弗之，孙绳武取名孙玮、朱笄等，草婴、蒋路也是常见的名字。

从事《苏联文艺》的翻译人员，除个别例外，都是俄文翻译。除前述几位外，还有满涛、张孟恢、伍孟昌、杨林秀、冯鹤龄、朱烈、顾用中、吴墨兰等许多同志，现在他们分散在外国文学研究所、人民文学出版社、译文出版社、商务印书馆、中国青年出版社等单位工作。

三

主编罗果夫在《苏联文艺》创刊号上写了一篇《编者的话》，他强调中俄文字之交。他说在俄国最早出现的一本俄译的中国作品是一七七六年梁基亦夫翻译的中国寓言。最早在中国出现的中译俄国作品，暂时尚不可考，估计要比俄译的中国著作为早。他说，一六一八年中国清朝皇帝顺治给沙皇隋斯基写过一封中文信，搁置了一百四十三年，直到一七六一年才有人把它翻译出来。此后俄国人便开始介绍中国的经典著作，稍后，俄国的大作家普希金、果戈理、莱蒙托夫、屠格涅夫、托尔斯泰、契诃夫、高尔基、马雅可夫斯基等的作品陆续在中国翻译出版，产生了深广的影响。他接着谈到出版《苏联文艺》的旨趣："在俄罗斯人民反对德国法西斯主义的第二次卫国战争时，中国对于苏联文学的兴趣愈加提高了。我的中国朋友们竭力要求把英勇日子的苏联文学介绍给他们。于是我们便出版了《苏联文艺》月刊。我们将在这个杂志上发表苏联作家的新作和旧俄文学的优秀典范。"

这样，《苏联文艺》的内容，主要包括两个部分：大部分是卫国战争时期的最新作品，约有三分之一是革命前俄国的作品。整个杂志分辟这样几个栏目：小说（或散文）、诗歌、剧本、戏剧、电影、音乐、艺术、俄罗斯人民的英勇事迹（介绍俄国历史上的抗敌英雄，如苏沃洛夫、库图佐夫等人的英勇事迹）、文录（这个栏名不够贴切，指的是旧俄文学，译载革命前的文学作品和论述）、评介等等。

《苏联文艺》从创刊到终刊，前后经历了七年之久（中间被迫停刊一年），一共出了三十七期。虽然名为月刊，其中有好多期是两月合刊。平均每期十七~十八万字，有的多达二十余万字，总共六百余万字。三十二开，每期平均约一百八十页。每期都有若干图片插页。每篇小说，每首诗或剧本，尽可能同时刊登作者照片。后面还附有作者简介。

《苏联文艺》的编排方式新颖。首先是横排，自左至右。每篇作品的标题，在中文之下，附注俄文；作者的名字也附注俄文，排在篇名之左上角。文章中的人名、地名，也附注俄文。仿照苏联出版物的习惯，每期的目录，排在全书之末，中文目录之后，另附俄文目录。这种排法，当时在中国还是首创。篇头和篇末（补白）的头花和尾花，都用苏联报刊上常用的图案花式，大多是镰刀、斧子和五角星的变化图案，用这种图案，在中国也是首创（过去中文书刊上用镰刀、斧子是犯禁的）。

小说、诗歌等原则上从原文（俄文）翻译。只有极少数的塔斯社电讯是从英文翻译的。而翻译原则是遵循鲁迅所提倡，并亲自坚持的翻译方法：严格按照原文句式、格调，不减不增，忠实翻译，宁信不雅。这种严谨的译风是我国全体翻译工作者所共同创造和坚持的，《苏联文艺》的译者在这方面也起过一定的作用。今天回头看看当时《苏联文艺》的译文，有些词句不够文雅，不够成熟，颇有硬译的味道，想到当时的译者是在摸索和学习的道路上前进，也就觉得这些缺点是难以避免的了。

至于诗歌的翻译，《苏联文艺》也经过了一番繁难的探索。大部分诗篇都是遵从原诗的音节和韵脚来进行翻译的。比如说，原诗每句有多少音节，中文就译几个字，原诗哪几句押韵，中文的这几句也必须押韵。中文句子的长短要和原文保持一致，但原诗的抑扬顿挫很难保持，照顾到押韵，却照顾不到中文的平仄。这是一种尝试，这种尝试是遵照瞿秋白同志译普希金《茨冈》的原则和方法来进行的。《苏联文艺》中所译的诗篇后来另行编成册，题为《苏联卫国战争诗选》，林陵曾为诗选写序，详细地讲述了俄文诗的各种格式，中译文尝试的经验得失，并说明这种尝试的目的是为中国新的格律诗作一些初步探索。后来不少同志曾经继续沿着这条道路，试译外国诗歌。

《苏联文艺》前后经历七年，前三年译载的主要是战争时期的作品；最后一年苏军转入反攻，收复了大片国土，重新获得解放的人民，立即投入恢复生产的斗争，我们选择的小说、诗歌大多是这类题材。把敌人驱逐出境之后，苏军配合东欧各国的武装力量，大举反攻，向柏林挺进，刊物上也及时译载了这方面的作品，后四年，从一九四六年到一九四九年，苏联人民转入和平建设，在国际上和英、美展开斗争，文艺作品也有所反映。

翻开当年的《苏联文艺》，我们看到卫国战争时期，苏联文艺战线广大的作家和艺术家们，都拿起了自己的武器，奔赴火热的战场，响应"一切为了前线，一切为了胜利"的号召，尽心竭力地为战争与胜利服务。文艺战线上的战士密切配合前线的战斗,发挥了自己最大的作用。《苏联文艺》月刊,努力地翻译和介绍了上述各种作品。

反映战争初期前线正规军作战,后方游击队战斗的优秀作品有阿·托尔斯泰的《伊凡·苏达廖夫的故事》,肖洛霍夫的《他们为祖国而战》,巴甫连柯的《地雷狂想曲》,拉雷列涅夫的《茶玫瑰》等;表现游击队战斗生活的有谢芙琳娜的《女游击队员》、《莎霞》,戈尔巴托夫的《不屈的人们》等;表现海军的有索波列夫的《海魂》、《伊凡·尼古林——俄罗斯的水兵》等;描写列宁格勒、塞瓦斯托波尔城市保卫战的有吉洪诺夫的《苏维埃人群像》、《基洛夫和我们同在》等。描写斯大林格勒激烈巷战的主要有西蒙诺夫的《日日夜夜》;反映前线和后方边缘地区斗争情况的则有格罗斯曼的《人民不死》和法捷耶夫脍炙人口的《青年近卫军》等。

诗人苏尔科夫、特瓦尔多夫斯基、伊萨克杨、阿利格尔、伊萨科夫斯基、米哈尔科夫、古歇夫、阿谢耶夫、维拉·英倍尔等写的诗歌,都及时地译载在《苏联文艺》上。在战争中,涌现出不少战士诗人,其中最有名的是希帕乔夫,他的诗作翻译出来的最多。

《苏联文艺》对于长篇或中篇小说还采取连载的办法,除《青年近卫军》、《日日夜夜》《人民不死》外,还有毕尔文采夫的《试炼》(一译《考验》一部分)、卡达耶夫的《妻》等。

此外还译载了卫国战争时期有重要意义的剧本,如列昂诺夫的《侵略》,考涅楚克的《前线》和《密斯特配金斯到布尔什维克国家》,伊里英科夫的《花园》,西蒙诺夫的《俄罗斯人》等。同时还翻译了高尔基的剧本《小市民》,普希金的《鲍里斯·戈都诺夫》(只选译了两幕,后来另出了全剧的单行本)。

随着战局的发展和改变,作家的创作也及时地改变了内容,这是苏联卫国战争时期文学艺术的又一个特点。上海和莫斯科虽然相隔万里,但《苏联文艺》却能迅速地取得原文,译成中文,排印出来,拿到上海及各地去发行。

战争后期,苏军收复失地,人民重返家园,恢复工农业生产也是作家的创作题材之一。这类题材的作品有希帕乔夫的诗《归来》和柳里斯基的《新房子》(载于一九四五年下半年),华西里耶夫的《她是谁》,苏尔科夫的《列宁》和拉乌德的《克里姆林》。有不少短篇小说描写战士回到工厂参加生产,由于战时的习惯不适应新的工作而发生的矛盾,以及如何克服这些矛盾。有的描写农村里沸腾的田间劳动,生动地描绘了战后广大群众"待从头收拾旧山河"的热烈情绪和冲天干劲。

这段时期,苏联文艺表现的另一内容是:苏军攻入柏林后,与美国军队在易北河上会师的情景。马尔沙克的诗《屈服的柏林》和苏尔科夫的《胜利的日子》(插图有《胜利的旗帜飘扬在德国国会大厦的上空》和《德国无条件投降签字》等),表达了饱经战祸与苦难的苏联人民对德国法西斯的深仇大恨。

从一九四七年到一九四九年的各时期,除译载了反映苏联人民在恢复时期从事生产斗争的作品外,对于文艺建设有重要意义的是,发表了一些重要的文艺论文,其中有列宁的名著《党的组织与党的文学》、《列夫·托尔斯泰是俄国革命的一面镜子》等,法捷耶夫的《日丹诺夫的报告和我们最近的任务》和《论苏维埃文学》,格拉西莫夫的《建立战斗的造型艺术》,沙吉娘的《文学与科学》,西蒙诺夫的《苏联戏剧的任务和批评》等。

战争已经结束,注意力开始转移到文艺的建设方面来,这期间发表的苏共中央关于《星》与《列宁格勒》文艺刊物的决议,日丹诺夫关于文艺问题的报告,关于歌剧《伟大的友谊》的决议等,《苏联文艺》都尽快地予以介绍。这期间年年评定的斯大林文艺奖金的得奖作品及作者名单,也是了解和研究苏联文艺的重要资料,月刊上都全文刊出。另外遇到重要的作家、艺术家、文艺理论家诞辰或死忌的逢五逢十重大纪念日,刊物都要发表纪念文章,同时发表他们的部分作品,其中有普希金、莱蒙托夫、托尔斯泰、契诃夫、高尔基、马雅可夫斯基、杜勃罗留波夫、别林斯基、斯坦尼斯拉夫斯基等。

刊物取名为《苏联文艺》,因此除小说、诗歌、剧本、文学论文之外,还辟有戏剧、电影、音乐、美术等专栏。特别是战后,几乎每一期这些专栏都发表建设性的论著或介绍这些艺术领域最新情况的文章。在"文录"(应作"革命前作品")栏里,前后也刊登了不少旧俄作家的作品,每期约占三分之一篇幅。这也是《苏联文艺》月刊的特色之一。

《苏联文艺》对苏联各少数民族作家的作品颇为重视,如革命前的乌克兰诗人谢甫钦柯和现代作家考涅楚克、雅库勃·柯拉斯,白俄罗斯诗人杨卡·库巴拉,哈萨克民间诗人江布尔以及亚美尼亚、立陶宛、拉脱维亚、爱沙尼亚、阿塞拜疆等共和国诗人的作品。东欧各国解放后,介绍波兰(显克微支和密茨凯维奇)、捷克、匈牙利、罗马尼亚、南斯拉夫等国文艺界的情况的文章和他们的作家与诗人的作品也选译了一些,甚至还有法国的文艺通讯等,使《苏联文艺》的范围更为扩大。

《苏联文艺》力求图文并茂，每期都要刊登一些图片，有照片、画像、木刻和美术作品，一般都占三四页或四五页。

一九四五年抗战胜利之后，尤其是一九四九年解放战争胜利之后，《苏联文艺》上陆续刊登的小说，都分别出了长篇和中篇单行本或短篇小说集。每期发表的诗歌（除旧俄诗人的作品外）则辑录为《苏联卫国战争诗选》。

《苏联文艺》在前后七年之中，经历了日伪、国民党的反动统治时期，在十分困难的条件下，冲破重重障碍，利用一切可能的缝隙，发表了当时难能可贵的苏联和革命前俄国的各种文艺作品，这些资料的留存，对于我们研究那时期的苏联文艺，仍是有参考价值的。

这些作品的译文，在三四十年前由少数俄文学习者和初步试译者通过探索和尝试而问世。今天看来，有些译笔还比较幼稚，文字的表达和对原意的理解，都难免有欠妥之处，但是他们的工作态度是认真严肃的，遵循的翻译原则是正确的，介绍的作品内容也比较充分和适当地反映了苏联当时文学艺术的情况和成就。因此，这些译文作为资料还是值得保存和可供研究的。而《苏联文艺》所走过的道路更是值得怀念，刊物的编辑、选材和翻译经验，也还是可供参考的。

这篇回忆文章写得很粗糙，很不全面，还希望曾经参加这一工作的老战友、老同事们加以补充和指正。

原载《苏联文学》1980 年第 2 期

哈尔滨培育了我

我初到哈尔滨时,刚十六岁,时间是一九二八年的春天。那时,哈尔滨最吸引我的是美丽的松花江;最令我神往的是中东铁路,因为这条铁路是连贯亚欧(从我国东北,经俄罗斯原野,直达德国汉堡)的世界上最长的干线。这里的丰富物产,经过松花江到哈尔滨集散;西方的文化沿着中东铁路传播到哈尔滨。我为能到这个集居着三十多个国家侨民的人称"国际都市"里生活而高兴。

十六岁的少年到这个城市来,首先是学习,在学习的项目中占重要地位的是俄语。为了尽快学习好俄语,我专门请了一位无国籍的俄罗斯人,每天为我授课一小时,这位教师不懂汉语,但会说英语。他就用英语作解释,教我俄语。这样,跟着他每天上课,既温习了英语,也学习了俄语。经过一年的攻读,刚有些入门,但由于生活的逼迫,我不得不拿起笔杆子来做俄译中的翻译工作,先是在光华通讯社,后是在英亚电讯社做报刊新闻和国外电讯的翻译。当时,我俄语程度很不够,但每天又必须翻译三四千字。因此,便借助《露和辞典》(俄日辞典),紧张地硬啃着难解的俄文电讯。前后连续六七年的时间,硬是把自己锻炼成一个比较熟练的翻译者,使我后来能从事俄国和苏联文艺作品和马列主义经典著作的翻译,这是哈尔滨特殊的条件对我的培养。

十六岁的少年,文化程度还很低,政治水平更低。就在这初到哈尔滨的第一年的冬天,这个城市掀起了轰轰烈烈的学生运动——反对日本帝国主义强筑五条铁路的抗议运动。游行、冲击警察封锁线,和武装军警殴斗,包围县公署和道尹公署以及其后一系列学生会的各种会议,使我这个无知的少年懂得了憎恨帝国主义和反对卖国的军阀官僚,学会了和反动派作斗争的战术。一九二九年的"中俄冲突",一九三〇年的万宝山事件,使我懂得了侵略我们国土、杀害我国人民的是谁;日夜从事报刊消息和电讯的翻译,使我知道了江西有红军在进行土地革命；世界正发生着经济危机，战争在威胁着全世界人民。我的政治觉悟逐渐提高，一九三一年上半年，我加入了以"打倒帝国主义"为政纲的"反帝大同盟"，下半年，在"九一八"事变之前，加入了共产主义青年团，一九三二年加入了中国共产党，当时，在道外桃花巷等地参加党、团领导的飞行集会；在喇嘛台附近的广场上破坏伪满建国庆祝会；在这里许多街道上，破坏伪满"建国思想"宣传牌；在道外、道里、新安埠许许多多街道上散发传单——从此开始了我长期的地下党斗争生活。我的政治生命是哈尔滨的独特环境培养成长的。我把自己的一切，包括生命，都献给了哈尔滨的斗争事业，把自己的命运和哈尔滨的命运密切地结合在一起。我深深地爱上了哈尔滨，不愿意离开哈尔滨，党交给我的斗争任务也不容许我离开哈尔滨。如果不是一九三六年的被捕，出狱后确知不能再留下，不得不迅速逃往上海，否则我将一直呆在哈尔滨这个我的第二故乡。

一九二八年冬，我这个刚到大城市、毫无文艺修养的少年，由于受哈尔滨几个报纸副刊的熏陶，有感于当时的时局，写了一首小诗《电灯》，大胆地投寄给《国际协报》副刊《绿野》，居然登了出来。从此，我便经常写稿投寄，发展到后来也多少做了一些文艺工作。这又是哈尔滨这个并不十分荒芜的"塞上名城"对我的培育。

哈尔滨培育了我，我和哈尔滨结下了深深的血缘关系。因此一九七七年夏天，重到哈尔滨时，行江边，漫步道里、道外、南岗、马家沟、新阳路街口时，对依稀可辨的大大小小建筑物，对一草一木都发生感情，尤其是那些斗争过和居住过的地方，引起了我无限的回忆。抚今追昔，最有深切感受的一点是：哈尔滨培育了我！

原载《哈尔滨日报》1980 年 6 月 12 日

战斗作家高尔基

高尔基的一生是战斗的一生。正像高尔基在回忆列宁的文章里所说的，"列宁就是在死后也是伟大、无比崇高和令人生畏的"，二十四年前六月十九日，高尔基的逝世，在进步文学界和进步人类中所产生的强烈的反应和影响，也使敌人非常震惊。因为高尔基是伟大的战斗作家，他的一言一行，都能发挥战斗作用。

文学为政治服务、文学为人民服务这一思想，极为有力地表现在高尔基的作品里，特别是在他后期所写的许多政论杂文里。在这一方面，列宁曾给予高尔基很大的影响。例如列宁在一九〇八年给高尔基的一封信里曾这样提出问题："而著作家的工作如果同党的工作，同经常不断影响全党的工作密切联系起来，也会得到多少倍好处！我们需要的不是一些'袭击'，而是毫不停顿毫不间断地全线总进攻。"高尔基把自己的文学写作事业和党的工作密切结合，不是偶而向敌人"袭击"，而是毫不间断地全线进攻，所以我们说，高尔基的一生是战斗的一生。高尔基的生活与劳动，本身就包含着战斗意义。斯大林在一九三二年祝贺高尔基文学生活四十年的贺电里说："愿你长寿和健康地工作，使全体劳动人民欢欣鼓舞，使工人阶级的敌人胆颤心惊。"

高尔基作为无产阶级文学的奠基人，在一系列文学问题上，作了战斗性的论述，提出了战斗性的号召。高尔基关于十九世纪资产阶级文学遗产的论述，直到今天还是我们应该怎样对待十九世纪资产阶级文学遗产的重要指示，他号召我们不要迷醉于十九世纪资产阶级文学的"高超的技巧"，他告诉我们，资产阶级在文化创造方面并没作出什么巨大的贡献，"资产阶级从不曾把文化发展过程的意义理解为整个人类群众发展的必要"，真正为人类文化发展作出贡献的将是无产阶级。

高尔基反对文学中的人道主义和人性论，他认为这些都是资产阶级欺骗人、麻醉人、毒害人的东西。高尔基说，资产阶级的"仁慈"、"人性"、"人道主义"，就是"少数脑满肠肥的'邻人'对绝大多数饥寒交迫的'邻人'进行不断的凶残掠夺。当有人必须掠夺'邻人'的时候，'爱邻人'是完全不可能的，如果邻人对这种掠夺加以抗拒，他就会被杀死"。

高尔基一针见血地说，资产阶级人道主义的原则就是基督教《圣经》里所说的"爱你的邻人，像爱你自己一样"。用绝对自私的爱自己的"爱"去爱邻人，它的具体表现只会是掠夺邻人，以至于杀死邻人。

高尔基曾热心为反对战争、维护和平而奔走呼号，但是高尔基从来没有认为和平可以依靠哀求取得，他始终认为，只有坚决的斗争才能制止战争，才能维护和平。高尔基毫不倦怠地提醒苏联人民，帝国主义侵略者在威胁着苏联，他号召加强苏联军队，巩固国防。一九三一年高尔基号召苏联人民说："如果你们必须手拿武器走到反对旧世界的战场上去，世界上第一个军队就将去进行最后一次战斗，这个军队的每一个战士都完全明确地知道，他是为什么而斗争，他的真正敌人是谁，并且知道，这个敌人已被历史注定要毁灭，敌人的毁灭就是全球劳动者幸福的开始。"

高尔基号召人们必须同敌人进行不共戴天的斗争，他的名言直到现在是一切战斗人民的火热的号召："敌人不投降，就消灭他！"

我们要向高尔基学习的正是这种对敌人的毫不调和的、毫不留情的斗争精神。

原载《新晚报》1980年6月19日第3版

署名：林陵

"孤岛"时期上海的戏剧运动[①]

抗战时期上海的戏剧运动,实际上是党的一项群众组织工作。这里首先应该说一说当时的情况。

抗战一发生,上海各界人民就组织了"救亡协会",其中包括文艺界的救亡协会,简称"文救",会址设在浦东同乡会(今延安东路成都路东)。戏剧、电影界的同志们,在当时地下党的领导下,组织了十二个演剧队,分南北各条路线出发到内地,到前线和后方,深入群众宣传抗战。其中最后一个队——第十二队,留在上海。这第十二队的成员,大多是有各种原因暂时不能离开上海的,同时党考虑到上海也要留些人搞戏剧工作,而这些人也比较合适,所以决定把这个队继续留在上海。开始时,夏衍同志还在上海,但这个队的许多工作,主要由于伶同志出面进行。记得大概是一九三七年底、一九三八年初,组织了"青鸟剧社",在新光大戏院演出。当时还只能作短期演出,一个星期或两个星期。演员中还有一些有名的,男的像顾梦鹤,女的像陆露明等。

业余剧团的蓬勃兴起

当时文艺界需要做的工作很多,戏剧以外,还有电影、文学、音乐等等。战争进行的时候,有许多难民涌进了租界,于是各界救亡协会和许多群众团体为他们在若干空地上用芦席搭起了棚子,组成难民收容所。这是群众比较集中的地方,可以开展各种活动。党组织各方面的人到难民收容所去进行形式不同、

[①] 本文由上海社会科学院文学研究所现代文学研究室根据录音整理。——编者注

内容不一的工作：有的去教书，有的去教歌唱，有的去演话剧，有的去教新文字（就是拉丁化的汉语拼音）。还有别的场合，像工厂、学校等等，也派人去开展各项工作。

后来，上海周围各县沦陷在敌人手中，能够继续活动的只剩下租界这块地方，而租界又被日本人包围了，在周围广大的沦陷区里，上海租界形成了"孤岛"这样一个局面。租界当局，无论是"公共租界"还是"法租界"，对中日战争都采取所谓中立态度。他们对群众运动是禁止的。任何群众运动，都有政治倾向性。我们要搞群众运动，遗留下来的国民党也要搞群众活动；就是敌伪方面，也要在群众中活动。租界当局表示任何群众活动都不允许，但事实上各方面采取不同方式都在活动。摆在中国共产党面前的任务，是要把整个"孤岛"上的上海人民都组织起来。该怎么做呢？

抗战前夜，上海地下党人数不多，在文艺方面有一部分力量。抗战初期，可以搞群众运动，开展工作。但到了"孤岛"时期，原来的工作方式不行了。用什么合适的形式把各行各业、各界人民都组织起来，成了党当时首先需要解决的问题。工人可以组织工会，学生可以组织学生会，但现在都不能通过群众运动来组织，只能个别联系。但个别联系，也存在许多困难：经过抗战开始后在上海近郊的几个月战斗，有的人我们不知道他的近况怎样；有许多学校和工厂，没有我们自己的人在里面。何况，要求的不是组织一两个工厂、一两个学校，而是全市几百万人。工作相当复杂，相当艰巨。

由于这些因素，迫使我们不得不采取新的方式。用几种方式试验之后，发现戏剧这一形式是有效的方式。于是戏剧逐渐成为开展群众工作的尖兵，成为打进各种群众集中地方的先锋队、一种最容易组织群众队伍的手段。

但是这个经验，也是逐步摸索出来，不是一下子就有成熟经验的。起初是想，通过戏剧来搞，只有一个第十二队，只有一个电影院（当时还没有一个正式演话剧的场子），一期可演两星期到一个月，而能够演的戏，又无非是《雷雨》、《日出》、《梅萝香》等等，在上海成百个剧场演出的许多剧种中，话剧是最新颖、最先进的剧种，有带头作用，于伶同志等写出适应当时条件与要求的新剧本，并且上演一些外国戏，起了宣传新思想、新观点的作用，但还不能在广大群众中起很大的推动作用，还不能掀起广泛的群众运动。难民收容所里曾经演过几个独幕剧，包括《放下你的鞭子》等戏。形成"孤岛"后，这些戏不能演了。后来，有些学校想演戏，例如某个学校有几个学生要演个戏。演戏嘛，不会去演京戏，不会去演别的剧种的戏,对知识分子来说,新型的、比较有思想的还是话剧。可以排一两个独幕剧,在学校里上演。这个学校里演戏的一些人,就形成了戏剧小组或团体。一个学校里几个人演戏,必然会招来全校的学生看。一个班、一个年级的学生演戏,别的班、别的年级的学生也组织演剧小组来排戏和上演。我们的党员,打进演剧小组,把一个班一个班组织起来,进一步把全校的学生组织起来。先是形成一个学校的剧团,后来同学们并不满足于组织剧团,于是进一步发展为学生会,剧团只是这个学生会的一个组成部分。学生剧团在本校演戏,渐渐感到不满足,大家觉得不够劲,要扩大一点,要到别的学校去演。别的学校看了这个学校演的戏,发生兴趣,他们也想自己演。于是,原来某个学校的剧团,积累了一些经验,他们有一些剧本,会化装,也有会导演的人,也有会弄装置的人。他们就不仅把自己的戏带到那个也想演戏的学校去演,而且帮助那个学校排了戏,在全校演出。这样,这个新的学校的剧团也把学生一个班一个班地组织起来……演戏、演话剧,成了把学生组织起来的最方便的形式。各大学从班到校组织起来,各大学的学生会又共同联合起来,慢慢地组成了"大学联"——全上海的大学生联合会。

  在中学生中,几乎同样通过戏剧的方式,逐步组成了中学生的"学联"。小学则通过小学教师演戏,组织起了"小教联"。"小教联"组织起来了,"大教联"、"中教联"也相继都组织起来了。这个用戏剧组织群众的形式,被党发现了,党认为它确是一个尖锐的武器,一个很灵活、很能发挥作用的武器。学生要组织起来,工厂的工人也要组织起来,于是也采取这个方式。当然,工人方面原来就有工会活动,但这也是向外开辟工作的重要的方式之一。

  有了学生的,教员、教授的,逐渐又打进社会上的各界。上海是有特殊经济情况的所在,有各式各样的、各国的所谓洋行,怎样把洋行的职员组织起来,戏剧也是一个重要的方式。让做洋行职业的职员也演戏,也组织剧团,慢慢地组成一个洋行华员的联合组织,叫"华联"。百货公司的职员也办了一个联合会。银行职员组成了"银联",钱庄职员成立了"钱联",药房有"药联",中药铺有"中药联"……当时各行各业都在组织联合会,大家望风而来,一涌而起,都是先发动他们看戏,自己组织剧团,自己演戏,再请别的方面的人来看戏,把种子带开去……

  当然,组织起来以后,又有别的活动了。它要选举,要产生领导机构。它有学习,有福利事业,也搞其他各式各样的活动。这中间就有了政治思想工作,也有斗争，落后的怎么样，反动的怎么样——这就不是单搞戏剧，而是它们本身应该进行的工作了，但戏剧是起了一个开路的作用。它不带有鲜明的政治色彩，而是采取一种娱乐的形式。这似乎是一种消遣取乐，演出时满座群众，闭幕后一哄而散，好像没有组织。因为当时"孤岛"是在英美法（而日本在工部局里也有势力）的统治下，我们不能采取集中的政治活动，不能开演讲会，不可能通过公开的报纸进行什么号召——报纸我们也编、也出版，但这些方式都有一定的限度，容易引起统治者的注意。只有戏剧，是娱乐性的，年轻人爱玩，演话剧，也像串演京戏一样，登台出风头，是玩票。因而工部局巡捕房派人来看，来检查，也不觉得有什么可怀疑的地方。

演些什么戏呢？主要是独幕剧。当时常演的有丁西林的《压迫》、《一只马蜂》，契诃夫的《蠢货》、《求婚》，日本的《婴孩杀戮》，法国的《哑妻》和其他一些外国、中国作家的作品。有些比较明显的有关抗日内容的戏不好公演，只好公演那些中间性的戏。

戏剧交谊社的成立

上面我们讲了，戏剧起了一个把各界人民组织起来、联合起来的作用，各联合会都有自己的剧团。有些团体本来就有自己的剧团，如华员俱乐部有"蚂蚁剧团"，益友社也有自己的剧团，后来还有个别的人自己组织剧团，演话剧成了一个新风气。每个剧团只在自己单位里演已经不过瘾，戏剧这一艺术形式，本身就是要求向更多的人表演的，很自然的，各剧团都要争取到外面去演，到比较大的剧场里去演，在报纸上登广告，公开卖票；演的戏也不能老是那几出独幕剧，需要演新的戏，需要创作和翻译新的剧本；演技也要提高，这一切都需要更大规模的联合。可是它又不能像"青鸟"和后来的"上海剧艺社"，那样经常租剧场演出，因为后者逐渐走上了职业化，而前者只能是业余的。应该怎么办呢？经过党组织的推动，许多戏剧团体的领导人在一起商量，感到需要成立一个更大的联合会，包括工、商、学各界许多剧团的大联合，才可以租一个剧场来演出。需要用一个团体的名义，才能去向租界当局登记，让工部局来检查我们的戏，让我们能取得公演的许可证，公开登广告，公开卖票。但这个团体的名称，又不能用个别剧团的名称，比如用"银联"一个剧团的名义去登记，就只能演"银联"的戏,其他剧团又要另行登记才能演出。必须搞一个共同的团体。但公开用戏剧联合会的名义去登记,租界当局肯定不会允许由许多群众性的大团体联合起来的大剧团取得合法地位。它就是害怕这种"群众性"的组织,也要防备日本人方面插手阻挠。经再三研究,终于找到了一个既有联合会的性质,又没有联合会字样的团体名称——"戏剧交谊社"。"谊"是"友谊","交"是互相交流,交朋友的意思。好比社会上各方面的人凑在一起,我和你都是朋友,在一起搞一个俱乐部。用这个名义到工部局去登了记,以后每次演出,不同的剧团都可以上去演,而对外只用一个总的名义。

"戏剧交谊社"的名称确定了,就需要一个领导机构,需要一个头。这个领导集团,不能只是党员或几个"左派"人物。它的头,也不能用一个"左派",一个比较红的人——当然也不能选一个同国民党或其他方面关系多的人。要找一个中间偏"左",而对其他方面,对工部局也说得过去,跟国民党方面也不是陌生的人。换句话说,要搞统一战线。后来选出的"社长"(或主任,或董事长?)是洪谟。这位同志在抗战前,三十年代在上海,在《蒙娜凡娜》一剧里,演过戏;他在戏剧界有过一些活动,爱好戏剧,上下左右都有一些关系,同我们也很接近。在领导集团里,还有许多人,有党员,有我们直接领导的进步群众,有一般社会关系较好的人,如陆介人等。

形成一个团体以后,还要和工部局里检查戏的人打好交道。那时工部局里有一个叫"王先生"的,我们演戏,他就来看戏。不仅是戏演出之前要检查,演的时候也要来看。这就要和他打好交道,请他吃饭,请他抽烟,和他交朋友。我们就专门派一批人跟他打交道。另外还有跟剧场打交道,跟报馆打交道的人。总之,"戏剧交谊社"里各色人等都有,扮演各种"角色",通过各种渠道,在这个形成"孤岛"的、本来就很复杂的"上海滩"上扎住一个阵脚。

"青鸟"在新光大戏院演戏的时候,晚上有戏,星期天下午有日场,戏剧交谊社就挑选在星期天的上午演出,即一般电影院的早场时间。后来,"青鸟"不在那里演时,交谊社仍在那里演早场。这样就把这种演出称为"星期小剧场"。假定这回是"药联"、"银联"和"华联"三个单位各演一个戏,他们都各有自己的群众,自己推销戏票。也可买了戏票请其他范围的朋友看,我们就有意识地把这些票推销到组织力量不够强的地方去,吸引那里的人来看戏。比如说,张可同志是暨南大学的,她演戏,暨大的同学来看,照戏剧的语言讲,来捧场。每一个剧团演戏,都能带一批自己的群众来,戏票总能推销出去。这样,观众的圈子扩大了,戏剧的影响也扩大了。一个星期演一次,每个星期都换戏,每个星期都有不同组织、不同行业的人来演戏、来看戏。这样演下去,事情就更明显了:从此不必一定再通过什么剧团想办法打进一个没有组织的单位去扩大影响,而通过公开演戏、报上登广告、票房里卖票的形式,也可以在社会上把影响扩大开来,起到一定的组织群众的作用。

有联合公演,也有各单位自己的小演出。小演出成功了,就有机会到剧场里来公演。有时也由几个单位联合排一个多幕剧,在艺术上逐步要求提高。艺术的提高又可吸引更多的观众。

党的领导和党组织的扩大

那个时候,各个剧团里都有党组织派人打进去。在一九三七年底、一九三八年初开始展开活动,到一九三八年春天就成立了一个戏剧支部。这个戏剧支部最先由殷扬(即杨帆)同志领导,最早的成员,一个是王元化同志,一个是郑山尊同志。王元化同志是从北平来的,他是学生,是"一二·九"学生运动中涌现出来的积极分子,随平津流亡学生来到上海。他自己不会演戏,但通过戏剧形式在同学里进行活动。

这个支部成立后,大概到一九三八年四五月间,殷扬同志要搞别的工作去了,组织派我去参加这个支部,我担任了那个支部的书记,在支部会上汇报各剧团的情况。这时每个剧团里都有几个骨干,都有一些比较积极的分子,思想、能力突出的人,积极热心的人;更有一些倾向好的、政治面目清楚的,抗日积极性很高,尤其是对党有一定认识的人。他们认识到,他们的斗争目标不仅仅是抗战,还想得更远些,要为新中国的社会主义和共产主义事业奋斗。通过戏剧活动,我们在许多领域里认识了许多人,了解了许多人。我们的党员,就开始向他们做政治思想工作,同他们谈各种政治问题,了解他们的家庭情况、身世和各方面的表现,然后非常慎重地发展了一批新党员。那时发展的第一个人是吴铭(即吴小佩)同志,第二个是张可同志,第三个是柏李同志。这三位女同志在当时的戏剧运动中起了很大的作用。根据当时的分析:张可同志善于开拓,她善于接近人,善于打进新的单位去跟人家打交道,把那里的关系搞好。接下去,吴小佩同志进入每一个新开辟的地方,她善于做一些扩大的工作、发展的工作、散布政治影响的工作。她也演戏，张可同志也演戏，演戏是她们活动的主要工具。柏李同志这个人不大说话，似乎很沉默，可她一上舞台就非常活跃。她善于演戏；这样，她就在每一个剧团里起了巩固这个剧团的作用。一个新的剧团来了，没有人会演戏，或者有人愿意演戏却不会演，我们就派出自己的力量参加进去，有男的有女的，带着他们演。他们不知道找什么剧本，我们有现成的剧本送给他们；他们要导演，就帮他们到专业剧团去请人导演；此外，还要搞布景、搞灯光，这三位女同志都有关系，都能立刻找到人去协助工作。她们三个人团结得很好，配合得很好，当时人们称她们为"三位一体"，戏剧活动就通过她们逐步发展。

这个支部很快发展到十来个同志，现在有好几位已经去世了，像胡大中、金鑫（金欣）、黄振亚（征野）、李克等同志；有的现在还活跃在不同的战线上，像侯哲、沈希瑞（沉默）、李求实（李琨）、白沉、李茄、黄振洲、黄振风、王大超等。在这样一个当时可以算是比较大的戏剧支部，下面分设了三个小组，这些同志领导整个"小剧场"的戏剧活动，这个支部通常就称为小剧场支部。凡是哪个单位需要组织群众而一时没有办法，经过党组织通知，他们就去这个单位开拓，找人组织剧团，演戏给大家看，或者派剧团去送戏上门。把关系联系上，就在这个单位留下积极分子做种子，进一步展开工作。怎样打进去，打进去后怎么办，都积累了一套经验。这个支部后来发展成为文总——文化总支部，戏剧部分主要由胡大中、吴小佩等同志负责。

"小剧场"、"大剧场"及其他

我们搞的是"小剧场"，和于伶同志等领导的起初叫"青鸟"，后来叫"上海艺术剧院"、"上海剧艺社"的"大剧场"不一样，支部也是两个。"大剧场"是职业剧团，营业性的；"小剧场"是业余性的，搞运动的，每星期演一次，所以也叫"星期小剧场"。

"小剧场"除刚才说的组织群众外，还起别的作用。比如说，为大剧场输送演员，输送其他戏剧工作者：舞台美术、灯光、服装等工作者，大多数是从"小剧场"送去的，不然哪来那么多戏剧工作者？这是一方面。第二，也为新四军输送干部，为江南一带解放区的戏剧工作或文艺工作战线输送干部，还为上海其他群众团体输送干部。比如侯哲同志,是麦伦中学的学生,本来是由王元化同志作为戏剧支部的一个成员来发展的,但麦伦中学的学生工作需要他回去,我们就把他转回到学校里去工作。有的由戏剧支部的同志去发展,发展了是为别的单位工作的。例如有一位郑仲芳同志,就是这样。他在寒衣募捐运动中,起了很大的作用。起初在戏剧支部工作,不久就回原单位了。有时戏剧方面要把某一党员留下,而他的原单位却要把他调过去,这就有了争论,我们还是从大局着想,给他转回去。搞戏剧的同志发展得多,应该支援各方面。

继续发展下去,戏不够演了。每星期都要演,而且要常换新的,哪有这么多独幕剧呢?这就促进了创作和改编,以及翻译外国的新剧本。胡大中同志就改编了鲁迅的《长明灯》,在纪念鲁迅逝世三周年的时候演出——那时已在璇宫剧场(浦东同乡会楼下)。张可同志翻译了美国奥尼尔的独幕剧《早点前》,她翻译,她主演。新翻译了苏联剧本《破旧的别墅》(是洪谟和舒湘演的)和《新的Sketch》(是张可和乔奇演的)。还有黄佐临同志改编的《处女的心》、《白取乐》,也是苏联剧本。高尔基的《在人间》片断被改编成过独幕剧,由阿英同志的儿子钱毅同志演出(钱毅同志是上海剧艺社的演员,后来在新四军当记者,在战斗中牺牲)。

再继续发展下去,"戏剧交谊社"变成了戏剧的"托拉斯"。哪个剧团要导演,这里派一个去;哪个剧团没有剧本,这里油印好了给它送去;哪个学校、哪个单位在本单位演戏,没有灯光,没有化装的人,这里派人去;服装不够,给它服装;总之,供应各种演戏方面需要的人才和器材。

政治形势在改变,一九四〇年还好,到一九四一年,敌伪的势力愈来愈猖獗,白色恐怖愈来愈严重。党领导的一些报纸被迫停刊了。我们在"孤岛"期间花了钱买了英国人美国人出面办报,像《译报》、《导报》、《华美晚报》、《华美周刊》、《上海周报》等,这些外国发行人,见钱眼开,被汉奸收买过去,进步的报刊便陆陆续续停刊了。敌伪的势力逐渐侵入"孤岛"。我们的戏剧活动也愈来愈困难,局面逐渐紧张,"小剧场"的活动不得不有所改变。前面说过,原来的交谊社已经逐渐变成供应戏剧器材的托拉斯,在新的形势下,索性改成营业性的机构,以资掩护。由胡大中、黄振亚等同志组织了一个"戏剧产销合作社",地点就在现在的长乐路陕西路口,租了一间房子,在里面摆上柜台,门口挂上牌子,有人在里面营业。可以买头套,也可以租头套;有灯光用具、化装用品,甚至部分服装;还有片子——舞台布景,用一块块布缝起来的。这就不是"交谊社"，而是营业性的合作社了。这个合作社好像没有政治性，其实还是政治性的。它也可以派导演出去；你要剧本，就给你印，或者专门写蜡纸给你。

一九四一年十二月，太平洋战争爆发，日本军队进入租界，局面完全改变了。从此，上海不再是"孤岛"，而是和周围的沦陷区一样，也是沦陷区了。"小剧场"的活动形式已经不行。但是因为"小剧场"这么几年的活动，更主要的是"大剧场"的三四年不断演出，上海人已经喜欢看话剧了。中国戏剧发展史上出现了一个新的阶段、新的时期，就是话剧作为一种戏剧艺术形式，在几百万人口的上海广大市民中，已经牢牢地取得了自己的地位，成为文化生活中不可缺少的一种受人欢迎的剧种。"上海剧艺社"停止演出了，接着成立了好几个话剧团体，在好几个剧场同时演出。当然，所演的戏，内容已经不能像"孤岛"时期那样了。而"小剧场"的戏剧运动已完成了自己的任务，即使在沦陷时期偶尔也有业余剧团的演出，那也和"孤岛"时期演出的性质不一样了。

除此以外，受话剧运动扩大的影响，受"小剧场"经常演出的影响，涌现了一大批新型戏剧的干部，他们打进别的剧种，有的在"孤岛"时期，有的在沦陷时期。申曲发展为沪剧，绍兴戏发展为越剧，都采用话剧的分幕分场法，都采用话剧的灯光、布景，形成新的完整的剧种，这是话剧运动在上海发展的另外几朵奇花异葩。

在戏剧运动发展的过程中，也出版了一些戏剧刊物。李伯龙同志和几个戏剧界的同志创办了《剧场艺术》月刊；于伶和满涛等同志办了《戏剧与文学》月刊；张可等同志还办了报纸型的《戏剧新闻》。这些刊物，有的专门谈运动，有的专门论戏剧与文学，《剧场艺术》则着重戏剧理论，也发表剧本。

抗战时期上海戏剧运动的发展，和大后方的重庆、成都、昆明、桂林等地有好多不同的地方。在重庆等地，也有像上海剧艺社那样专业的剧团，也有个别的业余剧团，但没有像上海那样多的各行各业的剧团，没有形成非常广阔的群众性的戏剧运动。上海人口多，长期是中国的文化中心，剧种多，剧场多。抗战期间，外国影片不能运到上海，上海的电影厂大多内迁，留在上海拍片的为数不多，因而原有的几十家大影院空了出来，有的演京剧，有的演话剧，使话剧的发展有了物质条件。话剧成为开拓群众工作的轻骑兵，也和专业剧团的存在有关。专业和业余的剧团在活动上是相辅相成的。所以在党组织上，大剧场支部和小剧场支部都是受文委领导的，并且在"孤岛"后期，两个支部联合开会，甚至组成联合支部，就是为了协调相互之间的工作。大剧场团结了许多上层戏剧专家,小剧场团结了大群年轻的戏剧工作者。小剧场范围内的业余剧团,据统计,最多的时候大大小小有一百二十个。于伶同志也讲了这个数目。

　　大剧场团结的上层戏剧专家,也支持小剧场的活动。星期小剧场开首的第一场戏,就是由李健吾、陈西禾等同志亲自参加演出的。演的是李健吾的《这不过是春天》。李演警察厅长,陈西禾演那个出谋划策的师爷。女主角是夏霞同志。记得导演是吴仞之同志。那次演出非常成功。这说明小剧场活动开始的时候,是在老一辈戏剧家支持下展开的。

原载《新文学史料》第 4 期,1980 年 11 月 22 日

在茅盾同志的帮助下

一九七九年九月,在第四次文代会之前,由楼适夷同志陪同,我和黄源同志一起去看望茅盾同志。他在摆满了书籍的会客室里接待了我们。在谈话中,我向他提出了一个请求:不久前,中央决定编辑《中国大百科全书》,其中《中国文学》卷已开始筹备组稿,我们希望茅盾同志能参加这一工作。

茅盾同志说,他知道我们正在编辑《中国大百科全书》,十分赞成这一创举,希望中国这第一部百科全书能早日出版。但是,他又说:"我不能参加这一工作了。"我说:"我们并不想请你做很多工作,只想请你对《中国文学》卷提些意见,我们把《中国文学》的'框架'送来,请你看看有什么不妥当的地方,提些意见,将来有些重要条目写好后也送给你看看。"他说:"什么计划、框架,不看了吧……"

我继续恳切地要求:"那么,重要的条目,例如,关于中国文学的总论,请你看一下吧!"

他抬起头来,习惯地霎了几下眼睛,推托不过地说:"总论么……很长吧?以后再说吧……不太长,可以看一点。"

我接着又说:"在总编辑委员会里,要列上你的名字!"

听了我这句话,他带着苦笑,说了声:"啊呀……"

听这语气,不是拒绝,而带有不推辞的意思了。这样,我和楼、黄二位,才欣然地告辞。

在这次谈话之后,没有再去看他。《中国大百科全书·中国文学》的筹备工作,虽然在一年多的时间中,开过几次会,"框架"和条目一再修改,有些条目已写出初稿,但全书的重要条目还拿不出来,更拿不出总论,所以不急于去打扰茅盾同志。一九八〇年冬,负责筹备的陈荒煤、许觉民、王元化等同志,和一部分参加编辑的同志开会商量《中国文学》编辑委员会名单时，都认为应请茅盾和巴金同志担任主任，打印的名单草案上，列上了他们两位的名字。有人还提出，中国文学的总论，应请茅盾同志撰写。我向与会的同志们说，一年前已和茅盾同志谈过此事，准备再去把大家的意思告诉他。

"准备再去"，却没有很快就去。不料茅盾同志在今年三月二十七日竟然去世了！这是多么悲痛的、遗憾的事情。茅盾同志表示支持、同意参加工作的《中国大百科全书·中国文学》，终于没有来得及得到他参与意见、审阅条目、撰写总论。正如胡耀邦同志在追悼会的悼词中所说的，茅盾同志的逝世"是全国人民的一个不可弥补的损失"，也是中国第一部百科全书的巨大损失！

在痛悼这个巨大损失的时候，我回想起自己从青少年时代开始，在接近文学、做翻译编辑工作、从事革命活动方面，也像许许多多追求革命的文艺编辑工作者一样，曾从茅盾同志的著作里得到过很大的帮助。胡耀邦同志在追悼茅盾同志的悼词中说，"他的大量的精神劳动成果，曾经帮助促进了一代又一代青年思想革命化……"我正是他培育的一代人中的一个。

二十年代，我们对第一次世界大战后的苏联和西方文学艺术的新情况、新趋向，一无所知，是他介绍了普罗文学、狂飙主义、未来主义、达达主义等等我们闻所未闻的东西。在那以前，我们没有接触过西方"弱小民族"特别是巴尔干半岛各少数民族的文学，是他首次把他们的小说介绍到中国来。正是在他的启发之下，我于一九三八年在上海翻译出版了苏联各少数民族的短篇小说集《有钱的"同志"》（一九六○年左右又出版了另一个集子《为了生命》）。

一九三○年到一九三二年，在遥远的被称为"塞上"的哈尔滨，我读了茅盾同志的小说《蚀》三部曲、《虹》和《子夜》。这几年，世界经济危机日益严重，国际上风云变幻，国内革命形势发展，反映了这些客观现实的茅盾著作，确实帮助促进了那个时期青年一代（包括我个人在内）的思想感情革命化。就是在那个年代，我走上了革命道路，参加了青年团和中国共产党。现在还记得很清楚，当时在革命宣传工作中，能够作为公开武器利用的，只有鲁迅的几本杂文集、茅盾的这几部小说和曹谷冰的《苏俄视察记》。我们组织青年读书会，读这几本书；在知识分子中发展新团员和党员，也是从介绍这几本书入手，引导他们讨论这几本书所反映的革命道理、革命现实和苏联初期建设情况。

用《蚀》三部曲讲述革命的形势、革命的低潮、革命的再起；用讲述《虹》来迎接革命的新高潮；用《子夜》来讲述世界经济恐慌，资本主义临近崩溃（那时是这样看的),指出资本主义的没落和社会主义的兴起,并且进而宣传第二次世界大战的逼近,共产党领导的红军的胜利,国民党军阀的内战,中国革命形势的成熟等等。这些书在革命青年手中借来借去阅读,书皮破了,加上护封,书页破了,用纸条整补……

这时期正是党内盲动主义、立三路线、王明"左倾"路线占统治地位的时候,对于茅盾——沈雁冰本人,有不少传说,说他在"四一二"之后亡命日本,与党失去联系,国民党追捕他,他躲在一个小楼上写反映当时革命阵营演变的小说。在"左"的思想影响下,我接触到的一些同志,对茅盾的三部曲有不符实际的批评。我记得,当时曾流行这样的话:

《幻灭》幻灭,《动摇》动摇,《追求》追求,茅盾矛盾。

虽然听到这些议论,但是我和一些同志仍然充分利用了三部曲这个武器。不管怎样,在这些书里,包括在《虹》和《子夜》里,一再提到了"共产党"这个字眼,描写了做地下工作的共产党员。不错,这些字眼是从否定者的口中说出的,但是在国民党白色恐怖统治下,能用什么形式说出这些字眼呢?列宁在十月革命前不是也用过"奴隶的语言"写书吗?

我特别强调三十年代在公开书刊上出现共产党字样的可贵,是因为那时国民党把共产党骂成洪水猛兽,在国民党统治区,能够提共产党及其主张就是扩大共产党的影响。记得那时在京汉铁路的一列货车上曾出现一条黑漆写的大字标语"共产党万岁!"这列货车行驶千里,作了千里的宣传,我们得知此事,争相传告,是多么兴奋啊!一九三三年"九一八"事变纪念日,在哈尔滨火车站前广场上的"满洲国建国纪念碑"上,出现共产主义青年团团员用红腊写的大标语"打倒日本帝国主义!",引起成千上万人的围观。日伪警宪惊恐万分,一时洗不掉、刷不掉,不得不用白布把整个纪念碑包起来。当时我们地下的党团员杂在广大群众中,一齐拍手称快,认为是反满抗日宣传工作冲破敌伪极度白色恐怖的一大成功。

从这两个例子可以看出茅盾同志通过老牌的、几乎是半官方的出版单位商务印书馆出版《幻灭》、《动摇》、《追求》这些革命小说,冲破国民党"文化围剿"的极端白色恐怖,不正是为共产党作宣传的一大成功吗?

我所以强调茅盾同志在那时创作的这些小说的革命影响,还有这样的缘故:拿我个人来说,我在地下党员中传授秘密工作的经验和方法,曾一再引用茅盾同志在这些小说中,特别是在《虹》和《子夜》中所描写的秘密工作的方式方法。地下党初期的工作方法,颇为幼稚可笑,机关故意设在地下室里,算是"秘密"了;为了表示自己的"革命",竟在墙上贴着满脸大胡子的马克思和恩格斯的像。稍后有所进步,故意把机关布置成家庭,而且是庸俗的小市民的家庭,墙上挂着"渔翁得利"之类的旧字面。在幼稚的盲动时期和极"左"表现时期,革命活动往往是举行飞行集会,喊完口号,撒下传单,然后一哄而散。当时在街上撒传单,在墙上写标语,是因为党没有群众基础,不得不用冒险方式,没有对象地向一般行人喊口号、撒传单、写标语。这些做法,怪不得《子夜》里的交际花张女士之类的人看见党员在黑夜中偷偷地往墙上写标语,说声"讨厌"。我们的党逐渐取得斗争经验,秘密工作的方法逐步改变。我们解释说,必须从茅盾所描写的早期的幼稚的工作方法中演变出来,而茅盾在小说中也反映了这种改进,我们所需要的是更进一步的完善。通过这样的议论,阅读公开出版的茅盾的小说,许多同志确实得到了启发。

我从三十年代初开始从事革命和文艺工作,虽然从茅盾同志的著译里得到教益,并且在一九三六年到了茅盾同志所在的上海,但没有机会认识他。直到抗战胜利后,茅盾同志从大后方回到上海,在他访问苏联后写的《访苏日记》在重庆《新华日报》上连载,我在上海主编的《时代日报》转载了一部分时,才开始和他打交道。约在一九四二年,我在上海从俄文翻译了苏联葛洛斯曼的小说《人民不死》,茅盾同志在重庆从英文翻译了同一小说,译名为《人民是不朽的》(记得好像西蒙诺夫的剧本《俄罗斯问题》,我们也分别从英、俄文译为中文)。正如有人对这两个译本的评论文章所指出的,茅盾同志的译笔要比我的高明得多,我研读他的译本,确实得益匪浅。我们见面时,首先谈到我们怎么会翻译同一的著作,指出抗战时期重庆和上海互相隔绝,简直成了两个世界,但这样的作品两地都是需要的,并不是浪费。一九四六年十月鲁迅逝世纪念日,我们同在上海万国公墓的鲁迅先生墓前见面,后来又同他时相晤谈,我从中受到的教益,就不必一一记述了。

应该一提的是:一九四九年四月,全国解放前夕我同他在香港的晤面。他那时写了不少大小条幅和横幅,在香港展览义卖,他那样一心为解放事业出力,孜孜不倦地作文写字,讲课谈话,诲人不倦,平易近人,实在令人感动。另几次是一九五二年同去维也纳参加世界和平大会(我作为翻译);一九五八年在伊尔库茨克机场旅舍见面，他泡了龙井茶，连呼几声"老姜来喝茶"；一九五九年（？）在莫斯科旅馆相见，他像"他乡遇故知"似地亲切接待我。这几次见面，话都谈得不多，但他那种虽然年事已高，但仍不避风尘，竭诚从事外事活动的精神，令人钦佩，也使我得到教益。

还有一件久久不能忘怀的事：一九五七年，我作为马恩列斯编译局的代表，和中国革命博物馆的同志一起，参加筹建国际革命博物馆（后来决定不建）的事，到文化部去找茅盾同志。他那时作为文化部长，公务繁重，求见的人很多，挨次排队，在他办公室的外间等候。我因还有别的事，急于要见他，秘书不让我进门。一会，秘书开门，室内的茅盾同志一眼看见我，便连呼"老姜，老姜！"我便得以"夹塞"进去。茅盾同志对建馆的事，热情地作了适当的安排。

茅盾同志的作品耐人寻味，每读一次都可以得到不断的帮助。我初读他的《春蚕》和《林家铺子》时，并不觉得有什么重大的感受。后来看夏衍同志把它们改编成为电影，借助影片得到了教益：茅盾同志用十分朴实的笔调，再现了三十年代前后我国农村和城镇的经济状况、人民生活、存在的社会问题，没有多少曲折的情节，也没有什么突出的手法，却使人深深地感受了、理解了那个时期的现实生活。

出于对茅盾同志写作技巧的向往，当我一九六二年左右想以三国时候的一个人物为题材，写一篇作品的时候，特地重读茅盾同志的《豹子头林冲》和《大泽乡》。经过细细的研读，林冲的和陈胜、吴广的，以及九百戍卒的心理，是描写得那样细致、深刻，刻画出他们造反的决心是怎样逐步形成的，读来使人聚精会神，引人久久地深思，想不出用什么言语来称赞作者精湛的写作技巧……自己没有这样的笔力，还是把想写的题材暂时搁下吧。

茅盾同志在十年浩劫之前曾致力于分析新进作家的许多作品，运用他丰富的写作经验，指出这些作品的得失，帮助人们来锻炼写作技巧。

回忆四五十年来的往事，在其他作家之外，从这位"伟大的革命文学家和无产阶级文化战士"的身上，我们取得了多少帮助啊！

一九七九年九月我们去看望茅盾同志时，黄源和我都曾求他给我们写字。一九八〇年初，他托适夷同志转来了一个小条幅，没想到，这竟成了他留给我的最后一件纪念品！

原载《百科知识》第6期，1981年6月7日

闹市口飞行集会

一九二六年至一九二七年,我虽在故乡(江苏省的一个中等县城)参加过一些大革命潮流中的学生运动,包括群众大会、游行示威、街头演讲,甚至冒着枪声进行左右两派的"冲突"、"斗争",但那时还是一个十四五岁的青少年,不大懂事,政治认识肤浅。一九二八年夏天,到了大都市哈尔滨,眼界开阔了一些,认识提高了一些。在当年冬天的"抗路"运动中参加游行示威和军警冲突,才算进一步受了革命的洗礼。自己虽然是学生会的代表,自觉性仍旧不高。

接着而来的一九二九年夏天的中东铁路事件和一九三〇年南满万宝山事件,使我的政治觉悟逐渐提高。这一"提高",应该说是哈尔滨这个有自己独特性的城市对我的教育所致。

哈尔滨继续教育我,一九三一年国内外的紧急风云,终于把我推上了自觉的革命道路,在"九一八"事变之前,投入了有严密组织的革命活动,从反帝大同盟转入共青团,从共青团转入共产党。在革命行列中当了一个小兵,哈尔滨这个城市成为我初次受到锻炼的战场。

这个初期战斗,虽然距今已经整整半个世纪,但是回想起来还是记忆犹新。尤其是哈尔滨的一草一木、一街一巷,还是生动地浮现在我的脑际。

那时党正处在盲动和"左倾"领导之下,我们的"斗争"当然也是"左"的、幼稚的。在不成熟的时代,只会出现不成熟的行动,这时我们的党正从幼年跨入成年。

"左倾"冒险行动之一是举行"飞行集会"。在一九三一年的初冬,"九一八"事变已经发生,作为组织的成员,自觉服从组织的"铁的纪律",在得到组织的通知,我毫不犹豫地去参加"飞行集会"。约定的地点是道外桃花巷闹市区,时间是下午三时,我到达时,就看到两三个与我有过联系的同导,其中李晓风和刘过风（刘兆堤）当即引我到路旁一个小货摊那里。这时整个闹市区熙来攘往的人很多，显得有些拥挤，好像都是一些做买卖的人和更多的买杂东西的人。在货摊旁，只见一个曾见过几面，后来有了联系才知道他叫赵光宇的青年，同摊贩打了一个招呼，那中年人立刻从摊子下面摸出一个小蒲包来，赵光宇拿了一把小刀，很熟练地把缚在蒲包上的绳子割断，把蒲包打开，从蒲包里拿出一大叠一大叠红红绿绿的印有标语、口号、简短宣言的传单来，一把一把地分给围过来的七八个青年手里。我也分到一大把，然后大家往桃花巷的交叉中心拥去。这时，从四面八方一下子拥过来十几个人，集中在一起，把手中的宣传单向空中抛去，大家同时高喊口号："打倒日本帝国主义！""打倒国民党！""拥护共产党！""罢工罢课罢市罢操罢岗！"喊完口号，一哄而散，向四面八方迅速走开，霎时间就看不见这些撒传单喊口号的人了。这个闹市区熙来攘往的人停步观看。有些人惊讶得目瞪口呆，一下子弄不懂是怎么回事；有些人走过来俯身拾取传单；有些人拿了传单赶快走开，不敢立定阅读；有些人拿起来一看，又立刻扔在地上，转身就走；也有小贩拣起几张塞在货摊的粟布下面，还有不少传单在街上被风吹着，有的行人若无其事地踏着红绿的纸走过去。

我是第一次参加飞行集会，没有"战斗"经验，虽然和大家一样，一拥而上，跟着大家喊口号，但没有把传单撒出去，大家一哄而散时，我还紧紧地握着一大把传单。飞行集会的人已经"飞"去，我孤单一个再不能像放蝴蝶似地把手中的红绿纸向空中抛去，但拿在手里是危险的，便挤到已经重新来来往往的人缝中，把传单扔在地上，然后向路旁走去，回头一瞥，看见有人用脚踢散一叠传单，当即有几个人俯身拾取，我不禁站住，想看个究竟。这时走来两个警察，大概是闻警前来的，他们默默地走到街心，拣拾余剩的几张传单。我不敢久留，便匆匆地走往另一处一条街上去了。

第二天翻阅哈市所有中文报纸，没有这一"事件"的记载。又过了几天，有同志告诉我，在日文报纸上登了一条短短的消息，说有共产党员在桃花巷交叉路口撒了大批传单。

原载《哈尔滨日报》1981年7月19日

墨水瓶污染标语牌

飞行集会的方式在哈尔滨没有采用几次就改用别的宣传方法了。革命工作没有群众基础的时候,才采用撒传单、写标语、搞飞行集会等等方式,在敌后统治的白色恐怖之下,"飞行集会"的方式也在实践中被渐渐淘汰。宣传工作的方式通过实践在逐渐改变,在我身上就有具体表现。

一九三二年三月一日,是伪满成立的日子,这一天溥仪被拉来强行登台执政。在三月一日之前,即在一二月间,被日本帝国主义任命为哈尔滨市长的鲍观澄,做了一件日本人没有想到要做的事情:他建议成立一个伪满"建国思想宣传委员会",由这个委员会出面,在哈尔滨各主要十字路口,竖立了许多宣传牌,一律用木板做成,白底黑字,宣传为什么把东北四省脱离中国,建立一个独立的"满洲国"。这些荒唐的标语出现在哈尔滨街头,引起市民的极大愤慨,党决定要破坏这些标语牌。

怎样破坏,当然不是刀劈斧砍,而是设法污染它,使群众和敌人都看到,这些牌子的污染正是中国人民抗议的表示。

我和同一个支部的王显微(已故)、袁亚成(即后来哈尔滨口琴会的会长)一起,制作了破坏的工具:或是装满了墨水的墨水瓶;或是用挖空的鸭蛋壳灌满墨水,口上用蜡纸糊好;或是拿一把稀污泥,用纸包上;或是用水泡制烂纸浆,外面用纸包上。在傍晚时分,我们拿着这些破坏工具,分别走过几个标语牌,远远地向木牌掷去,使这些牌子染上了污迹。我们掷罢就回家,第二天去看"战迹",好多路口的标语牌都被我们污染了。这些牌子一直被污染好几个月,直到拆除标语牌为止,才不在群众面前"显丑"。

三月一日那天下午,敌伪在车站街路北的一个广场上(离开喇嘛台不远),举行"'满洲国'成立庆祝大会"。几天之前,伪满的报纸就大吹大擂地宣传将在三月一日举行群众大会。广场上用竹子和芦席搭了三个台,我和几个同志去时,"大会"已经草草结束。被逼前来"庆祝"的群众已经大部分散去。一个被雇来的白俄乐队还在那里演奏,招徕听众。我们杂在群众中,把传单撒在地上,传单上都是一些反满抗日的口号和揭露成立伪满的阴谋目的。有一张画着关东军司令的头像,标题是"满洲总督",说统治东北四省的不是溥仪执政,而是这个太上皇"总督"。这张油印的宣传画,画得很生动,乐队的白俄指挥看中了这幅画,他以为是日伪的宣传品,拾起来夹在乐谱架上,围观的群众看见这幅画都掩口好笑。白俄指挥看见大家"高兴",以为他们的乐队演奏得好,更加起劲地挥舞指挥棒,有时还用棒子敲敲乐谱架上的那张宣传画。听众不禁出声地笑了起来,白俄指挥又用棒子敲敲那幅画,问"这是什么?"有会说俄文的中国人回答说:"这是共产党的传单!"他听了也哈哈大笑起来,白俄群众也齐声地笑了起来,可见他们也是反对占领哈尔滨和东北的。

我和几个同志转身去看芦席棚子,只见那些架子搭得很简陋,所缚的绳子并不怎样粗。王显微同志拿出口袋里的小刀子,割断好几处绳子,别的同志没有带小刀,便掩护着他去割绳。假使群众多,一挤就可以把席棚挤垮。我们后悔没有来更多的人参加"庆祝",以便故意挤轧,把三个台挤垮,我们更后悔,没有带些火油来,浇在席棚上,划根火柴,就可以把庆祝台烧掉。

从破坏标语牌和利用敌人的场地进行宣传这两件事,悟出一个道理:必须面对实际情况创造新的方法进行宣传,而不是刻板地采用老法子。不问情况地写标语、撒传单、搞飞行集会,后来我在别的地方搞宣传,常常引据哈尔滨的这一经验。

原载《哈尔滨日报》1981 年 7 月 28 日

送传单上门

在群众工作还没有基础的时候，地下党员在群众中无法公开自己的身份和群众谈话，要用转弯抹角的语言向群众宣传党的政策。有好些话不能说，在这种情况下，不得不用传单标语的方式，以党的名义说话。三十年代初，地下党团组织在哈尔滨的活动，撒传单是极其重要的组成部分，不管反动政权当局对人民如何蛮横压迫，党团组织每逢节日和纪念日都要亮出自己的面目来，也是让广大群众和反动当局知道自己的存在。在三十年代中期，革命活动主要转移到农村，以武装斗争的形式出现时，大城市里撒传单的工作才大大收缩。

三十年代初，我作为党组织的一个成员，除了做群众工作外，也要做撒传单的工作。撒传单就要熟悉哈尔滨市内的大街小巷。我主要是在道里区，包括新安埠活动。传单也不能老在街道上撒。"送传单上门"的效果较好。当时我们首先调查研究，哪些街道、哪些人家和单位是送传单的对象。这样，就熟悉了道里和新安埠的大街小巷及其房屋。因此，直到现在，重游哈尔滨时，还可以辨认出哪些院子和房子是四十多年前的"古战场"。正是这个缘故，哈尔滨的许多街道，对我是这么亲切。

地下印刷厂印出一些传单标语是很不容易的，决不能无对象地、盲目地散发，也决不能散完了事，脱手为快，我们做到尽可能地使每一张传单发挥较大的作用。除了极少数可以送到可靠的群众手里之外，大部分要贴出去和撒出去。

有的标语传单要贴在墙上，那就要挑选人多的地方。这要两个人合作才行：一个走在前面，刷浆糊，另一个跟过去贴，流水作业，分工合作，不容易出事。

贴传单，不如撒传单易，撒传单不如送传单上门为好。把一张薄薄的纸扔进院内不容易，不如塞进关闭着的院门。有的塞进人家的门缝或门槛里。塞进一般住户，不如塞进工人家的门内。经过调查，外籍人家（那时哈尔滨道里和新安埠住着不少苏联人、白俄和其他国籍的人）不送。"熟能生巧"，愈送愈合理：送道里，不如送新安埠。送新安埠不如更多地送三十六棚，于是三十六棚的家家户户成为熟门。这个熟门区的棚户解放后已经改建了新房子，重游时已经找不到熟门熟路了，但是在记忆中这些门路还是历历在目的。

在传单送上门之后，星星点点地了解到有些人家开门见喜，总要认真地读一读；有些工人说，这是人不知鬼不觉从天上落下的"天书"；有些人读了之后，虽然认为是"宝书"，但不便"珍藏"；但是也有些人舍不得立即烧毁，设法暂时"夹带"在身，以示同好……

按照当时地下党的做法，即将吸收入党的，或者刚入党的同志，都要有一段撒传单的"考验"时间，在这期间，从撒传单的勇敢、巧妙、有效上可以看出一个同志革命自觉性的程度，我在担任了一定的负责工作之后，没有自己去撒传单的任务，但常要把自己的经验传授给别人。

在哈尔滨我撒传单的时间不长，但是通过这个不长的工作阶段，却使我和哈尔滨有了血肉与共、肝胆相照的密切关系。

原载《哈尔滨日报》1981年7月28日

高尔基培育我们革命的一代①

各位同志：

我因为生病住医院，不能到大连来参加这次纪念高尔基的会，非常遗憾。我首先祝这次会议开得效果好，收获大，一切安排和活动都顺利，祝与会的同志们始终保持健康和饱满的精神。

我本来是很想参加这次会议的，预先看到我国各地从事研究高尔基生平和作品的同志们的学术报告目录单，研究的题材相当广泛，从题目来看，有些报告的内容很专门、很深入，为我国的苏联、俄国文学的研究工作取得这样的成就，对于高尔基的研究深入到这种程度而高兴，这就很自然地产生极大的兴趣想来听听、想来学习。

我虽然在五十多年前就开始从事俄国和苏联文学的翻译工作、接触高尔基的著作，但是大家都知道，那时我们做这一行工作的人，往往是为了生活，为了翻译些东西，换稿费，或者是为了革命的需要，要挑选些革命作家的作品，充实我们的刊物或报纸副刊，译出了，发表了，也就算完事了，很少能坐下来把看到的和自己翻译的，好好研究一下。而且所译的东西，也往往有很大的偶然性，因为解放前书籍资料都很缺乏，没有大量的材料和书籍，就很难从中精心挑选。

我是一九二八年夏天开始学习俄文的，当时就问我那位颇有学问的白俄老师，有什么作家的作品可以读。他说，现在最有名的苏联作家是高尔基。但是你还早，起码一年之后再找他的作品来读。后来我找到沈端先（夏衍）同志译的《母亲》来读，书中俄国人的姓名读起来也觉得很亲切，因为可以用自己学会的俄文字母来把俄国人名地名拼出来。读了《母亲》，开了眼界，自己能较早地

---

① 本文系苏联文学研究会在大连召开的高尔基学术讨论会上姜椿芳的书面发言，后对原文进行了部分修改。——编者注

走上革命的道路,与这本书有关。后来做地下工作,要发展党员、团员,也常常介绍青年们读这本书,甚至用这本书作为读书会的主要读物。那时在青年学生或工人中发展组织,常常是从组织读书会开始,而读书会的读物总是高尔基、鲁迅、茅盾的几本书。

一九三一年,高尔基从国外回到苏联,那时我正在哈尔滨英国人出面办的英亚电讯社工作,实际上就是塔斯社。塔斯社把高尔基的回国当做一项重要的事件来报导,连续报导了好几天。我每天翻译这些电讯,后来又看到苏联寄来的各种文艺刊物和画报,刊载着许多有关高尔基的记载和照片,对他有了进一步的认识。

一九三四年,苏联举行第一次作家代表大会,由高尔基主持,他作了报告。会议的详尽和重要报告的摘要,都有电报打到哈尔滨,我每天翻译这些电报,分送到哈尔滨和整个东北各地的中文报馆。那时是在伪满洲国即日本帝国主义统治下,中文报纸不大敢登有关高尔基的消息,但是简要的新闻还是或多或少地在报纸上透露出来了。

记得就是在那段时间里,收到苏联《文学报》,报上有一篇胡兰畦同志的发言。编者按说,作家代表大会的会场里反应强烈,激起了会场里的不可抑制的愤怒。胡兰畦发言的内容提到国民党如何进行"文化围剿",甚至把胡也频等同志活埋了。高尔基和其他作家一起表示声讨。我把高尔基报告的摘要和胡兰畦发言的全文,都译出来,在朋友们手中传阅。在日伪统治下,没有地方发表,只能在少数人手中传阅。

一九三五年弄到一本俄文刊物,上面有高尔基的最新论文,很长,题目好像是《手艺和艺术》,译出了好多页,越译越困难,自己也不很理解,自知学力、笔力不够,便放下了。那时觉得,一个作家,到了老年,大多不搞创作,而是写概括性很强的理论文章,它的深度往往不是我们初学者所能理解的。这使我对高尔基愈为景仰了。

一九三六年初,我和几位地下党的同志一起接办了一个画报《大北新报画刊》。这个画刊在当时哈尔滨是比较突出的,是一个颇受青年读者欢迎的文艺刊物。在日伪统治下,一般人是根本不可能取得出版刊物的许可的。有一个中国人孙惠菊,取得了日本人山本的同意,在他所办的中文《大北新报》里每周增出一张画刊,我们从孙惠菊手中接办了这个画刊。换句话说,我们在日本人统治下的伪满洲国,在日本人的旗帜的掩护下,由别人代我们出画,出版了一个宣传我们观点的文艺刊物。这个刊物可以不受伪满警察所的检查。

大概出了七八期,在六月中旬,一期画刊已经排好,准备付印。突然接到高尔基病重的消息。我们编辑部几个敬仰高尔基的年轻人,决定把已经排好的版子里挖出一块,塞进高尔基病危的消息,还附上了高尔基的头像。

画刊出版后,照样毫无阻碍地在市内发行。

画刊送到《大北新报》社长山本的手里。他是一个日本浪人,没有多少文化。看见画刊上有一个外国人的头像便问侍候在侧的孙惠菊,这是什么人。孙告诉他是高尔基。他又问高尔基是什么人。孙答,是苏联作家。又问,登他的头像干什么。孙答,因为他病重了。山本听了大发雷霆,他指着孙惠菊的鼻子骂:我们日本报纸要登苏联作家干什么?苏联作家是共产党,他病重关我们什么事?你们编辑里一定有共产党!

过了一天,一九三六年六月十三日下午,日本驻哈尔滨总领事馆的特务,把《大北画刊》编辑部的房子团团包围了,把这时在编辑部里的所有人员,包括来订报、登广告的人,共十一二人都逮捕了,关进了日本领事馆的监狱,严刑审问。我是在送稿子到印刷厂的路上被捕的。

为什么日本领事馆逮捕我们呢?原来《大北新报》即是日本人办的,我们就是日本单位里的人员,日本在它一手制造的伪满洲国里,还维持着领事裁制权,所以我们一犯案便被日本领事馆抓去了。

《大北画刊》的主要编辑、共产党员、多才多艺的诗人、艺术家金剑啸同志,被审问后又押往齐齐哈尔(那时的黑龙江省城龙江),他在那里还有别的革命活动被查出,他在那里遭难牺牲了。我和孙惠菊等人,坐了一个多月的牢,最后被释放。放出来之后才知道,高尔基已经在六月十八日去世了。

我因为被捕后隐瞒身份,用假口供蒙混过日本人,如敌人再加追究,必被重新抓去,我便匆匆逃往上海了。

一九四一年,高尔基逝世五周年,苏联拍了几部电影纪念他,其中有他青少年时代的三部曲。在三部曲中,《童年》用《高尔基的童年》的片名,在上海大戏院放映。这时我在发行苏联影片的亚洲影片公司工作,翻译字幕,写说明,做广告。为了表示纪念高尔基,不应一般地放映《童年》,我建议在戏院的前厅里举行高尔基中译本展览会。影片公司和戏院当局从宣传广告的观点出发,认为此议可行,便同意放映期间在戏院里搞一个译本展览会。我在四马路的新旧书店里,搜集到高尔基中译本近三十册,其中就有沈端先译的《母亲》、化名孙先瑞译的《母》等几种版本,还有周扬同志用周起应名字编的高尔基文集,等等。我觉得,在书市所搜集到的可能不完全,又去找了当时藏书丰富的阿英同志,我把搜集到的书名与他的藏书对了一下,他提供一本我们没有搜集到的郑效洵同志译的《绿的猫儿》。影片放映期间,观众也确实翻阅了一下所陈列的书。因为影片后来又送到重庆去放映,把几十本书也一起随片运去了。所借阿英的书《绿的猫儿》,也运往了重庆,旧书店里又找不到它,没有能归还他,一直成为心中的一件憾事。

就在这一年,见到苏联的一个刊物上,载有一个根据《在人间》一书片段改编的独幕剧,我把它翻译出来,但没有剧团能排演它。这时上海政治环境已相当恶化,党领导的上海剧艺社和星期小剧场都已停止活动。为了纪念高尔基,文艺界戏剧界同志们决定在内部演出。小高尔基这个角色由阿英同志的大儿子钱毅扮演。

我记得,是秋天,在一个晚上,借南京路上一个单位的小礼堂(在二楼)演出。布景很简单,铁毅只有十七八岁,他演得很认真,当时有人说,不愧是将门之子。

不久之后,就发生"一二·八"太平洋战争,钱毅随着他父亲,一家人都转移到苏北解放区去工作,钱毅同志担任新华社的记者,不久牺牲在抗日战争前线,小高尔基(小彼斯科夫)一角,竟是他在上海扮演的最后一个角色。

一九四二年,时代社的《时代》杂志上,苏联朋友罗果夫开辟《高尔基研究》专辑,每月出一次,主要内容是高尔基的早期短篇小说,有关高尔基生平和作品的研究文章。我翻译了《马卡尔·朱德拉》、《有一次,在秋天……》等短篇小说,这时,参加时代社工作的陈冰夷、叶水夫、许磊然等同志,也分别译了好几篇短篇小说。这些小说,有的在国内已有中译本,但这次我们都从俄文直译,学习鲁迅要求严格的译法,译出这些作品,深受读书界的重视。新知书店总经理徐雪寒同志还和时代社商量,计划翻译《高尔基全集》,大家认为,在日本帝国主义占领下的上海,集中一批懂俄文的人,别的事不干,埋头几年,把《高尔基全集》译出来,确实是一件有意义的事情。谈判几次,由于纸张、印刷、发行的种种困难,新知书店和时代社在若干条件上,没有达成合作的协议。以后,时代社把这个时期译出的短篇小说,用《高尔基早期作品集》的名称出版,又译了高尔基的一些剧本,由于形势的急剧发展,其他方面工作的繁重,没有能像预想的那样集中力量专搞高尔基的全集翻译工作。

一九四二年十月革命二十五周年,时代社由罗果夫出面主编创刊了《苏联文艺》月刊。这个刊物除发表苏联当代,主要是战争时期的小说、诗歌等作品外,也发表革命前的作品,其中很多是高尔基的作品。前面所说,高尔基的剧本,如《小市民》和《索莫夫及其他》,就是我在那时期翻译的,我也译了一些研究高尔基的其他一些文章。我们时代社的几个翻译同志,由于经常翻译高尔基的作品,参加《高尔基研究》的翻译工作,被人称为"高尔基学派"或"高尔基主义者",其实拿我来说,我虽早已景仰高尔基,也译了一些他的作品,特别是译了不少研究他的文章,但始终没有成为高尔基的研究者。许多年来总是被其他事务和工作占去了大部分时间,现在有苏联文学研究会的组织,有高尔基著作编辑委员会的组织,大家有了研究的条件和发表研究成果的场合,自己也很想在这方面和大家一起钻研几个问题——这算是个愿望吧。

一九四五年抗战胜利后,时代社编了两本高尔基研究年鉴,主要是罗果夫和戈宝权同志主持的,我也参加了一些翻译工作,没有作专门的研究。

佐临同志改编《夜店》为中国戏,谈意见的时候,也只能谈些应如何理解鲁卡这个人物的思想问题,谈不出更多的意见,这个戏后来搬上银幕,鲁卡这个人物看来还没有像高尔基所要求的那样,塑造成一个圆滑、拿空话骗人、使人脱离斗争道路的人物。

约在一九四六至一九四七年,王元美同志把《小市民》改编为中国戏,在兰心戏院上演,解放后实验话剧院在北京演出《小市民》原著的译本(导演是孙维世),曾经找我这个早年的译者去谈了谈,根据原文把译文作了一些修改,但也未能对他们作出比较深入的解释。

时间记不得太清楚了,大约是纪念高尔基逝世十五周年,在一九五一年的六月,由中苏友好协会和上海文学团体一起,联合举办了一次纪念会。纪念会在当时的兰心大戏院(现在的艺术剧院)举行,我被邀请作报告,事先也没有做什么准备,就上台讲了,把我所知道的有关高尔基的生平事迹和几部重要作品的内容,向与会的同志作了介绍。会后一个同志对我说:这个报告很难做,确实不能只喊几句口号了事。听了这句话,深深地感到我们已经不是喊口号的时候了,我们应该对高尔基及其他作家作进一步深入的研究,向读者和听众作有材料、有观点、有分析的学术性报告。那次报告还很空泛,但可以说,已经从喊口号转向另一个方面,即自觉地向自己提出更高的要求了。

六十年代初,戏剧出版社出版《高尔基戏剧集》,除了原译的两个剧本,作了一些译文的修订外,又译了《敌人》、《怪人》、《太阳的孩子们》等几个剧本,应该说,对于高尔基的戏剧多少有了进一层的了解,遗憾的是,还没有作全面的概括的研究,我看到这次讨论会的学术报告目录中有两个关于高尔基戏剧的报告,可惜不能到会聆听,只有以后看这方面的材料了。

"文化大革命"之后,常常和一些同志们议论,应该写几部扎实的小说,例如,把上海这个城市,作为中国典型的半封建半殖民地的城市,从它开埠起,一直写到解放,或者包括解放之后的改造,用文学作品的形式,篇幅巨大地写出来;又如,怎样把哈尔滨这个老沙俄侵略下,从一个由三五渔村发展起来的"哈拉滨"(满语江边沙滩之意)发展成为现代都市的经过,写成一部长篇小说。这些,对于今天的青年和今后的读者应该是有教育意义的作品。怎样写呢?要学习高尔基的《阿尔达莫诺夫家事》、《克里姆·萨姆金》那样,写几个家庭的几代人的发展经过,用宏伟的画幅,把这两个城市(或别的城市)写出来,并且应该搜集很丰富的历史资料。这个工作可能已有人着手,而我们首先想到的是向高尔基学习写作。

最后,再次祝贺纪念报告会获得成功!

原载《俄苏文学》1981年第4期

我的母亲——张长生

像高尔基小说《母亲》里所描写的母亲那样，我的母亲能为革命做些工作，不是从对革命的自觉出发，而是从爱护自己的儿子开始的。但也并不单纯从同情自己的亲人开始，是由于有阶级感情作为基础，因为我的母亲出身于城市贫民之家，一生是劳动者。

一

一九三一年，沈阳事变之前，我在哈尔滨参加了共产主义青年团，不久，加入了中国共产党。我当然没有和父母商量，有许多活动是背着他们进行的。有时一早出去，不能按时回家吃饭、睡觉，父母也有所察觉，他们询问我，我只得用谎言搪塞过去。渐渐地，党组织有些会议不能老在外面开，必须要利用自己的家。由于党组织了解我的家庭情况，所以决定有些会议可以在我家里开。

开始时，我就说有几个同事、同学要来找我谈事。我们常常一谈几小时，甚至有住在我家的。后来有些素不相识的男女也到我家来，这就不能不引起父母的猜疑，但是我没有，也不能向他们说明这一切。

有时同志来开会，父亲和母亲就自动出去，但总会听到一句两句，他们很快地就了解了我从事的活动。说了解，也不过是模糊地意识到什么，或者约略地猜想到什么。先是父亲对我说："这个事情危险，还是不要做吧。"后是母亲对我说："你出去要小心呀！"

母亲不像父亲那样，劝我不要干，而是处处关心我，每次出门都要殷殷嘱咐,稍微回家晚些,她就倚门倚窗地等候。为了阻止我的行动,父母决定给我找对象,让我尽快结婚,但是他们说服不了我,也自知无法违拗我的意愿,渐渐地从妥协到帮助了。

每有同志到我家来开会,他们就赶紧出去买菜、做饭。父亲管炉子,母亲不断地跑到门外,一会淘米,一会洗菜,一会洗衣服,一会扫地,用各种家务活动做掩饰。有时跑到院子外面张望一下,装着要买什么东西,和过路卖破烂的、卖零星物品的人打打交道。为了使开会的人不走出室外露面,她把存脏水的桶拎进室内做便桶,过一阵把桶拎出去倒掉,冲洗干净后再拿进来。我们的会议能安全地进行,是与母亲的积极协助分不开的。

这些来开会的人,大多是"光棍"。一到吃饭的时候,母亲总是很热情地挽留,饭桌上与他们亲切交谈,使来往的同志们和老太太建立了深厚的友谊。居然有人从上海带回盘锦里的芙蓉宫粉、双妹牌露油、刨花等……这都是那个时代妇女们爱用的东西。

二

母亲在作掩护工作中,注意观察事物,逐渐积累经验。她在做好邻居工作方面总结出:不轻易到邻居家串门,以免邻居也到我家来串门;和邻居来往,主要是在院子里或楼房的走廊里,通过打扫、洗菜、晒衣物等家务劳动同邻居闲聊、攀谈,结成睦邻关系,了解对方的职业和家庭情况;如果发现住处不合适,便坚决主张搬家,她亲自去寻找房子,看地形,观察房子的位置,打听左右邻居是什么样的人。对于开会、散会的方式,母亲提出:不要总是一个一个分散地来,免得被人看出是从四面八方来此开会的,可以在街上碰好了头,两三人同来;散会时,既不要一起出门,也不要单个人出门,同样是为了不被人看出是开了秘密会议后出来的。

后来又进一步规定:出去的人,不能再像过去那样悄悄地走开,主人应在门口道别,高声说,请他们有空再来,下次带夫人或孩子来。总之,要像普通人家的往来客人那样,以避开敌人和邻居的注意。

三

　　按照省委严格规定，特别重要的会才到我家开，除了省委的同志（也有一定的限制），其他同志包括过去有过往来的党、市委同志也不许随便来。

　　一九三三年端午节，满洲省委在我家召开了扩大会议，杨靖宇同志参加了。事先，家里作了周密的安排，故意让邻居知道，我家今天请客人过节，并让两个同志的夫人（本身是交通，来过我家）也来赴宴，有一位女同志还带来一个小姑娘。这天，我们预备了酒菜，顺利欢乐地渡过了端午节。

　　就在这一年里，有三个不寻常的人被安排到我家住。

　　第一位是中央派来东北参加省委工作的老李同志和他爱人。他们是经过苏联，越过封锁的伪满边境秘密来哈的。他们也一时找不到安全容身的地方，又是由省委决定，住到我家来（大概是夏秋之间）。老李的爱人是浙江人，认我母亲为干妈，他们在我家安全地住了一个月。

　　第二位是杨靖宇同志，我们都管他叫老张，他从南满游击队那里来。提到老张，我母亲很欢迎，因为他过去常到我家来开会。他是河南人，算是我父亲过去在南方做买卖有过交往的老朋友。他在我家也住了一个多月。

　　第三个是中央派来哈尔滨参加省委工作的老张同志。他是杭州人，北方话说不好，单身一人不便住旅馆，也不能一下租到适当的房子，省委决定让他住到我家，作为我们的远亲住了一个月。

　　这时我们已搬了一次家，周围环境比较好，没有闲杂人来，由我母亲应付一切，没出一点纰漏。要知道，这是伪满成立后的第三年，白色恐怖愈来愈严重，特务、暗探日益猖獗的时期。

　　这个时期，我在省委宣传部工作，管理秘密印刷所和发行所。我必须经常把写好的宣言、传单，编好的党报等送到印刷所去刻钢板和油印。身上带这些材料，一旦路上被搜查，就要出问题。我送了一个时期，母亲自告奋勇地提出，她可以代我送稿子，她说她是老太太，不致引起敌人的注意。经过省委的同意，她开始代我送稿。我把她领到南岗一条僻静街道的一宅小平房，把她介绍给印刷所的负责人小王同志和他新婚的妻子。自此，她像串亲戚似的，时常到小王家去"拉家常"。我则另外定时前去，身上不带任何文件，避免了问题的出现。

四

一九三六年,我从哈尔滨迁移到上海,一九三七年接上关系,在上海继续做地下工作。在形成"孤岛"的上海租界里,政治形势和工作条件与哈尔滨不同——在家里接头,谈问题,单线联系,很少开会。但做好掩护工作,还是地下工作所必需的基本要求。这项工作,又主要由我母亲担当起来。这时我已结婚,有了孩子,母亲和父亲经常抱着孙子、孙女在室内室外张罗,在弄堂里来往活动,望风、掩饰更加自然。

一九四〇年左右,经常来我家联系的老梅同志,发现我母亲有工作能力,他提出一个建议,让我母亲到苏北江边去开一个铺子,作为解放区、沦陷区、"孤岛"之间的联络站。这时,新四军在苏北盐城设立总部,上海和沦陷区经常有人到解放区去,尤其是经常要从上海运送物资到解放区。在长江边上建立一个据点,接待过往客人是非常需要的。这个联络点以商店的形式最为适宜,而商店的老板必须胆大心细,能够应付各种人,会说南腔北调的话,我母亲完全合乎这个条件。因为我的外婆是苏北盐城人,外婆虽早已去世,但还有亲戚在盐城,我母亲也到盐城去过几次,人地较熟,所以盐城话、上海话都能说。

母亲欣然接受了老梅的建议。她整理一下简单的行装,自花路费,便从上海动身,过江到通州,前往苏北盐城。她到了家乡罗汉庄,找到了侄女、侄女婿,和他们说明,儿子在上海赚钱少,想在这生意繁盛的地方开个小铺,赚点钱补贴儿孙的生活,并且还可以给盐城家乡的亲友找到一些出路。经商量同意,办一个小豆腐店,决定挑选通县的一个市镇做"大展宏图"的基地。

母亲带着初步成功的喜悦,回到上海来汇报,得到老梅同志的赞成后,母亲开始积极筹备资金。

不巧的是,日军展开了大扫荡,新四军搞精兵简政,党组织决定联络站缓办为宜。当老梅同志把这个意见转告她时,母亲不知难过了多少天。

母亲说,这次到苏北去,曾走过一段艰难的路。路上遇到敌伪的关卡封锁线,都很麻烦,但凭她这个老太太还乡探亲的身份,总算很顺利地通过了;还跨过了一条不太宽的河,这条河没有渡船,只有一个独木桥。她是解放脚,在窄板上很难移步,眼看深深的河水奔流而过,胆大的人也会胆怯,但是想到有任务在身,她下定决心俯下身去,用双手和两膝匍匐爬行,她说:"我就这样爬了过去,万无一失地到达对岸了。"

五

一九五二年,我从上海调到北京工作,父母和孩子也都随同搬去。曾在哈尔滨一道工作过的何成湘同志夫妇闻讯后,来探望我们,主要是会见十几年不见的姜老太太。旧友重逢,诉不尽往事的回忆。我们回忆起许多当时在哈尔滨工作过的老战友,何成湘同志说:"杨靖宇同志牺牲了,他的头被敌人砍下来,挂在城墙上示众……"我们向老太太解释,杨靖宇就是常到我家来,并且一九三三年在我家住过的"老张同志"。母亲一听老张同志牺牲了,她立刻抑制不住地哭了起来。

她老人家想起了老张经常给她讲磐石县一带游击队的抗敌故事,想起他积极帮助老人做各种家务,待老人亲如父母,他临走还说,过一年他将再来哈尔滨……没想到,他却遭受了敌人如此残酷的杀害……

母亲拭去眼泪讲述道:"老张同志那年离开我家,临行前把一件日常穿的灰哔叽大褂在当铺里当了,他把当票交给我,并说:'当了可以拿点钱在路上花,明年再到你家来赎出大褂';还有一条薄薄的、单人用的棉褥子存在我家。过了一年,老张没有来,我就把大褂赎了出来,一直存放着,从哈尔滨带到上海,又从上海带到北京,我一直想交给他本人。"何成湘同志说:"可以把这件衣服送到哈尔滨东北烈士馆去,是一件很重要的纪念品。"

我母亲把杨靖宇同志生前用过的那两件东西从箱子里找出来,那条褥面子有些破,已无法用线缝补,她含着泪用浆糊一点点把破的地方糊上,然后把这两件遗物用包袱包好,后来交给了何成湘同志。

事过不久,何成湘同志告诉我们,大褂和褥子已送到烈士馆,馆里很珍视这两件烈士的遗物,并陈列展出。我母亲听后说:"希望有一天我能到哈尔滨去看看。"

她的这个愿望没有能够实现。一九七六年六月,在她老人家九十岁生日那天,她安然去世了。

我母亲姓张,名长生。一八八六年生在江苏常州一个从江北摇来江南的船上。

原载《他们战斗在黑龙江》(内刊),黑龙江省妇女联合会编1981年8月
曾收入《怀念集》奥林匹克出版社1997年版

从《时代》周刊到《时代日报》

抗战不久，上海成了"孤岛"。如何在"孤岛"上出版报刊，宣传抗日，是我党十分重视的问题。

一九四一年六月二十二日，德国法西斯向苏联发起突然袭击，斯大林呼吁与西方国家共同抗击德国纳粹的侵略。罗斯福、丘吉尔声言愿与苏联结成盟邦，联合对付轴心国家。这反映到上海租界，出现了英美人对苏联人开始友善的局面。上海地下党组织的文委，看准了这一形势，决定和苏联朋友联系，能否由苏联人出面，办一份中文报纸。党把这个任务交给了我。八月初，按照约定的时间，我去塔斯社联系，提出建议：请一位适当的苏联人出面，到租界工部局巡捕房去登记，办一份中文报纸，编辑人员由我们配备，经费由我们提供。一个星期后，我们决定根据上海目前的情况和苏联在世界局势中所处的地位，先不办中文日报，而办一个中文周刊；用现在上海出版的俄文《时代》杂志的名义，出它的中文版，内容以文艺和政治并重；地下党经过认真考虑，决定派我去做编辑，另有两个同志协助我工作。经过几天的筹备，中文《时代》周刊便在八月二十日创刊了。用中文定期出版介绍苏联情况的刊物，这在当时的上海，是件很不寻常的事。镰刀、斧头、五角星的形象和苏联、共产党、社会主义等名词以及列宁、斯大林的名字经常出现在《时代》周刊上，一破出版界的禁区；另外，《时代》周刊有时也约请中国作者写文章（如纪念鲁迅的专文）和刊登一些中国读者投来的稿子。这样做，多少反映了一些中国人民的生活。

一九四一年十二月八日，太平洋战争爆发，日本军队闯进了上海，维持了四年"中立"的"孤岛"——上海租界变成了沦陷区。租界上所有用洋商名义出版的报刊都被迫停刊，作为"苏商"办的《时代》周刊，出版了二十三期之后也被迫停刊。

《时代》周刊是我们党在上海的唯一公开的宣传阵地。它的停刊,无疑是很可惜的事。因此,上海沦陷后,党一直在争取使它复刊。经过苏联友人出面向日本官方周旋,在停刊三个星期之后,于一九四二年元旦又复刊了。为了使它能够维持较为长久的生命,党决定把周刊改为双周刊,增加一些篇幅刊登文艺性的文章。这时,党也采取了一些特殊的措施,如不在时代社内建立党的组织,在时代社工作的党员互相不联系,与原单位保持联系;不在时代社内发展新党员,可发展的对象留待形势改变后再发展;今后进时代社工作的党员不暴露面目,不带组织关系来等等,这些组织措施保证了党员的安全,不因个别人发生问题而株连别人。

但是,我们毕竟是打着红旗做工作,敌人从未放松对我们的监视和迫害。我因为是这个刊物的中国人员的头头,敌人对我当然倍加注意。他们先从各个渠道摸我的情况,包括我住处的左右邻居,出入口的环境,家中有什么设备,来往是些什么人等等。然后,一个军曹衔的日本宪兵,化装为中国人,穿着长褂,骑自行车来"拜访"我,他拿出宪兵的正式名片,自我介绍一番,说要和我交个朋友。我只能表示愿意和他"交朋友"。自此,每隔一两天,他就来一次,或者一早(我还没起床)来,或者深夜(我已躺下睡觉)来,或者中午来看着我吃饭。一次,他请我到日本军人俱乐部去吃饭,我以为此去不能再回来,但又不好不去,于是,安排好"后事"去赴宴,不料,这次没有被"扣住"。这位"热心的朋友"就是用这种方法接近我,监视我的行动,在"友好"的谈话中,提出种种问题来盘问我。他要求我不要把他的访问告诉苏联人。为了苏联的关系,他还不敢伤害我。他没有发现我有什么非法活动,也不好下手。直到一九四五年八月,苏联对日宣战,我估计他们不会对我再客气了,便连夜逃到农村躲藏起来。我逃走后,这位日本"朋友"果然来找过我。

尽管那时斗争的环境十分艰苦,但是在党的领导下,我们坚持战斗在《时代》杂志的阵地上。当时,美苏中英结盟,几个巨头经常会谈,发表公报,《时代》杂志就及时刊载。这些公报都是针对德意日的。这在沦陷区的上海,这样的宣传当然为日伪所不容。他们让汪伪的上海警察厅出面,通知《时代》,要审查每期杂志的清样。而每次审查文章被抽掉后,我们让刊物开着"天窗"出版。这种"开天窗"的办法,在读者中引起了对日伪种种猜测,更加不利。日伪见一计不成,又生一计。他们通知苏联等国,不得在上海出版除本国文字外的刊物。这样,《时代》杂志的中文版,在一九四四年春又一次被迫停办。

到了一九四五年四月，苏军攻入德国境内，并且长驱直入，直捣柏林。英美等国也在欧洲开辟了第二战场，整个战局改观了。党组织分析了形势，认为"苏商"这块牌子，《时代》这个阵地可以重新发挥作用了。在时代社的苏联同志的密切配合下，《时代》杂志决定不经过汪伪（实际上是日帝）的许可自动复刊。五月一日复刊的《时代》杂志，报导了苏军攻占柏林的消息，并附有许多幅苏军进入柏林市区的照片。这期杂志一在上海街头出现，广大群众争相购阅。这种冲破禁令的出版活动持续了三个半月。日本投降后，我们已不满足于出版半月刊或周刊了。在地下党的领导下，我们利用自己的小型印刷厂匆匆地出了《新生活报》。从九月一日起，又将《新生活报》改名为《时代日报》。这是抗战胜利后，由我们党领导出版的第一份与上海读者见面的报纸。等到国民党的社会局建立起来后，看到《时代日报》已经既成事实，而且又刚刚签订了中苏友好协定，因此勉强同意这份以苏商名义办的报纸继续存在。到一九四六年，国共谈判困难重重，原准备将《新华日报》迁来上海出版的事已不可能。由于报道了上海人民反内战、反饥饿和要民主、要自由的斗争而活跃过一阵子的《文汇报》和《联合晚报》也先后被查封停刊，因此在一九四七年、一九四八年两年中，《时代日报》担负的任务更加艰巨了。但是，这又是一张只能适当利用、不能充分利用的报纸。党组织根据形势的需要和《时代日报》所处的地位，对报纸宣传作了如下安排：从一九四七年起，特辟《每周军事述评》（不久改为《半周军事述评》）、《国际述评》、《经济述评》和《三言两语》等专栏；第一版报道国内外大事，四版是本市新闻，二、三版副刊，除了每天有文艺副刊和文化版外，每周有《新文学》、《新语文》、《新美术》、《新音乐》、《新木刻》、《新妇女》、《新园地》等七个副刊，轮流出版。

《军事述评》栏最受读者欢迎。撰稿人姚溱用报纸上公开发表的中外通讯社电讯中符合事实的消息组织成系统的述评，客观地向读者介绍解放战争的真实情况。每逢有军事述评的那天，报纸总要加印许多份，许多读者一清早就到报摊上去等报纸。

到了一九四八年夏秋，上海人民的斗争进入了激烈阶段，罢工、罢课、游行示威，几乎天天都有；另一方面，由于通货膨胀，物价一日数涨，经济更加混乱。这些情况，国民党官方报纸是不报道或歪曲报道的。我地下党指示《时代日报》编辑部，根据情况有分寸地予以报道。有些消息是非报道不可的，譬如一些民主党派的宣言和声明。可是报道了之后，第二天，市政府新闻处甚至市长就会把总编辑找去指责警告一番。后来我们改变了方法。譬如国民党特务殴打、迫害革命学生和工人,屡次制造流血事件,我们就用"简讯"的形式予以报导,不用标题,放在次要地位。对此,读者会作突出处理的:用红笔把"简讯"圈出,张贴在明显的地方,照样得到揭露敌人的宣传效果,编辑部的同志每天夜里面对着许多新闻稿,都要衡量得失,作出决定:这条消息非发不可,准备明天查封、逮捕;第二天没有发生事故,晚上照样编发。这些都没有吓倒我们,我们仍然坚守在岗位上。

但查封的事情终于发生了,一九四八年八月,国民党当局用淞沪警备司令部的名义发来命令,以"煽动工潮学潮、扰乱金融、歪曲军情"等罪名勒令即日停刊。一天,党派人连夜来通知我,说敌人不能公开逮捕我,但一定会置我于死地,要我即刻离开上海。第二天,我在朋友的帮助下,乘上了飞往香港的飞机。

原载《解放日报》1981 年 8 月 23 日第 3 版

纪念鲁迅诞生一百周年

读海婴的回忆文章，叙述到鲁迅带他去看电影的情况，使我想起鲁迅看苏联电影的事。

鲁迅自己说过，他不爱电影，后来为了了解世界各国的风物和情况，也选择西方的影片观看。为了让海婴受到各方面的教育，也挑选适当的影片带海婴去看。

一九三五年苏联影片《大路》、《金山》、《夏伯阳》等从哈尔滨运到上海放映，放映的地方是四川北路虬江路口上海大戏院。当时在租界英美当局的统治下，租界上不许放映苏联影片，上海大戏院位在公共租界边缘的虬江路上，虽属越界筑路地段，但在法律上不是租界，而是中国政府统治的地区，苏联影片只要通过南京政府的检查，是可以公演的。

鲁迅那时住在虹口的山阴路，离虬江路很近，到上海大戏院来看苏联影片是比较方便的。鲁迅对当时在上海放映的苏联影片一部也不放过，是完全可以理解的。看苏联影片，在当时的上海，是一件冒险的事情，有些青年看了电影从影院出来，往往被国民党特务盯梢。鲁迅去看苏联电影，目标更大，因此他要冒更大的危险。

一九三六年九月初，上海大戏院粉刷一新，由苏联人租下，专映苏联影片，我开始在那里工作。十月开始放映苏联为纪念普希金逝世一百周年而拍摄的一系列影片中的一部，根据普希金同名小说改编的《杜布洛夫斯基》，译名《复仇艳遇》。献映的第二天（十月十日）下午第一场，鲁迅来观看。当日《鲁迅日记》里记载说："十日，晴……午后同广平携海婴并邀玛理往上海大戏院观 Dubrovsky，甚佳……"我正在影院工作，一位熟识的文化界朋友，急忙跑到办公室来找我，说鲁迅来看电影了。我急忙跟了他到楼座去拜望鲁迅。这时影片还没有放映，鲁迅和许广平以及海婴（我不认识玛理）坐在二楼中间的位子上。

朋友把我介绍给鲁迅。我拿着影院为这次放映专门印制的特刊,上有普希金的像,他的生平和著作简要介绍,他的语录,《杜布洛夫斯基》的本事、剧照等等。看见鲁迅手中已有这种特刊,我告诉他,这个特刊里的文字材料,都是从他主编的《译文》中摘录下来的,连普希金的译名也用了这个刊物的译法——普式庚。他点了点头。我又告诉他,这部电影原名《杜布洛夫斯基》,不像上海那时流行的影片名称,故又改为《复仇艳遇》,由于这个名称在南京政府的电影检查委员会里拖了好久不能通过。但影院急需上演这个片子,派人到南京去"疏通",苏联大使馆也派人从旁催促,说这是纪念普希金的古典作品。原来,这是由一部描写农民起义的小说改编的电影,杜布洛夫斯基是一个农奴的儿子,受不了压迫,逃在外地流浪,获得了知识,回家乡领导农奴起义,他带领起义的农民冲进地主的庄园,遇见没有离去的地主的女儿,杜竟为她的美色所动,对她产生了爱慕之情,贻误了革命斗争,起义的农奴不得不抛弃了这个起义领导者……国民党对于这个起义的题材很不喜欢,由于它是古典名著,又不好提出禁映的理由,他们却另立名目,说是已有一部美国电影,译名《复仇遇艳》,片名不能重复,故而迟迟不能通过。经疏通结果,改名《复仇艳遇》,勉强通过。

鲁迅听了这番话,触动了他向来痛恨国民党检查官的愤慨之情,骂了几句检查官,说:"这些检查官就是要把原来的著作弄得大众不知是什么作品……"

这时鲁迅已在病中,脸上有病容,但不减些微"横眉冷对"的严肃面色。许广平的脸色显得也很憔悴,看来是为了照顾鲁迅的病体,甚为疲劳。海婴坐在旁边静听着我们的谈话。因为电影即将开映,而且场子里坐着不少观众,我们没有多谈。

在一场电影放映完毕,观众走出剧场时,我拿了一张戏院的赠券,在散戏的群众中找到了鲁迅,把赠券送给他,请他下次来看电影。关于这次会见和送戏券,过十几年,和许广平谈起,她还记得很清楚。

十月十九日上午,《民报》的副刊编辑陈鲁思忽忽地跑到上海大戏院楼上的办公室找我,满面愁容地告诉我一个悲痛的消息,说鲁迅去世了。他要我一起到鲁迅家去,我因手头有紧急的工作,没有和他一起去。

想不到,看《复仇艳遇》是鲁迅所看的最后一部影片,也是他逝世前出外的最后一次活动。在这之后,他的病势就愈来愈严重了。

未刊稿,写于 1981 年 9 月 25 日

怀念林淡秋同志

从杭州传来噩耗,林淡秋同志因病逝世。这个消息对于多年和他一起战斗过、共过事的我来说,心情是很悲痛的。

林淡秋同志一九〇六年生在浙江省宁海县,终年七十五岁。他本来患有白内障,决心要到北京来请唐由之大夫针拨,他不愿为自己的病专程来北京,准备等待文联全国理事会开会之便,住院动手术。已经和医院联系好,但因文联的会一再推迟,他也就把治眼病的事一再推迟。屡次推迟,已经延续一年多了,从这一点,也可以看出他的为人来:他以工作为重,不愿以私事影响大事,即使是眼疾这样紧急的私事,也不例外。今冬文联理事会,他总以为可来开刀了,却不幸就在此时因别的病去世了!

林淡秋同志七十五年的生命历程,充满了革命斗争。一九二七年当他还是二十一岁的青年时,就在他的家乡,进入中共宁海县委领导的、革命作家柔石负责的宁海中学任教。不久,他转到革命文艺中心的上海活动。一九二八年柔石到上海从事写作工作,林淡秋同志作为柔石的小同乡和旧同事,两人时相往来,淡秋同志并一度住到柔石所租的闸北景云里的房子里(原为鲁迅旧居)。这时期,淡秋同志也和柔石一样,从事革命文艺的写作和翻译。不过条件很困难,他们的生活都很艰苦。一九二九年秋,左翼作家联盟开始筹备,淡秋同志也常跟随柔石等同志,在冯雪峰同志的领导下做了一些工作。左联于一九三〇年三月正式成立,柔石担任相当重要的职务。一九三一年一月十七日,柔石被捕,当夜淡秋同志就被通知,设法营救。十八日,柔石和其他被捕的二十二人在租界上的中国法院受审,淡秋同志被派到法院去旁听,了解审讯情况。

柔石同志等二十三人于二月七日晚惨遭杀害。其后,淡秋同志继续在上海从事革命文艺工作,他把他所译的丹麦作家短篇小说多篇,和柔石在差不多时间所译并在上海若干刊物上发表过的几篇,收在一起,于一九三七年在商务印书馆出版。书名叫《丹麦短篇小说集》,下署"金桥、淡秋合译"。金桥是柔石的另一笔名(都是取意于宁海家乡一座石桥上的题字:"金桥柔石")。淡秋同志和柔石过从甚密,后来写有《忆柔石》一文。一九三六年春,左联解散后,淡秋同志正式入党,从这时到一九三七年抗战发生,淡秋同志在张执一、唐守愚同志等的领导下,参加过《改造》、《新东方》等刊物的编辑工作,从事文艺界救亡协会的工作。一九三七年抗战发生,中国军队退出上海地区后,淡秋同志留在上海租界"孤岛"上工作。这个时期,他和梅益同志等参加了复社出版斯诺写的《西行漫记》翻译工作,和梅益同志等一起采编了《上海一日》大型报告文学集,在这个集子出版后,又利用《上海一日》的成百上千的青年写作者为基础,和戴平万、钟望阳等同志从事"青年文艺通讯员"的群众性文艺工作。这时期,淡秋同志还和蒋天佐、蒋锡金等同志主编了《新中国文艺丛刊》、《奔流文艺丛刊》和其他一些刊物。他还和王任叔、梅益同志做了一些与上层文学家(如王统照等)的联络工作。他自己除写一些文章外,还译了英国记者贝特兰的《华北前线》一书。这时他常用林服膺、应服群的笔名写作和翻译。

一九四一年十二月八日,日军占领租界后,淡秋同志曾两度到新四军解放区工作。一九四五年八月,日帝投降后,党派淡秋同志回上海。九月,梅益同志把淡秋同志介绍给我,担任《时代日报》第一版的编辑,直到一九四八年该报被封。

一九三六年我从东北到上海,很快就和林淡秋同志相识,以后在"孤岛"和沦陷期间,也经常和他有往还。对他进一步熟悉是在一九四五年开始的《时代日报》共事时期。《时代日报》是用"苏商"名义出版的,本身就是半公开的党报。我虽担任总编辑,因要照顾"苏商"时代出版社的其他刊物,不能每天熬夜编报,这个任务就交给了林淡秋同志。他每周编报六夜,休息一天,这一天就由我编报,平时则和他商量整个版面的发稿问题。一九四五年至一九四六年,国民党军队进攻解放区,解放区军民起而自卫,延安经常播送重要新闻和声明,我们报馆里抄收了新华社延安广播,上海各报都不能发表。我报是否发表?我们常常在深夜拿着抄收来的电讯,重复阅读,再三考虑,有时在编辑室里来回踱步,一再犹豫。最后决定:"这样的消息不发,枉办报纸,枉受党的重托。发,发,发!准备明天报纸被查封,自己被逮捕!"这样的事情,不是一次两次,而是多次,虽然电头用"旧金山广播",还是骗不了国民党当局,我这个总编辑在一回被国民党市政府叫去训话,受警告之后,只好不再登"旧金山广播"。幸而美联社等外国通讯社每天深夜也抄收一些延安广播转作自己的通讯转发,我们就用它们的消息,加上"军事述评"向读者报道解放战争的真实情况,尤其在《文汇报》、《联合晚报》等报纸被封后,《时代日报》在特殊情况下,巧妙地依靠"苏商"这块牌子维持了一个时期,起了良好的宣传报道作用,而主编要闻版的就是不避危难、坚持到底的林淡秋同志。

一九四九年上海解放后,这位"报人"林淡秋同志便担任了《解放日报》的副总编辑,翌年又调到北京,任《人民日报》的副总编辑。他在这两个报纸的编辑部,都是负责文化艺术方面的工作。一九五八年去杭州,省委把他留在浙江工作,先后担任过省委宣传部副部长,兼任省文联主席、杭州大学副校长。

在"文化大革命"期间,林淡秋同志被作为"党内走资派"和"黑线人物"受到冲击。

林淡秋同志做报纸宣传工作,只是后一个时期,他基本上是一个文艺工作者。他是作家、翻译家。早期有光明书局出版的《黑暗与光明》,民光书店和黄河出版社先后出版的《雪》等小说集和散文。在上海"孤岛"时期,他翻译出版了《列宁在一九一八》电影剧本和其他作品。解放后,有一九五五年人民文学出版社出版的《散荒》,一九五八年新文艺出版社出版的《业余漫笔》。

许多老战友、老朋友都说,林淡秋是一个好同志,扎实肯干,党分配他的工作,总是一声不响地长年埋头干下去。《时代日报》的工作就是一个例子。有人要崭露头角,要出名,出风头,他在《时代日报》,作为党的工作,不能"出名",他就决不用林淡秋的名字发表什么作品,而是隐姓埋名地把党要他做的工作坚持下来。这时期(以及其他一些时期),他本来可以写不少小说和文章,但他没有这样做,他是一位真正的不求名、不求利的党的作家。他数十年如一日地坚守在分派他的岗位上。他平易近人,热心帮助人,解决同事们的思想问题和生活问题。他为人老实忠厚,有些梗直。有时坚持自己认为正确的意见,不肯苟同,因此也颇"吃亏",但他决不在原则上迁就。为此,凡是和他同过事的党员和群众,都很喜爱他、怀念他,在他去世的消息传来时,大家就更为深切地悼念他了。

一九八一年十二月十六日

原载《人民日报》1981 年 12 月 22 日第 8 版

创立中国舞剧的最早尝试
——忆阿甫夏洛穆夫的音乐创作活动

一个中国化的俄国犹太人

提起阿甫夏洛穆夫,二三十年代的文艺界人士,尤其是四十年代上海京剧界的人士,是比较熟悉的。过去曾把他的姓译为"阿父夏洛穆夫",许多京剧演员,为了方便起见,简称为"阿父"。在四十年代,他已是满头银发的老人,年轻的演员也乐于称呼他为"阿父"。

日常家居的时候,他喜欢穿中国式的长袍和布鞋,家里的陈设更是一派古色古香,他也能说些普通的中国话。至于他平生的活动,就与中国的文艺事业,有更密切的关系了。可以说,他是把自己的一生献给中国音乐和舞剧事业的。

为什么这样一个人物,现在我们大多数音乐、舞蹈界的人却不知道,解放以来他的作品却一直没有人问津呢?我想在这一篇回忆文章中,着重叙述他在舞剧方面的活动,从而解答上面的几个问题。

阿隆·阿甫夏洛穆夫于一八九四年十一月十一日出生在乌苏里江畔的尼柯拉亦夫斯克。关于这个出生地,首先应该叙述一下。一八六○年沙俄政府利用英法联军进攻天津、北京的时机,强迫清政府签订《北京条约》,把乌苏里江以东四十万平方公里中国领土据为己有,其中包括傅尔丹城。这个傅尔丹城,位在绥芬河下游北岸,与重镇宁古塔(现名东宁)相近,是一个相当繁荣的城市。这个城市分为东西两城,中间相距四里,所以又名双城子。沙俄据为己有后,改名尼古拉亦夫斯克,现改名乌苏里斯克。这个原为中国版图内的双城子,它的繁荣是中国居民长期经营的结果。繁荣的标志之一,是市内建有专演京戏的戏院,也像别的繁华城市一样,这个戏院除有自己的班底外,还经常从内地邀请名角去演出。

阿甫夏洛穆夫在这个城市出生的时候，距它划归沙俄三十四年。在他幼年时候，当地的京戏戏院还在演戏。据阿甫夏洛穆夫回忆说：他父亲是经营渔业的，捕乌苏里江和绥芬河的鲜鱼，贩运附近各地。这个渔业公司的工人职员，主要是中国人。其中一个中国老人，略有文化，为人忠诚老实，被老阿甫夏洛穆夫看中，留在他家里当"老家人"。老阿甫夏洛穆夫把自己的儿子小阿甫夏洛穆夫交给这位老人看管抚育。老人喜爱京戏，经常哼哼京戏，也常常唱些中国民间歌曲。小阿甫夏洛穆夫从四五岁起，在中国老人的熏陶下，也学会了唱一些中国歌曲。老人常抱他到中国戏院去看京戏，使他特别喜爱京戏中的开打、亦歌亦舞的演出形式。丰富而又有风趣的面部表情，渐渐地使小阿甫夏洛穆夫对京戏入了迷，老人不去看戏，就主动央求老人抱他去。他大了，上学了，还是经常去看京戏。

一九一四年，当阿甫夏洛穆夫已经二十岁时，正是欧战开始的那一年，父亲决定让他出国留学。瑞士是中立国，他被送往瑞士留学。父亲要他去学法律。但是他一到瑞士就违背了父亲的意志，偷偷地到苏黎世进了音乐学院。他从小爱好音乐，特别是爱好中国音乐，他念念不忘音乐，决心要把自己培养成为一个音乐家。他选择了音乐理论和作曲的专业。天高家乡远，父亲源源不断地寄钱给他学"法律"，实际上他却专攻音乐，反正父亲无法检查他的学业，在战争条件下，他一直不回家度假。

一九一七年俄国发生了二月革命和十月革命。一九一八年世界大战结束。他应该学成回国，但他没有回去。一则革命后俄国情况大变，远在近东的家，处在日本军占领之下和白俄将军反革命的内战之中。他家中的情况也愈来愈不清楚。他该到那里去？如果回家去，他不是"法学博士"，而是"作曲家"，见到父亲时，会出现什么情况呢？他犹豫了……

其实他也并不是真犹豫。他所以去苏黎世学音乐，是因为爱好音乐。他爱好音乐，是从学习中国歌曲、爱看中国京戏开始，他对于京戏的音乐早有改革的思想，他很自然地选择了到中国来的道路。

到中国来从事音乐和舞剧的尝试

他决心下定了，克服了经济上的困难，辗转来到了中国的北京，时间约在一九二〇年左右。正是五四运动发生后不久，北京教育界、学生界一片向西方学习的呼声。他举目无亲,人地生疏,四处奔走,寻找可做音乐工作的地方。使他很失望,音乐工作不好找。所以不好找,主要是找不到合乎他意愿做的工作。

那时,他对音乐已有完全坚定的看法:中国应该有自己民族的音乐,根据中国固有的民间的旋律,运用现代的作曲方法和技巧,写出各种体裁的音乐作品,除民间乐器外,还应该大量采用现代的乐器(各国通用的,过去被称为西洋乐器的)。

他的这些主张,当时很少人附和,或者说当时很少人理解他。在全盘西化的主张相当盛行的时候,中国学校里的音乐教师,一般都是受的西方音乐教育,他们教的是从外国拾取来的教材。古琴、琵琶、笙、箫、鼓、笛被视为落后的乐器,用这些乐器所演奏的乐曲也被视为古旧落后的东西。有少数人也提倡中国音乐,但对于阿甫夏洛穆夫是不重视的。阿甫夏洛穆夫在北京找不到志同道合的人,对于他的论调"和者寡"。有人想请他教西洋音乐,他拒绝了:"我学了现代音乐理论和作曲技巧是准备来研究和制作中国民族音乐的,不是随着当时的潮流,使中国民族音乐不得振兴,继续泯灭。"

是的,他是一个外国人,虽然他是生在中国土地上,在中国人群中间长大,从小受中国音乐的陶冶。他对于京戏是爱好的,但对于京戏的音乐是很不满意的。他学到了西方的作曲方法,但很少甚至没有掌握中国民间舞曲,他没有创作的素材。他决心到中国人民中间去搜集和记录存在于民间的各种旋律。但是他是一个孤立的人,而且是一个外国人,没有什么团体,没有什么个人支持他,没有任何经济来源让他做采歌的工作,甚至是无法生活下去。他决心找一个非音乐的职业,自己赚钱来维持生活,尽量利用业余时间做音乐工作。他从北京到了天津,终于找到了一个外国人开的收买中国皮毛的"洋行"里的职位,专门到中国内地去收买皮毛。于是他以此为职业,到华北各地,包括河北、内蒙、山东等省的城镇农村去搜购皮毛,同时搜集中国民间乐曲,把他所听到的各种旋律记录下来,尽量和中国人民接近,了解他们的音乐生活。他发现中国民间音乐是一个未开垦的处女地,遍地都是音乐素材,用这些素材来创作,中国民族音乐的天地是无限广阔的。但是他面对着"唱"与"奏"的中国人,却无法和他们合作,写出合乎现代要求的音乐作品,他四处奔走,行囊里的中国旋律愈收愈多,他不能像某些外国人那样,把中国的宝物搜到外国去出售,他必须把搜集到的旋律之宝,作出新的作品来在中国人民中演奏,得到中国人民的喜爱。

他在中国老百姓中间转来转去,真是"曲高和寡",他找不到知音,他的心情很沉重。于是他在天津的外侨中间，宣传他的主张。那些来中国做生意的外商，一般是不懂音乐的，更不愿为发展中国民族音乐贡献力量。但是他不疲倦地、不灰心地不断向人宣传，终于有少数人支持他，鼓动他在这方面进行尝试。有些外国人认为中国没有音乐，至少在当时贫穷的中国人民生活中没有音乐。阿甫夏洛穆夫不同意这种观点，有时要和人们争得面红耳赤。他说中国老百姓生活中随处都有音乐，中国人民是有高度音乐感的民族。他的交响乐《北平胡同》就是在多次争论之后，愤而创作的。他故意选取被人们诬称为"死沉沉的故都北平"为题材，写出了北京胡同中从清早到黄昏的音乐气氛。胡同中，一清早就有各种叫卖声，为了出售各种物品或兜揽各种服务活动，普通的中国劳动人民，用各种自制的乐器演奏，有的打鼓，有的敲竹筒，有的敲小锣，有的吹小号，有的摇铃，有的用别出心裁的乐器，例如挑担理发的，用特制的铁叉，发出"铮"的声音，这些叫卖者，用抑扬有节奏的声调，伴着这些乐器，在寂静的胡同里，唤起居民的注意。快到中午的时候，有大出丧的行列，在街上行进，这个行列里有吹鼓手的小乐队吹吹打打，有和尚、道士的各自独特的乐队演奏自己的颂歌和送葬曲，甚至有像唱歌似的哭声，跟在棺材后面呜咽。然后在快到黄昏的时候，从一个小楼上传出胡琴声，几句西皮、二黄，唱起了京戏。一曲凄凉的箫声，从遥远的地方传来……

这一别开生面的交响乐，用管弦乐队演奏（那是费了多大的努力，四处张罗求援、煞费苦心地才得以举行的音乐会啊！）共有十一分钟（一九三三年作）。中国听众（听众到多少人，不得而知），惊讶不止！外国人听了叹为"听止"，原来中国人的日常生活是浸沉在音乐中的。他们没有听见过用西方乐器演奏的中国音乐，一旦用管弦乐队演奏，他们就容易接受了。《北平胡同》只是一个例子。在这以前，在一九二五年，他已经写成了他第一部中国题材的音乐剧"观音"。这一音乐剧于一九二五年四月二十四日在北京第一次演出，乐队由他亲自指挥。

约在三十年代初，阿甫夏洛穆夫到了上海。起初，他的遭遇和刚到北京时一样，找不到了解他和同情他的人，他的音乐主张无法实现。他为了生活，必须找一个职业，在无可奈何之中，他进了法租界法国人办的、上海人称之为"杀牛公司"的屠宰场做体力劳动工作，成天要去捞拿血污的牛的内脏。一天劳动之后，把自己洗涮干净，又埋头做音乐工作。经过他个人的奋斗，他在上海外侨中渐渐被人重视，有人愿意拿出钱来，帮助他试奏他的作品，演出他的舞剧。他曾一度进百代唱片公司,担任乐队指挥,并且创作了一些短小的作品,包括用中国旋律写的《狐步舞》,灌了唱片。

在旧社会的条件下孤军奋战

二十年代末三十年代初,他有一系列音乐创作和舞剧演出方面的活动,准确时间及其先后,我现在无从考据,现在就其几项重要活动,分别叙述于下。

第一,他为提倡中国民族音乐,作了几次尝试之后,加以总结,形成了这样一个思想,必须采取群众喜闻乐见的形式,创作中国民族风格的乐曲,才能逐步推广移风易俗。因此他决定,编写各种题材的乐曲,举行歌剧、舞剧、音乐剧的演出,借以把民族风格的音乐输送到群众中去。为此,他广泛阅读有关中国历史、小说、传说等有英文翻译的书籍和资料,选取适当的题材写作。在这个思想指导下,他从此把活动的重点转移到舞剧、歌剧(音乐剧)方面。

第二,要从事舞剧、歌剧的活动,他都要费许多唇舌,在中国和外国朋友中宣传自己的主张,有时演奏自己的乐曲,拿出过去演奏的照片来传阅,好不容易得到几个热心的支持者,凑集一笔钱,以此邀请一批京剧演员,每月付给工资,每天排练半天,排出一个舞剧,临时租一个戏院,举行演出,每演一场,给演员付一个月的工资,每演一次,由朋友们推销戏票,可是往往除开支外,非但不能赚钱来作为今后的基金,还要赔钱。尽管演出一次,也产生一些影响,但总不能继续再演,要相隔一个时候,重新集资,才能再演,这样,影响就不能扩大。但他有不屈的毅力,失败一次,又重来一次。

第三,他经过几次演出,深深地感觉到:排练舞剧,费时费钱,演出时灯光、布景服装、广告、租戏院等,也很费钱,没有雄厚的资本,靠私人捐助是很困难的;演出一次,好不容易筹集的资金,都要赔光,再次演出,又要重新集资,不是办法。他想能排好一个戏,带着班子到美国去演出,美国观众喜欢新奇,容易赚钱,赚了钱再回中国,发展音乐、舞剧、歌剧事业。在旧社会,不可能得到国家的资助,只能靠自己赚钱来维持和发展。在这个思想指导下,他曾经带了乐谱和有关资料,只身到美国去。他刚到美国,打不开局面,为了维持生活,他曾经做过种种苦工。据他说,他曾做建筑工人,爬到几十层高的脚手架上作业;他又曾到轮船上做焊接工,在梯子上接住下面扔上来的一团一团的熔铁,焊到钢铁的船板上，稍一不慎，接不住，火热的熔铁球就会把自己烧伤。后来他终于找到支持他的事业的人，拿出一笔资金，组织剧团，演出中国舞剧。由于让外国人做京剧演员的动作和舞姿，是非常困难的；没有中国的戏装，就用美国出产的各种色布，用金粉和银粉在色布上画出中国戏装上刺绣的花纹。演出固然轰动一时，因耗资过多，仍不理想。他决定回中国，带训练好的中国演员去美国，成本可以比去美国招聘没有京剧基本功的美国演员为低。不过，他这次去美，也有收获，他取得了美国籍（原来是无国籍人），和一个美国女子结了婚，带她回到上海（这位美国夫人不久又带着新生的儿子去了美国）。

第四，每次演出，总要从中国戏班子里挑选演员，按照他所谱的曲子和剧情，要花费三个月到半年的时间才能排练好一个戏，演出几场后，演员就散了，再排新戏时，又要另找演员。阿甫夏洛穆夫希望能找到一个有文化的中国姑娘，愿意跟他排戏，把她训练成一个能长期和他合作的中国舞蹈演员，然后再以她为种子，训练临时聘请的中国演员。经过朋友的介绍，终于找到了一位适合做这工作的中国年轻女子，她有一定的音乐修养，听得懂英语，但她没有京戏演员的基本功，必须从头训练起。这时阿甫夏洛穆夫在上海外侨中已有一定的地位，被聘请为公共租界工部局图书馆的馆长，有了较富裕的收入。他用自己的工资维持这个女子的生活，并且出资为她请了京剧教师，教她练功。过了一段时间，这个女子功夫确有进步，他也很为高兴，但不久之后，这个女子突然不见，不知到什么地方去了。他不知道她的住址，在街上访寻了好久，也找不到她，一九三九年我初次认识阿甫夏洛穆夫时，他曾拿出一张放大为一尺多的那位女子的照片给我看。他为这个女子的不别而行非常悲伤，他介绍自己想培养这位姑娘做排练中国舞剧的助手这段经过后，看着这张照片，竟掉下了眼泪。他不是为白费了不少钱、白费了不少心血而悲伤，他是为建立中国舞剧所遇到的困难而痛心。我从认识他那天起，就表示他的理想是正确的，但采取的做法不正确，演一次戏，集一次资，请一批演员，甚至想培养一个人来作为基础，都是不妥当的，必须组织一个长期维持的剧团，进行这项事业，我愿意协助他做这件事。我这样对他说，当然不是由我个人来支持他，而是把这工作作为地下党文艺戏剧工作的一部分，为建立中国民族音乐和中国舞剧而努力。

第五，约在三十年代初，阿甫夏洛穆夫结识了梅兰芳。那时梅兰芳已经访问过美国和苏联，对于西方的歌剧和舞剧，有了较充分的了解，对于阿甫夏洛穆夫的音乐歌舞工作也颇感兴趣。阿甫夏洛穆夫向梅兰芳建议，愿对他的表演，在音乐上作些改革。梅兰芳同意做些试验。梅兰芳每在上海演出,每场戏都要送一张包厢票给阿甫夏洛穆夫。阿一面看戏,一面记录梅的唱腔,考虑怎样改进梅的戏曲音乐。阿主张谱一些新曲,并试用现代乐器伴奏。梅兰芳虽然对阿的建议很感兴趣,但是他的后台,即那些支持他的人士、思想比较保守,他们不主张轻于尝试,一旦失败,影响梅的声誉。阿甫夏洛穆夫的一番苦心又告落空。这又巩固了阿的信念:中国音乐的改革要从头做起,要培养新的力量,机会主义的道路是走不通的。阿和梅的友谊在这以后还是很真诚的,梅经常支持阿在音乐和歌舞剧方面的尝试。

舞剧《古刹惊梦》

我自从一九三九年认识他以后,时相过从,每次见面都要详谈许多有关音乐和舞剧的问题,他介绍中国作曲家沈知白和我相识,他说,沈是中国朋友中最了解他的一位,二人对于中国民族音乐和歌舞剧应走的道路也有共同的看法。我们每次见面,都商谈,采取什么措施,有步骤地实现理想。

一九四一年春,有一位美国犹太人拿出资金来,邀请几十名京剧演员,排练舞剧《古刹惊梦》。

这是一个三幕的大型舞剧。这个舞剧的剧本是一位美国女作家华尼亚克写的,她长期在上海研究中国文学艺术,她采用中国民间流传的青年男女如何冲破封建的重重障碍而获得爱情的故事的题材,这是一个典型的舞剧剧本,在戏剧的发展上,处处注意,如何充分展开舞蹈场面。

这个剧本原题为《慧莲的梦》,又名《香烟缭绕》,阿甫夏洛穆夫于一九三六年写成乐曲,曾在上海公演,译名《香缘梦》后,又改名《茑萝梦》,规模不很大。一九四一年的演出是规模最大的一次。扮演慧莲的是张美玲。第一幕是慧莲带了两个丫环去庙里烧香,向千手观音默祷,希望能得到一个如意郎君。千手观音显灵,许多双手都活动起来,在幽雅的音乐和美丽的灯光下,几十支手的舞姿,十分优美,然后看到观音背后走出一个一个化身;在舞台上显得非常神秘和庄严。观音给慧莲指示,她的如意郎君就是邻家少年某某。第二幕是慧莲和她的女友在自己的花园里游玩,女伴们作长袖舞、玉盘舞、扇子舞等游乐。邻家少年来访,带来的伙伴又作种种舞蹈,十分欢快。第三幕是恶势力来侵犯慧莲,企图破坏慧莲和少年的相爱。少年为保护慧莲,和恶势力斗争,展开了徒手的和刀枪剑戟的大开打,充分利用了京戏的武打场面。由于有管弦乐队的伴奏,以音乐为主体,舞蹈动作是给音乐作解释,效果很好,使人们一新耳目,参加演出的京剧演员把舞剧称为"哑巴戏",因为从头至尾不开口。排练时非常费力,要使不懂得管弦乐队演奏节拍的京剧演员,从锣鼓点子中解放出来,非常困难。阿甫夏洛穆夫排戏时,自己弹钢琴作伴奏,嘴里喊着一二三四。演员为使每个动作合乎节拍,不能像平时练功那样得心应手。起初,按照陈铎同志(有武戏根底的话剧演员)的设计投手举足,很不灵活,经过半年的排练(每天半天)才熟练和趋于自然。正式演出时,在乐队伴奏和灯光照耀下,各个动作都与音乐合拍,比西方舞剧中的群舞场面要更有效果,这就是阿甫夏洛穆夫幼年看京戏开打时就产生的理想,终于获得实现的壮观。

舞剧的服装,除观音的衣饰是特制者外,其余角色都是用的京戏服装。虽曾计划另制服装,由于经费关系暂时没有能做到。

一九四一年演出时,改名为《古刹惊梦》,是让观众易于接受这一通俗名称。为了扩大宣传,用中国红十字会名义举行义演。演出地点是上海最大的大光明电影院,连演四场,盛况空前。

演出后,出资组织这个剧团的美国人,带着全部剧照和宣传资料到美国去联系剧场。经过一番活动,手续刚就绪,正要办理全体演员出国护照的时候,爆发了一九四一年十二月八日的太平洋战争,整个赴美演出的计划完全落空。

这次演出,中国舞剧的名称得到公认,在中国许多剧种中又增添了一个剧种。

音乐剧《孟姜女》

太平洋战争爆发后,日军进入租界,上海租界的"孤岛"时期结束,随着租界上的工部局解散,工部局图书馆也随着改变体制,馆长阿甫夏洛穆夫被解职。

上海文艺戏剧活动进入了一个新时期,地下党组织认为音乐、舞剧还可以深入进行,于是积极筹备这项工作。另一方面,阿甫夏洛穆夫失业后,生活无着,必须给他帮助。

一九四三年又集合了许多位热心支持者出资重新排练,在大光明电影院重演了一次《古刹惊梦》。演员都是重新邀请的，慧莲一角由吴小兰担任。这次演了两场。

一九四四年在地下党组织下，由袁励康、江闻道同志等出资，成立中国歌剧舞剧社，仍是选邀京剧演员参加排练。这次决定排练阿甫夏洛穆夫一九三八年至一九三九年创作的《孟姜女》。这是一部音乐剧，英文名《万里长城》。以民间流行的十二月花名，歌唱孟姜女的悲苦命运和她万里寻夫的艰辛情况。整个乐曲演奏时间长达两小时二十分钟。先在一九四三年冬，在阿甫夏洛穆夫指挥下，由管弦乐队在前法国工部局礼堂演奏过一次，请上海文艺界人士聆听。演奏效果很好，黄佐临同志称赞说，"这部音乐要什么有什么，戏剧性很强"。他要求用这个乐曲为主体，由他领导的苦干剧团演出。考虑到这个戏虽有一小部分对白，主要是舞蹈和合唱场面，作为话剧来演出不适当，我们还是决定请京剧演员排练，演出形式还是采用京剧舞蹈，特别是孟姜女寻夫一场，经过长途跋涉，一天夜里去森林里露宿，以孟姜女的幻觉为主线，演出她和各种鬼怪作斗争，包括树木和野兽对她的威胁，她终于克服一切困难，继续前进。秦始皇祭坟一场，也富于舞蹈形式。造长城的群众场面也以舞蹈形式处理。演孟姜女的是京剧演员曹雪芹。

这个戏排练了将近一年，直到一九四五年抗战胜利后于十一月二十六日起在兰心大戏院公演。

《孟姜女》一剧除了有几句对白和不少合唱外，虽然也以舞蹈为主，但没有叫做舞剧，而是另立一个新总称"音乐剧"，可以说是又添了一个新剧种。

孔祥熙看了这个戏，认为可以带到美国去演出，和我们剧社商谈条件，因一切要以他为主，未能达成合作协议，他想把已经熟练的演员接收过去，我们歌剧舞剧社不同意，即使孔祥熙以高薪相诱，演员们一个也不肯去。孔祥熙不得不由董仁霖出面，另组剧团，重新排练。这事件已经反映出解放前夕的国共斗争。阿甫夏洛穆夫因为考虑剧团可以出国去美演出，他还是同意去排练。

新排的《孟姜女》一九四七年在上海公演过，还到南京去演出过。一九四八年准备出国，阿甫夏洛穆夫先期去美国接洽演出场地，剧团阻留在广州，孔祥熙鉴于解放战争已接近胜利，国民党即将完全垮台，他拒绝继续维持剧团，结果未能出国而解散。

一九四九年全国解放后，各剧种恢复活动并进一步扩大和发展。一九五〇年曾函请阿甫夏洛穆夫回中国，他曾复信，准备再来中国，在新的大为有利的条件下继续从事中国民族音乐和中国舞剧的大业,但很快发生朝鲜战争,中美间交通和通讯关系断绝,阿没有能来中国,我们从此也不再知道他的情况。最近才得悉,阿甫夏洛穆夫已于一九六五年四月二十六日在纽约逝世。他留下了大量的以中国题材为内容的乐曲,其中包括好几部舞剧的乐曲。他的儿子雅各·阿甫夏洛穆夫也是从事音乐工作的,写过不少作品,现任美国青年乐队指挥。

从这段历史来看,可以完全明白,为什么在最近三十多年中,我们对阿甫夏洛穆夫的情况一无所知,我们音乐界和舞蹈界年轻的一代人甚至不知阿甫夏洛穆夫其人。

原载《舞蹈论丛》第 4 期,1981 年 12 月

严冬深情祭淡秋

我最初认识林淡秋同志是一九三六年初秋在上海。那时我刚从哈尔滨到上海,去专门放映苏联影片的上海大戏院工作。

观看苏联影片是一九三六年中期上海文艺界人士和广大进步群众的一件新鲜事情。我作为这个戏院的工作人员,结识了文学、戏剧、电影、音乐等各界的许多朋友。鲁迅先生也是在这个时期认识的。鲁迅先生于一九三六年十月十日下午携全家来看根据普希金的小说《杜布罗夫斯基》改编为电影的《复仇艳遇》。这是鲁迅先生在逝世前最后一次出门看电影。

就在这之前不久,有一位傅姓朋友告诉我:"今年出现在文坛上的最有成就的两位青年作家是林淡秋和何家槐,你一定要认识他们。"不几天,老傅同志就分别把林淡秋和何家槐请来戏院,和我相识,我请他们看了苏联影片。

林淡秋同志给我的印象是:一点没有架子,穿着也很朴素,说话常带笑容。

认识林淡秋同志之后,我们并没有时常相见。因为当时的政治形势日益紧张,到上海大戏院来看电影的人,常常被特务盯梢。

"七七事变"、"八一三战事"接踵而来,闸北、虹口、北四川路首先成为战场,上海大戏院关闭,我逃到法租界避难。

文化界救亡协会,在租界上展开积极活动。一九三六年春参加了中国共产党、被分派在"文救"组织中做工作的林淡秋同志也时常活跃在救亡队伍中。

抗战两个多月后,中国军队退出上海地区,上海租界在周围沦陷区里成了"孤岛"。在党的领导下,文艺工作在"孤岛"上有一种特殊形式的发展。这时期,林淡秋同志也活跃在孤岛的文坛上。

首先是党组织各方面的力量创办了小《译报》、大《译报》,后来又出版了《华美周刊》、《上海周报》等报刊,文化方面的同志连续地参加这些报刊的工作,我和林淡秋同志有了较多的接触。

上海党组织领导文学、出版、报刊界的人士展开了广泛而又深入的宣传活动。梅益、林淡秋、戴平万、钟望阳、王元化同志等把《译报》等副刊的许多青年投稿人组织起来,开展"青年文艺通讯员"运动;进而利用这个组织基础,仿照茅盾同志编《中国一日》的方法,发起编写《上海一日》的工作,由梅益、林淡秋、殷扬(杨帆)为主编。启事在报纸上登出之后,除了原来的文艺通讯员写稿外,有更多的群众应征投来大量的稿子。林淡秋同志负担了一大部分修改和编辑来稿的工作,终于编辑出版了一百万字左右的大型报告文学集《上海一日》。通过《上海一日》的征稿、改稿、联系、座谈、编辑等工作,对广大撰稿者取得了深一层的了解,从中发现和培养了不少有才能的青年作家,后来他们都成了新的一代的文艺队伍的骨干。随着形势的变化,从不同领域里来的"文艺通讯员",经过淡秋同志等做了大量工作,则分散到他们所在单位去,完成了为各个部门输送干部的任务。

在"孤岛"时期,林淡秋同志还和梅益、戴平万、蒋天佐、蒋锡金、钟望阳、王元化等同志一起创办了《新中国文学丛刊》、《奔流文学丛刊》和其他一些期刊,如《野火》、《春风》等。所谓"丛刊",实际上也是期刊,只是为了免得向租界当局登记,用"丛刊"的名义出版。林淡秋同志在这些刊物上写作了和翻译了不少作品。后来又和于伶、王元化、满涛等同志办了《戏剧与文学》等月刊。

这时期,林淡秋和梅益等几位同志,合译了埃·斯诺的《西行漫记》,他主译了贝特兰的《华北前线》,还单独译了英国作家描写西安事变的《中国的新生》,电影剧本《列宁在一九一八》等。

这时期他还写了好多短篇小说,连同过去的作品,在一九四〇年出版了他的第一个短篇小说集《黑暗与光明》;一九四一年出版了散文集《交响》。

这个时期,我们能有机会时相碰头,但大家忙于自己本职的工作,见面时无暇多谈,"埋头工作、少于言谈"是林淡秋同志给我的深刻印象。但只要交谈几句,他就会妙语横生地开些玩笑,显示出他一贯乐观的情绪。

一九四一年"一二·八"太平洋战争发生后,"孤岛"沉落在汪洋大海的沦陷区里,"孤岛时期"结束。在日本侵略军统治下的上海,林淡秋同志难于活动,他曾两度被党派到新四军的抗战根据地去工作。他曾先后去苏北和苏中根据地做报纸编辑工作。

一九四五年八月,日帝投降,九月间党派林淡秋同志到上海工作。那时负责上海报刊宣传工作的梅益同志和我约好关系,在南京西路成都路口碰头,把林淡秋同志介绍给我,让他到《时代日报》负责编第一版要闻。这是我和林淡秋同志更进一步密切共事的开始。

《时代日报》是用"苏商"时代出版社的名义出版的。在当时反法西斯战争刚结束、苏联出兵我国东北迫使日帝投降的情况下,"苏商"的名义还是很可利用的牌子,但是这既是用红旗掩护的红色报纸,在国民党统治下的上海,就是半公开的一份党报,在这里工作的同志就必须冒着一定的危险,采取特殊的方式,把这份报纸编好。

长期做地下工作的林淡秋同志,一接到了这个任务,就理解该用什么样的特殊方法来完成任务。他摈弃一切酬酢,绝不抛头露面,好像偌大的上海并不生活着林淡秋其人。他晚上走到报馆,一定要径直地往前走,走过报馆门口,毫不顾盼,多走一段路之后,再回转身来,向相反的方向,继续行走,看没有盯梢的人,才走进报馆。熬夜把报纸编好,看了大样,才到阁楼上去睡觉,早晨洗过脸,走回家去。到了家门口,还是过门不入,走一段路再回过身来,看没有可疑的人,才走进门去。数年如一日,始终坚持这样上下班。这是他的高度警惕性的表现。最难能可贵的是不抛头露面。所谓不抛头露面,最重要的是不用林淡秋的名字出现,不写文章,不发表作品。他本来可以写不少作品,但为了做《时代日报》的工作,他牺牲了发表作品的大好机会,宁可做一个"安守本分的良民",偷偷地安全地执行编辑危险的红色报纸的任务。当时有些同志是不肯接受这一任务的,他们有名有利地发表了一些作品。

从一九四五年十月起,到一九四八年八月止,林淡秋同志做了将近三年的编报工作。一九四六年初这段时间里,国民党军队发动进攻解放区的内战,解放军起而自卫。新华社在延安电台的广播,常有重要新闻和声明。《时代日报》报馆里设有收报机,每夜抄收延安广播。收到了重要报道和新闻,林淡秋和我总要拿着这些电文,一再研读,商量如何处理。在国民党各报都是连篇累牍登载捏造和歪曲的报道、肆意攻击我党和解放军的时候,别的报纸又不能发表这些新华社电讯的时候,我们不发表,谁发表?我们这份《时代日报》是用"苏商"的名义出版的,发表这些消息,是苏联政府立场所不容许的,这是又一层困难。我们一再考虑和犹豫;这样重要的中共中央的声明,这样重要的辟谣,这样重要的解放军的战绩,怎么能不发表?我们办报,就是为了发表这些电讯,如果不发,就是枉办此报,就是枉为党派我们做这工作的党员!一定要发!准备明天报纸被查封！准备明天我们几个报人被逮捕！

于是，林淡秋同志把"新华社延安电"的电头，改写成"旧金山电台广播"，把延安的广播全文发排。第二天没有动静，报没有被封，人没有被捕。当晚有重要消息，还是依法炮制。

虽没有被封被捕，接踵而来的是市政府新闻处的一再警告、市长吴国桢的屡次训话。我这个总编辑，只有硬着头皮顶着。

渐渐地，外国电讯社也抄收延安广播了，我们就采用美联社改头换面的这种延安消息。林淡秋同志每天编的要闻版，其他消息，都是陪衬，主要的是辑登几条战讯。再加上"秦上校"（姚溱同志）的半周军事述评，从上海这张小小的报纸上向国民党统治区的广大人民报道了解放战争的真实情况。

林淡秋同志不但编第一版的要闻，他也协助第四版的本市新闻的抉择。先后主编第四版的陈君实（梦海）和叶涟（夜澄）在选择新闻稿的时候，常常和淡秋同志商量，林还利用编余之暇向这两位同志"做工作"。到了一九四七、一九四八年，上海反内战、反饥饿、要民主的斗争，越来越激烈。《文汇报》等进步报刊先后被国民党反动当局查封，只剩下《时代日报》这块小小的阵地，我们和林淡秋同志商量出这样的办法：不用刺人标题而用"简讯"这个不露声色的形式把一些血淋淋的斗争新闻刊登出来。读者非常灵活地运用这个"简讯"——他们用红笔勾出这些新闻，张贴在各工厂、各单位、各学校的显著易见的地方。

林淡秋同志是作家，他虽然主编着斗争性很强的新闻版，却从来不疏远文学工作。他毫不吝啬自己的精力，又接受编辑《时代日报》的每周一次的《新文学》副刊。《时代日报》有《新美术》、《新木刻》、《新语文》、《新妇女》等七个副刊，六个副刊都是一版，唯有林淡秋同志主编的《新文学》是两版，每逢星期日出版，内容都是中短篇小说。淡秋同志通过这个周刊发现和培养了好几位青年作家。他对于这个周刊是精心编辑的，他每天要用不少时间阅读、挑选、修改读者投来的大量文稿。

这份托庇于"苏商"牌子但被国民党当局视为眼中钉的《时代日报》，终于在一九四八年八月（解放战争快要胜利的时候）被"淞沪警备司令部"勒令停刊了，罪名是："煽动工潮学潮、扰乱金融、歪曲军情"。报纸被封后，淡秋同志并没有气馁，没有转移阵地，而是接编未被查封，仍用"苏商"名义出版的半月刊《时代》杂志，直到一九四九年五月上海解放。

上海一解放，林淡秋同志就被党派到《解放日报》担任副总编辑，一九五〇年又被党派往北京担任《人民日报》的副总编辑,前后和两报的恽逸群、邓拓同志共事。林淡秋同志虽在苏中、上海编过报,已经成为报人,但他始终是一个文学工作者。他在《解放日报》和《人民日报》都是主持文艺方面的编务。

一九五一年,林淡秋同志由《人民日报》派到上海来深入了解上海文艺界的创作情况。他住了一个月,我们时相过从。他临行时把他所写的、已打成清样的文章送给我看,征求意见。这是一篇概括性的报导,材料全面丰富。一九五二年,我也调到北京,和他相处一地,见面的机会多了一些。他虽然离开了时代社,而且时代社不久也解散了,但他还是经常关心过去一起长期熬过夜的同事:梦海作诗译诗的工作,夜澄的写作工作;他曾联系把夜澄调到《人民日报》;一些搞文学翻译的同事,如水夫、磊然、孙玮、蒋路等同志,林也找机会常与往来,他和老友们始终维持着感情深厚、交谈诙谐的关系。

一个真正关心革命事业、人民生活、思想动态的文学工作者,又主持着党报的文艺编辑工作,不会不深入到当时文艺思潮的漩涡之中。淡秋同志终于因为在副刊的某些文章上处理"有误",而被下放到杭州。

在杭州,他这个浙江人,被省委某些同志看中,索性把他留在杭州,任杭州大学副校长,后来担任省委宣传部副部长、省文联党组书记。

这个时期,我们来往较少,了解也不多。

"文化大革命",我们都经历了不寻常的经历。我听说,他被指为三条黑线牵引的人物,是党内走资派,是反动学术权威,受了种种冲击。一九七六年,我去上海和杭州,淡秋听说我将到杭州,他要约我到他家去晤面,特地买了一只活鸡,养在院子里,准备一到他家,就宰鸡享客,免得临时买不到菜肴。我在杭州只有三天的停留,临行前才找到黄龙洞近处的杭大宿舍去看他,时间局促,没有吃饭,只到院子里去看看那只用绳子系在树杆上的鸡。

之后,我们在北京,倒有多次的相晤。他虽患了严重的白内障,他那时还没有分配工作,他想用比较清明的眼睛去迎接新的工作。在沪动过一次手术,不够理想,又在北京补动一次。还有一只眼睛要做手术,约好唐由之大夫为他做。一年多、将近两年的时间,一再准备来京动手术,却一再推迟未来。因为他已恢复了工作,他不想为自己的事擅自离开职守,他想乘文联全国理事会开会之便,来京治眼。理事会早就定期开,但是一再改期,他就一再推迟来京。我们之间来往的信件,就是商谈一再联系医院的事。他的眼睛虽然没有能完全治好,但还能在朦胧中做些工作,参加一些会议。想不到心脏病夺去了他的七十五岁的生命！

　　林淡秋同志是一个很早就从事革命文学工作的人。一九二七年，当他还是二十一岁的时候，就在他的家乡宁海中学教书，这个中学由中共宁海县委领导，县委的一个同志也在该校教书，淡秋和柔石（赵平复）同志都同在县委的领导下一起做教育和文学工作。一九二八年柔石到了上海，林淡秋同志作为小同乡和旧同事也到了上海，并且就住在柔石做二房东的那幢房子（曾是鲁迅先生住过的闸北景云里二十三号）。一九二九年柔石同志参加左联的筹备工作，淡秋同志也和他一起在冯雪峰同志总的领导下奔走活动。

　　一九三一年一月十七日，柔石同志被捕，因淡秋和柔石往还密切，知情人当夜就通知他注意；一月十九日，柔石同志等二十三人在法院受审，淡秋同志被派去旁听，了解情况，向有关同志汇报。柔石同志被害后，林淡秋同志继续留在上海工作。一九三三年林参加社会科学者联盟，一九三五年参加左翼作家联盟，任常委。淡秋同志在三十年代初在党的领导下做了不少革命工作。一九三六年春正式加入中国共产党，参加文化界的救亡活动。一九三七年，抗战爆发后，他的活动方面就更加广泛了。

　　淡秋同志在抗战开始后，由于党内的老作家纷纷离开上海，他和王任叔、梅益同志等，要与留下的一些老作家如王统照、郑振铎、阿英、罗稷南同志等联系，又要和蒋天佐、蒋锡金同志等一起做文学方面的具体工作，更要做培养年轻一代的新作家的工作。因此，他的组织关系也是多方面的。怪不得"文化大革命"期间，杭州有人来向我调查他这一段时间的活动情况，对于林淡秋同志兼做上层、中层、下层的工作，要连呼几声："错综复杂、错综复杂！"对当时地下党的工作深为不解。

　　林淡秋同志一生除实际革命工作外，创作了和翻译了不少作品。早年和柔石同志合译了《丹麦短篇小说集》（一九三七年出版）；一九三九年出版贝特兰《华北前线》，参加了斯诺《西行漫记》的翻译，除了前面提到过的译著外，一九四二年出版短篇小说集《雪》，一九五五年出版短篇小说集《散荒》；一九五八年出版随笔集《业余漫笔》，他的翻译作品还有《大饥饿》、《布鲁斯基》、《时间啊，前进！》等。

　　林淡秋同志终年七十五岁，他一生半个多世纪是间接、直接在党的领导下进行革命文艺活动的，他作为一个共产党员，把整个身心都献给了党，服从党的分配，忠心执行党交给他的任务。他一生活动的最突出的特点是：个人不事标榜,不求名,不求利,兢兢业业,埋头苦干,终身以党的革命文学事业为重。战友们、朋友们都觉得他有许多高尚的品德,值得我们学习。正当一九八一年严冬来临之时,他离去我们了。我们怀着深切悼念之情,馨香祭奠情深谊长的老战友林淡秋同志!

原载《江南》第 2 期,1982 年 5 月 25 日

一位终身献给中国音乐事业的作曲家

有一位作曲家，从二十年代开始就为《红楼梦》中的《晴雯绝命词》、《诗经》中的《山有枢》谱曲，写了交响乐诗《北平胡同》，音乐剧《观音》、《孟姜女》，歌剧《杨贵妃暮景》和许多其他音乐作品。这位作曲家是俄国犹太人阿隆·阿甫夏洛穆夫，一八九四年生于乌苏里江畔的尼古拉叶夫斯克（现改名乌苏里斯克）。这是沙俄按照一八六〇年《北京条约》割去乌苏里江以东四十万平方公里中国土地上的一个城市。这个城市原名傅尔丹，因由两个城市组成，东西相隔四华里，故又名双城子。双城子是乌苏里江上商业很发达的繁华城市，直到一八九四年阿甫夏洛穆夫在此出生时，它还是中国人稠密聚居并锐意经营的热闹城市。阿甫夏洛穆夫的童年和少年是在中国居民的环境中度过的。在他父亲经营的渔业公司中做工的差不多都是中国人，其中有一位爱唱中国民歌和京戏的老人，他经常抱着小阿甫夏洛穆夫到戏院去看京戏。小阿甫在中国老人的熏陶下，爱上了中国民歌和京戏，他赞叹京戏的舞蹈式的表演形式，独特的面部表情，夺目的服饰，更喜欢奇特的武打场面。他随着年龄的增长，一方面佩服京戏的演技，另一方面渐渐觉得京戏音乐的单调、重复和贫乏。在高度表演艺术与简单乐器和贫乏乐典之间，存在着突出的矛盾。他暗暗下定决心，要为戏曲音乐的改革，进而为丰富中国民族音乐贡献力量。

一九一〇年，当他十六岁时，父亲送他到瑞士学法律，他却瞒着家里进了音乐学院，专攻音乐理论和作曲。一九一四年毕业，离开瑞士，他不回双城子，却怀着要研究中国音乐的热情来到中国文化中心北京。使他失望的是，这时中国知识界并不重视甚至鄙视自己的民族音乐，学校里教的是西洋音乐。他不愿意到中国学校里去教西洋音乐赚饭吃，他到天津一个皮毛洋行里当职员，利用到河北、山东等内地去收购皮毛的机会，实行"采风"，记录中国民间的音乐和歌曲,作为自己创作的素材。

阿甫夏洛穆夫的音乐观点很明确:中国人民有自己丰富多彩的民族音乐,中国音乐家必须用民间音乐的旋律为基础,创作自己的民族乐曲,除用传统的民族乐器来演奏自己的乐曲外,更重要的是采用现代乐器来演奏,也就是中国音乐家要使中国民族音乐现代化。所谓音乐现代化,不是全盘西化,而是用现代技巧创作中国民族风格的乐曲,用现代乐器来演奏。他的主张当时在中国音乐界得不到赞同,因为在二十年代和三十年代初期,中国社会的风气是学习西方,把提倡中国固有的传统的东西,视为复古,看做落后。

阿甫夏洛穆夫坚持自己的主张,毫不动摇,他以创作中国民族风格的音乐为己任。他没有知音,或者很少知音,但绝不遇难而退。他遇到的第一个困难是创作了音乐作品不能卖钱,无法维持生活。他先在北方收购皮毛,附带采风,后来到上海找不到适当职业,甚至进法租界的屠宰公司做苦工,整天和污血的牛羊内脏打交道。他洗净了手臂上的污血,每天晚上又孜孜不倦地搜集资料,继续从事创作,或是通过各种关系,向外侨和中国朋友宣传他的主张,试奏他的作品。

他长年不屈不挠地苦斗,终于在中外朋友的帮助下,陆续演奏和演出了他的作品:一九二五年四月二十五日由他亲自指挥乐队演出了他第一个音乐剧《观音》,一九三三年二月七日在上海由工部局管弦乐队演出了他的交响诗《北平胡同》,一九三三年五月二十一日演出舞剧《琴心波光》,一九三五年三月十三日演出了舞剧《古刹惊梦》,一九三六年一月十九日演奏《钢琴协奏曲》,一九三八年一月十六日演奏《提琴协奏曲》,一九四〇年三月十七日演奏《第一交响乐》,一九四二年四月十八日演出舞蹈《佛与五行星》,一九四五年十一月二十六日演出音乐剧《孟姜女》。

由于他不断的努力,取得了一次比一次高的成就,渐渐地在上海文化界,特别是中外音乐界受到重视,他被聘请为公共租界工部局图书馆的馆长。他有了职业,继续从事音乐创作,他把自己较高的工资收入都用于音乐事业。

这时他结识了中国民族音乐家沈知白,沈给他提供了不少中国题材。当时有一批外国人在中国研究汉学,都从他的译著中(伊文思书店出版)获取了不少题材。如美国女作家凡涅克写的《古刹惊梦》本事,另一个外侨写的诗剧《杨贵妃暮景》等。

特别重要的是三十年代初他在上海百代唱片公司担任乐队指挥时,和该公司的同事、《渔光曲》的作者任光相善,并且通过任光结识了中国新兴音乐界的好几位作曲家。聂耳在一九三五年三月中旬看了阿甫夏洛穆夫的舞剧《古刹惊梦》(原名《香篆幻境》,于一九四一年八月重演时改为今名)后,在离沪赴日之前(一九三五年三月二十五日)写成了一篇这一舞剧的观后感,这篇评论文章可以说是聂耳的绝笔,在他在日本遭遇不幸之后才在上海《电通》杂志上发表。

发表此文的孙师毅在《电通》杂志第七期的"跋记"里说:"当阿甫夏洛穆夫于本年三月十三日至十五日在卡尔登举行他的中国风的乐剧演奏之前,大约是三月十日,在我家聚谈的朋友,有欧阳予倩、陈德义、吕骥、任光、安娥、贺绿汀、吴体正、林志音,还有聂耳,我们约好了,同去看过了阿氏的作品归来,便给他一个多方面的批判的。聂耳的此文,虽已在行色匆匆的出国之前,他还是把它赶写了出来,作为他的意见的书面讨论而提出……"

聂耳把阿甫建立中国舞剧的尝试称为"改良国剧"的尝试,他说:"音乐的伴奏、布景、服装、演技,可以说完全是根据着京戏的技巧以较新的形式编制而成的……当我看完了第三幕时,我想,改良国剧从这条路上跑去,也许是对的吧!的确,许多京剧里的舞姿、武行,要是给它音乐节奏化,着实可以发现一些中国音乐与舞蹈的新的姿态。这次阿氏所作全剧的伴奏,可以看出他是用过一番苦功的,许多动作都有着节奏的美……"

阿甫从喜爱京剧开始,写出新乐曲,用京剧的"做"与"打"来排出中国舞剧,确实有"改良国剧"之感,但作为中国舞剧,可以脱胎于京剧,但不是为了单纯改革京剧,用京剧演员和京剧服装,也是由于经济上的不足而采取的权宜之计。后来演出的《孟姜女》也有这种痕迹。

阿甫与中国新音乐界朋友的交往是他音乐活动的一个新时期。他经常向他们宣传采用中国民间旋律创作中国民族音乐的准确道路。一九三五年冼星海从法国学成归来,他就对星海说:"你必须到农村去,学习民间的乐曲,写出中国气派的作品,而不是写西方的东西。"聂耳不幸早逝,而任光和冼星海则到了苏北和陕北,吕骥、贺绿汀等也分别到了陕北和苏北。

阿甫和沈知白都有一种想法:要复兴和提倡中国民族音乐,单靠歌曲和器乐曲是很不够的,还必须从创作舞剧、音乐剧、歌剧入手,通过这些舞台演出才能吸引观众,才能使民族音乐去排除模仿西方的庸俗乐曲和靡靡之音而扩大民族音乐的阵地。在历史上,也正是戏曲音乐为整个音乐事业开辟道路。阿甫为了提倡中国音乐,做了不少开辟性的工作:他曾为民乐演奏家卫仲乐作二胡曲,在兰心戏院由卫独奏,请工部局管弦乐队伴奏,是中国民族传统乐器第一次由主要是外国人组成的管弦乐队伴奏而登"大雅之堂",这在三十年代的上海是很不容易做到的。他还为琵琶箫笛等做了同样的演奏。他常批评被当时上海某些音乐界人士捧为指挥大师的意大利人梅百器,责备他身在中国而不培养和吸收中国音乐家参加他所领导的工部局乐队。

上海沦陷时期,阿甫失业,甚至生活都无法维持。上海地下党派党员去协助他活动,组织中国舞剧社(后又改名为中国歌剧舞剧社)重新排演《佛与五行星》、《琴心波光》、《古刹惊梦》,后来并排练大型音乐剧《孟姜女》,在抗战胜利后公演。

地下党在上海沦陷时期,认为用音乐、舞剧、歌剧的形式展开活动,在其他戏剧之外是一种适当的方式,可以团结一个方面的戏剧工作者,以健康的作品影响群众,同时也为建立中国民族音乐、中国舞剧、中国歌剧作些尝试,而阿甫是外国人(他曾入美国籍改苏联籍,又入美国籍),做这项工作,也可掩护我们的活动。

值得一提的是,当时在中国舞剧社内的党员同志,曾向他提出,在上海进行这些排练和演出经济上、人力上有困难,如能到苏北新四军根据地去做这项工作,那就方便得多了,阿甫表示愿意去根据地,他说:"只要能为中国民族音乐做工作,他任何艰苦条件都能忍受。"上海地下党和根据地联系后,陈毅将军来电欢迎,后因日军"扫荡",未能成行。

一九四六年夏,为介绍阿甫根据郭沫若的长诗《凤凰涅槃》所作的歌剧,在阿甫家举行园游会,用钢琴试奏全剧音乐,郭沫若、夏衍、田汉、周信芳等五十多位人士到场。同时还由京剧演员李慧芳用民歌形式演唱了阿甫《杨贵妃暮景》中的一折。这是一次阿甫作品获得中国文化界高度赞赏的集会。

一九四七~一九四八年间,阿甫为到美国去演出《孟姜女》,先期去美国找场地,不久全国解放,剧团没有去成,他流落在美国。一九五〇年我们曾去函请他回中国,他回信说,等他的作品在洛杉矶演奏后就来,不料不久朝鲜战争开始,音讯隔绝。一九六五年阿甫在纽约去世。

在美国期间,他继续用中国题材写音乐作品,可惜他没有能在条件比三十至四十年代好许多倍的,可以让他发挥作曲、排戏才能、实现他提倡中国民族音乐事业的崇高愿望的新中国来继续实现他未竟之志。他悉心培养的儿子(生在中国，在中国学过音乐）、作曲家和指挥雅各，近日从美国带了父亲的作品来中国；也是做乐队指挥的孙子戴维斯，接着也将来中国访问，这对于怀念老阿甫夏洛穆夫的我国许多音乐工作者是一件可喜的事情。

原载《人民日报》1982 年 8 月 10 日第 8 版

阿甫夏洛穆夫击节赞叹李丽莲陕北采风

一九五〇年,我去北京,金紫光和欧阳山尊两位同志找我,想邀请作曲家阿甫夏洛穆夫参加他们正在筹建的北京人民艺术剧院。这个剧院计划包括歌剧、舞剧、话剧,还要有一个管弦乐队和一个合唱队。他们说阿甫在中国音乐方面的成就很高,是这个剧院急需的人才。这时阿甫在美国,我和沈知白写信给他,请他回中国。阿甫虽回信说,愿意来中国,但由于朝鲜战争,未能成行。北京人民艺术剧院经过一段时间的摸索之后,也改成了单纯的话剧院。

那时,金紫光、欧阳山尊为什么指名要找阿甫?我回忆起:一九四六年,欧阳山尊和李丽莲夫妇于抗战胜利后,从延安回到上海,从事演唱《兄妹开荒》等陕北歌剧的活动,开拓上海方面新音乐新歌剧运动。他们曾让我邀请阿甫吃饭,谈音乐、歌剧、舞剧问题。

宴会借李丽莲同志的哥哥家举行,由她的嫂子做菜。我记得在座的除他们夫妇外,还有阿甫带来的以跳印度舞闻名于上海的捷克舞蹈家,她的艺名是印地拉·黛薇。她大概在印度进了婆罗门教,吃素不吃荤。

李丽莲同志在那次会面时,介绍了她在延安和陕北一带"采风",搜集到不少民间歌曲,其中一个重要发现是陕北有一些歌曲是有半音的。过去认为中国民歌中没有半音,现在打破了这个疑团。还有许多歌曲,是七音阶的。过去认为中国音乐是比较简单的五音阶的问题,虽然已经解决,但从陕北搜集来的一些七音阶的民歌,更进一步地证明了中国民族音乐古来就是有七音阶的。

李丽莲当场唱了好几只有半音的和七音阶的陕北民歌,并且把厚厚的一册"采风"记下的曲谱送给阿甫。阿甫感谢李丽莲做了大量的调查研究陕北民歌的工作。这将有助于中国民族音乐的发展,并且为她所唱的一些歌曲击节赞叹。

从席间的交谈中,我才知道李丽莲作为歌唱家,在抗战前的三十年代上半期,和新兴音乐界的许多朋友,经常和这位长期旅居中国对中国民族音乐事业做了不少工作的俄国犹太作曲家阿甫夏洛穆夫讨论中国民族、民间音乐问题。他们曾有一个共同意见:应当到各地农村去搜集民歌,丰富中国民族音乐。李丽莲这次是利用宴会"汇报"她的"采风"结果。

欧阳山尊同志和李丽莲同志一起做这工作,了解情况,所以在筹建中国歌剧舞剧院时,便急于要找阿甫了。

从这些点滴的回忆中,可以想见,这位阿甫,虽是"外国人"(其实他至少可以算是半个中国人),却早已投身于中国民族音乐的提倡和创作工作,并且不是孤独地做,而是和当时许多中国音乐界的同志一起进行,互相调查研究,互相创作尝试,不断前进。

原载《新民晚报》1982年8月18日第2版

解放前地下党怎样利用公开报纸阵地

最初的办报活动

地下党过去总是想尽办法利用公开报纸作为革命斗争的宣传阵地。各地的党组织莫不如此。这里叙述的是中国共产党哈尔滨地下党组织在这方面的工作。

远在一九二三年三四月间,受中国劳动组合书记部北方分部书记李大钊同志的派遣,到哈尔滨进行党的组建工作的陈为人和李震瀛同志,就充分利用过当时新创刊的比较进步的《晨光报》,作为该报的记者发表了不少带有宣传马克思主义思想的文章。但不久,他们被排挤出报社。

吴丽石和韩铁声同志等于一九二六年六月在哈尔滨创办了与国民党结成统一战线时第一份党报《哈尔滨日报》,但只维持了不到半年,在一九二六年十月以"宣传赤化""罪名"被查封了。

一九三一年春,党的北满特委创办了另一份党报《哈尔滨新报》。"九一八"事变发生后,该报首先报导了这一事件,接着发表了不少文章,抨击日本帝国主义侵略东北和揭露南京国民党反动派出卖祖国土地的不抵抗主义。一九三二年初,日军侵入哈尔滨,该报停刊。自此以后,直到东北光复,党没有能在哈尔滨出版自己的报纸。

秘密的和公开的报纸

在日伪统治时期,党组织不能公开出版报纸,只能秘密油印一些小报宣传自己的主张。党的满洲省委出版了油印的《满洲红旗》。这是一张八开大小的（即一张蜡纸大小）两面刻印的小报。每期有社论，党的宣言、声明、告群众书等文件，以及东北各地工农大众和知识分子的对敌斗争、南方红军活动等消息。

团的满洲省委出版有油印的《青工》小报。一九三四年之后则出《东北人民报》和《东北青年报》。

出版油印小报是在当时严酷的条件下不得已的做法，为了扩大革命思想的宣传，必须想尽办法利用非党的公开报纸。在敌人统治的地区内，必须采用非常巧妙的方法和形式，写各种不同内容、不同体裁的文章，投寄各报。为使这类文章能够公开发表，必须写得不露锋芒，思想倾向既要含蓄又要使读者能意会和看懂。

新闻、消息要在报纸上发表是比较困难的，有时可以通过进步记者改头换面地"夹带"出去见报，有时可通过二十年代末、三十年代初在哈尔滨颇为活跃的三个地方通讯社，即"国闻社"、"光华社"和"华东社"夹带一点消息给报纸。但是这种借道透露消息的做法，往往要用否定的形式来报导正面的新闻。例如说：某某街道，发现共产党传单，内容是一些共党宣传的胡言乱语，传单均经军警拾去销毁云云。其实党组织把各种传单分寄各报各通讯社，它们作为反面消息，有时加以报导。出现党的传单这一消息在公开报纸上刊出，即使不发表内容，总比传单发出去无声无息为好。

打进文艺副刊最有效

利用公开报纸，主要是投寄文章，特别是文艺性的文章。一般报纸都有文艺性副刊，即所谓报屁股，用短小精悍的形式，写杂文、小品、特写、诗歌、小说，投寄给这些副刊，是利用公开报纸进行革命宣传的最有效的方法。

在二十年代末、三十年代初，哈尔滨出版的中外日报，数量居全东北之首，中文报纸也为数不少，它们各有自己的立场、风格和特点。

在解放前，特别是二十年代末、三十年代初，一个报纸副刊办的优劣，往往在读者群众的眼目中确定报纸的好坏。《国际协报》的副刊《绿野》，后来改为《蓓蕾》是国民党员赵惜梦主编的，由于这个时期上海、天津等地的新文化运动蓬勃发展，《绿野》在这个大势所趋的影响下，也以传播新文艺为职志，每天所发表的,不是小品就是特写,不是短论,就是新诗,较少有风花雪月的作品,也很少有鸳鸯蝴蝶派的东西,颇合青年的口味。由于这个副刊采取了新文艺的编辑方针,就常常刊登包含新思想的短文和诗歌,这就使我们的党员和进步青年有可能投寄内容较好的稿件去,有时"左倾"思想的作品也能刊登出来。

另外一份有类似倾向的报纸《晨光报》,也是我们经常利用的场地。该报文艺副刊《江边》较为突出:它的篇幅常常是一版,较之《绿野》的半版有更大的吸引力。《江边》常常发表短篇小说和题材多样化的新诗特辑,大中学生和青年群众都喜欢看它,比《绿野》更受欢迎。这个副刊的主编叫袁恕庵,笔名"三千弱水"(后来去了新疆,不知所终),经常发表文章,立论进步。他吸收陈凝秋(即塞克同志)为合作者,后者刚从上海回来,带回上海的新作风,因为陈参加南国剧社和田汉同志过往密切,到哈后在该报《江边》副刊发表剧本《北归》,接着又在哈尔滨演出这一剧本更使这份报纸蜚声一时。塞克同志在这份报纸上发表的许多新诗,尤其脍炙人口。正是这两位编者,培养了哈尔滨不少新进的文艺工作者,其中最突出的是金剑啸同志。金爱写新诗,风格和内容都很突出,还爱作画。袁陈二人把金当作重点文艺工作者来培养,吸收他为副刊编辑,并把他介绍到上海艺术大学去学习。金剑啸同志在上海学了油画、素描等美术专长,加入摩登剧社,学会了写剧本、导演和演戏,加入了中国共产党。一九三一年回到哈尔滨从事地下党的革命工作,以及文学、艺术、戏剧等多方面的活动,成为东北英勇的革命战士和颇有才华的艺术工作者。

这些报纸在哈尔滨的不同时期,发挥不同的作用,副刊编辑也一再更迭。

例如《国际协报》在一九三一年"九一八"事变之后,站在祖国立场上发表了不少反对日本侵略者的言论,在一九三二年初日军侵入哈市时一度停刊。哈市沦陷后,该报换了一个编辑班子,重新出版。这时副刊改为《国际公园》,它的编辑改为裴馨园,以后又改为刘莉(即白朗同志)。内容也有过几度改变。以白朗主编时最富特色,她还增辟了《文艺》周刊和《妇女》周刊等。特别是《文艺》周刊,发表了不少水平较高的文艺作品,团结了一批当时哈尔滨的文艺写作者和新进的青年作家。《文艺》周刊出刊到一九三五年八月十五日被迫停刊,共出刊四十七期。

特别值得一提的是萧军、萧红就是在《国际协报》的副刊上开始发表作品而闻名的,后来去上海发表《八月的乡村》、《生死场》等,成为闻名中外的东北作家。

有些报纸不能利用

日军侵入哈尔滨市后，《晨光报》停刊，没有再复刊。

除了前面提到的两份报纸之外，哈市还有《哈尔滨公报》、《滨江时报》、《东三省商报》等。《哈尔滨公报》虽然并不是真的地方当局的"公报"，但是社长关鸿翼竭力想把他的这份报纸变成官报，由于该报编辑方针和内容有很大的局限性，始终争取不到读者的喜爱和尊重，它的副刊登的都是些文言文的滥调，完全不是新文艺的副刊，因此党员撰稿人和进步青年并不给该报投稿。《东三省商报》偏于报导经济、商业、交易、市场情况，虽然辟有文艺副刊，但稿件很少。《滨江时报》是滨江县政府的机关报，编辑呆板，没有任何特点，也没有进步文艺的副刊，在广大读者群众中没有起什么作用。

日本浪人山本久治在哈尔滨出版的中文报纸《大北新报》，是代表日帝在北满报导日方各项新闻的，该报副刊由一位署名"眵眼狂生"的旧式文人主编，内容以旧体诗词和掌故之类的消遣文章为主，青年读者很少问津。约在一九三二年之后，换了编者，常常选登一些似乎与该报面目不调和的文章。《大北新报》是日人办的报纸，不受地方当局检查，瞧准了这个"空子"，我们的党员和一部分进步撰稿人，偶尔也利用这个"空子"，投寄一些比较尖锐的影评，该报居然以显著地位刊登出来，颇引起读者的注意，但是该报究竟在中国广大群众中影响有限。

还有一份八开的小报《午报》，内容往往是低级庸俗的"社会新闻"，像妓院和茶馆的趣闻轶事等，发行人赵郁卿是一个市侩，这份报纸不上台盘，进步人士是不屑看的。至于外国人办的外文报纸，就更不是可资利用的对象了。

画报成为一个新领域

在三十年代，各地都有出版画报之风。这是由当时的条件决定的：出版大型的彩色画刊（像现在各地所出的《人民画报》、《民族画报》、《黑龙江画报》等），在技术、资力方面还有困难，而客观上又需要一些刊载时事照片、妇女情影、美术作品外加一些短小文章的印得比较精良的刊物。于是，一般一周出版一次、八开一张、每张十余块铜版的，用道林纸印刷的"画报"就在各大城市流行起来了。

哈尔滨在一九三二年出版了第一份画报——裴馨园主编的《五日画报》，后又转手给李笑梅主编。

当时出版报刊，最困难的是办登记许可，敌伪当局轻易不批准中国人出版报刊。有人转日人山本办的中文报《大北新报》的念头，让山本出面，不用向伪满机关登记，出版一份《大北新报画刊》，一星期一次。代价是每期免费交给报馆一部分画报，作为该报附刊，送给订户，以吸引更多的人订阅日报。画报编辑部可以自己另行销售。用这种方法，办了一个时期，销路不大，赔钱不少，《大北画刊》不得不停刊。一九三六年初，金剑啸同志从《黑龙江民报》副刊编辑的位子上被辞退回哈，为了继续做党的宣传工作，急于找一块阵地。经与主办画刊的孙惠菊洽商，另组编辑班子，使《大北画刊》复刊。条件还是每出一期，随《大北新报》给订户赠送一份，自己另外发行；附加条件是每月得给孙惠菊薪水五十元。换句话说，这份画报，是用一定的代价，买来日本的国旗作掩护，以进行反日的宣传。

这张画报，从某种意义上说，既是地下党员主办，也可以说是哈尔滨的又一份党报。

《大北新报画刊》于一九三六年六月十三日因编辑金剑啸等十人被捕而停刊。一共存在了两个月左右，共出了八期。

以前认为是由于该报刊登了高尔基病重的消息和高尔基的头像才出了事；后经查明，六月十三日在哈尔滨捕人的同时，也逮捕了《黑龙江民报》的社长王复生等人。看来两地捕人是同一个根由发生的。后来金剑啸和王复生等同志在一九三六年八月十五日同一天在齐齐哈尔被日本侵略者处死。

可见，中国共产党员为了宣传革命，利用公开报纸，想尽办法自己出版报纸，是付出了很高代价的。

在外地报纸出副刊

为了利用公开报纸作为宣传阵地，除了把哈尔滨市出版的报纸作为对象外,也向外地发展,利用外地的报纸,有两个具体的例子,即长春的《大同报》和齐齐哈尔(当时是黑龙江的省会龙江)的《黑龙江民报》。

《大同报》是伪满洲帝国的政府机关报,金剑啸、罗烽、白朗(刘莉)等同志通过悄吟(萧红)和三郎(萧军)的关系,与该报副刊编辑陈华洽商,在该报编辑出版《夜哨》周刊。报头就是由金剑啸同志画的。这个副刊从一九三三年八月创刊,到年底共出了二十三期,发表的作品大多是宣传革命的,形式比较尖锐和露骨,因刊载描写抗联生活的小说《路》,使敌人有所觉察,勒令停刊。

在《夜哨》停刊之后,过了一个时期,在一九三四年春,又通过刘莉同志和该报接洽,由哈尔滨的一群青年作家撰稿,定期给《大同报》寄去,在该报《大同俱乐部》副刊上发表。《大同俱乐部》是每天出刊的,哈尔滨人组织的稿子送去发表,每周一次,类似一个新的周刊,以代替停刊了的《夜哨》。这种包送一期副刊的办法,维持的时间也不长。

一九三五年初,金剑啸同志由白朗同志介绍,从哈尔滨到齐齐哈尔去担任《黑龙江民报》副刊编辑,他在那里创刊了每日出刊的《芜田》副刊,报头也是他自己画的。这个副刊维持了约一年,因所发表的稿子倾向性比较明显,金剑啸同志于冬天被辞退回哈。

金剑啸同志在齐齐哈尔期间,在哈尔滨的一群青年,包括几位党员,计有田风(金人)、漫星(任震英)、纪元(侯小古)、李蕴璧、陈涓、红鸥等,每周组织一批稿子,寄给金剑啸同志,在《黑龙江民报》上出《艺文》周刊。这个副刊是整整一版,有小说、特写、诗歌、短论等,有时也刊载一些翻译作品,曾出过纪念法国革命作家巴比塞和苏联革命作家高尔基的特辑。这个副刊,在金剑啸同志主持《黑龙江民报》副刊编辑期间,一直维持着,将近一年。此外,还组织了齐齐哈尔市的一些爱好文艺、思想比较进步的青年,用"读书会"形式,指导他们写作,并在《黑龙江民报》副刊上开辟了《漪澜》旬刊。

英亚电讯社的活动

除了前面提到的"国闻电讯社"、"光华通讯社"和"华东通讯社"外,哈尔滨还有日本的"联合电讯社",后改名"国通社"(意为满洲国通讯社),以及英国人佛利特办的"英亚电讯社"。是否还有英国的"路透社"和美国的"美联社"，现在已记不清。这里只谈英亚社。

在东北军阀统治时期，不允许苏联人在东北办报设通讯社，因此苏联的塔斯社不能在东北地区内发稿。哈尔滨市以及中东铁路沿线，聚居着成千上万的苏联人，不能没有报刊和通讯社。苏联人想出来的办法是：让思想上完全与苏联共产党政治观点一样的白俄，即无国籍的俄罗斯人，取得地方当局的许可，在哈尔滨办报办刊物，其中最突出的就是俄文《东方新闻》报和《七日》周刊。

英国犹太人哈同·佛利特办的这个英亚社，取"英吉利与亚细亚"之意。在"九一八"事变前，英国在东北像在全中国各地一样，享有"治外法权"，他们可以不经地方当局同意，设立各种机构，电讯社和报纸也可自由经营。"九一八"事变发生后的最初几年，日伪当局也没有一下子废除这个特权，"英亚电讯社"成立约在一九二八至一九二九年间，总社设在哈尔滨，还在沈阳、大连、天津设立了分社。佛利特本来在哈尔滨办有英文日报《大光报》，按英文原名意译为"哈尔滨观察家"。他本人是英国保守党《晨邮报》驻哈尔滨的特派记者，他把《大光报》和"英亚社"设在道里九道街路北一座楼房里，楼下和后院是印刷厂（名为合泰印刷厂），楼上是英亚社和《大光报》编辑部。佛利特及其家属也住在这个楼上。临街二楼的阳台上挂一面很大的美国旗，"英亚社"及其工作人员就靠这一面旗子来保护。

实际上"英亚社"的真正编辑部设在另外一个不公开的地方，那里有收报发报的电台。用英国旗保护下的"英亚社"办公室里，分三个部分：电讯稿俄文打印部、中文翻译部、俄文翻译部。

实际上这就是苏联的塔斯电讯社。俄文电稿从不公开的地方取来，在"英亚社"打印，用"英亚社"名义发到俄文报和其他订户去（主要是苏联领事馆、铁路局各领导、中东路沿线各单位）；中文翻译部由中共地下党员把俄文电稿译为中文，刻蜡版、油印，分送各中文报馆；俄文翻译部是把全东北的中文、日文各报上的重要消息，译成俄文，当天送到不公开的地方，电传到莫斯科，然后分发到全世界各地。那时期所有东北的消息，关于各地义勇军和抗日部队的消息，都是从这个渠道发到全世界去的。苏联经济建设情况，政治、文化动态以及世界各国共产党、工人阶级斗争情况，资本主义各国的经济危机等消息，都用"英亚社"中文电稿的形式分送到哈尔滨各中文报馆，后来又扩大范围，分送到全东北各地的中文报馆，共约三十余家。

这个电讯社是伪"满洲帝国"境内唯一的和日伪唱反调的宣传机构，日伪当局碍于英国享有的治外法权,不便禁止这个电讯社。该社在"九一八"事变后,天津、沈阳、大连的分社都停办,只剩下哈尔滨一个总社。总社一直发稿到一九三六年五月,因苏联把中东铁路卖给日本、中东铁路的苏联员工撤退回苏,才结束业务。

"英亚社"的电讯稿里,也有来自上海、天津的,关于中国情况的电报,虽然为数不多,但是有关中国罢工斗争、农民运动(大刀会活动、抢米、水灾等)、社会名流营救被捕共产党员等消息,则经常有电讯报导,只是有关红军的消息不报。这些国内外的革命消息和对立面的衰败消息,能够用英国电讯社的名义,发给哈市和东北各报刊登,即使不是全部能刊登,也还是我们党充分利用了公开报纸,进行了宣传。

爱国自在人心

最后,附带说一下,哈尔滨以及东北其他城市的报纸,都是中国人编辑的,他们中间有共产党员、有爱国主义者、有思想进步的人士,即使在敌人的监视之下,也总会寻找种种缝隙、种种机会、种种借口,发表一些在日帝统治下不可能发表的消息、资料和文章。有些在敌伪机关工作的人,究竟有一定的"良心",并不死心塌地地为敌伪服务。一些有利于革命和抗敌的文字偶而在报纸上出现,这样的例子是很多的。例如,一九三四年长春《大同报》某期第一版的各地通讯栏内,就刊登了关于中国工农红军出发长征、经历一些省份的通讯,甚至摘要发表了红军北上抗日的宣言。又如《国际协报》曾发表红军徐向前将军的部队打进四川内地所采取的战略战术的描写。《国际协报》还连载过由叔棣翻译的日本评论家论述红军在长江两岸若干地方的进军对国民党统治和英美势力的威胁,预言共产党的活动可能发展,等等。这些通讯和文章的发表,一般都是把重要的、尖锐的内容,用比较不突出的标题,登在不太显著的地方,容易在敌人眼目中混过去。但是细心的读者,特别是摸到了"有心人"的编辑惯用的方法,自会找到这种新闻,得到了这种资料,再行口头传播这些消息。

以上所叙述的,是凭笔者的回忆,可能有不少不准确的地方,希望读者指正。

原载《新闻学研究资料》1983 年第 4 期

一九三三年的中共满洲省委扩大会议

中共满洲省委扩大会议的历史背景

一九三一年日本关东军在沈阳发动了"九一八"事变,大规模武装侵略中国东北,次年春占领了东北全境。东北各地的爱国人民纷纷自发地组织起来,抗日武装斗争风起云涌。参加武装斗争的有三四十万人,这些部队统称义勇军。其中,有农民组织的义军,有地主武装,有原东北军的地方部队,也有前身是"胡匪"的帮伙山林队和封建迷信组织红枪会、大刀会等。中国共产党领导的武装,有"九一八事变"前就存在的延边赤色游击队,还有事变后成立的南满和北满的几支游击队,特别活跃的是南满磐石游击队。

马占山等旧东北军的部队,一会儿抗日,一会儿投降,一会儿反正;一些地主武装也动辄投敌,被日寇编为伪军,有的甚至"宁愿把武器交给日军,也不交给义勇军";"胡匪"性质的队伍更是反复无常;而南满、东满、北满的几支义勇军虽然坚持抗日,但各自活动,没有联系,其中抗日最坚决的是中国共产党领导的赤色游击队。对于东北各地的义勇军,只有中国共产党才能领导,才能把他们组织起来,并且提出明确的斗争目标,引导他们走上正确的道路。这是客观形势赋予中国最革命的政党——中国共产党的历史任务。

但是,中共满洲省委当时没能很好地担负起这个历史任务。"九一八"事变发生后,满洲省委虽然也立即发表了宣言和《告东北民众书》,指出事变的性质是日本帝国主义者公开侵占整个东北的开端,揭露了国民党南京政府以"不抵抗"形式投降日本帝国主义、出卖民族利益的卖国罪行,但是,向人民发出的号召,还是事变前党中央提出的那些口号:"罢工、罢课、罢市、罢操、罢岗"、"推翻地主资本家的国民党统治"、"建立工农红军"、"建立苏维埃政府"、"武装拥护苏联"等，而且各地义军采取了"清高"的关门主义政策，不同抗日的友军联合、合作，这些"左"的口号和做法使自己处于孤立地位。

自发的义勇军由于得不到我党的正确领导，也没有懂军事的领导人指挥作战，有好多部队被敌人打垮、分化、消灭，从一九三一年秋到一九三三年春，在差不多一年半的时间里，东北各地的义勇军遭到了很大的损失。

一九三二年底，党中央对当时东北形势作了深刻的分析，确定了新的正确的战略、策略原则，委托共产国际远东部就近转发了指示，指导满洲省委的工作，这个指示就是《中共中央给满洲各级党部及全体党员的信》，即《一·二六指示信》。这封指示信是由共产国际远东部通过交通线，越过中苏边境绥芬河，交给建有抗日武装根据地的抗联将军李延禄同志的。李延禄同志立即派交通送交吉东特委书记孙广英同志，孙又专程到哈尔滨，将指示信送到满洲省委秘密联络处，时间约在一九三三年三月初。

省委收到指示信后，立即开会讨论，并向各级党组织做了传达。

《一·二六指示信》首先分析了三十年代初的国际形势：德、意法西斯正在欧洲进行侵略，美国仍在坚持反苏；中国国民党反动派对外反苏媚日，对内"围剿"中共领导的工农红军，在全国镇压革命力量，在上海等大城市进行文化"围剿"；日本帝国主义者利用这一形势，悍然发动了处心积虑筹划数十年的占领中国东三省领土的侵略战争，并准备以此为基础实现其吞并中国，进而与德、意法西斯勾结，包围亚洲，称霸世界的野心。然后指出："九一八"事变是日本帝国主义者侵略整个满洲的开端；此后，东北三省由于国民党当局"不抵抗"，已经从中国版图中被分割出去，沦陷为日本帝国主义的殖民地；因此，中国共产党领导的中国革命，在东北这块土地上已经不是以推翻地主资产阶级为目标的反帝反封建的性质，革命斗争的目标也不是像关内那样建立工农红军、成立工农兵联合的苏维埃政府；为此，满洲省委要在东北建立政治的、军事的统一战线，首先是联合包括开明地主领导的部队在内的所有的抗日武装力量，并且把进步的资产阶级分子也团结到人民政府之中；总之，要在东北建立广泛的、以驱逐日本侵略者、解放全东北为目标的统一战线。这些，就是《一·二六指示信》的基本精神。

中共满洲省委扩大会议召开的一般情况

为了贯彻中共中央《一·二六指示信》精神,满洲省委决定五月召开省委扩大会议。但是,会议在哪里开呢？省委反复考虑、研究,最后决定在我家开会。当时我担任省委宣传部干事,我家是省委宣传部的秘密机关。

按照地下党活动的原则,省委宣传部的秘密机关,除了宣传部长和省委内部交通外,别人是不允许来的。但是,省委考虑到杨靖宇同志已经住在这里；四月间由苏联越境到达哈尔滨的李耀奎、宋兰韵夫妇也在这里住过；组织部长何成湘同志更是这里的常客,他的爱人李以智是省委交通员,也常到这里送文件,军委张寿篯(李兆麟)同志曾因工作需要,在省委同意下破格到这里同杨靖宇同志谈过几次话；唯一没有来过的是省委书记魏抱一(李实)同志,然而他要主持扩大会议,不能不来。这样,违反地下党活动原则的只有"老魏"一个人。问题是会议后我必须再搬一次家。于是,确定会议在我家召开。

当时,我家住在道里中国十一道街(现西十一道街)十三号,房子是半地下室,平平常常,毫不引人注意。室内陈设简单、朴素,床铺桌椅、锅碗瓢盆,样样都有,很像一般的过日子人家,丝毫没有通常那种临时搭配起来的地下党员住处的样子。

开会的地点确定了,参加会议的人也确定了,最后一个问题是开会的具体时间。

杨靖宇同志是五月上旬到我家的,已经住了十几天,正巧临近端午节(是年农历闰五月)。在旧社会,哈尔滨的居民是很重视过端午节的,于是省委决定在端午节那天,以我家"请客过节"的名义为掩护,召开省委扩大会议。因为那天家家户户都过端午节,我家在过节时请几位"亲友"共饮雄黄酒,是不足为怪的,决不会惹人注意。事先,由我父母张罗买肉买鱼,还宰了一只鸡,预备了不少鲜菜,也准备了一些酒。何成湘同志拿出几块钱来"表示资助"。

我父母提出,何成湘同志的爱人李以智同志必须来,宋兰韵同志也应该来,而且李以智还应该把她的两三岁的女儿丽娜带来,这才像走亲戚的样子。

端午节那天,上午十点多钟,我家宾客盈门,充满了热烈欢快的节日气氛。我的父母早早就忙碌起来,他们故意在院子里宰鸡、切肉、洗菜、煮饭,忙得不亦乐乎。我母亲出出进进，一会儿上街买葱买蒜，一会儿又去沽酒、添购油盐。她这样做，一方面是跟邻居们打马虎眼，另一方面是出去"望风"。邻居们也都在忙着过节，见我家这么热闹，有时还热情地来问："你家客人多，要帮什么忙不？"我们自然婉言谢绝。李以智同志抱着小孩也常往院子里跑，到院门口，到街头，给小姑娘买点糖果，借以观察街上的动静。

屋里，"客人"们在喝茶嗑瓜子，"闲谈"——实际上，他们在商量会议上所要讨论的问题。

中午的饭，吃得很热闹。饭后正式开会，还是采取喝茶"唠嗑"的形式。会上，简单地传达了《一·二六指示信》的精神，阐述了种种问题和意见。杨靖宇同志介绍了游击区的情况、战士和群众的抗战热情及存在的问题；军委提出了关于组织抗日人民军和把红军改名为东北人民革命军的问题；组织部长、宣传部长分析了在新形势、新路线、新政策下如何做好组织工作和宣传工作。中心议题是：如何在全满各色抗日武装中开展统一战线工作，把各地的义军联合起来；怎样批评和纠正过去的缺点，特别是批评过去的关门主义政策和做法。"老魏"同志做总结，提出要建立发展新的队伍，武器不够，可以用各种杂杆枪、梭镖、大刀等来武装地方部队，有别于大的比较正规的流动部队，等等。会议通过了五月十五日作出的接受中央指示信的《关于执行反帝统一战线与争取无产阶级领导权的决议》。在决议中，省委检查了过去所犯的"左"倾冒险主义和关门主义的错误，明确了满洲党组织当前的中心任务。

会议进行时，我和父母算是"过节请客"的主人，不断给大家添茶、递瓜子、送糖果。我当时不满二十一周岁，还不是省委委员，只能听大家讲。大家的发言很吸引人，我听得十分兴奋，但是我得不时地"离席"，到院子里、院门口去转一转，和正在忙活的父母打打招呼、说几句话，以起到"望风"的作用。

下午四五点钟，会议结束，"请客过节"自然也就"散席"了。"客人"们纷纷告辞，两位老人在门口相送。

这次会决定的全东北抗日斗争新路线、新方针、新战略，确定了全东北军事、政治斗争的方向，关系到建立人民革命政府、建立广泛的抗日民族统一战线、建立全东北的人民革命军和抗日联军。党中央的《一·二六指示信》和这次省委扩大会议，标志着党在东北领导抗日斗争在战略、策略上的重大转折。

原载《哈尔滨研究》第2期，1984年4月

姜椿芳同志代表四个举办单位致祝词
——庆祝张仲实同志翻译研究马列著作五十周年

张仲实同志今年已经八十一岁高龄了。他从学生时代起就投身革命,为中国人民的解放事业和社会主义建设事业奋斗了六十年。早在一九二四年,仲实同志就在党的直接领导下积极从事学生运动。一九二六年仲实同志受党的派遣去苏联,先后在东方劳动者共产主义大学和中国劳动者共产主义大学学习马列主义。一九三〇年回国后主要在白区从事进步文化活动,在上海从事翻译、编辑工作,编辑出版各种进步书刊和马列著作,并积极参加抗日救亡运动。日军侵占上海后,仲实同志辗转到了武汉、重庆、新疆,在新疆同茅盾同志一起领导"新疆文化协会",并在新疆学院教授哲学、经济学和社会发展史。一九四〇年仲实同志到了延安,先后在马列学院、中共中央政治研究室、中共中央宣传部从事理论研究和宣传工作。新中国成立后,仲实同志担任过中苏友好协会总会党组副书记、中宣部国际宣传处处长、西北局宣传部副部长等职。一九五四年起仲实同志一直担任中央编译局副局长,现在是编译局的顾问。他曾被选为中国科学院哲学社会科学学部委员,第四、第五届全国政协委员,去年又被选为第六届全国政协常委。

仲实同志在几十年的革命生活中,主要从事革命书刊的编辑出版和马列著作的翻译研究工作,对普及革命思想和传播马列主义理论作出了积极贡献。他是我国出版界、翻译界和理论界深受尊敬的老前辈。

仲实同志从一九三四年起开始从事马列主义著作的编译工作。他为传播马列主义付出了毕生的主要精力。在上海、武汉时期,他翻译了恩格斯的《费尔巴哈与德国古典哲学的终结》、普列汉诺夫的《马克思主义的基本问题》、斯大林的《论民族问题》、拉皮杜斯和奥斯特洛维诺夫合著的《政治经济学教程》

以及列昂节夫的《政治经济学讲话》等著作。

在新疆学院讲学期间，他翻译了恩格斯的《家族、私有财产和国家的起源》。仲实同志翻译的恩格斯的这两部经典著作深受广大读者的欢迎，不仅在解放前多次再版，而且新中国成立后仍大量印行，一直是我们党的广大干部学习马克思主义的必读之书。他翻译的列昂节夫的《政治经济学讲话》在青年读者中产生过广泛影响，许多青年在这本书的启迪下走上了革命道路。斯大林《论民族问题》的译文，毛主席在《新民主主义论》中曾大段引证过，还特地提到译者张仲实同志的名字，这是对仲实同志为翻译马列著作付出的辛勤劳动的最好的肯定。

仲实同志到延安后继续从事马列著作的编译工作，参加了《列宁选集》二十卷本译稿的校审工作，后来又参加了毛主席亲自负责编辑的《马恩列斯思想方法论》一书的编选工作。他在中宣部主管出版工作期间，以"解放社"名义大量出版了马恩列斯著作。为了配合中央研究土地问题，仲实同志编了《马恩列斯毛论农民土地问题》。在全国解放前夕，党中央为了提高全党的马列主义理论水平，决定编一套"干部必读"，共十二种。仲实同志协助中央拟定了书目，并负责编辑了其中的三种：《列宁斯大林论中国》、《列宁斯大林论社会主义建设》和《社会发展简史》。这一时期，仲实同志在党中央直接领导下，为编译出版马列主义经典著作和干部理论教育做了大量工作，对加强党的理论建设作出了贡献。

中华人民共和国成立后，党中央在一九五三年决定成立中共中央马恩列斯著作编译局，任务是有系统地有计划地翻译马恩列斯的全部著作。仲实同志在编译局成立的第二年，就调来编译局担任领导工作。他同局的其他同志一起为完成《马克思恩格斯全集》、《列宁全集》和《斯大林全集》的翻译任务日夜操劳。仲实同志不仅参加了组织领导，还担负了部分译稿审定工作。三大全集这一宏伟工程在党中央的关怀下，在编译局全体同志的努力下已经完成。这是理论战线的一个重大成就。这个成就也同仲实同志含辛茹苦的工作是分不开的。

仲实同志在粉碎"四人帮"以后精神振奋，虽年逾古稀，仍以"老骥伏枥，志在千里"的精神，继续为宣传马克思主义发出光和热。当时他积极收集资料，研究马恩著作，准备撰写《马克思传》，并写了部分章节，后来因病未能完成。但是，他在养病期间仍写出了通俗简要的《马克思恩格斯传略》和《列宁传略》。仲实同志的这种为党的事业奋斗不息的精神是难能可贵的，十分感人的。

几十年来,仲实同志为党为人民做了很多工作,特别是在宣传马列主义方面作出了很大的贡献。今天,我们庆祝仲实同志从事马列著作翻译、研究和出版工作五十周年,我们要向仲实同志学习:学习他对共产主义事业的耿耿忠心;学习他数十年如一日,勤勤恳恳、兢兢业业、为宣传马列主义而埋头苦干的革命精神;学习他对工作一丝不苟、十分负责的优良作风。我们要以仲实同志为榜样,在新的历史时期,进一步做好马列著作的编译、出版和研究工作,为宣传、捍卫和发展马列主义,为社会主义精神文明的建设作出贡献。

原载《翻译通讯》1984 年第 5 期

张仲实的翻译道路

张仲实同志是一位老翻译家,早在一九二八年春就开始从事翻译工作,一九三一年夏开始译书,到现在已有五十多年的翻译经历。

张仲实同志于一九〇三年生于陕西省陇县,学生时代就参加革命活动。一九二六年他受我们党的派遣去莫斯科学习,先入东方劳动者共产主义大学,后转中国劳动者共产主义大学(即中山大学的前身),一九二八年被分配在翻译班翻译教材,这是他从事翻译工作的开始。一九三〇年八月回国,一九三一年从俄文翻译了第一本书《美国征服英国》,共三十万字,在上海没有找到出版的地方。但是,他毫不气馁,继续在翻译道路上前进。

张仲实同志的翻译道路可以分为三个阶段:三十年代在上海,四十年代在延安,五十年代以后在北京。

三十年代初张仲实同志在上海从事翻译工作,正是中国共产党逐渐成长壮大,党员和广大革命群众更加需要革命理论读物的时候。在建党前和建党初,介绍到中国来的马克思列宁主义理论著作,大多是从英文、日文等译本转译的。到了三十年代,客观需要较有系统地介绍马列主义著作,并且尽可能从俄文或德文原文直接翻译。张仲实同志掌握俄文,恰好能执行这一任务。因此,他于三十年代在文化中心上海的翻译界和出版界出现,是适逢其时的。张仲实同志除了掌握俄文这一重要手段外,因在莫斯科共产主义大学学习过好几年哲学、经济学,具备了革命理论基础,所以有条件选择当时革命形势和革命队伍最需要的哲学、经济学领域里的经典性著作来翻译。正因为这个缘故,他的译作当时就受到人们的称誉。

张仲实同志的翻译是直接为革命服务的,他本身是一位革命者,不是为翻译而翻译,也不是为生活而翻译。翻译也像创作一样,总要有所为而译,译出的东西要有助于革命实践才有更高的价值,而不可专挑畅销书翻译,不注意译出的书对革命、对群众有何裨益。

关于张仲实同志,还有一点也值得指出:他的素质、他的性格、他的专长,适于译书和编书。他从青年读书时期起,就在陕西中小城市投身革命活动;以后从三原到西安、北平、上海以及其他地方,也是做基层工作;从莫斯科学习归来后,才开始基本上从事译书、编书工作。由于工作符合他的专长,因而能发挥更大的作用。当然,革命者首先应考虑的是革命的需要,而不是单纯强调自己的专长和兴趣所在。重要的是,更要考虑什么工作是当时革命最需要的。张仲实同志正是这样做的。

说张仲实同志适于做编译工作,还有他在工作态度和工作作风方面的特点值得提及,这也是起了重要作用的。经过他笔下处理的任何文稿,不论是写作的还是翻译的,甚至写一封信,他都很认真,炼字造句,一丝不苟,精雕细琢,不遗余力。一篇著译文章,一封短信和一张便条,他都要修改几遍。我们经常看到,出于他笔下的稿纸,勾来勾去,涂涂抹抹,天上地下,左右空白,都是移行添字,线条纵横,有如蛛网。这是他严肃对待文字工作的突出表现。

有人说:"诗是改出来的。"诗的字句往往不多,但诗人一改再改,不断推敲,再三斟酌,定了稿,还要继续加意修饰,著书、译文何尝不应如此。张仲实同志就是用这种方法来修改他的译文和文章的。正因为他有这种认真的工作态度和精雕细琢的功夫,他的著译才受到读者的尊重。

最后,还有一点很重要:张仲实同志是始终如一地、长期地从事翻译工作,而不是经常改行,即使临时被派做别的工作,他也竭力利用间隙时间,孜孜不倦地翻译一些东西。我们回顾这位把一生献给翻译工作的老翻译家所走过的道路,叙述一些情况,一方面是对他表示尊敬和祝贺,另一方面也是向今天翻译界的同志提出可以向他借鉴和学习的地方。

一九三一年张仲实同志到上海从事编译工作,经历了不少艰苦曲折的道路。在上海租界英美势力统治之下,在国民党反动派"文化围剿"之下,工作不可能一帆风顺、轻快前进。初期,他曾不得不在一些出版机构做校对和零星的编译工作,译出的稿子常常被上面的人所剽窃,大赚其钱,而他自己却分文不名,有时他的原稿甚至弄得不知下落。他含辛茹苦地工作,虽然得不到应有的报偿,但却积累了搜寻资料、钻研问题的经验,对于他后来在革命性很强的生活书店工作起了良好的作用。一九三五至一九三六年间,他翻译了苏联拉比杜斯和奥斯特维强诺夫合著的《政治经济学教程》（由商务印书馆出版），以及《苏联五年计划总结》（当时客观上很需要，但此书译出后却未能出版）。这时，张仲实同志的专业知识和编译能力已颇为出版界所重视。胡愈之同志把他介绍到生活书店去主编《世界知识》这一论述国际问题的杂志。一年后，他参加了另一重要刊物《大众生活》编辑组的工作，接着又主持生活书店编书的工作，促使书店在出版书籍方面开拓了新的局面。张仲实同志当时一面主编刊物和组稿出书，一面仍抓紧时间从事翻译工作。一九三六至于一九三七年间，他译出了《苏联大百科全书》中的"哲学"条，又译出了恩格斯的《路德维希·费尔巴哈与德国古典哲学的终结》、普列汉诺夫的《马克思主义基本问题》和列昂节夫的《政治经济学讲话》。这些哲学和经济学的名著，为提高广大读者的马列主义理论水平作出了贡献。许多青年读了《政治经济学讲话》一书后树立了正确的革命人生观，走上了革命道路。此书对于研究经济学的人很有帮助，许多学习俄文的人还把他作为教本，对照原文研读。

一九三七年十一月，为纪念十月革命二十周年，他和别的同志合译了《苏联的二十年》一书（未能出版）。一九三七年抗战开始后不久，日本侵略军占领江浙一带，上海租界成为广大沦陷区中的"孤岛"，生活书店及其刊物无法存在下去，张仲实同志就随同邹韬奋先生到香港，转武汉，后去重庆。在这期间，他又译了斯大林的《论民族问题》一书。毛泽东同志在《新民主主义论》一文里曾引用斯大林的论点，并特别指出，这书是张仲实同志译的。这句话一直被认为是对张仲实同志多年从事翻译工作的高度评价。

一九三八年底，张仲实同志和茅盾、萨空了等同志一起去新疆，一九三九年三月到乌鲁木齐，在新疆学院教哲学、经济学和社会发展史。为了更好地讲授社会发展史，他译出了恩格斯的《家族、私有财产及国家的起源》，还译出了罗森达尔的《辩证认识论》。前者是影响很大的经典著作，后者是有助于广大读者学习辩证法和认识论的通俗读物。

张仲实同志在新疆受不了反动军阀盛世才的监视和迫害，便在党的帮助下辗转跋涉，于一九四〇年五月到了延安。在延安，张仲实同志开始了自己翻译工作的第二阶段。他先后在党中央的宣传部和政治研究室工作，校订《列宁选集》，参加《马恩列斯论思想方法》一书的编选工作，一九四三年参加马恩列斯经典著作的翻译、编辑工作，这些著作的译本均由解放社出版。

一九四七年，张仲实同志撤离延安，辗转许多地方，最后到了河北省石家庄附近的西柏坡,参加筹备全国土地工作会议工作,并编出《马恩列斯毛论农民土地问题》一书。随后,他又参加编辑《干部必读》几种,其中《马恩列斯论中国》、《列宁斯大林论社会主义建设》和《社会发展史》是张仲实同志一手编译的。

一九四九年北平解放后,张仲实同志随中宣部进城,先在中宣部工作,后筹建中苏友好协会。一九五一年初,他参加编辑《干部必读》中的《列、斯论社会主义建设》两册。

张仲实同志曾一度到中共西北局任宣传部副部长。一九五四年春,他到中共中央编译局任副局长,参加《列宁全集》和《马克思恩格斯全集》的编译、校订等工作。这是张仲实同志在他漫长的翻译事业道路上的第三阶段。他带着前半生的编译经验和研究马列主义理论的心得,投入了编译经典著作的工作中,并通过工作培养新一代的翻译工作者。中央编译局译校出版的《马克思恩格斯全集》、《列宁全集》和《斯大林全集》卷帙浩繁,要求严格。这三大全集的完成,都有张仲实同志的一份贡献。

张仲实同志不仅在翻译方面,特别是在马列主义经典著作的翻译方面做了不少工作,作出了重要的贡献,并且对于马列主义理论也进行了长期的研究,写过不少文章,尤其是在经济学方面,发表了较多的文章。他近年虽然身体欠佳,患过严重的疾病,仍致力著作,编写出《马克思恩格斯传略》和《列宁传略》。

张仲实同志解放前后还在陕西、山西等地做过土地问题的调查研究和宣传工作,在群众中得到锻炼。在他今年高龄八十一岁的时候,我们不仅庆祝他从事翻译工作五十年,也庆祝他做马列主义理论研究和出版工作五十年,祝他健康长寿,继续在这些方面作出新的贡献!

原载《翻译通讯》1984 年第 6 期

战斗无神论者狄德罗
——纪念法国唯物主义哲学家狄德罗逝世二百周年

狄德罗是法国十八世纪唯物主义思想家、哲学家,生于一七一三年,死于一七八四年。去年十月五日是他诞生二百七十周年,今年七月三十一日是他逝世二百周年。联合国教科文组织把今年定为"狄德罗年"。国际文化界决定举办盛大的纪念活动。狄德罗又是文艺理论家、小说家、剧作家和翻译家,而更为世人所知的,他是杰出的百科全书编撰家。

十八世纪法国唯物主义哲学是整个哲学发展史中的一个重要阶段,是新兴资产阶级同衰落的封建势力进行阶级斗争的产物。狄德罗本人的唯物主义思想属于当时资产阶级中最进步的一派。

狄德罗出生于一个刀剪匠的家庭,幼时只在家乡受过小学教育,后曾到巴黎念中学,因经济困难不得不中途辍学谋生。他的青少年时代正是以新兴资产阶级为主体的反宗教迷信、反封建国王和贵族的群众运动开始兴起的时候,狄德罗果敢地站到群众运动中,这就使他能在哲学思想上发出那个时代的最强音。

狄德罗的思想是逐步转变的。他的早期的哲学著作,如一七四六年的《哲学思想录》等还没有完全和上帝的观念决裂,但已经从自然神论立场开始激烈地攻击教会了。由于它反宗教的言论尖锐,被巴黎议会下令焚毁。一七四九年发表的哲学著作《瞎眼人教训明眼人的一封信》完全和上帝决裂,转到唯物主义的无神论的立场。这部书一发表,狄德罗立刻被封建当局以散布"危险思想"的罪名逮捕入狱。以后他又陆续发表了一系列立场鲜明的哲学著作,从一七五四年到一七七三年重要的有:《解释自然的思想》、《达兰贝尔和狄德罗的谈话》、《达兰贝尔的梦》、《物质和运动的哲学原则》、《拉摩的侄儿》等。狄德罗在这些著作里和同时代的爱尔维修、霍尔巴赫一样,继承了法国最进步的伽桑狄等唯物主义思想的传统,利用当时自然科学的新成就,坚持用自然本身说明自然,主张世界统一于物质,物质是唯一的、永恒的、无限的,它不能被创造,也不能被消灭;认为物质运动的原因在于自身;强调意识是物质的产物,认为理性思维是在感觉的基础上产生的,两者不能等同;认定物质是第一性的,思维是第二性的。狄德罗运用哲学上的这些原则否定上帝的存在,展开彻底的无神论宣传,指出僧侣、贵族、君主是历史前进的障碍,从而使人得出必须推翻旧的统治机器,建立自由、民主新政权的结论。

马克思和恩格斯很推崇狄德罗在发展唯物主义哲学思想方面所取得的成就,对他的著作给予很高的评价。马克思和恩格斯在通信中把狄德罗的《拉摩的侄儿》称为"无与伦比的"哲学著作,把阅读这本书看做是"很大的享受"。恩格斯颇为称颂狄德罗的为人,他在《路德维希·费尔巴哈和德国古典哲学的终结》一书中指出:"如果说,有谁为了'对真理和正义的热诚'(就这句话的正面的意思说)而献出了整个生命,那么,例如狄德罗就是这样的人。"列宁在《论战斗唯物主义的意义》一文中称狄德罗的反宗教著作是"战斗的无神论",要求大量翻译出版法国无神论者的著作。

狄德罗撰写的哲学著作,采用通俗易懂的形式,有些作品简直就是用小说的形式写成,甚至作品的题目也有这一特点,例如《拉摩的侄儿》、《瞎眼人教训明眼人的一封信》、《达兰贝尔的梦》等。他为了向广大人民群众宣传新的哲学观点,想尽办法打动普通人们的心坎。这也是他所以成为十八世纪法国启蒙运动主将之一的原因。狄德罗还是一位文学的巨匠,他的文笔流畅,用语确切、生动而有说服力。他奋勉自学,读书很多,知识广博,很早就以写作和翻译维持生活,年轻时就已成为文字严谨的翻译家。

狄德罗除写小说型的哲学著作外,也写"理性小说"。这是十八世纪法国启蒙运动家常用以宣传新思想的手段之一。如卢梭的《爱弥儿》、《波斯人信札》等书是法国文学史上的名著。狄德罗的小说《修女》、《泄露隐情的首饰》和一些短篇小说《他与我》、《这不是小说》等,都如实地揭露了封建贵族的丑恶面,曾被人们称为后来写实主义文学作品的肇端,这些作品塑造了不少追求自由、平等,勇敢提出新倡议的人物,又被人评为后来浪漫主义文学的先声。

狄德罗不仅是小说家,还是一位卓有贡献的剧作家。过去西方的戏剧作品都是用韵文写成的,狄德罗开始用散文、语体文写作剧本,因此说狄德罗是话剧的创始人并不为过。他创作了好几部体现他革新主张的剧本,《私生子》是他的名著。

狄德罗对于美学、绘画、音乐也提出了自己的独特见解。他在这方面发表了一系列贯穿唯物主义思想的文章。在绘画方面他批评了古典主义的某些画家的作品,赞美表现现实生活的风俗画,主张画家应描绘平民的生活。在音乐方面他反对古典主义,坚决捍卫意大利歌剧的现实主义,他是一位文艺理论的革新家。

狄德罗一生最大的成就和最杰出的贡献是在创始和编辑出版世界第一部现代类型的百科全书上。在十八世纪法国唯物主义思想指导下出现的启蒙运动,是法国资产阶级革命的推动力量。狄德罗等启蒙运动家认为,宣传新的唯物主义思想,用以反对宗教迷信和封建贵族、专制君主,不是写几本书,也不是在哲学、文学等个别学科和领域里提出新的见解,论述个别问题所能奏效的,而必须在一切学科和所有知识领域里用唯物主义的观点,检查和批判一切旧观点、旧思想,用新的观点叙述和介绍全部基本知识,编出一部包罗万象的著作,即编出一种百科全书来才能达到启蒙的目的。这些人便自称为百科全书派,狄德罗是这派的领袖。一七四九年狄德罗被捕入狱后,巴黎出版商布莱顿决心请他翻译当时颇受学术界重视的英国《张伯斯百科词典》。狄德罗在狱中浏览此书,得到启发,产生了一个想法:与其翻译别国的百科词典,何不自己编一部法国的百科词典?

狄德罗出狱后向启蒙运动者卢梭、伏尔泰、孟德斯鸠等人游说,得到他们的一致支持。狄德罗约请哲学家达兰贝尔等参加编辑部工作,请卢梭、伏尔泰等人撰稿。经狄德罗多方调查研究,制定规划,进行设计,着手编辑,到一七五一年就出版了第一卷。这是全世界现代意义的百科全书的奠基工作。这部书的全名是《百科全书》,或《科学、艺术与手工艺大词典》。自一七五一年至一七七二年共出版正文十七卷、图画十一卷。这二十八卷都是在狄德罗直接主持下编辑出版的,后来出版社又出补编正文四卷、图画一卷,一七八〇年又出详细索引二卷,合计三十五卷。

这部攻击封建旧思想的百科全书,出到第二卷便遭到禁止,出到第七卷被下令焚毁,从此编辑工作转入地下。狄德罗秘密继续编撰工作,他遇到各种困难都没有动摇。狄德罗呕心沥血二十一年,从事繁重的编辑工作。他还亲自撰写了一千二百多个大小条目,其中有哲学、文学、机械、冶金、农业方面的大条目。他特别重视经济、生产和制造工艺。他邀请工匠参加编撰,亲自到作坊、工场深入研究工艺过程,绘制图画。大量反映生产过程和机器结构的图画精致而清晰,是狄德罗《百科全书》的一大特色。

狄德罗主编的《百科全书》出版后得到群众热烈欢迎,巴黎读者焦急地等候每一新卷的出版,仔细阅读每个条目,竟成为一时风尚。

这部百科全书由于宣传了唯物主义思想和自由、平等、民主的观点,激烈地抨击了宗教迷信、封建贵族、僧侣和专制君主的旧制度和旧思想,一时风靡欧洲,动摇了封建社会的思想基础,为资产阶级革命作了思想准备。在它出版二十多年后,一七八九年终于爆发了冲破巴士底狱的巴黎市民起义,掀起了著名的法国资产阶级革命。狄德罗没有亲自见到这场大革命的壮丽场面,他在革命前的一七八四年去世了。

中国学术界早就知道狄德罗其人其事。一九〇六年,留法学生李石曾联合一些学者发起以狄德罗的《百科全书》为楷模,编辑中国百科全书的活动(初名"百科类典",后改"百科学典",又仿《四库全书》书名称"百科全书")。约在一九〇七年,李石曾编写《近代世界六十名人》一书,列有狄德罗一章。杨紫极从一九〇八年开始直到一九二二年去世,以十四年的时间,孜孜不倦地译出了狄德罗《百科全书》条目达二百万字。

一九三七年法国狄德罗学会把狄德罗主编的全套《百科全书》赠送给中国,另附赠世界各国的百科全书,第一批共一千一百八十册,由世界社的国际图书馆于一九三七年四月在上海举行展览会,同时举行"纪晓岚、狄德罗纪念会"。因为狄德罗主编法国《百科全书》和纪晓岚主编中国的《四库全书》(十八世纪七十到八十年代),恰是东西方同期的两大盛举。后来,包括解放后的三十多年,我国陆续出版了多种翻译和介绍法国十八世纪哲学和狄德罗的书籍,这就使中国学术界和读书界更多地了解了狄德罗这位哲学家、作家、文学艺术理论家和百科全书编撰家的历史贡献。

原载《人民日报》1984年8月6日第4版

抗日战争前后上海文化战线的一些情况

我在一九三六年八月初从东北到上海。九月一日,上海大戏院(北四川路虬江路口)开幕。这是从哈尔滨来的苏联人拿了中东铁路的退职金搞了亚洲影片公司,租了这个戏院,专门放映苏联影片的。我自己设法进这个戏院当了翻译。由于工作的需要,与新闻界联系较多,同电影戏剧界也有很多联系。当时报纸都有影评,我与影评人关系也较深。他们常发表我写的电影评介。那时认识了梅益、林淡秋、何家槐等几个上海文坛的新作家。一九三六年九月认识了鲁迅。九月底鲁迅来看电影。这是鲁迅最后一次出门看电影,从此他病倒了。鲁迅谈了不少话,谈到了电影检查、普希金、电影名称等。还认识了徐懋庸等人。人家以为我在这儿工作与苏联有关系,至少是个党员,都想来联系,实际上我那时还没有接上党的关系。当时我与电影界欧阳予倩、蔡楚生、史东山、司徒慧敏等经常开座谈会,请他们对苏联影片谈感想、谈意见。电影界也邀请苏联人去讲苏联电影,由我当翻译,由谢雅江茨作报告。有次在环龙路郑君里家里开报告会,会上决定过几天去冠乐食品店开座谈会,成立中苏电影戏剧工作者协会筹备组,这时上海电影戏剧界想拉苏联关系,苏联也想拉中国人的关系开展一些活动,苏联大使馆也表示支持,并表示协会成立后可送人到苏联去参观。我算筹备组成员,于伶、石凌鹤也是成员。筹备组就设在上海大戏院,当时上海电影戏剧界很多人填表参加。袁牧之、陈波儿找我商量,要我介绍他们去苏联。我与苏联人商量,他们说协会成立后可组织人去苏联参观,现在偷偷地去,不好,怕和国民党政府搞坏关系。为了公开化,研究是否可在中苏文化协会下设支会。电影戏剧协会写了公函,通过交大校长黎照寰送到南京给孙科看。孙说既然已有中苏文化协会,其中已设电影组,何必要再搞一个协会,但不好断然拒绝,因为签名的有许多著名人士。因此就由陈鹤琴出面,在上海邀请电影界欧阳予倩等人吃饭。陈宣布不另外成立协会,活动可在中苏文化协会所设电影戏剧组中进行。这是一九三七年夏天("八一三"之前)的事。通过电影戏剧协会的筹备工作,我认识了不少电影、戏剧、音乐界的名流。那时,音乐界兴起以苏联歌曲方式作曲,开展歌咏活动。流行一时的《祖国进行曲》是我译的,由吕骥同志配曲。以后又举办普希金逝世一百周年活动。

一九三七年"八一三"战事爆发前二天,我的住所从上海大戏院附近搬到爱多亚路(延安东路)浦东同乡会附近,常去文化界救亡协会,在那里我听说八路军办事处在上海成立,潘汉年同志在办事处工作,我想找他接上组织关系。先找夏衍、于伶(一九三六年底已有来往),没找到,正好石凌鹤住在我附近,我请他找夏衍。几天后,夏衍派人和我在街上接头。那人能讲俄、英、法文,是工程师。石凌鹤听我描述了来接头的人的相貌就说,此人可能是潘汉年(后来我才知道实际上他是蔡叔厚)。我想就通过这位潘汉年来解决组织关系。石凌鹤请我带条子给那人解决他的组织关系。于是我也写了信,那人说:"没问题吧。"实际上他把信转给了夏衍。一九三七年底,夏衍找我办小译报,找我和梅益开会。组织关系就接上了,由夏衍联系。

一九三八年一至二月,殷扬(即杨帆)约我谈话,问我愿在哪方面工作。我说还是搞我熟悉的电影戏剧界的工作吧。过了一阵,他通知我参加影评人座谈会,一周一次。有《申报》张一萍、《新闻报》钱代生、《大晚报》徐怀沙等,共十个人左右。去了几次后,杨帆说,以后你自己去开,我不来了。四月间,杨帆要我去一个戏剧支部,担任支部书记,两个党员:王元化、郑山尊,在蒲石路(长乐路)一个小花园里接头。从此,孙冶方和我联系,他向我传达了党的指示,开始工作。先是王元化介绍吴小佩(当时叫吴铭),我们发展了吴小佩、张可、柏李入党,后来他们又介绍了一些人,一下子戏剧支部发展到十余人,分为三个小组。那时党的上海文化工作的中心是戏剧工作。戏剧工作分为两支,一支是搞戏剧运动,广泛组织群众戏剧团体。另一支是职业剧团,由于伶(原名尤兢)同志领导。一九三七年底,于伶搞了青鸟剧社,演出了《日出》、《女子公寓》等戏。这两支戏剧队伍形式上一个是搞长期演出的职业剧团,于伶、徐渠、池宁组成支部领导,简称"大剧场";一个是广泛的群众戏剧团体,举行每星期一次的演出,简称"小剧场"。我和吴小佩、张可、柏李、胡大中等同志管后者,于伶同志的支部管前者,起初都是孙冶方同志领导的。

群众戏剧,当时也是统战工作的一个方面,是发动和组织群众的重要武器。

在歌咏活动之后，戏剧深为群众欢迎，是重要的组织手段。吴小佩同志在难民收容所开展戏剧工作，已成为受人欢迎的女演员。戏剧剧团开辟群众工作，先是在难民收容所，后来各大学、中学、小学都有剧团。没有开展工作的地方，只要搞一个小剧团去演出，就可以把群众发动起来。一个学校没有任何活动，另一个学校学生到那儿一演戏，这个学校的学生自己也组织剧团来演戏。然后逐步发展到全市各学校去，从剧团发展为学生会，从各学校的学生会发展成为全市的学联。小学教师，中学、大学学生，甚至大学教授也都组织起来。职业界也有不少行业通过剧团演戏，把群众组织起来。职业界的各种联合会、剧团在其中起了很大作用。如李伯龙搞工部局华员俱乐部，洋行中的中国职员搞"华联"，都是这样。有了药联，很快又有中药联，还有"银联"、"保联"等等，各联都有自己的剧团。于伶同志回忆当时各种小剧团共有一百二十个之多。剧团都是业余的。这许多剧团不仅在本单位演戏，还到别的地方去演戏，演员们都想露一手，都想公演。公演要经工部局许可。当时工部局对中日战争守中立，我们如搞剧团联合会，它不会同意。小佩等同志提议搞戏剧交谊社，选出几个面目不太红的人，出面组织交谊社，社长是洪谟，结果登记上了。每星期日上午租一个电影院，演一次，称为"星期小剧场"。每星期至少有三个剧团可上台。票子也销得掉，因为剧团中大家都希望有机会公开登台演戏，他们邀了许多本单位的人和熟人来看。发展到后来，逐渐被敌人注意，国民党也想演戏，想打进来，汉奸也注意了，处境逐渐困难。到一九四〇年，小剧团的形式已不适宜用。我们就想办法搞了一个戏剧产销合作社，向各个剧团提供剧本、片子、灯光设备、道具、服装、化妆用品，供应导演。这个合作社是营业性的。对敌人讲，我们是"做生意"，实际上通过这种方式来做组织工作。

在整个工作过程中，从一九三八年起到一九四一年十二月上海全面沦陷期间，组织上变动多，领导人也常变动。孙冶方同志领导我到一九三九年四五月，大约一年左右。以后就交给顾准同志。到一九三九年底一九四〇年初顾要到解放区去，关系就交给黄明同志。黄明以后是唐守愚同志。一九四一年八月我去搞《时代》杂志。一九三九年秋，顾准向我宣布成立一个文化总支部（"文总"），下设几个支部：（一）新文字支部，先后有许中、张浩、王益、王洪、艾中全等同志；（二）文学支部，有王元化、钟望阳、蒋天佐等同志。下面有文艺通讯员，文学界刊物。党员有束纫秋、赵不扬等同志。束原是银行系统的。张浩已牺牲，还有杨弃（保姆的孩子），在根据地已牺牲。（三）戏剧支部，有胡大中、吴小佩等同志。戏剧支部下面有三个小组。我任文总书记。前后一起工作的还有蒋天佐、钟望阳同志。当时在剧艺社演员中没有党员,开展工作困难,就从小剧场借人,如吴铭、柏李、张可、戴岱云等同志都去演戏。组织上有分有合。以前孙冶方同志曾召开于伶同志、我与小佩同志都参加的两个支部的联席会议。唐守愚同志来后,就并作一个支部。因为小剧场对大剧场有意见,大剧场对小剧场也有意见,合在一起容易解决问题。

到一九四一年上半年,唐守愚同志还领导我。他说,组织上要我开辟京剧界的工作。当时京剧在上海的群众基础很广泛。一九三八年、一九三九年时我与周信芳已认识。我的继父尤金圭当时在周信芳家里编剧,周信芳很赏识他。他在周面前吹嘘说,他有个干儿子,很能干。我通过他的关系有时去周信芳那儿谈谈。那时还不认为对他有许多工作可做。接到任务后,我就与尤金圭商量。我与尤搞了个剧本想送给周看,剧本是写史可法的,但只搞了个大纲。八月间,唐守愚同志通知我去办报,给周信芳写剧本的事就搁下了。

没有抗战,话剧就不会有这么大的发展。抗战前夏衍同志搞过话剧,直到抗战前夜还打不开局面,演得很少。在一九三六年底、一九三七年初业余剧人协会在卡尔登演出了两个多星期的话剧,有曹禺的《日出》,有蓝萍主演的《大雷雨》,白杨主演的《李尔王》,张伐主演托尔斯泰的《黑暗之势力》,田汉改编的托尔斯泰的《复活》等。话剧要站住脚很困难,原因是上海有好多剧种,话剧在其中生存有困难。打进金城、卡尔登等戏院演戏是通过张善琨的关系。到抗战爆发后,上海电影戏剧界组织了十二个演剧队开赴各地,只留下一个演剧队,组成青鸟社,是夏衍同志走时留给于伶同志的。其时于伶同志说,能拿得出的男演员只有一个顾梦鹤,女演员也只有几个,如陆露明等。青鸟剧社演出一个月,形势变了。我们找了陈志皋(黄定慧丈夫),通过法租界公董局、中法联谊会搞了中法戏剧学校。法国方面的人表示支持。中法戏剧学校排的第一个戏是莫里哀的喜剧《装腔作势》,借公董局礼堂演出。后来还演了法国戏改编的《人之初》等几个戏。还新翻译了许多法国戏,中法联谊会的秘书江文新翻译的《祖国》,法国人支持演出。还有李健吾的《爱与死的搏斗》。学校结束后,于伶同志就团结学者教授(在复旦教书的)搞了一个统战性质的"剧艺社",租了辣斐剧场。当时整个上海只有一个剧场演话剧。在这之前还演出了《葛嫩娘》、《大明英烈传》、《郑成功》等戏,长期连续上演,这就打开了话剧的局面。许多京剧的演员和编剧也来看,称赞美极了,说京剧要向话剧学习。京剧改革大有前途。

这大好局面是党的领导,组成统一战线,把各方面力量都组织起来的结果。当时既演抗战的戏,也演非抗战的戏。后来有从国外回来的黄佐临、丹尼(金韵之),从南洋回来的吴天,上演曹禺、吴祖光等人的剧本《文天祥》等;从美国回来的张骏祥也从后方送来剧本《小城故事》等;剧本源源不断。到一九四一年"一二·八"太平洋战争发生,上海全面沦陷,美国影片没有了,中国电影厂撤退了,只拍些民间故事片,如陈云裳演的《木兰从军》等,电影院也空了。这时来了个戏剧大发展,尤其是话剧带头,使沪剧、越剧也得到大发展,同时在好几个剧场演出。

在新形势下,剧艺社也要改变形式来适应形势的发展。当时话剧有好几个剧团,若干剧团先后在卡尔登、巴黎等戏院演出,李伯龙的同茂剧社在新都剧场、费穆的剧团在卡尔登演出。本来袁雪芬的越剧只能在汽车出租处改建的小型的大来剧场演出,这时电影院大多空了,袁也到大剧场来演了。越剧名称也在这时出现了。沪剧名称也是在这时产生的。舞剧《古刹惊梦》是美国人出钱办的,由苏侨阿甫夏洛穆夫作曲和导演,在上海沦陷前后都一再演出。这些剧种都发展到了新阶段,而话剧在其中起了领导作用。当时杨帆同志到文明戏班子去工作,将它改名为方言话剧和通俗话剧,文明戏班子获得了新生。于伶同志的《大明英烈传》也在东方剧场演出了,沪剧、越剧的兴起与话剧有关系,剧艺社吴琛到袁雪芬剧团去搞编剧,还有人到袁雪芬剧团去搞布景、灯光,大受欢迎。话剧界业余剧团的人到沪剧、越剧去推动了这些剧种的形成和发展。局面改变后,话剧在上海有了新天地。虽然后方夏衍等同志也经常领导话剧演出,但没有像上海这样经常不断地演。抗战胜利后,话剧更有发展,到解放后话剧成为重要剧种,所以话剧的新局面是党领导下打开的,从青鸟社开始,于伶同志领导,靠统战、靠群众剧团培养出的演员,形成了一个大统战的上海剧艺社以及后来的好几个剧团。话剧夺取了广大观众。当时苏联戏、法国戏、英美戏都演,有的改编,有的照原剧搬演。李健吾改编的法国戏,近二百个剧本。也有人翻译了一些苏联剧本,如《红色的结婚进行曲》等。工作人员,一部分是职业剧团,一部分来自许多群众剧团。

由于我懂点外语,我还从事了有外国人参加的舞剧、音乐剧的演出工作。所谓中国舞剧就是从那时开始的。江青在"文革"中说她是破天荒首创舞剧,肯定不对。我们在三四十年代就搞了中国舞剧。苏侨阿甫夏洛穆夫搞中国舞剧,找了不少中国京剧演员,我支持他搞,帮助找演员。舞剧和音乐剧本来要到美国去演出，由于解放战争的展开没有能去。抗战胜利时还演出了大型音乐剧《孟姜女》。江闻道同志拿出金条支持阿甫夏洛穆夫搞中国民族音乐舞蹈。阿甫夏洛穆夫在上海生活艰苦，想到苏北解放区去，但解放区来信说管弦乐队乐器太庞大，无法照顾，没去成。通过搞音乐剧、舞剧，我认识了英蒂拉·黛薇（斯特拉卡蒂夫人），她也是俄国人，丈夫是捷克人。她吃素，赵朴初与她有联系。她演印度舞，她在上海是外国人中间的交际花一类人物，同英美人有往来，她支持我们，帮助我们筹款，开了几次茶会向参加者募捐，支持我们演出。这是同外国人的统战。当时我认识阿甫夏洛穆夫，是一个俄罗斯小剧场的女导演介绍的。俄国小剧场经常为我们演出古典戏剧，我们帮助他们推销三分之一票子（通过支部、剧艺社、小剧场卖出），我们派中国演员与他们合演，前后演出了《贵族之家》、《樱桃园》等戏。他们也乐意互相联系。请他们（俄国演员）到剧艺社看中国戏，他们也想演中国戏。商量决定演曹禺的《雷雨》，此剧根据姚克的英译本翻译（剧本登在《天下》杂志上）。戏由俄国人自己排练，我们指导。演出后苏侨、俄侨反应强烈，说这戏可到苏联去演，说话剧在上海已发展到这样程度不简单，甚至说这个戏简直可与莎士比亚的戏剧比美。他们排演打雷下雨的方法是向我们学的，舞台效果很好。演出后俄文报纸登了长篇评论，表示惊讶，报纸上发表评论文章题目叫《不是台风而是淫雨》。我们在中外文化交流上搞了一些工作。我们通过阿甫夏洛穆夫认识了沈知白（"文革"中死去），搞民族音乐。这是个很好的人。一九四〇年阿甫带我到梅兰芳家里，我给梅兰芳讲中国民族音乐、中国舞剧、京剧改革等问题。阿甫夏洛穆夫向梅兰芳建议用管弦乐队伴奏京剧，梅同意。但梅的后台人士、乐队班子不同意，顾虑梅演出失败，砸了牌子。

一九四四年夏，吕君樵联合上海京剧界进步人士一起搞了个艺友座谈会，把我请去讲对京剧的见解。我去讲了一下，后来每星期都要我去讲，我请沈知白、卫仲乐也去。请沈去讲演，让他们了解京剧音乐已过时，要吸收新的东西。当时参加座谈的许多人现在大多是党员，是上海京剧界的领导同志。当时通过排演《信义村》（李瑞来同志创作，在兰心大戏院演出），又与周信芳密切了关系。我们建议抗战胜利后搞个新剧团来改革京剧。抗战胜利后我们一起在周信芳家里讨论过多次。又要办剧团，又要办杂志，并要买戏院。周信芳想演《岳飞传》。请吕君樵同志参加编剧，沈知白先生作曲，沈创作了《满江红》曲谱，送给周。后来内战爆发，就不了了之。

戏剧就谈到这里。一九四一年八月唐守愚同志找我说,当时许多报纸刊物都停了。党的意见要我找苏联人办报刊。自六月二十二日苏德战争爆发,苏同英美结成反法西斯同盟后,苏联人在英、美、法人统治的上海租界上的地位不同了。在这之前苏联通过英、美人和白俄在上海出版报纸,塔斯社社长罗果夫在上海办了电台,办了一个俄文日报《新生活报》、英文的《每日电讯报》。我开始不认识他,后经霞飞路(淮海中路)一家苏联书店里的人介绍找到了他。我对罗说,中国朋友想要办一个报,想用你们苏联人的名义,钱由我们出。他一星期后给我回音说,不要你们出钱,帮我们编一个杂志,用俄文翻译成中文,因为一下子出一张日报太引人注目。唐守愚同志说可以。因此商定用《时代》名义,于一九四一年八月二十日出版《时代》周刊中文版。这杂志开始着重翻译报道战场通讯,后来逐渐写文章,如老唐写过纪念苏联宪法的文章。这是租界上的新事,影响很大。开始我去搞编辑。九月起,党对《时代》的领导任务转给梅益同志。办到一九四一年十二月八日太平洋战争爆发。所有在上海的外国报纸、国民党报刊,包括《申报》、《新闻报》都停了(后在日伪之要求下复刊),罗果夫说中文《时代》杂志暂时停一下,看看再说。到一九四二年一月一日复刊,改为半月刊,出到一九四四年上半年,上面登过中、苏、美、英四巨头宣言,登过苏德战场上苏方节节胜利的消息。日本人一直忍着,他们想维持与苏联表面友好关系,清除后顾之忧。有一个原俄国沙皇司令部将军守巧夫,每周写军事评论,很有分量。我们翻译这些军事评论和苏联的有关报道在《时代》上发表。中国读者很欢迎,日伪当局很恼怒。一九四四年,苏军节节胜利,日本人感到对它不利,就用种种办法把德通社停掉,让苏联通讯社只发俄文稿,电台只许广播俄文,只能出俄文报纸,使中文《时代》被迫停刊。中文刊物停了一年,人员不解散,积累文稿,到了一九四五年五月一日,我们不管禁令,擅自复刊(红军占领柏林,我们就登出占领柏林的消息和照片)。当时经常有日本人来我家和出版社问这问那,他们也没有办法。我们在日帝投降前三个多月一直出版。日帝投降时袁励康帮我隐蔽在常州一个星期。《时代》出版社在日本投降后,立即出了中文的《新生活报》,第一天就把毛主席像印上了。我回来后考虑《新生活报》这名称不合适,九月一日起出版《时代日报》,仍用"苏商"时代出版社名义。九月底十月初梅益同志介绍林淡秋同志来报馆编第一版。《时代日报》一直坚持到一九四八年八月,被国民党淞沪警备司令部以所谓"煽动工潮、学潮,扰乱金融、歪曲军情"的名义查封。对于报刊的查封,本来市政府的警察局、社会局就可办理，居然让淞沪警备司令部出马来查封，是把问题搞成戒备时期的"军法从事"。所列的罪名，也无一不是十分严重的。原来所指煽动工潮、学潮，是指上海只有《时代日报》一家报纸报道"工潮学潮"的消息，所有报道过"反内战、反独裁、反饥饿"消息的报纸，如《文汇报》等已被查封；所谓"扰乱金融"是报道了物价一日数涨，每周发表经济述评文章，分析通货膨胀的内因外果；所谓"歪曲军情"是报上发表军事述评，从分析军事形势中透露了解放军节节胜利，国民党如何一败涂地。这些罪名不无根据。原来《时代日报》从一九四六年开始就改头换面地刊载延安广播的新华社战讯，梅益写军事述评，他走后由姚溱写。一九四七年初开始每星期写一篇军事述评，后来解放战争形势发展很快，改为半周述评。还有由杨培新、钦本立等同志写经济述评，揭露国民党通货膨胀金融混乱的情况，陈原、陈翰伯等同志写国际评论，另外还开辟了七个副刊："新木刻"、"新音乐"、"新美术"、"新文学"、"新妇女"、"新园地"、"新语文"等。每天一个副刊，团结了广大群众。当时我们党自己的宣传阵地就只有这一个日报。姚溱写军事述评，利用苏联人名字：秦上校——萨里根——马里宁，一直到一九四八年姚溱被捕。请陈虞孙同志每天写一段，"三言二语"以代替社论，他邮寄到我们社里，有时多写几条备用，以免一时接不上，被敌人找到线索。

渡江前夕，四月十七日小佩同志到我家送紧急通知，说党要我立即离开上海，敌人要用汽车撞死我。十八日我飞香港，住十来天，乘船到天津转北平见夏衍同志。后来组织上分配我随潘汉年同志接管团去上海做接管工作。路上走走停停，由丹阳、大场到上海，住交大。我是军管会文管会文艺处剧艺室主任，管各种地方戏。新闻处范长江同志临时要我与张春桥一起到文汇报社楼上接收中央社，并立即从该社收发报机发出新华社消息。

在上述工作的过程中，我在新闻界也搞党的统战工作。《时代》社在其中起了一些作用。抗战胜利，梅益同志搞《新华日报》复刊工作，夏衍同志搞《建国日报》，我们互相有联系，夏衍同志经常给《时代》写评论，写稿的民主人士也不少。《时代日报》有记者严玉华和陆诒等跑各单位，包括伪市政府新闻处，我作为总编辑经常要挨新闻检查处训话。吴国桢市长召开记者招待会，新闻处长朱虚白一看到我出席，就对吴咬耳朵。有次登了延安的消息，吴国桢大发脾气，要苏联人把我撤职。苏联人说我们是搞中苏友好，把懂俄文的姜撤职，我们靠谁？吴说不能登反对政府的消息，并对我说看你还诚实，把负责这版面的人撤职。当时情况经常变化。梅益同志约我在黎澍家开新闻工作者党小组会，还有

《联合晚报》的陈翰伯参加。梅走后,和我联系的人有潘梓年、陈家康同志,在咖啡馆交换情况,后改成聚餐会,冯宾符、宦乡、虞孙、姚溱等同志都参加,讲解放区情况,党的政策,有关国民党方面的消息,经常换地方。

我们通过戏剧、电影、京剧、沪剧、越剧、文明戏活动尽量扩大团结联系面,如舞蹈界的吴晓邦、盛捷、杨范,音乐界的阿甫夏洛穆夫,音乐教授沈知白,搞合唱歌咏运动的有孙慎、陈歌辛同吴晓邦等。

抗战期间,新闻出版方面,进步的报刊还相当多,到了解放战争时期,情况就困难得多了。时代出版社出版了大批苏联小说和剧本。除《时代》半月刊外,还有《苏联文艺》月刊和《苏联医学》月刊,流传很广。除上海外,还在杭州、南京、兰州等地陆续开办了门市部,在国民党心脏地区南京开设的门市部就在苏联大使馆对面,发行苏联小说和报刊,很有宣传作用。

补充两个座谈会的情况:

(一)京剧界艺友座谈会。这是上海京剧界比较进步的年轻演员组织的座谈会。参加过座谈会的人现在大都担任了各剧团的领导,包括上海的大舞台、共舞台、天蟾舞台、中国大戏院和上海京剧院等。如吕君樵、林鹏程、吕君武、安徽合肥的徐鸿培、武汉的武生、在大舞台演过连台本戏的郭玉昆、福州的袁灵云(现已回上海)、北京的李慧芳、小杨月楼的女儿杨菊苹、李瑞来、朱春霖、马绮兰等,当年都是在我党领导、影响下的进步演员。我是一九四四年参加这个座谈会的。

(二)还有一个座谈会,一九四三年底到一九四五年初是傅雷发起的,两周开会一次,起初在傅家,后来轮流在参加者家中召开。有搞英国文学的早期戏剧理论家宋春舫之子宋绮(现在香港中文大学任教),有建筑工程师邝某,数学家雷坦(现在安徽大学),还有音乐家沈知白等人,我算是苏联文学研究者,还有律师、医生等各方面的专家。座谈会没有名称,目的是交流各方面的情况,把自己专门研究的东西作为专题报告,拿到座谈会上来介绍,并写成文章准备在抗战胜利后发表,办了一个杂志《新雨》。这座谈会影响虽不大,但在抗战末期在上海有这样一个座谈会,参加者要有冲破困难环境的勇气是不容易的。

同这座谈会有关的几件事提一提:参加这个座谈会的有一个从北京故宫来的杨新×,在上海开照相印刷厂(珂罗版)。他发明在牙膏管上印图画,黑人牙膏上的图画就是他印的。他很有才能,追求进步,他通过傅雷找我,再找梅益同志到解放区去,回来后大谈解放区如何好。他在高级知识分子中宣传,影响很大。

　　傅雷在抗战胜利后搞争取和平停止内战的签名运动，他找到马叙伦一起商量，由我介绍梅益到傅家和马谈话，后又约了陈叔通和梅益谈，我介绍了几个人参加到这个圈子里：有北洋军阀时期的部长张国淦，还有刘垣，民族资本家，在华北有几个煤矿，怕八路军没收，我劝他不必担心，他也参加签名。傅雷还找张元济签名。这五人发表了呼吁和平的声明。接下来陈叔通、马叙伦、许广平、周建人搞民主促进会。傅雷是发起人之一，但他没有担任重要职务，他逐渐退出了。傅雷在抗战胜利后办《新语》杂志，发表了不少篇文章，他对苏美关系的看法与我党观点不同，《时代日报》曾批评过他。他在《家书》中提到这件事。

　　还有一个陈陶遗，我和他有往来，他为我们写《时代日报》报头。清末，汪精卫在北京刺摄政王，他在南京刺端方，是当时国民党分派的任务。陈被抓后姓陶的官员认为他年轻有为，把他开脱释放了。抗战期间，他在上海隐居。他没跑到汉奸那边去，也反对蒋介石。蒋介石认为他不到汪精卫那边，对陈尊重，所以国民党有人从重庆来上海，都关照要去看望陈。国民党在上海的吴绍澍等人也经常去看他。抗战胜利后展开的反内战运动，陈也参加，他介绍我认识刘垣。我把几个老人介绍给傅雷，傅雷把马叙伦、陈叔通等带到张国淦住处去，起草声明，共同签名。陈叔通在签字后出来说，张国淦有"再作冯妇"的打算。张国淦曾经对我说，蒋介石确曾接他飞往重庆共商国事，他回沪后蒋没有用他，是否因为他反对过内战？

　　再补充一些，通过一些党外人士做各种工作。如赵邦镱，小译报是他和丁君匋出面到工部局去登记的。他是××洋行买办。赵在抗战前在夏衍、袁牧之搞的电通电影公司（拍过《桃李劫》）当经理，大译报赵还是经理。解放后我任对外文化联络处处长时，他任副处长。后在"三反"时被打成贪污，以后撤职一直被斗，"文革"中去世。

　　袁励康，在哈尔滨加入青年团，我们常利用他在上海开的煤号同梅益同志接头，抗战和解放战争时都利用过。还有江闻道，《求知文丛》是江管的，江闻道给我起了笔名叫博知。老唐笔名叫志刚、志强，在这个刊物上发表文章；借蔡叔厚的电机厂做联络点。袁励康不仅把他的地方借给我作接头地点，还拿出钱来同江闻道合作办剧团，还协助在解放区与上海之间运输物资到解放区办工厂，还负责办理解放区与上海间汇款业务，我们可到他那儿去借款。徐迈进同志（文化部顾问）、田汉同志等与我都常在袁那里碰头。杨帆也与袁有关系，现在歌剧院当顾问。当时我们利用各种群众关系搞统战工作。

英国人弗利特是我在哈尔滨的同事,他在上海霞飞路开书店,办"快讯社"。我在他的书店里买到《真理报》、《布尔什维克》杂志和许多苏联报刊,为《译报》、《神州日报》、《导报》翻译了不少文章。"孤岛"时期袁殊办《杂志》,由汪馥泉(复旦大学教授,汉奸文人)主编,每期要有一篇苏联文章装门面,我给他们选择不少分析世界经济、政治情况的文章。国民党的报纸,我也经常利用发表文章和译稿。其中孔祥熙系统的《大晚报》,通过徐怀沙的关系,发表的文章最多。我译的《上海——罪恶的都市》小说,就是在该报连载的。在李伯龙主编的《剧场艺术》月刊上译了不少苏联戏剧著作,其中斯坦尼斯拉夫斯基体系的名著《演员自我修养》就是该刊发表的。从一九三八年到一九四一年我没有职业,都是靠译稿、写稿维持一家生活的。一九四一年底才从时代出版社得到工资,直到一九五二年调到北京。在上海期间,在文委领导下所做的工作,从文学到戏剧,从报刊到出版,从左派人士到一般社会人士,从中国人到外国人,都带有明显的统战性质。

原载《上海党史资料通讯》第 7 期,1984 年 8 月 23 日

梅兰芳与中国戏剧

在国内,梅兰芳一直被尊为京剧的杰出表演艺术家。在国际剧坛上,梅兰芳被目为中国戏剧的代表人物。

早年,外国人熟悉或研究中国戏剧、首先是中国京剧的,为数不多。我国的近邻日本,则有一些专门研究中国京剧的人,如青木正儿编写《中国近世戏曲史》和署名"听花"的剧评家,是比较著名的。二十年代到五十年代之间,上海别发洋行和伊久思书店出过一些介绍京剧的英文书籍和画册。但对外发行不多。真正使外国人了解中国戏剧的是梅兰芳。梅兰芳是带着中国戏剧到外国去演出的第一个人。一九一九年和一九二四年两次去日本演出,一九二九年底至一九三〇年春去美国,一九三五年去苏联演出,这才使国际剧坛上直接看到了中国戏剧。程砚秋去法国等西欧国家,没有演出;周信芳在抗战胜利后,计划去苏联和欧美各国,因解放战争迅速发展,没有去成。所以梅兰芳是最早把中国戏介绍给世界剧坛的中国戏剧家。

梅兰芳去日、美两国结识了彼邦不少戏剧家和艺术家,在苏联又结识了大戏剧家如斯坦尼斯拉夫斯基和梅耶荷德等,以及德国的布莱希特,他们从梅兰芳的演出中作出一个结论:中国戏剧有高超的表演形式,值得他们的戏剧借鉴。

现在京剧到外国去演出的次数愈来愈多。京剧出国被译为"北京歌剧"(Beijing Opera)。这种译法有两个缺点:一、京剧不单纯是歌剧,而且在外国,主要不是演歌唱部分,而是选演一些以开打或表演为主的戏;二、京剧也不单纯是北京的戏剧。京剧究竟是北京的戏剧还是中国的戏剧?中国各地的戏曲共有三百六七十种,如果说京剧是北京的戏剧,那就是三百六七十种戏曲中的一种,是北京的地方戏,那么究竟什么是中国戏剧呢?

一九二九年底梅兰芳到美国去时,曾经为梅兰芳编过不少戏的齐如山,写了一本书名为《中国剧的结构》，把组成京剧的全部内容、演员的出场下场、表演程式，以及唱腔、乐队、化装、服装等等都作了使西方人容易理解的介绍。远在半个世纪以前，齐如山就对京剧作了正确的解释，提出了"中国剧"这一名称。

一般中国观众说到京剧，他们的理解是：这是指的千余年由历代杂剧、传奇、弋腔、昆剧、皮黄戏等逐步发展而在北京形成的一种全国性的近代戏剧，它有异于各地的地方戏，普通观众早就把京剧称为"大戏"，以示有别于各地的地方戏。因此，我们把京剧介绍给外国人就不应该说是北京的地方戏。

这里不单纯是一个正名的问题。本文想从"中国剧"这一概念来阐述中国戏剧的特点，以及梅兰芳对中国戏剧的贡献，并且连带说到中国剧的发展（改革）及其前途。

戏剧也和其他形式的艺术一样，是适应经济和政治形势发展的产物，在明末清初差不多三四十年的动乱期间，政治发生大变化，经济受到大破坏，人民遭到大迁徙，戏剧受到大摧残。但是，戏剧作为最敏感、最能反映人民生活及其思想感情的艺术形式，不会因为受到摧残而偃旗息鼓，不去反映这个时代，它即使以残破粗疏、因陋就简的形式也会和群众见面。

声腔剧种本来是在全国各地流传，互相影响，互相渗透；各地方言和民歌吸取外来的唱腔音乐，结合、糅合成新的声腔剧种。明末清初的大动乱，使人民随着大迁徙而把各自的声腔剧种更广泛地带到异乡异土去。从元代即开始的昆腔经过了七百多年的反复升降，终于在清代逐渐衰落。高腔、梆子、乱弹各有千秋地四处流传，发挥作用；安徽、湖北传出的西皮、二黄进入当时的京城，形成新的剧种皮黄戏。急管繁弦、慷慨高歌代替了昆剧的轻歌曼舞。梅兰芳这位杰出的表演艺术家出现在皮黄戏发展为京戏而且正在方兴未艾的时期，也就是清末民初各方面要求革新、"五四"运动打起革命旗帜的时期。

京剧一方面是唐宋元明以来各剧种嬗递而发展到皮黄的历史产物，另一方面又是半封建半殖民地新旧转换时期的新剧种，在这个时期出现的梅兰芳的戏剧活动必然打上了时代的烙印。改革是时代的要求。京剧要生存要前进，必须适当地革新，这也是京剧本身的要求。梅兰芳和其他许多京剧革新家，肩负了这个重任。值得重视的是梅兰芳在新时期的独特贡献。

在戏剧艺术上，要革新，首先要有坚实的艺术成就为基础。梅兰芳在青少年时期勤学苦练基本功。他学的是青衣这一行当，他在勤学青衣唱腔之后，不满足于一个青衣行当,又学闺门旦、花旦、武旦、刀马旦的功夫,他还下苦工夫学习昆腔。这是一个很扎实的学习过程。要有重大的抱负才能下这样的决心。在当时京剧界行当分工十分严格的环境中,能冲破清规戒律,本身就是一个革新行动。当时京剧界存在一种观念:有嗓子就不用练功。梅兰芳没有被这个因循保守的旧观念所俘虏,他下苦工夫练身段,练各种武打技术。他掌握了这些基本功,就有条件考虑冲破旧框框。他不满足于穿着素褶子,两手交叉地捂着肚子,坐在台中央,只管提高嗓子傻唱的青衣角色。他学演文静的闺门旦,活泼的花旦,威武妩媚的刀马旦和武旦等种种行当角色,从而创造出青衣和花旦相结合的"花衫"。

梅兰芳还不满足于演唱多种旦角行当,他首先把革新工作放在唱腔上。他把当时还有些粗犷的旦角腔调,改得柔和婉转、优美动人,把唱腔根据剧情和人物性格以及当时当地的情绪唱得有感情、有内心思想。

他还不满足于这些改进,为了更好地衬托剧情和角色的心情,他大胆突破,对场面(乐队)进行改革,首先在京胡之外,增加二胡作伴奏,使伴奏的音色更柔和更优美,受到观众欢迎,得到同行的支持和赞美。

另外一个重要贡献是化装的改革,旦角原来是大开脸,他改用"七道弯"来代替,使妇女的形象在舞台上显得秀丽和妩媚。服装上,特别是把古装引上京剧舞台,是梅兰芳的又一个重要贡献。

从头到脚(不踩跷)都加以"革新"之后,他还试用过简单的布景和灯光,处处从美的要求出发,使之适合室内剧场的演出。

这些都是梅兰芳在许多前辈的协助下对京剧的革新、美化、提高所做的重大贡献。概括起来说,是歌与舞的改革和丰富。京剧产生于中国传统戏发展的历史新阶段,它像过去历代每一阶段的新兴戏曲一样,是"歌舞剧"。歌与舞是京剧的基本组成部分。梅兰芳对于中国戏剧的最重大的贡献就在于紧紧掌握住中国戏剧的这一特点,从这个特点出发,使京剧臻于完善,升华为美的结晶。

戏剧作家吴祖光把"歌舞剧"三字拆开来,称之为"歌、舞、剧",阐述了正是这三个要素构成京剧。这是很有见解的提法。这说明,中国剧有歌有舞,还要有戏,使中国剧臻于完美,就必须着力于歌、舞、剧三者的关系,并且要有合情合理的、引人入胜的剧情,剧情更要有正确的思想内容。

梅兰芳深谙中国戏剧的特点,除歌舞之外,也注意剧情的思想性,抗战前编演的《生死恨》、《抗金兵》,解放后的《穆桂英挂帅》,都是这一方面的表现。

梅兰芳所以取得突出的艺术成就，正是他懂得中国戏剧以及整个中国艺术的特点。他二十多岁时学习绘画，他在绘画中悟出不少美学的道理。有些戏的创作和排练，有些戏的改革和创新，就是从绘画中得到启发进行的。从画仕女、佛像，产生了演"古装戏"、丰富舞蹈的想法，《嫦娥奔月》、《天女散花》、《麻姑献寿》、《西施》、《洛神》、《葬花》等古装戏和古典舞就是从画到舞到歌的创新思想与美妙设想的实践。

美学家宗白华曾经说："线条是中国形象艺术的特点。""埃及、希腊的建筑、雕刻是一种团块的造型。米开朗琪罗说：一个好的雕刻作品，就是从山上滚下来也是滚不坏的。他们的画也是团块。中国就不同。中国古代艺术家要打破这个团块，使它有虚有实，使它疏通。中国的画特别注意线条，是一个线条的组织。中国雕刻也像画，不重视立体性，而注意流动的线条。中国戏曲的程式化，就是打破团块，把一整套行动，化为无数的线条，再重新组织起来，成为一个最有表现力的美的形象。""由于把形体化成为飞动的线条，着重于线条的流动，因此，使得中国的绘画带有舞蹈的意味。"

梅兰芳是深刻懂得绘画与戏曲的关系的，他特别懂得中国传统绘画与传统戏曲中舞姿的关系。他的许多戏中角色的形象，角色的服装和扮相，特别是面部化装和发髻等，都是从画幅中找到资料，"幻想"出戏的演法、舞蹈的设计等等。他也认为画上的线条是动的停留，戏中的动作是线条的动态，"亮相"就是线条的停留。他在《从学画谈到〈天女散花〉》一文中说："画的特点是能够把进行着的动作停留在纸面上，使你看着很生动。所以必须要有优美的亮相来调节观众的视觉。"他认为在戏里要用亮相来体现画上的形象，因此他在《天女散花》里尽量多安排亮相，把敦煌壁画上的飞天形象较多地呈现在观众的面前。

中国传统画和雕塑与戏曲的演出有艺术上的共同点；同样，戏曲中的音乐和歌唱以及舞姿也和绘画有密切关系。这是中国艺术的一个特点。

中国戏曲中的音乐和唱腔是一块一块的、可以配搭起来的材料，京剧中的〔西皮〕、〔二黄〕两大家族中的板与腔，以及数以千计的短小曲牌，可以千变万化地搭配，每演一个戏，每一个角色的唱段，每一个唱段的曲调，不用作曲家重新创作，而是从取之不竭的乐曲、曲牌中选取最适合的乐句和段落、板眼和腔调，作合乎音乐和艺术的搭配，所以京剧和其他剧种，把这种选择和搭配，叫做"设计唱腔"，而不是创作乐曲。从音乐观点来说，西方的歌剧，由作曲家分别作曲，一个剧一套曲，因而有人把中国戏曲从曲海中拣出珍珠、珊瑚来搭砌成蔚为奇观的艺术品,视为低级和落后。曲海拾珠,搭成璇宫珠殿是中国传统戏曲的特点。正如绘画与西方油画不一样,中国画家是把一草一木、一竹一花、一鸟一物、一山一水,都一再习练,画之娴熟,然后出于艺术的构思,以之绘成巨幅,这是中国传统画的特点。又如诗词家掌握四言、五言、七言的诗词格律、长短句的词牌,掌握无数词藻,写出千变万化、千姿百态、意境万千的诗篇词章。西方诗作,也有十四行诗,扬抑格、抑扬格等格律,但与中国的传统不同。我国有我国的特点,西方有西方的特点,不能以此分高低与良莠。当然,中国固有的特点,在它之外,也不妨碍创作出定本、定曲、定调的歌剧,这是另外一回事。

  中国戏曲的表演有一整套程式,不同的戏,对于相同的场合和类似的人物,根据一定的情节,可以采用现成的程式使用特定的动作。化装,特别是脸谱,也有同样的情况。服装也有成套的规格,服装不分朝代而分官职和身份。这些都是中国戏曲的特点。凡是特点,有它的优越之处,也必有它的局限。

  梅耶荷德、布莱希特等西方戏剧家看过梅兰芳的戏曲表演之后,很快地得出一个对中国传统戏曲的结论:"有规则的自由活动。"这便是我们所说的程式及其运用。这是一语中的的话。中国各种形式的艺术,特别是中国传统戏曲,都有这种特点。梅兰芳就是在这个有一定规则的自由天地里进行无限美好的自由活动。在歌唱的自由天地里,创造出无数美好的唱腔;在一定程式中演变出无数美好的舞姿和动作;在服装和化装中也根据历代曾经有过的形式和绘画、雕刻以及许多书面资料中开创出无比瑰丽的新场面。梅兰芳在这一切方面的杰出贡献就是他能掌握中国艺术、中国戏曲的特点,推陈出新地做出他匠心设计的、驰骋他艺术幻想的新贡献。

  梅兰芳的巨大贡献,或者说他所完成的历史任务,是继往开来,接过旧的,完善当时的,发展将来的戏曲事业。

  中国戏曲发展到京剧这个阶段,京剧发展到清末民初这个阶段,它还要,并且必然要继续发展下去,要有一个能肩负这个历史重任的大戏剧家,他必须是根底很深的掌握戏曲全部艺术、技艺、功夫的京剧艺人,哪怕他是演员而不是剧作家,哪怕他是旦角而不是老生(京剧曾经有一个时期以老生为主,从梅兰芳开始,以旦角为主,后来又是生、旦、净、末、丑比较平衡的发展),梅兰芳正是那个时期出现的各方面都具有符合客观要求的众多条件的人物。他有苦练成材的基本功,他有绝妙的嗓音,他有适中的身材,他有优美的扮相,他有进取的事业心,他有比较进步的思想,他有接受新事物的精神。更重要的,他谦虚,人缘好,尊敬前辈和同辈,爱护小辈。

在他之前,已经有好多老艺人在自己活动时期,积极改进京剧艺术,特别是梅兰芳的老师王瑶卿在唱腔和表演等方面开始了一些改革和创新工作,王瑶卿中年倒嗓,他的未竟事业很自然地落在梅兰芳肩上。梅兰芳进行一项改革,莫不征求前辈和同辈的意见;有所改革的尝试,莫不请这些老艺人和有成就的同辈艺人去观看,倾听和采纳他们的意见,加以修改;有所成功,他不居功,因此别的演员即使有什么新点子,也推梅兰芳出来尝试,因为他的声望和艺术适于做这种工作,容易取得成功。

梅兰芳在他的一生中,特别是在他精力充沛的前五十年,身体力行地做了各种尝试,使京剧大大地向前进了好几步,他所做的工作,是继承了前人开始而没有完成的事业。这是"继往",还有不少"开来"的工作,要由新一代人继承和发扬光大下去。

在承前启后、继往开来的事业中,新的一辈人,要把京剧艺术向前推进的任务接过来。京剧作为中国戏剧,必须继续改革和前进,一二百年来,京剧一直是在改革中前进的,今后也一定要在改革中前进。

梅兰芳一生对京剧所做的改革,形成了一种流派,称为梅派。今日梅派的演员责无旁贷的任务,要更积极地和京剧的其他行当、其他流派,团结合作,向前迈进。有些梅派演员,把梅兰芳的一腔一调、一举手一投足都奉为师傅定下的规章,不敢逾越一步,这种墨守成规,正和梅兰芳一生改革的所作所为背道而驰,是阻碍京剧前进的保守态度。梅兰芳的改革,不是为了让他的流派传人停滞不前。

现在许多人喊出了"京剧往何处去"的呼声,在谈论京剧是不是发生了"危机"的问题。

京剧作为中国戏剧,不会衰落消亡,问题是要解决前进方向道路的问题。京剧是从皮黄戏发展而来的,在皮黄戏之前有梆子、有乱弹、有高腔、有昆剧、有弋腔等等,更往上溯有南戏、有杂剧等等,是继承了前者,形成了自己,以后应该是怎样发展到更新更高的阶段。

中国戏剧要保持其兴旺发达的青春,戏曲界要团结合作,开创新的局面,而不是固步自封。中国戏剧(不单纯是京剧)各有自己的特点,要抓住自己的特点,像梅兰芳那样掌握自己剧种的特点,顺应时势,合乎潮流,开创新阶段、新局面。京剧是中国的歌舞剧,从这一点来出发,刷新中国现代的歌舞剧。用歌舞剧这个名称,并不是说要按照西方歌剧、舞剧、音乐剧的模式,弃绝京剧或其他中国戏曲,生搬死套地建立西方式的新歌剧、新舞剧。京剧从中国固有的传统戏发展而来,新的歌舞剧也必然是从中国各种传统戏曲,包括京剧发展而来。从这个意义上说,中国民族音乐家沈知白先生曾说的:中国新歌剧创立成功之日,就是京剧改革成功之时。我觉得是有道理的。

梅兰芳一生善于推陈出新,善于接受新鲜事物。三十年代梅兰芳在上海演出时曾请一位研究中国民族音乐的犹太作曲家阿甫夏洛穆夫经常去看他的戏,请他记录他的唱腔,然后谱成新曲,试用现代管弦乐队伴奏,排演新戏。当时他周围有些人担心他用管弦乐队伴奏演出新腔,会使他好不容易取得的成就遭受失败而名誉扫地,因而,这种新的尝试没有进行。但从这件事里也可以看出梅兰芳同志是有大胆接受新鲜事物的创新精神的。

我们纪念梅兰芳同志的九十诞辰,要学习他的大胆创新的精神,要紧紧掌握中国戏剧艺术的特点,努力创造出合乎今天时代的、具有中国民族特点的中国戏剧。

原载《戏剧论丛》第 3 期,1984 年 9 月

周信芳和戏剧革新

一九六一年十二月，纪念周信芳舞台生活六十年时，田汉在赠周信芳的诗中说：

　　六十年来磨一剑，
　　精光真使石金开。

周信芳的这把剑，就是他的舞台艺术。剑愈磨愈精光锋利，艺术愈练愈精湛高深。

戏剧艺术也像任何事物一样，都是在不断磨炼革新中前进的。周信芳的舞台艺术，也是在不断革新中前进的。

革新首先要有基础。周信芳从小学艺，七岁登台献艺。幼年时学基本功，稍长，继续向师长学习，毫不懈怠。他曾说，在艺术上他是一个"贪多无厌"的人。正因为他有多学多练、不厌其多、只虑不够的胃纳和很大的意志和胸襟，他才能为演好各种生活领域的戏，为演好各种类型与性格角色的戏，收藏和贮蓄了应有尽有的丰富的传统珍宝。这艺术宝库，为他后来发展和创新打下了坚实的基础。

再稍长，在青少年时期，在学艺和演戏六七年之后，又到北京进喜连成科班，与梅兰芳等同台演出。接着到上海这个戏剧天地极为宽广的大都市搭班演出，他学习的对象更多了。他和谭鑫培、冯子和等老一辈艺术家同台演出。他极为钦佩谭鑫培，尽心向他学习。荟萃在上海的其他革新派演员汪笑侬、潘月樵、夏氏兄弟等，都成为他可资楷模的学长。周信芳除了学习众家之长，受到他们的熏陶，也和他们一样走上戏剧革新的路。这正是一九一一年辛亥革命前后,政治革新的思想和艺术革新的实践结合在一起,使周信芳成为那个时代剧坛上的佼佼者。

有戏剧传统的坚实基础,有技艺精湛的革新派演员为榜样,加上客观的政治改革的气氛,使周信芳走在京剧界创新的前列。他尝试编写了第一部新戏,是以林冲受迫害起而反抗的故事为题材的《英雄血泪图》。然后,出现了他个人的大发展和戏剧界的新局面。

周信芳的这段学好基本功、追随革新派到自己从事革新的实践路程,清楚地向我们指出:过去中国戏剧的发展,也是走这样的道路。

自古以来,中国戏剧就是这样以继承为基础不断革新而发展的。不革新就不能发展。一种声腔剧种徘徊不前,停止不进,就必然要没落消亡,被别的声腔剧种所代替。这种新陈代谢是历史发展的必然过程。原始社会的歌舞,到先秦时代逐渐出现专职的祀神祭鬼的巫人和为娱乐侯王贵族的乐人。在巫人乐人中出现有才能的人,有所创造发展,推动了歌舞的前进。秦汉之际,出现倡优、参军、滑稽、杰出的优孟人物,又改进了这些最初的戏剧萌芽。南北朝时期,西域各种歌舞形式逐渐传入中国,包括虎豹熊罴之舞的奇戏怪物,于是杂技杂耍、亦歌亦舞的各种节目纷纷兴起。百戏杂陈,各处表演,开辟了戏剧的新局面。到了唐宋两代,南戏北曲,此兴彼衰,或衰而复兴。传奇杂剧,交替变化。昆曲乱弹,弋阳梆子,徽班京戏,相继风行。辽金元明清,代代有新声。

每一声腔剧种的兴起,都各有自己唱腔、表演、技艺的特点。每一剧种之兴起和发展,除了客观的经济、政治原因之外,还由于出现不少杰出的艺术家起推动的作用。他们或者继承旧的传统,或者吸取邻近与远方的腔调和形式,进行移植、改革和创新。这些人物在历史上都有记载,使我们看出他们在戏剧发展史上所作出的贡献。从历史上看,戏剧在艺术上从简陋到复杂、从低级到高级,一直在革新和前进。代代出现革新人物,为戏剧开辟新路。戏班又培养出自己的杰出艺人,使本剧种发扬光大。每一重要剧种,都能各领风骚数十年到数百年。

周信芳磨剑六十年的情况,正是戏剧发展史中的一个缩影。他对戏剧发展起了继往开来的作用。

在继承传统和革新创造方面,他有正确的指导思想,坚持了正确的努力方向。掌握传统的戏剧艺术,但不能停留在已有的水平上"吃老本"。他认为,不是靠一技之长吃饭,而是要前进,但又不是为了革新而革新,更不是为了新奇而革新。首先要从政治上来考虑,要"能够知道世事潮流,合乎观众的心理,旧的错误大加纠正,讨厌之处大胆删改"。

周信芳编写新戏,包括《王莽》、《宋教仁》、《学拳打金刚》、《徽钦二帝》、《文天祥》等都是针对当时的政治事件(袁世凯称帝、刺杀宋教仁、殴打汉奸、发动抗战等),向民众进行宣传鼓动的。他改编旧戏,都是从"高台教化"出发的。

周信芳曾说,他愿意做"敢于破坏老戏成规的'罪人',也是个创造新戏革命的先进"艺人。

周信芳确信戏剧必须通过改革而前进,墨守成规只能使戏剧衰落。凡是有些作为、有些成就的老伶工、大演员、名编剧,都是主张随着时代的前进而有所革新的。清代著名剧作家李笠翁就说过:"变则新;不变则腐,变则活,不变则板。"

周信芳主张革新,反对陈旧死板,他有一个比较合乎辩证法的提法:"现在的旧的,就是当初的新的,过去就是将来的旧的。旧的戏剧能够添加新的思想,对观众有充分的影响,去芜存菁,彻底来改造一下,立刻就是新的。"这段话,他是在一九三〇年说的。那时有好多人对于上海剧坛上的革新颇有訾议,认为还是北方的所谓"京朝派"严格保守为好。

其实,京朝派和海派的说法是抱有保守成见的人们提出的。当初徽调,西皮、二黄调到北京,经过几十年的演变才成为京戏。它也是外来的,并不是北京土生的戏。京戏是从别的戏演变而来,不可能不再向前演变。京剧流传到别处,比如,流传到上海,也不会不有所改变。在上海演变了的京戏,称为海派京戏,这里有两种含义:一、带有贬意,说它把传统的京戏改坏了;二、有好的一面,说它是京戏的一种发展,是京戏进入了一个新的阶段。

但是,在上海以周信芳倡导和实践的戏剧艺术,人们又给它起了另一个名词:麒派。周信芳艺名为麒麟童,他的名字在上海以及江南一带,几乎家喻户晓,把他的表演和唱腔,称为有别于京朝派和海派的一种新的流派。这是很值得注意的命名。周信芳(麒麟童)有充分根据并有充分成效地革新了原来的京剧,从唱腔到念白,扩充了曲调,修改了服装化装,特别是提炼了、加强了、美化了表演艺术,并且把思想内容和人物性格也大大提高和突出了,已经不是京朝派的京戏,也不是上海流行的"海派"京戏。它应该有一个独特的名称,这便是麒派戏。

有人把专门用低级趣味、一味用机关布景、用庸俗的形式来迎合一部分观众的"海派戏"称为"恶性海派",以别于正常的海派,并且把江南一带多年来形成的被称为"外江派"的戏,通称为海派,把这认为是京剧的一个发展,是京剧的一个新阶段。把更健康的麒派视为正常海派戏的核心,一个提高了的戏剧规范。这个提法也是有一定道理的。

周信芳本人没有谈过这些问题。值得注意的是周信芳三十年代以来在上海舞台上的做法:他也演连台本戏,他参加演出的几部连台本戏,如《汉刘邦统一灭秦楚》、《封神榜》、《天雨花》等是良性的海派戏。从中抽出的几出折子戏,如《鸿门宴》、《鹿台恨》等是长期保留的好剧目。他曾定下一条规矩:演连台本戏的舞台,每逢星期天,演半天老戏,他本人一定参加演出,并且常常是双出。

周信芳演的老戏,是经过精选、精改的。每周一场的老戏,极受观众欢迎。他既把老戏中的传统优良演技带进连台本戏,又把在连台本戏中加工修改的麒派演唱方法和形式带进老戏,他真正做到传统与革新相结合。有许多名演员,有的演连台本戏,不尊重甚至破坏老戏的传统;有的不参加星期天的传统老戏的演出;有的即使参加,也把连台本戏的甚至恶性海派的作风带进传统的老戏。对这一点,当时的广大演员和观众是看得很清楚的。周信芳这位麒派戏的创始人,确实是任何时间、任何地方都坚持自己的戏剧原则和戏剧体系的。他是一位地地道道的正派京剧演员,始终如一的真正的麒派艺术家。

麒派戏的主要特点是周信芳真正深刻地懂得了京剧的特点,懂得了唱、念、做、打的特点。这个特点来源于生活,又不被生活中的普通打扮、动作、语言所限制,而是经过提炼、归纳、夸张、强调、美化、风趣化了的,即程式化了的戏剧化装、做功、念白和吟唱。周信芳抓住了这些特点,再加以科学的、艺术的深化和美化,更为合情合理,又更为戏剧化和审美化地呈现在观众面前。外国戏剧不是这样演,许多地方戏也不是这样演,只有京戏是这样演。周信芳不断磨炼他的演与唱、做与舞。"六十年来磨一剑",他按照他的演出体系把京戏的唱做念打样样精炼到最高度,所以戏剧家阿甲把他称誉为"万能的演员"。

周信芳在麒派戏中,也在不断摸索前进,随着他艺术见解的日益提高,表演艺术的日益精湛,在晚年把麒派戏也锤炼得更为成熟,他少年时候的"火气",在晚年显得炉火纯青了。例如,他晚年演出的《四进士》、《打渔杀家》等老戏以及新编的《义责王魁》等新戏,把麒派戏引进到、升华到更高的境界了。

京戏一开始就不是北京的地方戏,尤其是它遍及全国和在以上海为中心的江南一带进行了健康的发展之后,是整个中国范围内的戏,是代表中国自古以来发展到今天的中国戏剧文化,是博收广蓄全国许多剧种的声腔、演技的中国戏剧。

周信芳一生走过的道路,由他继承旧传统和改革创新而形成的麒派戏,为中国戏剧提出了一个科学的、艺术的总结:中国戏剧必须继续革新,从音乐、舞蹈、演戏等各个方面,必须继续在改革的道路上前进,而不是墨守成规、保守旧章、停滞不前。周信芳一生的努力,只是为现代中国新戏剧开创新面目跨出了一些新步骤,更多的工作还有待今天的戏剧家继续走下去,而且要加紧步伐走下去。

周信芳磨了六十年戏剧之剑,他最后的十年没有能继续磨炼,在一九七五年被折磨而去世了。一九八五年是他逝世十周年也是他诞辰九十周年,这位杰出的戏剧革新家,是应该受到我们纪念的。

原载《戏剧论丛》第 4 期,1984 年 12 月

满洲省委扩大会议前后的杨靖宇

杨靖宇同志是党中央派到东北参加革命斗争的骨干之一。他原名马尚德，曾在河南确山领导农民起义；一九二九年春到东北后，化名张贯一，受满洲省委派，到抚顺、本溪、鞍山等矿区开展矿工工作；一九三〇年夏被捕入狱，"九一八"事变后获释。当时满洲省委已从沈阳迁到哈尔滨，他便到哈尔滨找组织关系。满洲省委先派他做哈尔滨郊区的反日会工作，并担任中共哈尔滨道外区委书记，后又任命他为中共哈尔滨市委书记。一九三二年秋，他和青年团员刘兆堤（又名刘过风）一起被派到南满盘石、海龙等县改组和领导那里的赤色游击队。杨靖宇同志迅速地整顿好这支队伍，开展了英勇的游击战争。队伍很快发展壮大，成为一支行动神速、驰骋于南满广大地区的一支马队，打出了中国工农红军第三十二军南满游击队的旗号。从此，他改名杨靖宇，任这支队伍的司令员兼政委。杨靖宇司令员及其领导的工农红军，在南满各地威信越来越高，南满一带的人民如"大旱之望云霓"，盼望他的部队去解救倒悬，而敌伪却闻风丧胆，"胡匪"性质的队伍或远避，或附和。这支部队声威大震，是高举共产党红旗的最坚决、最勇敢、最有效地打击日本"皇军"和"满洲国"伪军的强大部队。

一九三三年五月上旬，满洲省委召杨靖宇同志到哈尔滨来参加省委扩大会议。

在这之前，为了传达和贯彻党中央的《一·二六指示信》，中央派李耀奎、宋兰韵夫妇于四月间由苏联到达哈尔滨，李耀奎担任省委宣传部长。为了保证这两位同志的安全，省委组织部长何成湘同志征得我和我父亲姜岳安、母亲张长生的同意，安排他俩住在我家。在日伪白色恐怖统治下，地下党的活动极其艰难，而省委的领导同志又几乎都是南方人或其他省的非东北人，掩护极其困难。当时，我家是省委宣传部的秘密机关，没有闲杂人来往，我和四五十岁的父母住在一起。两位老人都十分同情革命,总是热情地接待来往的党内同志,而且警惕性高,同左邻右舍的关系也很好,所以,他们夫妇住在我家颇为安全。宋兰韵同志是浙江人,为了便于掩护,她拜我母亲为干妈。李耀奎同志的公开职业是北满翻译社的翻译。就这样,"干女儿"带着"干女婿"在"干妈"家住了一个月。这期间,没发生任何干扰,十分安全。后来,他们在哈尔滨找到适当的住处安了家。

杨靖宇同志还没到哈尔滨,省委就决定让他在我家暂住。当省委组织部长何成湘同志跟我父母商量让杨靖宇同志借住时,我母亲听说杨靖宇就是"老张"同志,非常高兴地表示愿意接待他。原来,一九三二年四月间,我担任哈尔滨团市委宣传部长,住在哈尔滨新安埠安顺街七十七号楼上,我家就是团市委秘密机关。那时,他化名张贯一,大家都叫他"老张同志"。作为市委书记,他经常到我家开会。杨靖宇同志彬彬有礼,平易近人,和蔼可亲,特别善于照顾老人,常找空和老人拉家常,同两位老人建立了友好的关系。后来,老人听说他在外地搞军事工作,成绩很大,总盼望有一天能见到他。现在知道"老张"又要来了,自然欢迎。过了几天,何成湘同志把杨靖宇同志领到我家——道里中国十一道街(现西十一道街)十三号的半地下室,父母还是叫他"老张"。当时约定,"老张"是我的远房舅舅,一向做生意,这次是到哈尔滨来办货的。"老张"在我家饮食起居都很随便,真像自家人一样。他经常帮助我父母扫地,收拾房间,做些家务事,有时出去还带回些吃的给老人,我们和睦相处,关系融洽。

杨靖宇同志到我家的第一天,省委的内部交通就送来了党中央的《一·二六指示信》,他如获至宝,细细研读,甚至对个别字眼一再推敲,反复体会。读完后,他激动地说:"中央和国际总是这样站得高,看得远,抓得准,说得深。我们在这里,在现场,在接触实际的地方,却看不清楚,不会分析,把握不定……"这封指示信,他一连读了好几遍,第二天、第三天,他还拿出来阅读。

在省委扩大会议上,杨靖宇同志和其他与会同志对指示信没再进行更多的讨论,传达也较简单,因为这时大家已经完全熟悉了指示信的内容。对于中央分析形势后所提出的新的路线和方针,大家都没有不同的意见;要讨论的主要问题是如何采取具体措施,贯彻、落实指示信的精神,完成指示信中提出的任务。

杨靖宇同志在会上提出的唯一问题是怎样,特别是在什么时候,把已经受到群众拥护和东北各地武装力量领袖重视的中国工农红军的旗帜卷起来,打出人民革命军的旗帜,也就是说,要对群众做哪些换旗的宣传准备工作。他认为,在充分做好宣传解释工作之前,不能遽然换旗、换口号。

省委扩大会议之后,杨靖宇同志日夜考虑的就是这个问题,同时也做了不少准备性工作。他一方面请当时经常到我家、后来在哈尔滨办口琴社的袁亚成同志吹口琴,自己打着拍子学唱《国际歌》,一方面连续几天埋头撰写《人民革命军军歌》。

为了贯彻执行中共中央在《一·二六指示信》中提出的适合东北特殊情况的新路线,必须以杨靖宇同志所领导的中国工农红军第三十二军各支赤色游击队为主要力量,在以盘石县为中心的南满各地开展卓有成效的军事斗争。因此,他要返回南满游击队。大约是六月初的一天,他换上了一身半农民半商人的短裤褂,把脱下的一身灰色哔叽大褂和一床花布褥子,送到当铺当了,让我母亲替他保存当票。他说:"我把衣服和褥子存在当铺里,当来的钱子在路上花销,等我下次来哈尔滨再赎出来穿用,请你代我存着这张当票。"我母亲说:"当票一年期满,到时候一定要赎出来,不然就成'死号'了。"杨靖宇同志说:"我不到一年就要再来哈尔滨的。"他估计,不出一年就得重来哈尔滨,向省委汇报改组工农红军和建立东北各地抗日武装统一战线的情况。

杨靖宇同志是真想再来哈尔滨的,然而,他没能再来。一方面,为了组建抗日联军,他奔忙于东北各地做说服工作和组织工作,没有可能来;另一方面,由于设在哈尔滨的满洲省委于一九三四年四月遭到了大破坏,即使他来到哈尔滨,也无法同组织取得联系。

我母亲一直把当票保存得好好的,盼望着"老张"同志再来哈尔滨。第二年春天,她好几次把当票拿出来,让我看看是不是快到满期的日子了;其实,她不是不知道满期的日子,而是怕杨靖宇同志的衣物赎不回来,对不起他。后来,令人焦虑的限期已到,而"老张"同志却没回来。于是,老太太自己花钱,贴上利息,把杨靖宇同志的东西赎了出来,晒了几回太阳,珍藏在箱子里,一心一意地等候"老张"同志回来,好物归原主。

我和别的同志都告诉她,杨靖宇同志正在南满、北满的许多地方打仗,战斗生活很紧张。另外,当时的报纸也有时登载关于杨靖宇的简短消息,老太太善于从字里行间猜出游击队获得重大胜利的喜讯,所以,就更加珍爱那哔叽大褂和花布褥子了。

一九三六年,我离开哈尔滨到上海工作,我父母留在哈尔滨;直到一九三八年秋天,他们才搬到上海和我一起居住。母亲把杨靖宇的大褂和褥子也带到了上海,并且每年夏天都拿出来在太阳光里暴晒一天。她仍然不时地打听杨靖宇同志的消息,担心"老张"同志找不到我家的新住址。我告诉母亲,通过组织是容易联系上的,但她还是不放心。

全国解放后,我得知杨靖宇同志已经牺牲,便把消息告诉了母亲,母亲哭了几场。她有时从箱子里取出大褂、褥子来看看,含泪重新叠好。一次,我和别的同志谈起杨靖宇同志的头被日寇砍下来,挂在城门上,母亲不许我们说"头",坚持要我们说"元宝"。她是根据民间都把被敌人砍下"示众"的农民起义领袖和战士的头尊称为"元宝",才这样说的。

一九五二年,我家搬到北京,当年在哈尔滨经常到我家的满洲省委组织部部长兼宣传部长何成湘同志找到我家,详细介绍了杨靖宇同志壮烈牺牲的情况。我母亲又哭了一场,说她二十年来一直妥善地保存着"老张"同志的衣物。何成湘同志说,他可以把这些遗物送到哈尔滨的东北革命烈士纪念馆永久保存。母亲第二天就把大褂和褥子拿出来,暴晒一天,用包袱皮仔细包好,等何成湘同志又来时,交给他送往哈尔滨。递交包裹时,老太太不免又流下了眼泪。

现在,这两件杨靖宇同志的珍贵遗物,还陈列在东北革命烈士纪念馆里,供千千万万的群众瞻仰。它激励着人们学习革命烈士的精神,继承革命烈士的遗志,为振兴中华、实现四化,像革命先烈那样工作、学习和生活。

原载《哈尔滨研究》1985 年第 1 期

"上外"的节日

简短的回顾

今天的上海外国语学院是从一九四九年的上海俄文学校、一九五二年的上海俄文专科学校发展而来的。在庆祝上外建校三十五周年的时候,很自然地会回想起它的前身——上海俄文学校初创时候的一些情况。

约在开国大典之后不久的十一月间,上海市委通知我去谈一个问题。我应命前去,市委副书记刘晓同志接见我。他说:党决定办一个培养俄语人才的学校,一要赶快筹备成立,二要用速成的办法进行培训。

我接受这个任务后,立即作出计划:分初级、中级、高级三级制;高级班招收俄语已有初步基础的人,中级班的对象是学过一点俄语的人,初级班招收没有学过俄语的人。这个学校取名"上海俄文学校",由我出面在报纸上登广告,借时代出版社编辑部(在淮海中路逸村二号)为报名地点,借山海关路育才中学为考场。考试结果,共录取了二百多人,高级班只有十几个人,中级班稍多一些,其余是初级班。

党决定把这所学校附设在华东人民革命大学(当时设在苏州),以停办的暨南大学为校舍。于是一切事务,我和华东革大校长舒同同志联系办理。舒同同志派革大的三部主任涂峰同志来当副校长,金昔明同志为教务主任,张沛同志为行政处长,他们都是解放区来的老干部。

学校一开学,像革大一样,对学生先进行思想教育:改造思想,学好俄语,为人民服务。当时"上俄"是干部学校性质,不收学、膳、宿费,毕业后分配工作。

第一个来作政治报告的是陈毅同志。他一见到我们"校领导",就批评我们办学"小手小脚","何不招个五百、一千的学生?"第二期我们就按照他的指示,扩大招生名额。陈毅同志很关心我们学校的成长,我们在经费、校舍方面有困难就去找他,他总满足我们的要求。"上俄"的大门本在东体育会路,面对一片农田,旁有一条河浜。现在西体育会路的大门内,原是一个大院子,除一座楼房外,还有假山和游泳池,这是一个部队的驻地,陈毅同志根据我们的请求,批准拨给我校,这就是我们"上外"现在基地的一部分。陈毅同志还派他的夫人、学过一些俄语的张茜同志到校当班主任。

刘伯承同志也很关心我们的学校,他特地从南京来参观"上俄",并且商得我们的同意,把学习了半年的两个班调到南京去充实军校。

以后学校又添设英语班,成立东语系,从云南、广西一带招来一批由印度支那半岛归国的华侨子弟,他们初步学过印尼、泰国、缅甸、越南等语言,入校上课,他们进步很快,后来移交给北京大学的东语系。

从上述情况可知"上外"是在党的直接关怀下成立和发展起来的。

迅速的发展

我在一九五二年一月恋恋不舍地离开了已经改名为"上海俄文专科学校"的、成立才两年多的这所"母校"。我调到北京工作后,开始几年,差不多每年都要回到母校看看,与同学和教职员工见面,给他们讲讲北京外语教育的情况。"上外"的领导同志和干部到北京开会或参观,总要找我谈谈学校的新情况。母校每年都有毕业生分派到北京工作,同学们都要来看我,大家见面,非常亲切。直到三十五年后的今天,每有同学晤面,还把我叫做"老校长",见面必絮絮怀旧一番,讲讲哪个同学分配在哪里,工作如何,生活怎样,谁结了婚,生了孩子。甚至有的有了孙子,也带来见见。涂校长、金主任,更是亲密无间,经常往来。

和母校的师生往来密切,对母校的成长发展,也就相当熟悉。

成长的重要阶段是一九五六年起从专科学校改为外语学院。"上外"逐年不断发展,面目日新月异,校舍迅速改观,早已成为名符其实的"外语学院",设有英、俄、德、法、日、西、葡、意、希、阿拉伯等语种,近年并成立了几个研究所,添设电教馆,创办了出版社,自设了印刷厂,出版了《外国语》、《中国俄语教学》、

《外语电教》、《阿拉伯世界》、《中国比较文学》等刊物。上海外国语学院和北京外国语学院一样,是全国重点外语教学单位,最近教育部正在考虑要把它们提升为外国语大学。

"文化大革命"中,"上外"也不例外地受到破坏和摧残,但十年动乱一结束,它又继续突飞猛进地发展起来。

我每隔半年一年到上海外国语学院去"探亲",总要看到一些新建筑;已经成长为学校领导骨干的旧同学们,领着我兜兜圈子,指指点点,哪些是新校舍,哪些是新宿舍,哪是新建的图书馆,哪是新辟的电教室,等等。每次参观,转弯抹角走去,上下观看抚摸,有的似曾相识,有的完全陌生。老同学热情地指出,"这是你讲过话的地方","那是你劳动时破土的小道","这不是你和我们一起拍过照的地方吗?""那不是我们曾经散步过的小道?"处处有依稀可辨的旧迹,实在有令人感奋的新貌!

地方在变化,人们在成长,当年十八九岁或二十来岁的青少年,如今已是年将(过)半百的中(老)年了,他们并没有"等闲白了少年头",而是在教学的岗位上成年累月地辛勤劳动,使这所全国闻名的学院培养出来的外语人才遍布全国,有的走到世界各地,它在世界范围内也不是籍籍无名的外语学府了。经之营之,迅速发展,是他们辛劳的收获。

涂校长、金主任献出了自己大半生的精力,就在校旁安居离休;后来到校主政的王季愚院长辛勤数载而离开我们了。我们看到当年在此孜孜不倦地学习的莘莘学子,现在亲手把这草草创立的学校步步扩大和发展为外语教育的最高学府之一了。最典型的是从这个母校茁长起来的胡孟浩同志,在掌握着这艘学府巨舟的大轮乘风破浪前进,他的成长生动地体现着这个学校的成长……写到这里,很自然地要高呼:热烈庆祝上海外国语学院成立三十五周年!祝贺它取得的飞跃发展和成就!

未来的重任

我们祖国在三十五岁华诞初度的时候,由于党和政府贯彻五年前确定的正确政策,全国大地上出现了农业和其他各项生产事业和文化教育事业的史无前例的繁荣兴旺的大好形势。从党的十一届三中全会到十二届三中全会两个历史转折点交相辉映之日,与中华人民共和国同岁的"上外",喜逢校庆,分外欢欣。对外开放,外语更为需要,上海市在内外经济发展方面更为重要,上海外国语学院的任务愈见加重。回忆过去,展望未来,要以十百倍高于过去的努力,迎接新的重大任务。在语种的添设方面,学生数量的增加方面,教学水平的提高方面,各种设施的扩大方面,工作要求的更加精进方面,都必须无比迅速地开创新的局面。展望未来,前程似锦!

校庆的举行成为今后更加奋发地工作的新起点,庆贺的真意在于化欢欣为迎接和执行新任务的力量!

原载《外国语》1985年第1期

我和梅兰芳、周信芳的交往

上海原是我国人口密集的第一大都市。抗战开始后,四郊和周围各地的居民多避居上海,人口陡增几倍,逐渐增加到四五百万人。一九三七年底,上海租界在周围广大的沦陷区中形成一座"孤岛"。但由于工业本来发达,各种生产企业应有尽有,形成孤岛之后,更成为一个完备的产业中心和集散之地。有发达的经济基础,文化和娱乐事业也必随之发达。这样,上海在八年抗战期间,仍旧是一个经济文化中心。

在文化娱乐事业中,崛起于孤岛的是话剧。随着话剧的发展,原来的"的笃板"绍兴戏和"本滩"的申曲,模仿话剧的分幕分场、灯光布景、化装服饰,形成新型的剧种——越剧和沪剧。"文明戏"受到影响,出现"通俗话剧"和"方言话剧";独脚戏、单口双口相声发展为"滑稽戏"。这些剧种各有自己的剧场,而且不止一个两个。其他表演形式和电影等也有了相应的发展。京剧并不因为其他许多剧种的兴起和兴旺而被排挤或稍衰,传统的老戏(折子戏)和连台本戏还是有广大的观众,而且增加了几个剧场。

京剧的两位杰出的表演艺术家——梅兰芳和周信芳,这时都在上海,前者怕被敌伪缠扰,以年老退居为名,留了胡子,蓄须明志,息影家园,不再登台。他的这个姿态,颇受群众尊重,称颂他是爱国艺人。周信芳则不同,他继续在上海舞台上不断演出,孤岛时期演,日军进入租界后也演,先在卡尔登大戏院连续演出,后在黄金大戏院继续演出。他最突出的是演一些有爱国内容、激动人心的戏,在孤岛时期演出《明末遗恨》,经常客满,座无虚席,戏票很难买,要通过种种关系,转托熟人才能买到。尤其突出的做法是,周信芳准备演出两本新编的戏《史可法》和《文天祥》,但是遇到种种阻难,一时不能上演,他不畏敌伪的明禁暗害,毅然把这两本戏的名称挂在舞台两侧,并写明"近期上演"字样。这赫然是两条标语，观众一进剧场，便肃然起敬，为看到这两位民族英雄的大名出现在大庭广众之间而精神振奋，把它们看做是向敌伪示威的爱国口号。周信芳还表现了高傲正直的骨气，汪伪的某些大头目要他到他们家里去唱堂会，表示祝寿和娱乐，他毅然拒绝。他明知这会有不可设想的后果，还是硬着头皮顶着。那些汪伪头目怀恨在心，居然雇用一批小流氓到卡尔登大戏院以看戏为名，当周在台上慷慨激昂、引吭高歌的时候，跑到台前喝倒彩，大声辱骂，要轰周下场，周还是坚持演下去，不为所动。群众拥护和卫护周信芳是一种难得的力量，使汪伪和流氓无计可施。周信芳的这些做法，是另一种爱国艺人的表现，群众很称赞，许多演员也以戏剧界有这样一位伸张正义的硬骨头演员而自豪。

当时中共上海地下党的"文委"，领导上海戏剧工作，计划要和在群众中有这样广泛良好影响的这两位艺术家联系，支持和帮助他们更好地发挥自己的作用。当然文委所关心的，不只是这两位杰出的艺人，还有整个京剧界。在孤岛时期，有些连台本戏也要有较好的思想，才能得到观众的喜爱，因为一般观众在抗战期间也进步了，并不满足于胡闹取乐。例如赵如泉在共舞台演出《济颠僧》、《欧阳德》这类的戏，也能抓取一些时新的语言，包括一些符合辩证法的道理，进行正面宣传或讽刺抨击。他在戏中演济颠僧给一个有洁癖的老太太治病，吐了一口痰做药，居然一吃病就痊愈；或者讲一些有骨气、不屈膝投降的话，以讽刺汉奸叛国媚敌的行为。

"文委"看到这些情况，认为京剧艺人和京剧观众，应当也是我党宣传工作的一个领域，必须把抗战建国、团结进步的思想灌输到这个圈子里去。我那时在"文委"工作，"文委"指示我设法打进京剧界，约在一九三九年我开始了这项工作。

先是计划组织一个演"改良平剧"的剧团，因为在上海战事末期，欧阳予倩同志曾和金素琴、金素雯姐妹一起组织中华剧团，演出他改编的《桃花扇》，以明末抗清的故事来影射抗日斗争，抨击汉奸丑行。这个剧团后来没有能坚持下去，欧阳同志去了后方，金氏姐妹还留在上海。剧艺社的一位同志，曾为中华剧团做过舞台装置工作，经他介绍，我们和金氏姐妹联系，她们同意出来组织剧团，可以找到一批志趣相投的演员和场面，但需要解决经费和剧场。通过赵朴初同志，找到好几位那时在上海办工厂企业很赚了一些钱的中层民族资本家，他们大多数是票友，而且和金素琴搭配登台演过戏，愿意投资做一些进步事业。有了经费，还要找剧场。这时周信芳离开卡尔登大戏院，转往黄金大戏院演出，卡尔登改为电影院。这个剧场，即现在的长江剧场，地点适中，并且已被周信芳演出了名，我们通过"文委"的黄明同志，找到一位双目失明但积极开展企业活动的资本家，拉上卡尔登大戏院周经理的亲戚关系，去和他商谈租借戏院的问题，另一位经理胡梯维也支持。周经理原则上同意拆账合作，认为金氏姐妹出来演出，在上海是能够卖座的。于是约了金氏姐妹一起到那几位民族资本家的俱乐部去直接商谈。初步商谈比较融洽，金氏姐妹提出，剧团人员可以少而精，但也要有必要的"四梁四柱"，由她们挑大梁，去招兵买马。

过了一阵，没有消息。我们不知是她们遇到了困难，还是有人说闲话，她们停止活动了。后来有人传来一种说法，说我是外行，和我难于共事。我确实是外行，不会哼一句京戏，更没有玩过票。有人说："你不是作为编剧去拉拢各方，进行活动的吗？"其实我想要编剧，还没有着手编写，我只是作为党的任务，大胆去开展活动，自己没有一点"资本"，和于伶同志作为多产的剧作家相比距离很大，他在戏剧界搞统战工作，组成剧团（上海剧艺社），租得剧场（辣斐剧场），演出获得成功。相比之下，我是完全失败了。

总结了失败教训，为打开京剧界的新局面，必须另辟蹊径。我在一九三九至一九四〇年间，正和苏侨（有时又改为美籍）作曲家阿甫夏洛穆夫友善，协助他搞舞剧和音乐活动，成功地组成剧团，演出几场。阿甫夏洛穆夫说，他和梅兰芳有友好关系。他是研究中国音乐的，曾用中国民间音乐旋律创作了中国题材的交响乐、钢琴、提琴协奏曲，中国舞剧《琴心波光》、《古刹惊梦》等在上海上演过，歌剧《观音》在北京演出过。他还写了歌剧《杨贵妃暮景》（未演出）、音乐剧《孟姜女》（后来在上海演出）等。他说，梅兰芳很尊重他在中国音乐方面的贡献，梅在上海演出时，经常请他去看戏。他记录梅的唱腔；为了丰富梅的舞台剧的音乐部分，曾建议梅试唱一些新的唱腔，并且为梅写了一些曲子。梅兰芳听了大有影响的支持者的忠告，不敢轻易尝试，怕一旦试验失败，影响他的声誉。

阿甫夏洛穆夫对我说："现在梅兰芳蓄须停演，住在上海，正有时间和条件，试用新乐器，演奏新乐曲，排些新歌舞剧，不必由他来演，但由他带头组织这种尝试，为创造中国的新歌剧，现在是绝好的机会。"阿甫夏洛穆夫认为我也有促进中国民族音乐、中国歌剧、中国舞剧、中国音乐剧建立理论的意见，由我去劝说梅兰芳，比他用英语去向梅说教要方便得多，有效得多。

我说，我不认识梅兰芳，人微言轻，也高攀不上。他说："我带你去拜访他，我向他介绍，我们一起去向他宣传，做工作。"还有一位在上海跳印度舞，教外国人印度气功瑜伽的英地拉·黛薇（捷克籍的斯特拉卡蒂夫人），与梅兰芳常有往来，也积极鼓动我们去做这个工作。

这时，阿甫夏洛穆夫正在一个美国人的资助下排练中国舞剧《古刹惊梦》，已到统排阶段（共三幕），想去请梅兰芳来看看，提些意见（参加舞剧排练的都是京剧演员，是用京剧的各种身段、功架、武打作为中国舞剧的基本动作），梅兰芳作为这方面的权威，指出得失，对于这个舞剧的演出会产生良好的影响。阿甫夏洛穆夫想以此为理由，去访问梅兰芳，由英地拉·黛薇陪同，一起去马斯南路（现为思南路）梅家。事先由阿甫联系。我正有党交给我的打进京剧界的任务在身，还没有实质性的开展，决定勇敢地去见这位京剧界泰斗。

在梅家的会客室里，在玻璃板下压着几只花蝴蝶的茶几周围开始谈话。起初，阿甫用英语寒暄了几句，就由我用中文讲述提倡中国民族音乐的必要，中国的京剧在表演和服装方面都有极高的成就，只是音乐简单，重复多，变化少，如果用国际通用的管弦乐队演奏以民族民间丰富多彩的旋律写出的乐曲，可以使京剧更加完美，希望梅先生组织一批有志于此的年轻演员作些试验，等等。梅兰芳对此表示赞同，但他说，他现在脱离舞台，退隐家园，难于出面举办这样的试验，即使不要由他出场表演，组织这种实验，现下也有所不便，他答应与有关朋友商量一下，由哪些人出来做比较合适。梅兰芳婉言拒绝了我们的建议。至于请他去看舞剧的统排，他欣然答应。

过了几天，他应邀去看了排戏，极口称赞，后来请他为舞剧演出的说明书题字，他也照办，正式演出时，也出席观看了。以后一段时间，举行茶会和演出，我们又一再见面，有时约略谈到京剧的改革问题，谈到从京剧中抽出舞蹈和武打部分，创建中国舞剧，把歌唱部分改造成为歌剧，音乐则逐步改进。梅兰芳对于这些设想和做法都是赞成的，我们也能理解他暂时不能参加实践的种种困难。

也就是在一九四〇年前后，我接近了周信芳。

我有一位同乡长辈，是我父亲和母亲的亲密朋友，他的儿子是我小学的同学，在家乡一直有往来。他原名尤金桂，从小爱演戏，先是"下海"搭班，后来索性自己"起班子"，到各地作"草台班"演出。一九二五年左右，到上海的各大舞台编戏，改名尤金圭。他除了写单出戏外，还编了不少连台本戏，如《封神榜》、《八仙得道》、《满清三百年》、《梁武帝》等。

《封神榜》是周信芳主演的，其中《鹿台恨》最为出名。一九四〇年左右，尤金圭被邀请到周信芳的身边编剧,就住在周家的亭子间里(长乐路七七八号)。我为了能接近周信芳,先是去看了周的《明末遗恨》、《斩经堂》等戏,并且开始常常请教尤金圭,熟悉京剧的种种特点,想学习写戏。这样做,无非是为打进京剧界另辟蹊径,央求尤金圭,把我介绍给周信芳。尤先在周的面前把我吹嘘了一番,这样,我得以有时去拜望周信芳,谈谈京剧的改革问题,特别是在思想内容方面要有所革新。周信芳知道我是做编辑工作的,后来编《时代》杂志,他也看这个刊物,知道我懂俄文,是与苏联方面接近的"左派人士"。我们有时的谈话,涉及一些时事形势问题,渐渐地成为心照不宣的朋友,他猜想到这是党在关心他的戏剧工作。我和他都不宣扬我们的来往,我故意不常去看他。

一九四一年夏初,我约了尤金圭,通过赵朴初的关系,借佛教团体觉园的一个小客厅,每天碰头,编写《史可法》剧本。这时尤金圭已经不住在周家,我们商量好,把《史可法》写好,送给周信芳,建立业务上的关系。我搜集了不少有关史可法的材料,既参考了《明史》,又利用了《南明佚史》。尤金圭写剧本,过去并不根据可靠的历史资料,对于我掌握的材料却很赏识,把我拟的剧本提纲,做了分幕分场的加工。正当我要着手学着编写《史可法》时,党给了我新的任务,找上海塔斯社的负责人,创办一份由苏联人出面当发行人的中文报纸。日报没有出成,出了《时代》周刊,到抗战胜利后才出成日报。从此我的工作转移了,但对于京剧界的工作,作为业余的活动还继续进行。把《史可法》的剧情和分幕分场提纲送给了周信芳,但没有编写,和周只维持不疏不密的关系,因为我在"苏商"牌子下的报刊工作,面目较红,不便多和外界联系,免得影响别人的工作。

一九四四年,京剧界进步的主要是年轻的演员,以吕君樵为首,发起组织了"艺友座谈会",周信芳支持了这个座谈会,同意让座谈会在伶界联合会的会所举行,使它取得了合法地位。座谈会每星期举行一次,讨论京剧改革问题,并根据改革的要求,编写新的剧本。剧本编出后,在座谈会上讨论、修改,然后由座谈会的艺人租借剧场联合演出,作为京剧改革的实验。前后编出的剧本有李瑞来的《信义村》和吕君樵的《还我河山》,前者在兰心大戏院、后者在皇后大戏院演出,受到京剧界各剧场的艺人和一般观众的赞美。周信芳为这些新编的改革型的京剧写文章介绍,到场支持。

我于一九四四年应座谈会的成员马绮兰的邀请,作为京剧爱好者参加这个座谈会。不管怎样忙,我每会必到,发表一些外行的意见,主要希望艺友们在稗官小说之外，从历史正书和优秀的民间故事中撷取题材，写一些包含进步思想、形式有所改革的剧本，并在音乐唱腔方面逐步改进。为了达到上述目的，我邀请卫仲乐去演奏了传统的古曲和民族乐曲（包括琵琶、古琴、二胡等乐器），请音乐家沈知白去讲了中国民族音乐和现代西方音乐、歌唱的情况，请毛铁民去教唱现代歌曲、教识简谱等，请部分艺友去看题材较好的话剧和当时苏侨、俄侨在上海演出的舞剧和歌剧等等，使京剧艺人超出自己固有的圈子，接触音乐戏剧的另外一些可资参考的领域。

我通过参加座谈会，认识了京剧界的许多朋友。这些进步艺人在京剧圈子里，在各大舞台的戏班子里，起了散布新思想和京剧改革的新观点的作用，又通过新编剧本的实验演出，扩大了影响。艺友座谈会的成员，在解放后，大多数成为各大舞台的骨干或领导。

抗战胜利后，艺友座谈会有了新的发展，后方归来的田汉等参加。周信芳经常出席座谈，并计划以座谈会成员组成业余剧团，经常实验演出改革京剧，并吸收一部分骨干参加他组织的班子。他在抗战胜利后，约吕君樵、沈知白和我每周一次到家座谈，计划以吕君樵的《还我河山》剧本、老戏《风波亭》等为基础，编出新剧本《岳飞》，沈知白把他为《满江红》新谱的曲子送给周信芳，作为《岳飞》的主题曲，并在唱腔方面试行一些改革。周信芳还发起创办一个戏剧刊物，由他出资主办，请田汉为主编，我协助印刷和发行，田汉建议刊名用《人民戏剧》，请美术家池宁写了刊名。周信芳还决定自己买一个戏院作为基地，除演出他的麒派戏之外，让艺友剧团作实验演出。

八年抗战，千辛万苦，熬到天亮，谁都怀着强烈的愿望要在抗战胜利后做种种重振家国和各个领域的事业，所以在一九四五、一九四六年间，展开了各方面的活动和准备工作。国民党反动派发动了内战，解放军在共产党领导下不得不进行自卫反击，胜利地展开了解放战争。周信芳和京剧界的进步艺人看到人民胜利的光芒，很自然地放下原来的设想，准备迎接全国解放的新时代。

一九四九年四月十八日我因得悉敌人要下毒手，不得不飞往香港。和周告别时，他和他的爱人说，本来想要把我藏在他们迁入的另一座房子（长乐路七八八号）的壁角小房间，"既然你有更安全的地方去，还是赶快走吧"。

一九四九年五月二十六日我经天津和北京回到上海。二十七日解放之晨，就打电话给周，周说，他昨天就已电话通知住在另外地区的朋友，报告他住的地区已经解放，"你随着解放军进城，我们全家欢迎解放军和你"。

在将近解放的前几天,上海地下党做戏剧工作的同志刘厚生、吴小佩、吕君樵等把戏剧界的一位前辈拉出来,一起去找周信芳和梅兰芳,要求他们不要在国民党反动派的诱逼之下到台湾去。梅、周两位都表示,决心留在上海欢迎解放军。如果我不去香港,这动员他们留下的工作,也应该参加。

解放后的第二天,我就到周信芳家去,把我在北京接受第一次文代会筹委会的委托,请梅、周二人到北京参加第一次文代会的事,向周信芳说明了。他立刻欣然接受,决心去北京参加会议。我说,我还要去梅兰芳家去转达这一邀请。周说:"这就不用你去了,我去和兰芳说。"周信芳当天就去找了梅兰芳(我没有去),梅也立即表示愿意和周一起去北京。

大概过了两个多星期,他们和其他几位上海的代表一起首途。本来我也是代表之一,临行前,他们希望我一起去。我了解他们的意思,正像他们说的,没有参加过共产党文艺工作领导者召开的这种会议,希望我有所协助。在欢送会上,他们二位对夏衍同志说:"一定要姜先生陪着一起去。"我说:"解放后我在上海有很多工作,不能去出席会议,确实一定去不了。"夏衍同志说:"两个一定,就无法办了,你们两位去,我们一定有人照顾和协助。"这样,我就没有陪他们去北京。我那时担任军管会文管会文艺处的剧艺室主任,对上海的各剧种,有不少工作要做,确实不能离开上海。

接着我的工作又有变化,除了时代社的工作外,要接待苏联和东欧各国来华各种代表团,筹备俄文学校,培养俄文翻译人员等等,迫使我必须离开戏剧工作。这时我们已有一大批年轻的党员,做京剧、越剧、沪剧、淮剧、评弹、滑稽戏等工作。话剧和电影原有不少富有经验和影响的同志做领导和团结的工作。京剧界中,吕君樵已经在一九四六年入党,他还陆续发展了好几位新同志。

解放后的最初几年,我虽然不做京剧界的工作,但是过去的熟人,特别是周信芳,我们还是经常联系,讨论问题,解决问题。周信芳家里的一些事情,包括一些矛盾问题,我也帮助解决,和他全家的关系更加密切。

梅、周二人在北京参加文代会之后,又继续留下,参加了第一届政治协商会议,这些工作我未参加。一九五二年,我调往北京工作,周每到北京,我们必然要见面,谈戏剧和政治问题以及他的家事。梅兰芳到北京,我们也时常见面,谈些问题。一九五二年冬去维也纳参加世界和平大会,梅还演出了《贵妃醉酒》,虽有许姬传陪他一起去,我们还是常交换意见。但是从总的方面说,我和梅的来往,没有像和周那样多。我只是在抗战后和解放前后,对他们二位做了一些统战工作，建立了他们和党的联系，以后就由别人和他们联系。

梅兰芳于一九五九年三月入党，在京剧界和其他地方剧种的演员中，产生了很大的影响。

上海京剧院对周信芳的入党问题做了不少工作，但周没有立刻表示态度。负责上海京剧院党的工作的刘厚生同志，来北京时和我商量，希望我和周谈谈。约在那年夏天，周来北京，到我家看我，我对他恳切地谈了入党的意义，他也坦白地说了他的顾虑，觉得自己条件不够，不愿使党受到不好的影响，我给他作了多方面的解析。周回上海后，就向京剧院的党组织表示了争取入党的愿望，党组织讨论通过，吸收他入党。

梅兰芳于一九六一年八月八日因病去世，终年六十七岁。周信芳在"文化大革命"中受到严重冲击，于一九七五年三月八日被迫害而死，终年八十岁。这两位京剧界的杰出表演艺术家，在中国戏剧艺术上作出了极大的贡献，一生为人民服务，他们的艺术成就直到现在还影响着京剧的发展，他们所创造的流派将长远影响今后一代一代的艺人。他们逐渐接近党，靠拢党，在政治上要求进步，用正确的政治思想、艺术观点来检查改进他们过去演的戏，创作新的戏，为中国的社会主义戏剧建设事业服务，这也将长远地影响后辈的艺人。

原载《上海文史资料选辑》第 48 辑，1985 年 2 月

怀念周信芳先生

其一

京剧麒麟创麒派,
周天海地赞老牌;
信是芳名流百世,
锐意改革新舞台。

其二

青史可法正气歌,
忠魂长吼壮山河;
出将入相说现身,
麒麟呼号万众和。

其三

风波不停风波亭,
忠勇诬作叛逆臣,
上疏死谏构奇冤,
留得丹心照汗青。

原载《解放日报》1985 年 4 月 7 日第 4 版

一位热爱中国的外籍音乐家

有一位外籍作曲家，热爱中国音乐，一生孜孜不倦地写作以中国民族音乐旋律、节奏、风格为主的音乐作品，而且冲破种种阻难，竭力提携中国音乐家。这位作曲家就是阿隆·阿甫夏洛穆夫。

阿隆·阿甫夏洛穆夫生在中俄边境的黑龙江江口庙街，从小和中国居民生活在一起，深受中国民歌的影响，喜爱京戏的唱腔与舞蹈，特别是奇妙的武打。他在瑞士学习音乐理论和作曲法之后，便在一九一六年来到北京，从事音乐研究和创作工作，三十年代在上海工作，当时上海有一个在远东被称为水平最高的工部局管弦乐队，它的领导人是意大利籍的梅百器。阿隆经常和他作斗争，因为他的乐队在中国，却不培养和尊重中国演奏家。后来这个乐队吸收了少数中国人，但仍不让他们担任主要乐手。由于阿隆在音乐上的成就，梅百器也不能不有所让步。有时阿隆要演奏他的作品，他自己担任指挥，就把第一提琴手或第一长笛手，让中国人担任。例如，一九四五年在上海演出他的音乐剧《孟姜女》时，他让韩中杰（现在是中央乐团的指挥）担任第一长笛手，而把外籍笛手换做第二笛手。

阿隆曾积极帮助中国音乐理论家沈知白先生，指导他作曲。现在上海音乐学院的副院长江明惇，在童年时就是被阿隆发现并引导他走上音乐道路的。

他还曾帮助年轻的作曲家秦西炫同志为李白的两首诗谱曲。

在三十年代，公共租界工部局的管弦乐队，每星期在当时被称为最高乐府的兰心大戏院举行音乐会，演奏的都是外国作曲家的作品。阿隆为了打破这个局面，特地写作了中国乐器二胡的独奏曲《贵妃之歌》，请著名的中国演奏家卫仲乐教授演奏，由外籍演奏者组成的管弦乐队伴奏。当时在上海轰动一时，被称为"乐坛第一件了不起的大事"。

  阿隆·阿甫夏洛穆夫于一九六五年在纽约逝世,今年五月间我国举办阿隆的九十诞辰纪念会和他的作品的音乐会,以对这位中国人民的朋友表示深切的怀念。

原载《北京晚报》1985 年 5 月 16 日第 3 版

提倡中国民族音乐

任何艺术必有本民族的特点,音乐也是这样。中国民族音乐的传统,必须保持,在继承的基础上求得发展。任何艺术的发展,也必然要受到外来的影响,但不能让外来的影响压过本民族的传统,以至于丧失自己的传统。

本民族的音乐,由本国人来继承发扬,是合乎规律的,但也不排除有非本族作曲家参加。阿隆·阿甫夏洛穆夫终身从事中国民族音乐的创作就是一例。

一九三三年阿甫夏洛穆夫创作的,以中国历史故事为题材,以中国音乐旋律、音阶、节奏、音色为特点的舞剧《琴心波光》在上海大光明戏院演出,深受中国观众的赞美。中国著名艺术评论家傅雷先生写文章高度评价阿甫夏洛穆夫的贡献:"对我国音乐和戏剧的未来具有神奇的重要意义",但是这工作应该由我们中国人自己来做,很惭愧,"出乎我的意料,这一成就却是一位外国作曲家做出来的。"

阿甫夏洛穆夫回答说:"不应该感到惭愧,我坚信,很快就会有一代有才华的中国作曲家出现,他们将能够使中国音乐得到全世界的欣赏。"

傅雷的心情和阿隆的信心,都代表了当时音乐界的心情和信心,现在已经逐渐出现了中国音乐向世界吐露光芒的新局面。

原载《北京晚报》1985 年 5 月 18 日第 7 版

戏曲改革与现代音乐

——纪念阿隆·阿甫夏洛穆夫

在纪念一位俄国犹太作曲家阿隆·阿甫夏洛穆夫九十诞辰的时候,最使人感兴趣的是他对于中国戏曲改革的一些见解和试验。

这里所说的戏曲,主要是指京戏。他在中国人民中间长大,从小爱看京戏。正因为酷爱京戏,并有改革京戏的主张,他才去学习了音乐理论和作曲等。

他认为京戏在演出艺术上所取得的成就是世界剧坛上独一无二的。首先是京戏所讲究的功能和身段,极富风趣的面部表情,相当夸张的动作,尤其是舞蹈化的举手投足,是外国歌剧、舞剧、话剧、笑剧等等所望尘莫及的。他对于京戏的武打更感兴趣,常常赞美李少春的舞棍,简直是无与伦比的。但他反对卖艺性的、杂技式的武功,认为这种江湖气很重的杂耍是与戏剧艺术格格不入的。他不满意京戏的唱腔。唱腔及其伴奏,即京戏的音乐与京戏在其他部分所取得的成就极不相称。他认为要使京戏睥睨于世界剧坛,音乐必须改革。

他认为,每部戏必须有一整套的交响曲,用现代乐器(不能说管弦乐队是西洋乐器,应认为是世界各国通用的现代乐器)演奏。他曾解释说,凡是中国京戏中用的乐器,现代乐器都能代替,问题在于曲调,在于新作的曲调要以中国民族民间的音阶、旋律、节奏、音色为特点。现代乐器的音域宽,音量长,音色美。要使中国戏曲成为世界性的剧种,只有用现代记谱法,用现代乐器,才能通行于全世界,才能更好地为外国听众所接受。

在"五四"之后兴起的话剧,在剧坛上曾引起新旧戏剧之争,当时曾有谁代替谁的论战。其实话剧与戏曲是两回事,不是谁消灭谁的问题。当时有一位戏剧家赵太侔提出,要改革京戏,中国必须出现几个瓦格纳。瓦格纳是德国歌剧作曲家。在五六十年前,赵的主张是很有见地的,可惜没有人沿着这条道路前进。

抗战胜利后，致力于京戏改革的田汉，继续为京戏创作或改编新剧本。上海剧作家李健吾曾在报刊上发表致田汉的公开信，提出中国戏曲的改革，首先要解决音乐问题。这是在赵太侔之后再次提出的重要主张。可惜还是没有引起戏剧界的注意。

时至今日，有人提出京剧往何处去的问题，仍旧很少有人注意到这根本性的改革问题。

阿隆·阿甫夏洛穆夫在他青少年时代，即在本世纪初，就提出京戏的改革主要在于改革音乐。他还身体力行，在这一方面做了不少试验。可惜他是一个外国人，虽有不少中国朋友协助他，还是成效不大。他于一九一六年到中国，一九二四年创作了歌剧《观音》并且在北京演出，没有引起广泛的注意，后来他又写了《琴心波光》、《古刹惊梦》等舞剧，在上海演出。这两个戏都用京剧演员，穿京剧服装表演，戏剧界并没有把这种试验和京戏的改革结合起来。虽然一九三五年在上海演出《古刹惊梦》（当时名《香篆幻境》）时，欧阳予倩、聂耳等戏剧、音乐界人士看后曾说：也许京剧的改革要向着这条路跑去吧。

一九四三年，阿隆把他新创作的音乐剧《孟姜女》的交响曲作试验演出，戏剧家黄佐临听后，大呼阿隆这部作品太成功了，要什么有什么，并主张由他主持的苦干剧团来演出这部音乐剧。后来因袁励康、江闻运、贺一青等人组织中国歌舞剧社邀请京剧演员数十人排练此戏，在一九四五年抗战胜利后公演，而没有由话剧演员演出。周信芳去看完《孟姜女》后惊呼，京剧还从来没有这样大的场面，如此感人的效果。

效果确实很好，主要是大管弦乐队的伴奏，数十人的大合唱，气势磅礴，远远超过了京戏的长锣大鼓和满台刀枪激战和满台筋斗等等。

可见中国戏曲的改革必须考虑音乐的现代化。

近日中国音乐界纪念阿甫夏洛穆夫九十岁诞辰，除了演奏他的交响诗《北京胡同》和《钢琴协奏曲》以及若干独唱曲外，还演出《孟姜女》的选场（有的是清唱），是值得我们注意的，我们应该深切怀念和感谢这位作曲家毕生为中国民族音乐和戏曲改革所付出的数十年如一日、不遗余力的辛勤劳动。

原载《人民政协报》1985年5月21日第4版

作曲家阿甫夏洛穆夫

今年五月十三日，我们举行了阿隆·阿甫夏洛穆夫诞辰九十周年的纪念会和音乐会，纪念中国人民的这位老朋友。

阿隆·阿甫夏洛穆夫一八九四年十一月十一日生于黑龙江口的庙街（俄名尼古拉耶夫斯克，过去误作乌苏里斯克）。当时庙街中国居民众多，商业繁荣，市内甚至有专门上演中国京戏的戏园。在阿隆的父亲经营的渔行里，有不少中国捕鱼工人，其中有一位老人被派专门照顾小阿隆。中国老人爱唱民歌和京戏，阿隆从小受他的熏陶，也爱好中国歌曲。老人常抱小阿隆去看京戏，他更爱上了京戏夸张的表情，舞蹈化的表演形式，特别是美妙多变的武打场面。阿隆稍长，放学之后，自己也经常跑到戏园去看戏，和中国音乐戏剧牢牢地结了不解之缘。久而久之，阿隆觉得京戏的曲调和音乐伴奏，同它的造诣高超的舞蹈动作、武打技艺很不相称，为京戏放着丰富多彩的民歌曲调不用而惋惜，在他少年的心灵里产生了要为京戏的音乐改革做些工作的想法。一九一〇年，阿隆十六岁，在当地中学毕业，父亲送他到瑞士苏黎世去学医。阿隆学了半年医，实在学不下去，他念念不忘的是中国音乐和戏剧。他瞒着父亲，偷偷地转入了苏黎世的音乐学院，专攻乐理和作曲，为将来从事中国民族音乐工作做准备。

几经流浪波折之后，阿隆于一九三二年到了上海，先在书店当店员，后来进了百代唱片公司当乐队指挥，最后当上了公共租界工部局图书馆的馆长。他有了固定职业，更孜孜不倦地用自己的工资来做创制中国民族乐曲的工作。

三十年代初，正是中国新兴音乐运动在上海兴起的时候，阿隆终于找到了"知音"。他认识了百代公司的同事、《渔光曲》作曲者任光，通过任光又认识了贺绿汀、冼星海、吕骥等同志。

阿隆的交响曲《北京胡同》在上海百代公司灌了唱片。他的舞剧《琴心波光》和歌曲《晴雯绝命辞》等在上海演出。

一九三五年三月在上海卡尔登戏院（现名长江）演出他的三幕舞剧《香篆幻境》（一九四一年演出时改名《古刹惊梦》），引起中国音乐界的重视。

聂耳为影片《风云儿女》创作的《义勇军进行曲》，是贺绿汀请阿隆配器的。那时他与中国音乐界已经交往很深。

冼星海从法国学成归来，阿隆曾对他说：你的位置不是在上海，而是在中国农村，充分利用中国的民歌，你才能为中国民族音乐作出贡献。阿隆对于中国民族音乐创作道路的信念是和中国新兴音乐界的先驱者们的观点一致的，冼星海、吕骥等去陕北，贺绿汀、任光去苏北，都是走上了这条道路。

一九四一年太平洋战争发生后，阿隆不再能当图书馆的馆长，但他仍四处奔走，和中国朋友联系，要做中国歌剧舞剧方面的试验。中国共产党上海地下组织中的音乐戏剧工作者同阿隆联系，劝他走群众路线，单靠个人奋斗是创造不成中国民族音乐、歌剧、舞剧的。他了解了苏北新四军根据地的情况，提出愿意到抗日民主根据地去做音乐工作。由于日军的"扫荡"，盐城军部来电通知上海地下党，劝阿隆暂时不去苏北。于是地下党组织找了一些音乐爱好者集资组织中国歌舞剧社，主要是袁励康、江闻道等人，自一九四四年起排练了阿隆的新作——音乐剧《孟姜女》。经过一年多的排练（阿隆亲自弹钢琴，天天排练），于一九四五年十月在上海兰心大戏院演出，受到好评，郭沫若、田汉等文学、戏剧界名流数十人联名在报纸上推荐此剧。

一九五〇年，北京人民艺术剧院等筹备搞话剧、歌剧、舞剧，通过过去和阿隆在上海共事的朋友，写信邀请阿隆到北京来，他曾回信准备来华，但由于不久发生朝鲜战争，他被阻滞在洛杉矶。阿隆晚年在美国颇为潦倒，但仍不断努力写作中国题材与风格的乐曲，其中包括第二、第三交响乐和歌剧《杨贵妃暮景》。他日夜盼望能回到他生长、学习、工作过的第二故乡，但受客观环境的限制，没有成行，一九六五年四月二十日，于贫病交迫中，在纽约去世。

他的儿子雅各也是学音乐的，他现在是美国波特兰第一青年交响乐团的指挥。他也写了一些中国风格的乐曲，其中著名的有《收复潼关》交响诗。这次来中国，把他父亲的大部分作品带来，献给了中国人民。

原载《人民日报》1985 年 5 月 22 日第 8 版

写在作曲家阿隆九十诞辰时

为纪念中国人民的朋友、作曲家阿隆·阿甫夏洛穆夫九十诞辰，上海将于今日举行纪念会。阿隆的儿子雅各分两批把乃父阿隆的音乐作品的大部分送到中国来，这次他又专程到中国来参加纪念活动。他说，他是把阿隆用中国民族民间音乐旋律制作的中国题材的作品送还到它们的产生地来，送给阿隆毕生为之创作的中国人民。

阿隆的音乐作品，比较大型的至少有三十部。中国音乐界人士认为，这些音乐作品是阿隆为我们创造的一笔重大财富，我们要认真地研究它们，好好使用它们，学习其中有益的成果，撷取成功的经验，继承和发展中国民族音乐。

中国音乐界正是这样认真而热情地对待这些从太平洋彼岸送来的乐曲的。

北京音乐界最近举行了阿隆·阿甫夏洛穆夫作品音乐会，除了请雅各指挥中央乐团排练交响诗《北京胡同》和《钢琴协奏曲》外，还以清唱形式演出了音乐剧《孟姜女》的选场：序曲——长城的颂歌、秦兵饮酒歌、孟姜女的哀歌（四季歌）、长城工地劳工歌（大合唱），尾声——激昂的悲歌（孟姜女跳长城）。这几个选场清唱由中国歌剧舞剧院管弦乐队和合唱队演出，由年轻的女歌唱家李元华领唱四季歌，另外还演唱了阿隆为李白诗谱写的歌曲，为宋词《柳堤岸》谱写的献给梅兰芳的歌曲。上海音乐界还将演唱由朱曼华作词的《晴雯绝命辞》以及为《诗经》、唐诗谱写的独唱和女声重唱。这些歌曲大多是由青年歌唱演员演唱的。

武汉的音乐界举行的音乐会，把阿隆所作的《钟馗舞》、《战神舞》等舞蹈音乐作品改由中国民族乐队演奏，取得了很好的效果。

北京、武汉的音乐会都演奏了（上海也将演奏）由小管弦乐队伴奏的《六胡独奏曲》、《贵妃之歌》和《夜曲》。这是三十年代初阿隆专为民乐演奏家卫仲乐创作的,由当时上海工部局管弦乐队伴奏,在兰心大戏院演出,曾轰动中外音乐界。这次都由年轻二胡演奏员演奏。

特别引起人们重视的是《钢琴协奏曲》的演奏。阿隆于三十年代中期在杭州西湖边上租了农家的一间房子,带去一架简易的手提小钢琴,写作了这首由三个乐章组成的协奏曲,中国民族风味十分浓厚。在北京纪念音乐会上,青年钢琴手胡迎演奏此曲,取得了成功。上海演出此曲的是年方十一岁的童年女琴手江晨,她不畏艰难,用惊人的毅力,在郑曙星老师的指导下,苦练了三个月,取得了可喜的成功。此外,上海演唱《柳堤岸》独唱曲和《晴雯绝命词》的是年轻的女高音歌唱演员严凤,在音乐剧《孟姜女》片段《过关》中扮演孟姜女的是年轻的歌唱演员梁燕。

这次专程由美国赶来中国参加纪念活动的阿隆之子雅各,在北京、武汉、上海都欣然接受邀请,担任了《北京胡同》、《钢琴协奏曲》的指挥。雅各是在美国从事乐队指挥工作四十余年的著名作曲家和指挥。他这次来华,和中国音乐界同事们进行了广泛的交流。

我国老一辈音乐家组织和领导了这次在北京、上海、武汉等地的纪念音乐会,著名指挥李德伦、黄贻钧、陈传熙等领导和排练了《北京胡同》交响诗、《钢琴协奏曲》。老音乐家吕骥、赵沨等主持了纪念会和音乐会。

在创造这份音乐财富的过程中,阿隆·阿甫夏洛穆夫一家同中国新老音乐家结下的深厚友谊将会代代相传。

原载《解放日报》1985年5月25日第2版

忆念阿隆·阿甫夏洛穆夫

今年五月,作曲家雅各自美国来华,带来他的父亲阿隆·阿甫夏洛穆夫用中国民族音乐制作的中国题材的乐曲。他认为这些作品是阿隆为中国人民创作的,应该回到它们的诞生地——中国。这不禁又使我回想起和阿隆·阿甫夏洛穆夫相处的一些日子。

阿隆是俄籍犹太人,我是一九三九年与他认识的。当时,他虽是上海公共租界工部局图书馆馆长,却热衷于中国民族音乐的创新。他认为,要提倡民族民间音乐,要使中国音乐现代化,作曲方法要现代化,乐器也要现代化,但中国民族风格不能丧失,民族民歌的旋律是中国民族音乐的灵魂,必须保存和发扬。

我当时是上海地下党分工做文化艺术工作的。我从来没有听到过像阿隆那样的音乐观点,也想不到在音乐领域里存在着这么严重的问题,有这么明智的继承与发展的道理。这些话出于一个外国人之口,我有些惊奇。

我觉得他所提的意见是正确的,就向党组织作了汇报。这是一个组织活动的新领域,可以团结一些音乐爱好者,为提倡中国民族音乐、创立中国歌剧、舞剧做些试验,上海有条件进行这项工作,于是我把它作为党的一项任务,同阿隆展开活动。

一九四二年,上海已从"孤岛"成为沦陷区中的一个城市。长江南北是中国共产党领导的新四军和江南抗联的活动地区。淮阴、盐城是新四军根据地的中心。我们和阿隆谈起新四军在江淮地区创办了大学,许多地方成立文工团,还出版报纸和刊物。阿隆听了很兴奋。他说:"我读过斯诺写的《红星高照中国》(即《西行漫记》的原名),我虽不能像他那样去陕北,但在上海可以做我理想的工作(指音乐工作),现在上海无法继续做这一工作,我就应该换个地方;陕北太远,为什么不能去苏北呢?我的老朋友任光,已在皖南牺牲,贺绿汀不是在苏北吗？冼星海和吕骥可以去陕北,我为什么不能去苏北呢？"

只要能对中国民族音乐事业做些工作,阿隆表示什么地方都愿意去,任何生活条件都可以适应。

于是我们通过地下电台询问盐城的军部。过了几天,来了回电:欢迎阿隆去苏北,也有条件可以做歌剧、舞剧的试验,但现在正是日军"扫荡"的时候,管弦乐队的那些大家伙不便随时移动,请阿隆考虑晚些时候来。

苏北不能去,阿隆有些气馁。我们考虑唯一的办法是在上海组织一个团体,勉力进行试验。这种试验既为提倡中国民族音乐、创立中国歌剧、舞剧做准备,也可以团结音乐界人士。地下党决定领导这一工作,经过几位同志的努力,组织了中国歌舞剧社,决定排练他的新作——音乐剧《孟姜女》。由阿隆亲自弹琴,每天排练半天,请陈钟编舞。差不多经过一整年的苦练,到一九四五年夏,刚要演出,日本侵略者投降,后来迟至十月才在兰心大戏院(现在的艺术剧场)公演。

《孟姜女》演出后,受到好评。孔祥熙要接办这个剧社,送到美国去访问。于是发生了一场争执。孔祥熙依仗财力雄厚,派黄仁麟另组中华歌舞团,请阿隆找人重新排练《孟姜女》。后来解放战争节节发展,孔祥熙见机不好,把剧团扔下不管,阿隆上了大当。有一个资本家出来接办,让阿隆去美国联系演出剧场。阿隆只身去美,剧团无法出国。阿隆又上了一个大当。其结果是流落在洛杉矶。

阿隆在美国生活潦倒,靠中国民族音乐是难以维持生活的。但他在贫病交迫中,仍努力创作中国风格的乐曲,包括第二、第三交响乐,并完成他在上海开始创作的歌剧《杨贵妃暮景》。一九六五年,阿隆在纽约逝世。

阿隆的一生是为中国民族音乐不遗余力地苦干的一生,他创作的中国题材的乐曲计三十部以上。今年五月十三日,我们举行了阿隆·阿甫夏洛穆夫诞辰九十周年纪念会和音乐会。我们欢迎这些乐曲回到中国来,它们将在中国人民中广泛流传。

原载《文汇报》1985 年 5 月 25 日第 2 版

解放战争时期的几项统战工作

一九四五年八月下旬和九月上旬,我在上海做了几项统战工作,简述如下。

日本投降后,国民党反动派立刻部署武装力量,准备大规模进攻解放区。各民主党派和社会上有识之士,经历了八年抗战的艰苦岁月,回忆抗战前连年内战的痛苦历程,对于国民党处心积虑再度挑起内战的谋划,莫不深恶痛绝,各大城市很自然而迅速地展开了反内战的和平运动,这在上海显示得更为猛烈。有许多过去不大从事社会政治活动的年老持重的知名人士,也纷纷出面,多方联系,要有所表示。

一直在上海从事法国文学翻译工作的傅雷,在抗战胜利前一年多,邀请一些知识分子,举行双周座谈会,谈文学、音乐、戏剧、数学、建筑、工业等专门性的问题,想为胜利后出刊物预先准备文稿。我被邀请参加。因为我那时在苏商时代书报社搞翻译和编辑刊物的工作,被视为"左派人士",认为与苏联和中共有关系。

日本投降后,息影上海多年的老学者马叙伦找傅雷谈话。据傅雷告诉我,他应约去看望马叙伦,马家人少,他亲自出来开门。自言抗战期间,他在上海闭门读书,研究《小学》。他们从研究学术问题,谈到时局问题,对国民党的行径颇为愤慨,对解放区共产党的艰苦奋斗,十分称赞,他很想找点关系,了解一下中共对今后局势的态度和打算,傅雷说,他可找左派人士探问一下。

傅雷找我谈了和马叙伦谈话的情况。我说:"我的朋友梅益刚从解放区来,我可问他,是否能和马叙伦谈谈。"

傅雷以前通过我的关系,曾把他的一位想到解放区去看看的朋友、照相印刷专家杨某介绍给我,通过梅益的关系到解放区去参观过,他是知道梅益其人的。于是傅雷安排梅益和马叙伦在他家二楼的书室里会面。梅益向他们二人谈了解放区的情况，以及中共对时局的态度和今后建国的意见。他们谈得很畅快。我没有参加谈话，只做了引线人。

过了一两天，傅雷又要我约梅益到他家和陈叔通谈话，这次谈话，据说也很融洽。马、陈等都以能够会见共产党人，得到第一手材料为荣。

再过几天，约在九月中旬，上海社会上的知名知识分子和民盟、九三的民主人士，纷纷发表声明，或致国民党当局公开信，或发表书面谈话，反对内战，要求国共进行谈判，并邀请民主人士和社会贤达，广开言路，共商国事。党组织要我去和傅雷联系，发动一些上海上层知名人士响应各方的迫切要求，向国民党提出和平建国的呼吁。

这时傅雷已经办了一个刊物，名叫《新语》，常常发表一些民间呼声，以公正舆论的喉舌自居。他很同意我的建议，说他可以去找马叙伦、陈叔通等人，请他们共同出面发表声明。我说，我也可以找下面三位人士：

陈陶遗，老同盟会会员，清末和汪精卫分工，汪去北京刺摄政王，陈去南京刺端方。刺端方未遂，被捕入狱，一个姓陶的官员，给他开脱释放，遗留一命，他从此改名"陶遗"。民国建立后，曾任浙江议长或副省长，蒋介石上台后，他一直反蒋。抗战期间，他隐居上海，卖字为生，但蒋介石每派人到沪，总要去拜望和致意。他曾去哈尔滨中东铁路局担任闲差，我认识他的儿子和媳妇，与他有往还，常常谈论时局，他对时局的观点接近我党。

张国淦，北洋政府时代的官员，曾在段祺瑞执政府内阁中担任过工商部长和总理，据他说《中俄协定》是他和加拉罕代表中苏两国签订的。"九一八"事变后，北平局势紧张，为避开日方的拉拢，他移居上海。我和他的媳妇丁文英医生家较熟，张知道我在时代社工作，常约我到他家谈国内外形势，特别是谈苏联情况，我给他送去《联共党史》、《资本论》等书。他在抗战期间一直隐居在上海从事编写全国地方志工作，与敌伪无往来。

刘厚生（刘垣），是我的同乡常州人，他通过张国淦知道我在时代社工作，约我到他家叙谈。他旧学很好，对《管子》有研究，曾称道管子的治国之道。他想从我口中了解八路军和党的政策。原来他在华北有几个不大的煤矿，都在解放区内，他想知道能否在抗战胜利后去经营这些煤矿。

这三个人在谈话中都对国民党和蒋介石不满，对共产党、八路军的坚决抗日表示赞扬。我分别去拜访了这三个人，说明请他们出来呼吁和平的问题，他们都表示赞成。

傅雷也征求了陈叔通、马叙伦的意见,并向他们介绍了张、陈、刘的情况。他们同意和这三位联名发表声明。后来傅雷又征得张元济(张菊生)的同意,一起签名。张是商务印书馆的总编辑,在学术界颇有声望。

一天下午,这几位老先生都应约到张国淦家集合(那时张住在淮海中路常熟路附近的一座楼房里)。我把我联系的几位送去,没有进去参加集会。陈陶遗临时因病未去。傅雷领那三位老先生准时到达。好像傅雷是参加他们的集会的,我则因面目太红,年龄地位都和这些老先生不相称,故意避开,只起撮合作用。记得傅雷也没有和老先生们一起签名,大概也因为名望和他们不一样。

这几位老先生在一起谈了一下,决定起草一个声明,要求重庆国民党当局以国家民族的命运为重,不要轻启战端,和共产党等民主党派、各界开明人士合作,和平建设新中国。这份声明,好像是陈叔通预先起草好,会谈后,拿出来请大家看后同意签名的。和平声明签字后,交请傅雷送报馆发表。

据傅雷事后对我说,叙谈后,陈叔通曾私下对他说,张国淦有"再作冯妇"的意思。就在这之后的几天,我听张国淦的媳妇说,蒋介石请张国淦乘飞机去重庆"面商建国大计",谈后又把张送回上海。此事,张本人没有对我说。事实上,张国淦没有被拉进还都南京后的国民党政府。解放战争时期,张一直在上海,我们有时也聊谈。解放后我们也常见面,但仍是殷殷询问苏联建设经验,并曾请我约一位苏联作家到他家谈话,谈中苏之间的文化交流问题。约于一九五四年或一九五五年,张国淦受中国社会科学院历史研究所邀请到京,任该所特约研究员,专门写北洋政府的历史资料,当时的所长范文澜同志对他甚为尊重,被聘为全国政协委员。约于一九五八年(或一九五九年)去世。

马叙伦和陈叔通在上海渐受各方重视,统战方面的负责同志经常和他们接触。梅益同志和我都因为另有同志去和他们联系,很少和他们来往。

约一九四六年(或一九四七年),傅雷和马叙伦等与许广平、周建人等一起筹组中国民主促进会,选举中央委员会时,傅雷得票不多,周、马、许等成为主要领导人,一时活跃的傅雷渐渐脱离轰轰烈烈的民主运动,埋头从事法国文学的翻译工作。他的儿子傅聪在波兰钢琴比赛会上得奖,傅又被重视起来,约在一九五七年初曾被邀请到北京参加文艺方面的会议,周扬同志等约他谈话。是年,他在上海被划为右派,他的儿子傅聪被通知由波兰回国,他怕回国后受批评和下放劳动,不能弹琴,去了英国,傅雷因此更受到各方面的压力。"文化大革命"开始后,街道里批斗傅雷夫妇很激烈,跪了半天,不能行走,爬回家后,夫妇二人开煤气自杀。近年《傅雷家书》和《傅雷译文集》出版,颇受各方重视。傅聪也多次回国举行钢琴演奏会,并去中央音乐学院、上海音乐学院等处讲演,受到音乐界的重视和欢迎。

陈叔通、马叙伦等,都是第一届政协委员。中华人民共和国成立,陈叔通任政协副主席,马叙伦任教育部部长。傅雷等和他们没有什么往来,我和梅益同志也没有再和他们联系。陈陶遗和张元济先后去世,刘垣情况不明。

原载《统战工作史料选辑》第 4 辑,1985 年 6 月

回忆几位苏联作家

一九四九年,中华人民共和国成立之初,有好几位苏联作家到我国来访问,对开创和发展中苏友谊作出了贡献。从那时到现在已有三十六年了。我是当年和他们有过接触的人,在脑子里时常泛起点点滴滴的回忆。

举行开国大典时,苏联派来我国的不是政府代表团,也不是党的代表团,更不是军事代表团,而是一个文化代表团。这个代表团的正式名称叫"苏联科学文化代表团"。团里有几位科学家,但主要成员是作家和艺术家。这些作家都是我国人民群众十分熟悉的。代表团的团长是法捷耶夫,副团长是西蒙诺夫和格拉西莫夫。另外一位副团长是科学家。

这个代表团到上海访问时,我开始同他们有了许多交往。在许多场合,我担任几个主要客人的翻译。

法捷耶夫和西蒙诺夫

法捷耶夫的早期作品、描写十月革命后内战时期游击队战斗生活的《毁灭》,在我国早已脍炙人口,卫国战争时写的《青年近卫军》也在我国享有盛誉。

法捷耶夫不喜欢交际应酬,喜欢静坐读书。在上海访问期间,住在南京路外滩的华懋饭店(现在的和平饭店)。我两次去看他,一次和肖三同志一起找他商量有关在沪重要活动的安排问题。他正在房间中间的一张沙发上正襟危坐,手不释卷地看书。谈话不多,他把书放在胸腹之前。

大约是在代表团到沪的第二、三天,台湾国民党还派飞机来轰炸,炸弹就落在外滩对面浦东江边,华懋饭店的大楼也受到震动。据说法捷耶夫当时坐在沙发上兀然不动。这大概同他年轻时饱经战火、听惯炮轰弹炸之声有关。

据说,法捷耶夫这次来华,是匆促上路的,他在莫斯科还有别的事情要办,因此,他回国比代表团其他成员提前了好几天。

这样,这个苏联代表团的活动就以西蒙诺夫为首了。

西蒙诺夫的作品当时在我国比较出名的是他的长篇小说《日日夜夜》,剧本《俄罗斯人》,还有几首战时抒情诗。

西蒙诺夫生于一九一五年,成名较早。一九四九年来华时,才三十四岁。三十四岁的青年人就出面进行国际间的社会活动,似乎太年轻了。他嘴唇上留着小髭须,据同行的作曲家柯瓦列夫斯基对我说,西蒙诺夫的小胡子就为着打扮得年长一些而留的。

宋庆龄同志曾在上海她自己的家里举行宴会招待苏联代表团。在晚宴上,宋庆龄同志向客人敬酒,她说了一句早已熟练的俄语"祝你健康"。西蒙诺夫举杯,不用翻译,也说"祝你健康"。宾主都活跃起来,显得很亲切。宴会故意没有准备刀叉,宋庆龄同志和陪同她的罗叔章教西蒙诺夫等人使用筷子。并且说,筷子也可以当刀叉使用,并且表演给大家看。西蒙诺夫目不转睛地注意着,并如法模仿,很快就学会了。宾主都感到很高兴。

西蒙诺夫谈话很坦率,平易近人。有一次我陪他看京戏,我说京戏最初是从农民中发展起来的。他立刻说,所有艺术最早都是从农民中发展起来的。他说这些话,丝毫没有教育人的口气。

西蒙诺夫除了访问北京、上海之外,还到西南前线去过,搜集了一些与解放战争有关的材料,还访问了许多战斗英雄、指挥员和战地老乡。这次访华之后不久,他又来华一次,进行采访,终于写成了一部题为《战斗的中国》的书。

一九四九年之后,我曾几次访苏,只在偶然的机会碰见过他。他在一九八〇年去世,终年六十五岁。

格拉西莫夫

格拉西莫夫生于一九〇六年,比西蒙诺夫大九岁,早已秃顶,他常常抚摸他的秃顶。他虽然没有头发,脸容还是很秀美的。他的夫人是电影演员。据他说,为了保持她有较长的演员生涯,没有让她生育,"但是我还要表达我的父爱，因此抱了一个孩子"。

格拉西莫夫在二十年代好几部电影里当过演员，三十年代之后主要担任导演，在电影学院当教师。他还是一位剧作家，一位电影艺术的理论家。他四十年代的杰出成就是导演了《青年近卫军》。在三四十年代，我曾译过他拍的一些影片，所以对他了解较多，我们一见面，就成了老朋友。

他作为电影导演，和我国电影界人士，包括编剧、导演和演员，都有较多的接触。有一次他同我国演员见面，孙维世同志把舒绣文同志介绍给他说："这位是我们的性格演员。"他说："我一眼就看出来了。"后来他在影片《一江春水向东流》中看到影片中的王丽珍，立刻喊起来，"这不就是那位性格演员吗？"

格拉西莫夫为了了解我国的电影事业，电影界给他放映了好多部三十年代和解放战争时期的影片，他都看得津津有味。他说，一般是女演员比男演员更会演戏。苏联是这个情况，中国也是这个情况。中国能演戏的女演员相当多，值得注意的是善于演戏的中国男演员也比较多。

格拉西莫夫后来又担任了中苏电影摄制队的苏方负责人之一。中苏共同拍摄《解放了的中国》。中方领队是徐肖冰，编剧负责人是周立波同志。格拉西莫夫对拍片抓得很紧。十一月间，他眼看上海马路两旁的树草还很青很稠密，他认为拍片必须抓紧，不能拖到第二年，等春天树叶再发青。他说："要是在莫斯科，早已冰天雪地了。这里这样好的条件，怎么能不抓紧利用？！"

我们和格拉西莫夫的谈话内容很广泛，谈过中国和苏联的电影，谈到戏剧和音乐，也谈到中国的革命，甚至谈到解放前租界上的形形色色。他把同我的谈话，写成一篇文章在《真理报》上发表。一九五七年，我到捷克斯洛伐克去开会，在一个旅馆的餐厅里碰见他。这以后一直没有再见。他已是年近八旬的老人，还健在着哩。

爱伦堡

爱伦堡也是我国读者熟悉的作家，他的作品译成中文的很不少。最早鲁迅介绍的《十二个烟袋》的故事，抗战前上海出版过的《巴黎屋檐下》，解放后新译的《暴风雨》，都是我国人们熟悉的爱伦堡的作品。

爱伦堡在一九五一年应邀来我国。同他一起来的有智利诗人聂鲁达。当年丁玲同志曾陪他们从北京到上海。

爱伦堡性格开朗,说话诙谐俏皮,兴趣也很独特。他一到上海就要到城隍庙去,希望到那里"市场"上买些什么小零碎。

爱伦堡到我国来之前做过不少准备工作。他读了一些介绍中国情况的书,甚至读过孔子的《论语》的译文。在杭州公园草地上散步时,他口述了几句孔子的语录,例如"有朋自远方来不亦乐乎"、"人不知而不愠"、"席不正不坐"等等。他还仿照孔子的语句编造了一些即兴的"论语","没有车子也可以步行"、"不穿外套也可以穿短袖衬衫"等等。他事先向来过中国的苏联人了解过我国的饮食和生活情况,以及可以去看看的地方。他吃了中国饭得出一个结论:"中国菜肴好,也有形式主义:开始是几个冷菜,接着是六个或八个热菜,鱼一上来就说明到了尾声,接着是汤……"

原载《群言》第 8 期,1985 年 11 月 7 日

沈钧儒先生二三事

一九四五年八年抗战胜利后不久,沈钧儒先生来到上海,上海各界人士请他在八仙桥青年会讲演。沈钧儒先生这次演讲的内容,给上海各界人士大开眼界,印象很深刻。

自从一九三七年"八一三"上海战争开始,经过三个多月的抗敌战斗,中国军队退出上海地区。上海经过四年由畸形的"孤岛"生活,又经过将近四年水深火热的沦陷生活,上海人士对于"大后方"的情况相当隔膜,沈衡老的一席话是使上海人一新耳目的一阵新风新雨。一般上海人不是不知道抗战期间的国共"摩擦"和斗争,不是一点不知道抗战胜利后是和平建国还是"戡乱"建国的两条路线斗争的深重危机,但是沈衡老所讲的在国共两大势力斗争之外的第三个重要力量,以民盟为首的民主党派力量的崛起,在与反动势力斗争中的巨大作用。上海各界人士得到两个启发:一股巨大的代表民情的力量的斗争,给人们以一种可靠的希望,另一方面又给各界人士认识到自己奋斗的方向。

正因为有这个启发,上海各界进步人士纷纷动起来,出版许多争民主和平的刊物,组织成立了许多民主党派。

沈钧儒先生的演讲是走在上海这一民主运动之前的,我那时对沈先生的讲演就是得到这样的印象。

后来国民党反动派一意孤行,召开"国大",禁止民主党派的活动,上海以及全国的民主运动进入了新的阶段。包括民盟在内的民主党派,和共产党一样,成为"地下组织"。地下组织展开了地下活动。中国共产党和民主党派的联系发生了困难。

我那时在《时代日报》工作。它是党直接领导的报纸,靠了"苏商"的牌子,进行特殊的报道活动。在《联合晚报》、《文汇报》等进步报刊被查封之后,《时代日报》成为孤军作战；那时上海局宣委姚溱同志和我维持党的联系。党要和沈钧儒先生联系，失去公开的关系，头面人物不能出面。沈老找党的关系，党找民主党派负责人联系，在国民党特务横行的白色恐怖的情况之下，没有秘密"交通"。姚溱同志就商于我，要《时代日报》活跃于民主党派之中的女记者严玉华同志临时担任联络员。严玉华当时虽还没有入党，但已是发展对象，忠诚可靠，她一口应承，担当了任务。她能东钻西钻，随时找到沈钧儒先生。党的信件、延安广播电台的电讯稿、党的口头通知，都经过严玉华同志转交和告诉了沈老。

这一渠道的统战工作，没有被当时的敌人发现，起了很有效的作用。

上海的形势愈来愈紧张，被禁止了的民主党派的领导人更难于在上海活动，甚至无法躲藏。另一方面，党在香港广泛地展开了统战工作，切盼民主党派的领导人离上海到香港去会师。沈衡老决定秘密离沪去港。有人找到我，要我设法去找人给沈衡老化装"潜逃"。找我们的人知道原来在上海剧艺社做舞台装置和化装工作的池宁同志这时在时代出版社工作，找这位专家来化装，是比较可靠的。池宁是上海成为孤岛时就入党的党员，我就商于他。他分析之后，认为沈衡老的胡子是一个明显的标志，剃掉又太可惜。他建议让沈老化装为道士，梳起道士头，即使留着胡子，也可以改变面型，一时不易为人识破。我把这个建议通过秘密渠道通知对方。过了两天，对方告诉我没有用这个化装方法，已通过一艘去港轮船的工作人员在夜间把沈老偷偷地送进轮船的底舱，隐藏在一间舱里"潜离"上海了。

这样，沈衡老既没有剃胡子也没有梳道士头便安然到了香港，在那里恢复了民盟的活动。

沈老在沪期间，我通过女记者严玉华同志的关系，曾见过他，他写了一幅长条送给我。我没有裱，一直把这幅长条和别的字画卷在一起。在写此回忆短文时，费了几个黄昏，翻箱倒屉，始终没有找到，不能与此短文同时刊出。我将继续寻找，希望以后能找出这份墨迹。沈老这幅长条是写他的一首旧诗。

一九八五年十二月十五日夜

原载《爱国报》1986年1月23日

为舞台而生的人

——忆舒绣文

一

我是解放前认识舒绣文的,她给我的印象就像是一个为舞台而生的人。

她从小就性格粗犷。她曾告诉我:"我小时候很野,比男孩子还胆大,常常带着一帮小孩子在街上玩。男孩子不敢放的大爆竹,我敢放。而且很顽皮,常常眼看电车开来了,我会跑上去,把铜板放在铁轨上,让电车轧成铜片片玩……"自幼生成的性格,对她日后的成长和以后形成的艺术风格有着重大的影响。

她从小就爱演戏。十一二岁时,学校里寒暑假或校庆举行文艺活动,她总是活跃分子。这个时期正是北伐前后,远离广州、武汉的北京,受到革命气息的影响,学校里的活动颇有一些新风尚,演出的节目常常有点创新的味儿。还是高小生的舒绣文,就别出心裁,联合同学排练新歌舞。据她回忆说,约在一九二六年或一九二七年,她和两个同学演出了一个自己编排的舞蹈。学校礼堂的小台子上没有幕布,她和两个同学用三把伞打开放在台上,三个孩子躲在伞后。台下的人看不出这是什么花样。突然,风琴声一响,三把伞一齐向后撤去,躲在伞后的三个小姑娘站起来翩翩起舞。她们身上的"舞蹈服装"是由舒绣文带头从家里找来各色布头自己拼凑缝起来的,反倒不落俗套,受到师生观众的热烈称赞。她还和同学们演一些自编自导的小故事,那时称为"新剧"。

她会出新道道,搞新花样,上台不怯场,台词都能侃侃念出。因此,看过她表演的人都说她将来能演戏。儿童时代几次成功的演出,使她从小就萌生出当演员——一个演舞台戏或演电影的愿望。

舒绣文的父母舒子胄和许佩兰是安庆一个中学的语文、历史教员和手工、体育女教员。这两位学校教师在当时很"时髦"地自由恋爱起来，由相爱而结合，在一九一五年夏天生下一个女孩，这个姑娘便是后来的舒绣文。父母很珍爱这个"爱情的结晶"，钟爱地呼她为"小猫窝"。当时的社会不容忍这种自由结合的"师表人物"，又兼舒子胄在家里已有原配妻子，只得和许佩兰抱着襁褓中的"小猫窝"长途跋涉迁居到北京，投奔同学。

一对穷教员在人地生疏的北京，生活一直是非常清苦的。后来舒子胄染上肺病，又失了业。一家人的生活愈加穷困。他们竟染上了不可救药的吸大烟的嗜好。聪明活泼的"小猫窝"（大名彩云）作为长女从年幼时候起，就既要帮着父母带领幼小的弟妹，又要上街采购，还要在家帮着烧菜煮饭。她的学校生活是断断续续的，但聪敏好学，往往能在辍学之后再跳班赶上去。贫穷使彩云过早地意识到自己做长女的责任，她曾改名许飞琼进舞场谋生，但仍不能帮助家庭摆脱困境。这时，一位舞客说，他将到上海去，可以帮助绣文安排工作。她轻易地相信了他的话，决心跟他去上海。

年轻的舒绣文——她那时虚岁十八，实际只有十六岁多些，还很幼稚。她知道，如果向父母说明要独自去上海谋生，父母一定不许，便先买好票，上火车之前把写好的一封信投在信筒里寄给父母，说明去上海求职以解决家计的打算，到了上海一定写信回来。

在上海，她先是住在北站旁界路上的一家小旅馆里，每天用面包搭开水充饥。后来住到霞飞路（现名淮海中路）重庆路附近的一家俄菜馆楼下的公寓里，这里是按月算房租的，比旅馆便宜些，但是伙食还是面包加开水。她成天没事，只好跟别人闲聊，那一口流利响脆的北京话，引起了人们的注意。

据舒绣文回忆说，一个常来吃饭的青年，观察了她好几天，最后搭讪着问她："你这个北京姑娘，到上海来做什么？"她不知这个小伙子是什么意思，便抢白他一顿："你问我这个干什么，北京姑娘不能到上海来？"

小伙子觉得这位北京姑娘非但嗓音清脆，口齿伶俐，而且性格泼辣。他是个涉足戏剧、电影界的小职员，惊喜地认为发现了一位演员苗子，便问她："你愿意拍电影吗？""我就是来上海拍电影的。"于是一拍即合，小伙子答应给她找电影公司的门路。此人就是后来和绣文共事于五月花剧社，被逮捕入狱的桂公创。

很快,绣文被介绍到天一影片公司去教国语,工资每月30块大洋,这在当时是相当高的工资了。

性格倔强的舒绣文,一不愿意成天跟在别人屁股后面教国语,也受不了老板邵醉翁的气,一怒之下便离开了天一公司。先是参加集美歌舞剧社去闯荡江湖,后又在杭州参加了五月花剧社。

据舒绣文回忆说,"这个剧社在杭州演了几个抗敌色彩浓厚的戏(如田汉的《乱钟》等)。杭州市国民党逮捕了剧社成员,并勒令剧社解散,把全体演员"驱逐出境"。一心想演好戏,将来让邵醉翁大吃一惊的舒绣文,这时才明白,演戏可以激发群众的爱国热忱,决不能只是为演戏而演戏。从杭州回到上海,由田汉安排,把她安顿到刚落成的"新世界"舞台上过夜。不久,她参加了田汉、阳翰笙领导下的春秋剧社。

舒绣文开始了饱一顿饥一顿、一会儿在上海一会儿到外地去演戏的流浪生活,有时也拍一些与抗日有关的影片。至于"收入"是说不上的,她本来有养家糊口的任务,这时也顾不了许多,直到进了明星电影公司,有了固定收入,才把父母弟妹陆续接到上海来。

演戏,演戏,她演上了瘾。编剧和导演们总是把一些性格强悍的角色分配给她,她也就在这一类型角色的创造中提高表演艺术水平。她曾经参加中旅剧团在南京演出,导演应云卫在《梅萝香》里让她演一个"白相女人"。她在两边太阳穴上贴两块治头疼的小膏药,手夹一支香烟,脚踏一双拖鞋,一面吸烟,一面破口骂人,当时舞台上还没有一个女演员将自己打扮成这副模样,她演得淋漓尽致,一时名声大噪。

接着明星影片公司便"礼聘"她为正式演员。她一连拍了好几部片子,并且从《梦里乾坤》一片起,开始演主角。

舒绣文拍电影,并不忘记演话剧,甚至可以说,她更爱演话剧。她在《茂娜凡娜》里饰演女主角。抗战前夜,在业余剧人协会演出的奥斯特洛夫斯基的《大雷雨》里,扮演凶恶的婆婆卡彭诺娃。

一九三七年抗战爆发后,她跑到武汉去,然后又到重庆,辗转于成都、桂林等地,有时拍电影,但主要是演话剧。抗战胜利后回到上海,拍了《一江春水向东流》等片。解放战争开始后,绣文转移到香港,在党所组织的影片公司拍片。一九四九年五月由港到京参加第一届文代会后,报名参加南下部队,体验生活。大西南解放后,到上海,参加话剧《怒吼吧,中国!》的演出。在大连和上海拍了

《女司机》、《一场风波》等片后,虽然身患严重的心脏病,还是怀念舞台生活,遂被调到北京参加北京人民艺术剧院,准备演夏衍改编的托尔斯泰的名著《复活》。很可惜,这个戏没有上演。她连续参加《北京人》、《骆驼祥子》、《关汉卿》、《伊索》等戏的演出。

二

舒绣文有种种条件适于演话剧,适于拍电影。她的身材适度,有一张线条明朗的脸,高鼻大眼。有富于表情的眉目和面颊,爱憎分明的嘴唇嘴角。但作为一个女演员,她也有一些不足之处。这对于常人是无所谓的,但为了演好戏,她觉得是缺陷,认为有必要加以弥补。这些缺陷是:第一,单眼皮;第二,鼻子在笑时抽起来,鼻梁上出现皱纹。

舒绣文怎样弥补这些缺点呢?她不是像某些演员那样请美容师来动手术或是打针。她自己创造了土法子来改造自己:每天睡觉之前,用胶水把自己的上眼皮粘接一个槽,久而久之,居然成为真正的双眼皮了。粘贴的过程是麻烦的、痛苦的,粘贴后闭眼睡觉有困难,但是她用惊人的毅力克服了这些困难和痛苦。她笑时总是注意不尽情地笑,竭力把笑颜表现在面颊上,把笑意透露在嘴巴嘴唇上,而不"动用"鼻子,每时每刻都注意遵守这个"规则",刻苦练习,久而久之,居然鼻子在大笑时也不抽起来,不出现皱纹了。这个"收获",也是靠了难于想象的毅力,长期坚持取得的。

凡是戏剧、电影所需要的技能,舒绣文总是不遗余力地学习和锻炼。骑自行车是最初步的技能,她很早就学会了。这在当时的女演员中不是很多的。有些演员就是一辈子也没有学会骑车。为演戏她学会了开汽车,在香港拍片时就时常借车驾驶。

最值得一提的是开火车。一九五〇年她在大连拍《女司机》,这时她已经得了初期的风湿性心脏病,但她以极大的毅力,像真的女司机那样,练好司炉的基本功。每天用几小时时间,一锹一锹地把满锹的煤块向炉门里投去,要投得均匀,散撒在炉膛里,要掌握火候,及时地准确地投炭……

她用了大概两个多星期的时间,学会了投炭,比真的女司机学得还快,经过老司机的鉴定,考试及格,才真的上机车,真的开火车。在《女司机》那部片子里,观众可以看到舒绣文真的开着一列火车轰隆隆地驶过,看到她熟练地投炭的形象,也看到她穿着司机服,头戴司机帽,帽沿儿仰得高高的,脖子上围着一条白毛巾,一手扶着车把,站在踏板上,对着观众风驰电掣地驶过。

有人笑问她:"你汽车、火车都能开,就剩轮船、飞机没有开了吧?"她回答说:"如果需要,只要下决心学,总可以学会的。"

民主德国的电影代表团访华时,了解到舒绣文投炭这一情况,曾多次赞美中国演员拍戏的认真和不辞辛苦。后来,约在一九五六年,舒绣文去访问民主德国,一位导演把她介绍给德国电影界朋友时,一再介绍舒绣文是怎样拍《女司机》的。

骑马的技术,她是从重庆到西北拍《塞上风云》时在一个部队里学会的。她不仅学会了一般骑马,而且掌握了更高的骑术,她跟骑兵们一起驰骋在西北的原野上,骑兵都为她的大胆刚强称道不已。

三

舒绣文的气质、性格等先天的条件,加上她孜孜不倦地努力追求,使她终于成为一名杰出的演员。艺术家的天赋是重要的,但决定的因素是刻苦的磨炼。

为了在舞台上塑造各种类型的人物,一个演员必须精于观察,模仿各种人物的动作,尤其是不同生活经历、不同职业的人的习惯动作和姿态。她和有成就的作家一样,养成了习惯,从年轻时候起,就仔细观察所遇到的各阶层的人物,从面部表情、体态动作到声音笑貌,都默默地记在脑子里,有时还下意识地模仿一下。这些储存在脑子里的人物形象,日积月累,成为她的表演"档案",需要什么,就能拿出什么。从剧本上,从导演的提示中,只要得到一点启发,一点暗示,她脑子里就有了活生生的人物内在、外在的形象。

三十年代明星公司的导演李萍倩曾经用上海话对她说:"舒小姐,你真会演戏啊!"李萍倩导演过她好几部戏,对她的评语是有根据的。出于导演之口的这样的赞词,是一个演员不易得到的。

观察生活,体验生活,积累了丰富的生活之后,舒绣文形成了自己的审美观点。她会为角色设计服装,从选衣料,到用什么颜色,做成什么式样,都能恰到好处,有助于人物的塑造。

舒绣文观察生活和事物，甚至超出一个妇女、一个女演员的生活范围。一个男演员刮胡子刮破了嘴唇或下巴，她会对他说：你的刀片没有拧紧；或者，你不小心把刀片竖刮了一下……那位男演员惊讶地说："真是经验之谈。你又不刮胡子，哪来的这种经验？"

有时其他演员出现失误或把握角色不准确，舒绣文也能利用她的生活积累，中肯地帮助他们分析角色在特定情境中的思想感情，以及用什么形体动作来表现最为合适。这通常都是有效的，而且很为青年演员所欢迎。

舒绣文有这样丰富的生活积累和舞台经验，但是每排演一个新戏，一拿到剧本，就开始反复精读，理解剧情，抓住戏的主题，分析自己扮演的角色的思想和精神面貌。作了一番分析之后，便着手写这个角色的自传。往往是，她演一个中年人或老年人，要写出她童年、少年时候的经历，她遇到过什么悲欢离合，她和周围人们的关系等等，展开丰富的想象。她掌握了这个人物的生平，就很自然地进入了这个角色。在排戏和演出的整个过程中，她是那样怡然自得，准确地把握着人物分寸，毫无做作之感，这都是她用艰苦的劳动换来的。

她重视台词的艺术处理，达到了同时代表演艺术家的最高水平。

一九六一年，在政协礼堂举行的一次纪念鲁迅逝世二十五周年的集会上，她朗诵鲁迅的《一件小事》。这是一篇情节不多、文字不太口语化的短文，但意味深长。演出时她化装为二十年代初的女学生，短衫短裙，打扮朴素，手里拿着刊载那篇短文的文集，像一个学生拿着一本课本，带着深沉的感情，语气朴素，诵读了这篇短文。读时全场寂然无声，人们屏息静听。朗读结束，场内仍然鸦雀无声，沉默一阵后才突然爆发出热烈的掌声。

座中的陈毅同志和周恩来总理，都被绣文的朗诵所感动。总理和陈毅默默不语，微微点了一下头，表示赞赏。

她曾经为中央人民广播电台朗读过《苦菜花》等长篇小说，一章一章地精心琢磨，差不多能够背诵时才到电台去录音，因而效果都很好。

认真，是她的看家本领。为了逼真，为了取得感人的艺术效果，她不惜作出"重大的牺牲"。抗战期间在大后方，在一出戏里，要男角打她的嘴巴。在每次上场之前，她总要求那位男演员在台上真的狠狠地打她一个耳光，"你别照顾我，我忍受得了。只有使劲地打，才会激起我的愤怒之情，才会把这场戏演好"。

舒绣文回忆说："有一次，那位男演员也进入了角色，他下死劲地打，打得我头晕目眩,身子几乎支持不住,摇晃着要倒下去。然而我那次真的恨他到极点,舞台上气氛也逼真极了。当然我恨的是那个角色,没有恨那个演员,虽然他事后很有歉意。"

在她得心脏病以后,在上海电影厂拍摄影片《一场风波》。片中有一场戏,她要在一条路上迅跑五十多米,这是她力所不及的,但她还是作好了精神准备,承担这场"长跑"。不仅是拍摄时要"长跑",排练时也要不止一次地跑。她完成了这个任务时,已是喘得上气不接下气了。

为了把戏演好,还要有一些超出常规的办法来烘托所演的角色。舒绣文在重庆演《天国春秋》里的洪宣娇一角,她觉得自己扮演这个叱咤风云的女英雄,身材欠高大,显不出英武果断的猛将风度。演话剧又不能像演京剧那样穿上高底粉靴。她想出的办法是穿上一双女式高跟皮鞋,然后再在外面穿一双男式长靴,这样,她在台上非但高了一大截,而且走起路来,由于高跟的缘故,有迅猛前冲的势头,正符合这位女将的姿态和性格。不仅广大观众赞美她这一角色演得出神入化,而且许多同行也钦佩她这一"绝招"。

她的演技是深得观众喜爱的。有些人,只要她登台,不管演什么戏,都要去看,同行外行都是如此。《骆驼祥子》初演时,以擅长演社会底层小儿女的荀慧生带着家人去看戏,看到虎妞在台上的一举一动、一言一语,不断发出笑声,有时甚至高声大笑,抑制不住地道出赞美之语。这个被舒绣文演活了的虎妞,给荀慧生留下了深刻的印象。

周总理和邓大姐抗战时期经常在重庆看舒绣文的戏,他们在北京也每戏不漏地看她的演出。他们曾一起看她在《骆驼祥子》里扮演的虎妞。演完后,他们一同上台祝贺演出成功。周总理说:"你对小市民的生活体验得这样深啊!"并且主张多改编一些这样的戏。那次登台祝贺,留下了一张很有意义的照片:周总理拉住她一只手,邓大姐拉住她另一只手,舒绣文站在中间,脸上现出幸福的笑。

四

在舞台上,在水银灯下,舒绣文以扮演性格泼辣强悍的女子著称。一九四九年,到中国访问的第一个苏联科学文化艺术代表团里有一位著名的电影导演格拉西莫夫。他来到上海时，孙维世把舒绣文介绍给他说："这位是影片《一江春水向东流》的女演员。"后来格拉西莫夫看了《一江春水向东流》，再看到舒绣文就说："你是优秀的性格演员，我一眼就看出来了。"

抗战期间在大后方，大家都知道，话剧界有"四大名旦"。从那时起，全国都传开了。有人说，舒绣文是四大名旦中的"刀马旦"。她并不讨厌这个称呼，但也并不以此自居。她还是竭力想法演一些不同性格的角色。她在舞台上创造过卡彭诺娃(《大雷雨》)、洪宣娇(《天国春秋》)，也创造过虎妞(《骆驼祥子》)和朱帘秀(《关汉卿》)，演过西太后(《清宫外史》)和曾思懿(《北京人》)；但她也演过完全相反的角色，最突出的一个例子就是在北京人民艺术剧院演愫芳(《北京人》)。

在人艺排演时，她曾问《北京人》的作者曹禺说："我演愫芳，你不吓一跳吗？"

她原来演《北京人》中泼辣的女主人，现在演这个被女主人百般欺侮的善良的愫芳，性格完全相反。舒绣文对曹禺说这句话，是表示她也自认为是一个泼辣的人，演这样一个原作者精心创造的内心柔顺、性格善良、追求新生活的温和女子，是不是太出人意料了。

舒绣文果真是个泼辣的女子吗？

舒绣文在台下确是一个性格很强烈的人，但不能用"泼辣"两字来形容她。她是个表里一致的人，有话当面说清，决不遮遮掩掩；对己要求严格，对别人也要求严格；对任何人，包括对初相识的人，对家里朝夕相处的亲人，有什么意见都爽爽快快地说出来，迫使别人在她面前也不能躲躲闪闪。她能很快地看准一个人的性情、习惯和性格，抓住那个人的特点，从而对那个人采取恰如其分的态度，说出针对性很强的话。她不盛气凌人，更不有意揶揄人。正因为这个缘故，大多数人愿意和她交朋友、打交道，因为人们和她交往，都觉得很痛快，可以推心置腹，可以肝胆相照。有些演员或朋友，愿意和她谈心，把心里话告诉她，和她商量解决难题的办法。

她对人坦白，对人信任，在生活中是一个很善良的人，是一个好心肠的人，是一个愿意全心全意帮助别人的人。

她对待家人的态度就很能说明这一点。作为长女，舒绣文自幼就帮助母亲挑起家务重担。由于家务忙，她上学，时辍时续(她后来能读书写东西是在上海演戏拍电影时用许慎、苏谦的假名进补习学校学来的)。由于家计困难，她在十六七岁时就学舞伴舞,帮衬父母。等到她在上海能维持生活时,先把母亲许佩兰接去,后来又把父亲和弟妹都接到了上海,一家人挤住在一起。父亲舒子胄在家乡安徽黟县有原配妻子,舒绣文管她叫"大妈",生活也由她负担。父母去世后,她在北京演戏,还经常给大妈寄钱,直到大妈去世。她还曾把家乡的一位邻居"表妹"接到上海来读书成材。

解放后,她是文艺一级,工资高些。父母去世后,负担轻了些,同事朋友遇有困难往往向她告借。她在北京人艺工作时,同事有急需,常常求助于她。她把活期存折交给借贷的人,让他们自己到银行去取,还款时也由借款人到银行去存入。虽然款数并不太大,但是足以见其心地。有人说:"舒大姐是我们剧院第二财务科,借钱不用领导批,不用写条子,不用摆出许多理由……"

同事们、朋友们生活和工作上有什么难题,包括夫妇之间的争吵,排戏、演戏上遇到的问题,都来找她。"舒大姐,舒大姐"叫得如此亲昵,像一家人,她变成了众人的"大姐"。岁数比她大一些的,也尊敬地管她叫"大姐"。

有人说,舒大姐有时是"大姐",有时是"严母",而且确有唤她做母亲的人。年老的,往往把她当女儿看待。住医院遇到几位妇女老干部,索性叫她干女儿,出院后还经常往来。老前辈欧阳予倩见她时,就叫她"姑娘"。欧阳老在阜外医院去世时,她也住在阜外,得悉欧阳老去世,她哭得悲切而长久,别人劝止无效,她自己也抑制不住。医生怕这位心脏病患者休克过去,只得赶快把她转移病房。

在三年困难时期,她经常病病歪歪。有一天晚上,周总理在北京饭店陪客人跳舞,中间去舒绣文家探望她,了解到她的一些生活情况。第二天早晨,邓大姐便拎了一些副食品去看她,其中有两斤黄豆,绣文舍不得吃,每天拿出来默默地看一会,然后仍旧摆好,存着不吃,有更需要的人,便分些给他们。

她就是这样一个被人称为"厉害角色"、"泼辣婆"的好心肠的女演员。

五

舒绣文曾回忆说:她在中学读书的时候,常有比她大一些的男同学送来一大叠一大叠的传单,让她和其他女学生到胡同里去散发。她们知道这是抗日的、爱国的传单,几个女同学互相分配后,在晚上或一清早到附近的胡同里挨家挨户地分发到院子里或是塞进门缝里。但是，她因年纪小，并不懂得更多的革命道理。

"九一八"事变之后，她在上海，知道日本帝国主义在东北发动侵略战争，有义勇军起来抗日，上海有许多爱国人士进行反日宣传，她在人民爱国情绪高涨的气氛中受到影响。她那时还没找到工作。一天，她拿一面太阳旗扎在一只不知哪来的小狗的尾巴上，把狗放在霞飞路上，她在后面驱赶。狗在前面跑，她在后面从重庆路向东赶，引得一路上的行人拍手叫好，有些年轻人还跟着她一起在后驱赶。到嵩山路法租界巡捕房门口，巡捕抓住她，不容分说，在巡捕房里关了一夜。

在国难家贫的日子里，这个十六七岁的少女头脑里，政治意识开始渐渐萌发。接下来是上海"一·二八"战事，她为慰劳十九路军参加了一些活动。不久，她就被田汉的弟弟田洪组织的五月花剧社吸收去演话剧。在杭州演出期间，她的爱国抗日的思想明朗得多了。使她最感动的是，他们演戏，观众非常激动，有许多人振臂高呼抗日口号。每天演戏，不知从哪里来的许多群众，在前台和后台帮助搬椅子，打扫剧场。人们把演抗日戏的演员当做英雄，使她清楚地看出：人民是要抗日的，国民党当局是消极的。最后，他们剧社终于被杭州国民党当局"驱逐出境"，说他们是共产党的团体。她想："那么我就参加共产党的团体，共产党是反日的，爱国的。"

她跟着别人一起回到上海，以后在夏衍、田汉、阳翰笙领导的几个不同的剧团里和电影厂里演戏、拍片。

后来舒绣文参加中国旅行剧团到南京演戏，回上海进明星影片公司拍片，离开了老朋友，和另外一些人往来。她在解放后申请入党的自传里说："我跟着阳翰笙等人走，我就在思想上和行动上逐渐进步；我跟另外一些人在一起，我就落后，我就糊涂。我多么需要有进步的人指导啊！"

抗战期间，舒绣文在武汉，接着在重庆、成都等地，在党的领导下演了不少好的、比较好的戏。她在编制上虽曾一度属于国民党中国电影制片厂的剧团，但她和别的一些演员一直是在党的领导下进行活动的。她回忆说：他们被迫演一个国民党御用文人写的《蓝蝴蝶》，她一再抵制，四处找阳翰笙，想"请示"怎么办。最后找到了阳，阳说不宜过分和国民党对立，需要勉强演一下这个戏。她得了"指示"，才勉强演出。第一场戏，才演了一幕，不知怎么的，通过舞台前的粪管破裂，臭气熏天，把场子里的观众都熏走了。她拍手叫好："这个粪管破裂得不早不晚,真好!"第二天,山城就传遍"大粪冲了蓝蝴蝶的笑谈",《蓝蝴蝶》终于停演。

抗战胜利后她到上海,电影厂要她在《一江春水向东流》里演王丽珍这个反派角色,开始她不愿意演,又是阳翰笙找她谈话,讲拍摄这戏的政治意义。她感到这是党要她做的事情,便同意了,而且尽全力刻画好这个人物。

解放后,她参加了文代会,会上毛主席对她说的一句话——"要为人民服务啊"——她一直铭记在心里。

她回顾自己走过的路,喟然感叹说;"要明白一些革命道理,要经过多少困难,走过多少曲折的路啊!"这是觉悟的喟叹,进步的喟叹!她终于在解放初提出了入党申请,一九五八年在北京人艺被接受入党。

她把入党视为一生中非常神圣的事。她严格要求自己,不拒绝演任何配角,她自己要求到街头去演出。她响应党的号召,一再申请到农村去为人民服务。

一九六六年"文化大革命"开始,要她参加学习,接受审查,接受批判,她都诚心诚意地看做是党对她的考验。直到一九六九年,她的心脏病复发,病情日见严重,直到生命的最后,她还是信赖党,相信党一定会把她的问题弄清楚。

舒绣文的一生,是追求进步、寻求光明的一生。作为一位杰出的表演艺术家,她达到了艺术殿堂辉煌的境界,塑造了许多感人至深的艺术形象。她以毕生的精力,以艰苦的艺术创造活动,为党、为革命事业作出了自己的贡献。

原载《著名表演艺术家舒绣文》,中国文史出版社1986年版

满族艺术家、革命战士金剑啸同志

金剑啸同志,满族,一九一〇年出生于沈阳,一九一三年随父迁哈尔滨。十几岁时就投稿于报刊,崭露头角。后来去《晨光报》副刊当编辑。该报编辑作客塞克(陈凝秋)介绍他到上海艺术大学去学画。一九二九年去上海,一九三一年入党。来年春,返回哈尔滨。

金剑啸同志由沪回哈后,在文学、绘画、戏剧等方面展开积极的活动,在报刊上发表诗、小说、杂文还有剧本,组织剧团,排演话剧,举行救灾展览会,展出的主要是他的绘画作品,也有萧红等人的习作。

在哈尔滨参加《国际周报》文艺副刊的编辑工作和一批后来成为"东北作家群"的年轻作者,如萧军、萧红、舒群、白朗、罗峰等,也都发表了不少作品,繁荣了哈市和北满的文坛。后来他还编过《五四画刊》和《大北画刊》。一九三五年去齐齐哈尔担任《黑龙江民报》副刊《芜田》的编辑,主编《艺文》周刊。

在齐齐哈尔组织"白光"话剧团,演出了几个独幕剧,使边陲荒芜的齐齐哈尔发出了新艺术的空谷足音,引导许多知识青年走上了革命道路。

一九三六年初回哈,主编《大北画刊》。同年六月,画刊被查封,金剑啸等同志被捕,他被押往齐齐哈尔。因他曾做了不少革命工作,被日本侵略者杀害。今年,一九八六年八月十五日是他就义五十周年。

金剑啸同志一九三一年由沪回哈后,就和地下党接上关系,开始进行地下党的革命活动,一九三二年在哈尔滨中共市委书记杨靖宇同志领导下做抗日工作。用他的画笔作揭露日伪的革命漫画,做了不少的宣传工作。

我是在一九三三年初夏和他联系上的。当时我在党的满洲省委宣传部工作,党组织把他介绍给我,专为党报《满洲红旗》(后改名为《东北人民报》)以及省委的其他宣传品作画。

剑啸同志虽为满族,但鲜为人知,因为他常用巴莱这个笔名发表文章和漫画。被捕后,审问他的日本人曾怀疑他是朝鲜族。这个怀疑是从这个笔名产生的。日本人一直呼他为"金巴莱",这与朝鲜的"金达莱"花音近,以为他用这个名字是怀念祖国。其实根据剑啸同志本人说,他敬爱法国作家巴尔扎克,取其谐音为巴莱。

剑啸同志年青的一生,以各种文艺形式作武器进行斗争,做了不少抗日的革命工作,是一名优秀的共产党员、杰出的满族革命文艺战士。在此之际,我们以挚诚、敬仰的心情怀念他。

原载《满族研究》1987 年第 1 期

民族英雄赵尚志

今年二月十二日是著名的抗日民族英雄、东北抗日联军第三军军长赵尚志殉国四十五周年纪念日。

赵尚志同志是一位传奇式的人物,他的一生充满可歌可泣的英勇事迹。

尚志同志一九○八年十月二十六日生于辽宁省朝阳县农村。幼年随家逃荒到哈尔滨。迫于家境困难,十一岁开始当童工、学徒、佣人。尚志从小有志气,在繁重的劳动之余,起早贪黑,勤奋自学,掌握了不少基本知识。十七岁考入许公中学。这一年——一九二五年,正是上海"五卅"反帝运动的热潮扩大到全国各地的时候,他一进学校就接触到新思潮,立即投身到学生运动中。他组织学生会,被选为副会长。由于积极参加学运,被学校当局开除。这时他已加入了中国共产党,党送他到广州,进黄埔军校,为第五期入伍生。他接受了军事训练,由于他一贯勤学苦练,掌握了战略战术的丰富知识,学会各种作战技术。一九二六年五月蒋介石提出"整理党务案"之后,赵尚志毅然离开黄埔军校,党派他回到哈尔滨,从事地下党工作。党派他到双城、长春等地开辟组织,曾两次被捕入狱。

一九三一年"九一八"事变后,赵尚志出狱,立即到哈尔滨找到组织接上了关系,投入反日斗争。

日本帝国主义侵占东北后,各地人民纷纷起来抗战,在很短的时间内即有三十余万人自发地参加了义勇军。党在东北的任务首先是领导武装斗争,满洲省委任命赵尚志同志为军委书记,那时他只有二十三岁。

但是满洲省委未能立即认清东北武装斗争的性质,这沿用过去中央制定的路线方针,组织自成一派的赤色游击队,省委于一九三二年五月派赵尚志到巴彦抗日游击队,后来改编为中国红军第三十六军江北独立师。由于红军活动脱离群众，比较孤立，以致领导红军三十六军的赵尚志同志遭到失败，一九三三年一月受批判后被开除党籍。

一九三三年一月二十六日中央指示信送达东北，指出东北三省已沦陷，成为日本帝国主义的殖民地，党的方针政策应是执行统一战线，联合东北各地一切抗日武装力量，结成抗日人民革命军，为建立东北人民革命政府而斗争。

一九三三年四月赵尚志同志从哈尔滨到宾县参加了孙朝阳的义勇军，不久，在党的珠河县委领导下，组织起武装力量，进行反日游击战争，队伍迅速扩大。赵尚志学习中央"一·二六"指示信后，执行正确路线，展开统一战线，联合许多义勇军部队，打了许多胜仗，给敌人以重创，建立了珠河抗日根据地。一九三五年一月成立了东北人民革命军第三军，一九三六年八月改编为东北抗日联军第三军，赵尚志任军长。

赵尚志英勇善战，屡建奇功，根据地逐渐扩大，并率军北征，开辟汤原根据地。在根据地，建立工、农、青、妇组织，创办干校、医院，设立兵工厂、被服厂。赵尚志在战斗空余时间亲自参加生产，在学校和群众组织中讲政治课。方圆数百里的根据地，人民称之为"红地盘"，敌人的多次"讨伐"，都无法入侵，敌人把它视为共军"大乐园"。一九三五年一月，满洲省委根据实际情况，指出赵尚志在巴彦的失败，是执行省委错误路线，责任在省委，决定恢复他的党籍。

赵尚志等许多抗联领导人，按照中央历次指示和决定，坚持作战，使日本侵略者不断遭受损失，日夜不得安宁，并且长期牵制了日本侵略者大量的兵力不能作战，这样就间接支持了关内人民的抗日斗争。

一九三六年九月十八日在汤原地区的帽儿山举行珠河、汤原中心县委和抗联三军、六军党委的联席会议，赵尚志同志作一年来军事、政治工作的总结报告，肯定了贯彻执行党的全民族反日统一战线策略所取得的成绩，总结了工作中的经验教训。为了正确和及时地领导北满实际斗争，决定成立北满临时省委，选举赵尚志为执委主席。会议之后，派朱新阳同志到莫斯科去向中央代表团汇报。

赵尚志率领抗联部队转战松花江两岸二十多个县境，有时率军北上、东征或西征，时常围城进攻，或攻入县城。他曾率五百骑兵，长驱千余里，挺进黑龙江、嫩江流域，开辟了黑嫩大平原的新游击区。行军途中，他曾与敌遭遇，大歼敌军，曾布置"口袋"战，全歼敌伪。敌酋战败，惊呼抗联中必有深通战略战术的名将。

赵尚志多次负伤不下火线。他和群众、战士一起扒铁轨、翻列车。敌伪军一听到赵尚志的名字，就吓得胆颤心惊，因此敌人千方百计要捉拿赵尚志。曾悬赏万元，传令通缉。后来扬言，只要捕获赵尚志，不论死活，"一两骨头一两金，一两血肉一两银"，当然敌人毒计未能得逞。

赵尚志同志的母亲、兄弟和姐妹都参加了游击队或参加党的工作。

敌人不择手段，软硬兼施。把赵尚志父亲抓去，逼他写信给赵尚志，劝他投降。赵尚志接到信后深为父亲的安危焦急，但认为国难当头，抗敌第一，不为敌人毒计所动。他的舅父跑到军中，劝说赵尚志"归顺"，赵尚志斥为无稽。因舅父跟随部队久久不去，一有机会就劝说"归顺"，赵尚志怕他过多了解军内情况，回去报告敌人，只得大义灭亲，对他舅父按军法处决。广大战士对赵尚志的赤胆忠心、一心抗敌的精神，深受感动，此后部队更加紧密团结，勇猛杀敌。

战斗是十分艰苦的。北满各地约有半年时间是冰天雪地，冬季在雪海深林驰骋，夏季在青纱帐里出没，常常缺粮少弹，以马肉充饥。赵尚志同志和战士们一起战斗生活，紧密联系群众，士气很高。敌人采取三光政策，"集团部落"，使游击队无法存身，得不到粮食。但在党的领导下，抗联战士克服种种困难继续战斗。

一九三七年"七七"事变，全国开始全面抗战，赵尚志同志得此大好喜讯，用抗联司令名义向东北人民发出号召，奋起暴动，与全国人民配合，驱逐日寇。汤原等地人民在他的号召下，蜂拥而起，扒铁路、炸桥梁、拉倒电线杆，各路游击队则配合出击，声势浩大，敌伪大为惊慌。

一九四〇年由于一些人的诬告，北满临时省委在党内生活很不健全的情况下，对赵尚志作出了"永远开除党籍"的处理，使赵尚志蒙受不白之冤，但是他的革命意志并未动摇，在处境极为困难的情况下，仍坚持抗日，一心消灭日寇，表现了抗日民族英雄的高尚气质。

一九四一年初，赵尚志被调去莫斯科学习，他认真学习马列主义和毛泽东著作，更加坚定了自己的主张。他一再要求回东北抗日前线。一九四一年秋回国，让他带五个人的小分队，回东北活动。一九四一年十二月敌人得知赵尚志在萝北县梧桐河一带活动，设下圈套，派特务刘德山混入赵尚志的小分队。一九四二年二月十二日，特务刘德山诱骗赵尚志去袭击梧桐河伪警察分驻所，途中刘德山从背后向赵尚志开枪，子弹由后背穿过腹部，赵尚志回首将刘德山击毙，把身上文件交给小分队带走，在昏迷中被俘。审问中赵尚志横眉冷目怒骂伪警投敌卖国。最后终因伤势过重,为国牺牲。

解放后,党和政府为纪念赵尚志的英勇抗敌的功绩,把珠河县命名为尚志县,哈尔滨市新城街命名为尚志大街。

一九八二年赵尚志同志殉国四十周年纪念日,中共黑龙江省委决定恢复赵尚志的党籍。一九八四年萝北县十二万青少年及部分干部、群众自动捐款,在赵尚志同志牺牲的宝泉岭土地上树立起赵尚志烈士纪念碑,以缅怀赵尚志烈士的英勇业绩。

原载《哈尔滨研究》1987 年第 1 期

忆张西曼教授

我是一个翻译工作者,我这里要特别推介的,是张西曼先生在翻译方面很高的成就,他是翻译界的、特别是俄文翻译的一位老前辈。我是在一九二八年才学俄文的,他早在一九一一年就到俄国去留学了。他在一九一九年就在北京办俄文专修学校,在一九二一年就编出《中等俄文辞典》、《俄文文法》,以后还在北京、武汉办了一系列的俄文系、俄文学校等。我们知道,瞿秋白同志一九一九年就是在他的俄文学校里面学的俄文,也就是说张西曼先生是瞿秋白同志的俄文老师。瞿秋白同志在一九二〇年底作为《晨报》记者到苏联去,这点俄文底子就是从张西曼先生那儿学来的。

张西曼先生在翻译方面,是根据客观的形势,需要什么就做什么,而不是限于一格。比如说,需要介绍苏联的一般情况,他就编出关于苏俄的书;需要介绍马克思、恩格斯、列宁的情况,他就在这方面翻译了不少文章;需要文学方面的知识,他就翻译、编出了苏俄作家的传略这样的书;需要法律方面的常识,尤其在一九二七年,他首先翻译、介绍了苏俄的宪法,同时还翻译出版了苏联的民法和刑法。那时考虑大革命胜利之后要建国,需要有这许多参考资料。当然后来的形势发展是不同了,可是他还是在这方面充分地介绍了苏联在法学方面的一些著作和具体的法律条文。一九三七年的苏联宪法也是张西曼先生最早介绍的。

一九三六年,我在上海专门放映苏联电影的苏联人经营的一个戏院——上海大戏院里工作。苏联大使馆通过中苏文化协会南京的总会和上海的分会,经常借上海大戏院举行各种集会。我在那里就开始接触了张西曼先生。中苏文化协会还有不少别的同志,比如在上海的分会会长是交通大学的校长黎照寰博士,吴清友先生也在那里工作。我记得一九三六年的十月革命十九周年纪念时，请蔡元培先生来作报告，宋庆龄先生也参加了，苏联的勃格莫洛夫大使也来了。张西曼先生在这里面做了不少工作。我认识他主要通过苏联大使馆、上海总领事馆，特别是对外文化协会方面的人。苏联有一个对外文化协会和中苏文化协会有密切联系，是他们把西曼先生介绍给我的。因为我搞俄文，他也是搞俄文，促膝一谈，相见恨晚。后来，在抗战胜利之后的一九四六、一九四七年，我们之间来往的次数也不少。西曼先生在《中苏文化》杂志上经常发表文章，还发表一些文学方面的作品，尤其是翻译了不少诗。那时候我们正是要反对内战、争取和平，他的言论是很明确的，锋芒毕露。有时候我们为他担心，劝他，有些话是不是考虑说得婉转一点。可是他不。他在南京那样险恶的环境里，一般人是很难维持的，但他一点也不怕，不掩盖自己的主张。他的许多语言，许多很突出、很惊人的、很有性格的、很敏锐的、很尖刻的语言，都是经过锻炼出来的。他明确地在南京表示，他是反对什么的。因此南京的国民党反动派对他是很畏惧的。照他的地位和资历，他可以在南京政府里面做很重要的工作，就是升很大的官，可是这一点他毫不考虑。他坚持要和苏联友好，坚持要和共产党合作，坚持中国要走民主的，和共产党一起合作建立新国家的道路。他受到各方面的攻击，有许多人不理睬他，有一些人避开他，但是他一点不动摇。他有一九〇八年就参加同盟会的资格，南京的国民党反动派拿他也无可奈何。他就这样坚持斗争。而苏联方面，无论是大使馆、对外文化协会和中苏友好协会都很看重他，许多事情要靠他做，许多事情要靠他对当时的会长孙科讲。当时各种集会主要是在上海举行，比如说在一九三六年，就放映过苏联一部影片叫《为基辅而战》，后来又放映了一部《予打击者以打击》的影片，都是宣传苏联当时针对欧洲法西斯横行的局面拍的一些纪录片。他经常要积极地从各方面动员，请许多人都来观看等等。普希金纪念会是一九三七年二月在上海大戏院举行的，他也积极动员人们参加活动。在抗战胜利之后，他除了在《中苏文化》上发表一些翻译作品之外，自己也写东西；他还翻译了一些苏联作家的、诗人的作品，交给当时我所在的时代出版社，在《时代》杂志、《时代日报》上发表。我们对他的印象是深刻的，对他的为人，我们是钦佩的，尤其对他从"五四"运动以来，积极地宣传苏联，积极地主张与苏联联合、团结，以及推行联共政策，这些事情是前前后后慢慢地了解到的。我们和西曼先生接触中间，在许多问题上，感到他是很明确的。事后想想，特别是现在想想，当时要是没有他这样一个人物，好多话我们还不好说,好多事情还难于开展。有这么一个人在冲锋,有这么一个人在任何场合都不回避、不掩盖自己的主张,在当时的局面下,对艰苦斗争中的爱国民主运动有极大的推动作用。

原载《文史资料选辑》第9辑,1987年5月

忆抗战中的上海文艺工作

在上海"孤岛"和沦陷时期,革命的和爱国的文艺家们都关注怎样用文艺这个武器,一方面对敌伪进行斗争,一方面在革命内部各派政治势力之间进行工作,对人民进行宣传教育,同时又使文艺本身在斗争中得到发展和成长。其中比较突出的表现在电影戏剧、歌咏方面。

上海是电影、戏剧事业的中心,"八一三"战事一开始,电影、戏剧工作者就部署了自己的力量,把电影、戏剧工作者组成了十三支队伍,其中十二个演剧队分别开赴华北、西北、西南、中南各地活动。以于伶(原名尤兢)同志为首成立了青鸟剧社,在新光大戏院连续演出了一个多月的话剧,剧目有于伶新创作的《女子公寓》和曹禺的《日出》等戏。接着利用法租界公董局中的几位开明董事和法租界当局拉上关系,创办中法戏剧学校,成立中法剧社,演出一些法国戏。然后又联合几位戏剧艺术专家如复旦大学的李健吾、顾仲彝、朱端钧等教授成立上海剧艺社,改建辣斐剧场,作为职业性的剧团进行长期演出。于伶创作了《大明英烈传》,阿英创作了《葛嫩娘》、《杨娥传》、《洪宣姣》等戏,顾仲彝创作了《梁红玉》等戏。这些戏都是用历史题材为现实服务的。于伶同志还创作了现实题材的《夜光杯》、《花溅泪》、《夜上海》等戏。在职业剧团外,又有许多业余剧团开展戏剧活动。

关于业余剧团应该特别提一下,它起了组织上海各行各业以及大、中、小学校团结起来的作用。"八一三"战事一开始,上海周围四乡居民成群结队涌入租界避难,在难民收容所里集中了几万人,是进行宣传教育工作的最好场所。为他们演话剧、教唱歌、教新文字,充实了他们的终日无所事事的难民生活。许多青年戏剧工作者排练中外各种独幕剧,轮流到各难民收容所演出,成为群众最欢迎的宣传队伍。他们自己也组织剧团,为本单位和别的单位演戏,这样就成立了各行各业的联合会，如银行职员成立了银联，钱庄成立了钱联，洋行职员成立了华联，药房职员成立了药联，中药铺职员成立了中药联等等。各大学成立了自己的剧团，由剧团发展为各大学学生联合会，随后各中学也成立剧团，发展成学生会。由此再向前发展，成立了大教联、中教联、小教联。有些工厂也是靠戏剧开辟，组织工会。各行各业各学校的剧团一时多达一百多个，这就形成了"孤岛"上轰轰烈烈的群众性戏剧运动。

话剧还帮助地方戏曲加工、改造。由绍兴戏的笃板形成越剧。话剧工作者帮助他们编写分幕分场的剧本，用灯光布景、古典服装演出，成为一个新的剧种。在话剧工作者的帮助下把旧文明戏改成通俗话剧，曾把于伶的《大明英烈传》改名为《刘伯温与苏姣姣》，以及改编其他戏促成文明戏的新生。

京剧，那时称为平剧，在话剧编演借古喻今，用宋抗金、明反元的历史题材影射抗日战争，也演出了一些有民族气节的戏。周信芳在"孤岛"初期演出《明末遗恨》，观众反映很强烈。周信芳在剧场两边挂上"不日将演《文天祥》、《史可法》"，把这两个抗元、抗清的民族英雄作为口号，观众看了也很受鼓舞。各平剧院演出的连台本戏也常常包括一些忠贞不屈、气节高尚的人物和故事。八年抗战期间梅兰芳蓄须不登台，拒绝日伪的拉拢，在戏剧界和广大群众中起了振奋民心的作用。

"孤岛"期间各电影院放映了不少外国影片。中国电影制片厂则拍摄了《木兰从军》和许多能在沦陷区放映的民间故事片。话剧成为广大群众爱好的剧种，其他地方戏和评弹、说书等也得到了发展。

上海音乐界主要是由施哲民等同志领导的歌咏运动。"八一三"战事一发生，歌咏运动者也首先从难民收容所开始活动，然后又扩大到许多群众团体，组织歌咏队、合唱队以及各种乐队。卫仲乐的中国管弦乐队以及其他民乐队也经常演出。

八年抗战中，上海人民在中国共产党和进步力量的领导和推动下，除了一般的抗日工作之外，也充分利用上海特有的条件，不仅进行了自我教育，也为未来的文化、艺术事业作出了自己的贡献。

原载《人民日报》1987年7月14日第5版

八年抗战中的上海

——为"八一三"抗战纪念日五十周年而作

上海——这个早已名列世界最大都市前茅的城市,由于它的特殊历史、地理的关系,在中国人民抗日战争时期起了不是任何其他城市所能起的特殊作用。

上海自开埠以来到抗战爆发,经历了将近二百年的发展历程。在抗战发生前,上海已经是全国经济、政治、文化的中心。在抗战前夜,上海是全国抗日救国运动的主要领导中心。全面抗战就是从"七七"卢沟桥事变和"八一三"上海战事开始的。

上海租界有公共租界和法租界两大部分组成。南面有上海县称为南市,北面有闸北是中国"地界"(苏州河北面的几个市区是所谓"越界筑路"的地方,是"准租界")。"八一三"抗战一爆发,不仅苏州河北面各市区的居民避入租界,上海周围许多城市的居民,甚至外省一些大城市的富有之人也挤入租界。上海人口骤然从一百多万增加到三四百万。这么多人挤在方圆几十里的租界上,使上海起了根本性的变化。租界当局主要是英美人和法国人,对中日战争宣布中立。一九三七年秋末,日军在杭州湾登陆,使中国军队不得不退出租界之外的上海地区,也就使上海租界周围成了沦陷区,上海租界成为这个"汪洋大海"沦陷区中的一个"孤岛"。这个"孤岛"上的三四百万人,在此生息,必然有各种各样的活动。上海本来是欧美各国"冒险家的乐园"。这些留在孤岛上的外国人继续"冒险",既掌握统治者的特权,也搞剥削中国人民的各种勾当。作为租界统治者的一部分,日本人和日本侵略军除控制着苏州河以北的地区,也在租界上展开各种活动。原来在上海活动的国民党,遵照重庆的指示在孤岛转入地下进行活动。汪精卫叛离重庆,到南京另立伪中央、伪国府,拉陈公博、褚民谊等人凑成一个班子,也主要派人在孤岛活动,汪伪在孤岛上经常和国民党进行阴谋暗杀的恐怖斗争。流氓地痞、犯罪分子开赌场、烟馆横行不法。中国共产党面对这个形势,在广大工人、职员、学生、知识分子及各行各业的群众中展开了深入的宣传组织工作。

关于中国共产党的工作应该特别提一下,自从一九三三年中共中央撤离上海转移到江西中央苏区之后,上海虽然留下一支文化方面的党员队伍,但党的全面活动基本停止了。一九三六年开始重建地下党组织,先是江苏省委,后是中央上海局展开了新形势下的新形式的党的工作。一方面党中央领导红军北征到陕北进行新的武装斗争——力图到华北寻找日敌作战。另一方面在上海、北平等大城市进行新形式的地下党活动。共产党的军事、政治、宣传、组织等工作,进入到一个更加成熟的新阶段。例如在上海孤岛时期,不是像过去那样贴标语、散传单、号召罢工罢课,举行冒险的"飞行集会"之类的斗争,而是深入到工厂、学校、商店、团体、机关中进行秘密的宣传组织工作。同时又在文化、工商等部门进行上层的统战工作,和许多民主人士取得密切联系共同进行抗日救国、民主进步的运动。在整个孤岛时期,党的宣传组织工作打下了坚固的基础。隐蔽精粹,保存实力,得以在上海沦陷时期、抗战胜利后的解放战争时期与敌人进行力量强大、气势磅礴的伟大斗争,从而能以准备充分的群众基础迎接了上海的解放。这和国民党、汪伪在上海地区进行明争暗斗、枪杀火并的斗争完全不同。尤其是中共除组织基本群众之外,还争取中小资本家、民族资本家为抗敌和民族解放进行共同斗争。

上海租界当局既采取所谓中立政策,中日以及西方各国都充分利用这块地方进行有利于自己的活动。英美的金融资本通过汇丰银行、麦加利银行、花旗银行控制着上海的经济。西方各国的商品货物继续在上海港进口,甚至苏联的轮船也不断开来上海,中国的物资也被外商在一定程度上从上海运输出口,甚至美国的影片和苏联的影片也运进上海放映。上海既然聚居着从周围各地涌进来的几百万人口,他们中也有不少人带来了自己的财富。上海本来在工业生产和商业服务等方面已经形成一个配套的系统,现在为了适应这么多人的需要,又有充分的资金,便在原来的基础上更加膨胀扩大。开办了许多新的工厂、新的商店、大批的旅馆饭店和游乐场所。其中最突出的是建筑了许多大厦和无数新的住房。本来比较冷落、荒凉的租界边缘地区也盖满了楼房,但是人口增长愈来愈多,住房还是不够。大房东、二房东、三房东层层剥剥,住房要用金条作顶费。当时滑稽戏《七十二家房客》，正反映了这个情况。孤岛时期从一九三七年底到一九四一年十二月整个四年，上海空前大发展，是租界有史以来最繁荣的时期。所有各行各业的经营者无不大发其财，善于钻营的人，只要弄到一间小店面、一部电话机就能广开财路，这是一种畸形的发展。

但是，这个畸形发展的上海租界，也对周围抗日部队及其根据地起了供应各种物资的作用，例如皖南、苏北的新四军根据地，许多物资也是靠上海"走私"供应，路东、路西、江南抗日部队、浙东支队都能从上海取得必要的物资。原来从上海运送书籍报刊的书店工作人员，逐渐地变成用机帆船和卡车通过重重封锁线，花费一些贿赂，完成了给大小根据地输送物资的任务。甚至根据地用的临时钞票，也是从上海用切好的道林纸运去印行的。而且在上海沦陷后也能在这方面发挥作用。

由于上海的各种特殊情况，各国各色各样的人可以自由出入上海港口，这里又成为间谍活动的中心。这时世界大战已经在欧洲如火如荼地进行，希特勒德国已经占领了捷克、奥地利、法兰西等许多国家。西方各国和许多其他国家都派有间谍在这里做情报工作。美、英、法、德、意以及苏联都在上海设有间谍机构。大小国家的间谍在上海互相利用、互相刺探，寻找对方的情报。日本、汪伪和国民党也混在这中间活动。

上海又成为东西方各国在这里进行宣传战的中心，上海原来就有许多英文报刊如美国的《大美晚报》、英国的《字林西报》、《泰晤士报》、孔祥熙办的《大陆报》，另外还有《密勒氏评论报》等刊物。此外，法租界有法文报，苏联人和白俄有好几份俄文报。在广播电台方面，除上海市电台之外，有大美电台，后来法西斯德国也在上海办了电台。一九四一年苏德战争发生后，苏联在上海设立苏联呼声电台。上海还有许多商业性电台。这些外国电台用中、英、俄、德、法、日等语言报道新闻，各自为自己的政策进行宣传。

法西斯德国很重视上海这个远东最大的宣传战中心，特派宣传战专家——一位老妇人专程来上海布置工作。出版了英文的《二十世纪》杂志，创办了中文的《总汇报》。

苏联在一九四一年八月出版了中文的《时代》周刊、英文的《每日战讯》。

除了《申报》、《新闻报》这些商业性的报纸由美国出面当发行人之外，共产党、国民党和民主人士也请英美人出面办了许多报纸、刊物。而敌伪则在虹口出版中文的《新申报》。所有这些报都在宣传战中各自发挥作用。

上海除原有的大、中、小学校外，又由外地迁入了一些大学和中学，创办了不少新的中学和小学。好多出版社也继续出书和出刊物。开了一些新的戏院，成立了一些新的剧团。所有这一切形成了孤岛上教育、文化事业的大发展。

一九四一年十二月八日，日军发动太平洋战争，同日占领上海，上海这一"孤岛"也变成了沦陷区。自来水、电力、煤气、电话、公共汽车、电车等公共事业都由日方进行军事管制，英美人被关进了集中营，所有外国人出面办的报刊一律停刊，《申报》、《新闻报》作为商业性报纸继续出版，此外就是清一色的汉奸报纸。工业生产由于原料的关系，受到了限制。文化教育活动受到了摧残。商业和服务行业还继续兴旺，但是也受到敌伪的干预。人民中的活动分子经常被捕、被杀害、被传讯，好多面貌比较暴露的社会活动分子不得不离开上海。上海也像沦陷区各城乡一样，实行了严格的保甲制，居民要领良民证、身份证。街道上经常一段一段地封锁，捉拿所谓肇事人犯。随着太平洋战争的节节失败，日军搜刮上海的钢铁、铜、锡，把市内的铁门、铁栅栏、大楼里的暖气设备拆除，运往日本制造枪炮，连破旧的脸盆也被一一收去。人民没有粮食吃，天天在粮店门口"轧米"（排队购买"配给米"），各种日用品实行配给制。市面开始萧条，人民生活十分凄苦。经过四年的黑暗统治，一九四五年八月苏联对日宣战，日帝宣布投降，上海人民经过了八年煎熬，等到了天亮，才重新抬起头来。

原载《人民日报》（海外版）1987 年 8 月 12 日第 2 版

"孤岛"四年

上海,由于它特殊的历史情况,在抗日战争时期,起了其他城市起不了的特殊作用。

一九三七年秋末,日本侵略军在上海南边的杭州湾登陆,使我国抗战的军队不得不撤出上海地区,使上海由英美法等外国统治的租界成为长江三角洲大片沦陷区内的一个"孤岛"。

上海本来是欧美列强的"冒险家的乐园"。在租界成为"孤岛"之后,这些外国人继续在搞剥削我国人民的各种勾当。汇丰银行、花旗银行、麦加利银行还控制着上海的经济,进口货充斥于上海市场。

当时各方面势力也在租界上展开各种隐蔽活动。在这里,中国共产党则利用这种复杂的形势,在广大工人、职员、知识分子和学生中展开了深入的宣传和组织工作。这时中共已进入了一个更加成熟的新阶段,它不像过去那样进行一些冒险的"飞行集会"之类斗争,而是深入到工厂、商店、机关、团体中,进行秘密的宣传组织工作,同时在工商、文化等部门进行上层的统战工作,终于争取到中小资本家和民族资本家对抗敌斗争的支持。

孤岛时期的上海还开办了许多新的工厂、商店、旅馆饭店和游乐场所,修建了许多大楼。由于人口多、住房紧张,房地产买卖陡然发达,在原来十分荒凉的租界边缘地区都盖起了不少住房。从一九三七年底到一九四一年十二月整整四年期间,"孤岛"上海迅速发展,租界上的繁荣是有史以来空前未有的。

当时孤岛的存在对上海周围的抗日部队,主要是新四军,起过供应各种物资的作用。仗着秘密工作,上海的地下工作人员逐渐做到利用机帆船和卡车输送物资。甚至新四军在根据地发行的临时钞票也是从上海取得的印刷材料、道林纸是在上海切好之后运去的。

不消说，上海当时是英美等西方国家和德意日轴心国家进行情报活动的一个中心，它还是各国进行宣传战的中心。当时租界上发行着美国的《大美晚报》，英国的《字林西报》，国民党孔祥熙办的《大陆报》，还有《密勒氏评论报》等英文刊物。法西斯德国办过英文的《二十世纪》杂志，还创办过中文的《总汇报》。苏联发行过中文周刊《时代》，英文日报《每日战讯》。

在广播电台方面，除上海市电台外，有"大美电台"，法西斯德国也一度在上海设立电台。一九四一年六月苏德战争爆发后，苏联在上海设立"苏联呼声"电台。至于商业性电台为数很多。

上海原有的中文报纸《申报》、《新闻报》已由美国人出面担任发行人。当时中共、国民党和民主人士也聘请英美人出面办了许多中文报纸。日本人在虹口出版了中文的《新申报》，在宣传上展开了尖锐的斗争。

上海当时除原有的大、中、小学校外，又由外地迁入了一些大学和中学，创设了不少新的中学和小学。好多书店和出版社继续出书和出刊物。新开了一些新的戏院，成立了一些新的剧团。所有这些促成了"孤岛"上文化教育事业的迅猛发展。

一九四一年十二月八日，日本发动了太平洋战争，同一天占领了上海租界，英美人被关进了集中营，许多由西方人出面办的报刊一律停刊。上海"孤岛"也成了沦陷区，情况就发生了巨大的变化。

原载《群言》第 9 期，1987 年 9 月

我与时代出版社[①]

——从《时代》杂志到时代出版社

上海从一九三七年十一月前后沦为孤岛之后,租界上的报纸一般请洋商做发行人,像《新闻报》、《申报》,国民党的《正言报》、《中美日报》等,都请美国人当发行人。我们党也要办报,但自己出面有些困难,就找一些进步人士,包括国民党的进步人士一起来办。先是夏衍办了个《译报》,没有洋商出面。他是翻译外国人报纸上的消息,赵邦荣是发行人。办了几天,约在一九三七年十二月十日,夏衍到香港去了。由梅益接手主编,但很快就停了。因为一张报纸光靠翻译的东西是适应不了新形势的,有些消息还得要用我们的口气来报导,而我们也完全可以采访到一些消息。于是联合了一些人办了一张大译报(《每日译报》),找了国民党的钱纳水一起搞,后来还有韦悫。韦悫因法租界上有一批人,借法国人的名义,要办一个叫什么《总汇报》,没有办成,但他们有一笔资金,他便把他们联合过来。所以《每日译报》在上海谁都知道是共产党的报纸。另外还有一张叫《导报》,是恽逸群主编。这两个报纸都是请英国人出面当发行人的。《导报》存在了两年多,到一九三九年就停了,原因是汪精卫方面出钱收买了英国人,那个英国人写了封信给我们说,他不再担任我们的发行人了。这么一来,党领导的两个报纸都停了。《文汇报》、《译报周刊》也停了,比我们的报还早停一点。"左派"的报刊也没有了。那时梅益在上海地下党管宣传工作,就与别的报纸的进步编辑联系,经常开开座谈会,透露一点消息给他们。那时上海有《大美晚报》和《大英夜报》,是美国人、英国人办的,比较好一点。《大晚报》、《时事新报》还有英文报《大陆报》是国民党孔祥熙系的,都请外国人出

[①] 本文是新闻出版署党史资料征集工作领导小组成员郭敬同志于一九八六年十一月二十六日专门采访姜椿芳后,由汪守本同志根据录音记录整理而成,并已经过陈冰夷同志订正。——编者注

面。重庆国民党在上海的吴绍澍办了《中美日报》、《正言报》，此外还有一般做买卖的《申报》、《新闻报》，而我们自己没有报纸。一九四一年上半年，我们只有《上海周报》还在出，代替《译报周刊》，不久《上海周报》也不能出了。

一九四一年六月二十二日，希特勒德国向苏联进攻，开始了苏德战争，也就是苏联人所称为的"卫国战争"。租界上的形势有所改变，因为苏联过去和英美是划清界线的，"坐山看虎斗"静观希特勒的德国、墨索里尼的意大利和东条英机的日本这三个轴心国与英美对抗，资本主义世界火并。那时从党的立场，从第三国际的立场来说是对的。那时德国总理巴本和苏联莫洛托夫订有互不侵犯条约，斯大林在南方疗养地疗养，觉得很安心。希特勒背信弃义打苏联，破坏了互不侵犯条约。因事出意外，苏军退得很快。七月三日，斯大林发表无线电广播演说，呼吁与英美联合起来反对法西斯德国，这就形成了反法西斯的国际统一战线。上海形势也随着战争形势的改变而改变。过去租界上不让苏联人出报纸，这时便允许了。租界上原来有一批白俄，办了一张报纸叫《新生活报》，在罗果夫的帮助下，塔斯社供电讯，扩大发行范围，每天出版，想充分报导苏联的消息。另外有一个苏联人叫匝开莫，办了个政治艺术性的半月刊，叫《时代》。苏联有了一报一刊，罗果夫还筹备办一个电台。过去英美人不允许的现在都允许了。我们党看准了这一点，既然你认为英美人不可靠，我们共产党人办报又不允许，那么我们就去找苏联人。

七月初，大约二到三号，唐守愚来找我，那时他和我有着组织上的关系。上海有个文化总支部，也叫"文总"，后改称"文委"，管戏剧、电影、文学、新文学等，我是文总的书记。他对我说，现在租界上有条件，党有意请苏联人出来帮我们办一个报，让我去找一下塔斯社社长罗果夫，因为我会俄文，我与罗果夫并不认识，我就通过霞飞路（现在叫淮海中路）上一家英国人开的书店，叫佛利特书店，书店老板佛利特过去在哈尔滨是英亚社社长，跟我很熟。他店里专门出售苏联的、俄国的以及其他外文的书籍。佛利特书店的斜对面有一家德国人的书店，遥遥相对，在孤岛上形成了宣传竞争。因我常到佛利特书店去买书，认识了那里的苏联人克鲁格尔斯。我对克鲁格尔斯说，我想见罗果夫，请你介绍一下，我有话要跟他谈。克鲁格尔斯说可以，他与罗果夫联系后，约我直接到外滩二十六号塔斯社找罗果夫，时间大约在七月四至五号。见面后我对罗果夫说，我们想出一份中文的日报，希望他找一位可靠的苏联人，出面向租界工部局登记，经费由我们来筹划，编辑人员也由我的朋友来承担。我不好说出我是共产党员,但是他们猜想我大约是。我还说,我们可以拉到一些广告,广告的收入,报纸的销售,加上朋友们凑点钱,经费不至于成问题。他说,这个建议很好,不过他要考虑一下,过一个星期再来听回音。过了一个星期,大约十一到十二号,我再去看他。罗果夫说,他们已经考虑过了,不出日报,出个周刊,这样不太显眼。他说,现在他们有个俄文半月刊《时代》,再办个《时代》的中文版,也是政治文艺性质的,至于经费,你们不必拿了,我们支持。他说他可以把俄文《时代》杂志的编辑发行人匝开莫介绍给我。我说我认识匝开莫,我常去他那里的。罗果夫说,他还是正式地给我介绍一下的好,这样便是另一种关系了。于是我们坐了他的汽车,一起到斜桥弄(现吴江路)六十号去见匝开莫,谈了办一份周刊的情况。我说,我还要同我的朋友商量。

回来我把情况向唐守愚谈了。唐守愚向党组织汇报后告诉我,出周刊也可以,日报的事以后慢慢地再看。但这个周刊以苏联人名义出,在内容上便不能像我们过去借英美人名义办日报时能反映中国方面的消息。党组织考虑,能够反映苏德战争的情况也好,在孤岛上所有的中文报纸不大采取塔斯社电讯稿的情况下,我们有一个中文刊物,多报道一些苏德战况,也是新的开拓。这个刊物可以先试一下,以后视情况再进一步办报。因此同意了苏方的建议。我猜想,罗果夫要用一个星期的时间考虑,大约是向上级请示。那时苏联在上海有个总领事馆,总领事馆的领事是黄安。既是请示,当然也是调查,调查姜椿芳这个人是什么样的人,因为他们的领事与当时我们党内有些人有往来。

办《时代》杂志,双方研究决定,由罗果夫提供材料,他把俄文《时代》杂志上的一部分比较好的文章交给我,另外塔斯社有些电讯让我们选用,由我们翻译。初办时只有我一个人,没有帮手。那时党内也没有合适的人,叫我自己去找。我找了陈冰夷,他那时在愚园路新青年书店工作。书店由三个人合办的,他是其中之一,学过俄文。另一个人叫陈君实,后来叫陈梦海,跟我学过俄文。新青年书店的另外一个人是孙世镇,已去浙江从事地下党的工作。陈冰夷帮我翻译,陈君实跑印刷厂,校对,拼版。开始只有我们三个人,日夜翻译稿件,准备八月二十日出版。匝开莫到工部局去,登记出版《时代》中文版。工部局同意。因为德国人也在出中文的报刊,为什么苏联人不能出呢?他们不好违拗苏联人的要求。不过他们要审查中文的稿件。

《时代》第一期稿件我们编好后,苏联人找了个印刷厂,是《大美晚报》的中文印刷厂给我们排印,大约是十开本。中文版《时代》是依俄文版《时代》的形式,报头"时代"两个字要写美术字,我去找了地下党员池宁。池宁那时在上海剧艺社搞美术工作,在辣裴剧场。他按俄文 Зпоха 的形状写成中文的"时代"。封面弄好了,文章也选好了,照罗果夫的意思,是政治、文艺性的,有政论文章,也有消息。但是我不满意这么个东西。

《时代》出版前,工部局一个外国人带了一个中国人来检查我们的稿件。那个高个子的外国人是白俄,在工部局当包探,但他对苏联人还算好,用俄语讲话。那个中国人是听他指挥的。看完稿子后他们提了两条意见:一是有篇文章,是《真理报》上的,说历史上德国人(日耳曼人)曾经向俄国进攻过,日耳曼人被称为狗骑士。那个中国人认为,称骑士为"狗",德国人会提抗议,最好不要用。另一个意见是对小托尔斯泰写的文章(是我翻译的),文中说"等我们战争胜利之后,红光照耀大地",他认为"红光照耀大地"是把世界"赤化"了,这个"红光"不能用。我觉得这两条意见并不影响文章的内容实质,同意改,"狗骑士"勾去"狗"字,索性叫骑士;"红光"改成"阳光"。于是顺利通过,印刷出版。以后再也没有来检查。他们还叫我们要注意,不要刺激德国人,因为德国人在租界上与苏联人有平等的地位。

《时代》杂志的编法与众不同。第一,横排,那时社会上还没有横排的杂志;第二,目录放在最后一页,这是苏联人的传统,国内书刊一般目录是放在前面的。这在形式上一新耳目。另外,杂志要介绍苏联共产党,有时要提到列宁、斯大林的名字,用他们的相片,有时要用镰刀斧子、五角星作题花,我们都从俄文《时代》杂志上借用过来,这也是所有上海的刊物不曾有过的。

我们预先和报摊联系好,把《时代》交给报摊发行,大概是交给五洲书报社发行。《时代》杂志刊印几千册。几千册发行量在那个时期不算小了。一出版反应很强烈,买的人很多,我们这几个人很忙,罗果夫也忙。

这时罗果夫正在筹建苏联呼声电台。他找了马季良,即唐纳(蓝苹原来的丈夫)帮忙。那时蓝苹(江青)已到延安去了。唐纳拉了一批人到苏联呼声电台去当广播员,做节目。他来找我要在《时代》杂志上介绍苏联广播电台。《时代》便在封底上介绍,用俄、中、英、德文登出来,呼号多少,几点广播,以及它的各种节目。节目中,每天都有袁雪芬的越剧广播,还有卫仲乐每星期两次中国古典音乐,还有李德伦和他妹妹讲文艺方面的故事、音乐等。呼声电台也与众不同,"左派"搞的。经《时代》杂志宣传介绍,呼声电台在上海也打响了。

《时代》出版之后,当局不禁止,读者反映和购买的情况也都比较好,但我觉得没有中国人的文章是美中不足。抗战消息由苏联人来报导不大方便。我建议找一些中国人来写文章，罗果夫表示同意。《时代》杂志上最早由中国人写文章的是在十月十九日鲁迅逝世六周年，请阿英写的一篇鲁迅作品编目，文艺性的。后来又登了郭沫若的一篇文章。十二月初，是苏联宪法日，罗果夫要我找一位中国人写纪念苏联宪法的文章，我请唐守愚写了。这篇文章也在《新生活报》上登了出来。文中说，苏联红军的力量这么强大，靠的是有民主的宪法。罗果夫他们很欣赏。因此，他们极希望我多找些中国人来写文章。这时读者来信也多起来了，我开始采用读者投稿，歌颂苏联卫国战争。到十二月，换了一家印刷厂，在小沙渡路（今西康路）。换厂后杂志改印成十六开。

十二月八日，爆发了太平洋战争，日本军队占领了上海租界。

上海全部沦陷后，所有用外国人名义的中国报纸都遇到了危机。英美是敌国，英美人不能做发行人了。日本人和汪伪方面的人认为，像《新闻报》、《申报》还须维持，可以不用英美人出面，由中国人出面，受他们"指导"，也就是派汉奸文人去接管这些报纸，继续出版。日本人办的《新申报》在虹口继续出版。国民党办的报纸都不让出了。《时代》杂志怎么办？我和罗果夫商量。罗果夫说，先停一停，看一看形势。后来形势对苏联是有利的。因为日本打算南进，要占领香港、新加坡、印尼。南进就得保卫后方，巩固北部。北部就是伪满洲国。伪满洲国与苏联接境，日本不希望苏联打它，这样可无后顾之忧。日本是轴心国，照理日本与苏联是对立的，可是日本却与苏联签订了互不侵犯条约，德国希特勒要求日本向苏联进攻，日本不敢冒这个险。罗果夫与苏联总领事商量，分析了日本采取的政策，觉得它既然不干涉苏联在上海的宣传工作，就继续干。日本人常请苏联人吃饭，极力表示友好。在打交道过程中，日本人知道有个中文的《时代》杂志，表示可以出。罗果夫来告诉我，于是筹备复刊。

《时代》从十二月八月停刊，到一九四二年一月一日复刊，共停了二十多天。改出半月刊。这时《时代》杂志有几个特点：

一个特点是发表国际会议公报和统一战线方针。英、美、苏、中四国加上自由法国（戴高乐派）主要是英、美、苏三国经常开国际性会议，一会儿在雅尔塔开，一会儿在橡树林、伊朗德黑兰开，这些会议有公报，公报是苏联政府的正式文件。把这些会议公报发表出来，在当时沦陷区的报刊上，只有《时代》一家。我国读者很欢迎，从中可看到一点战争的进程和有关中国的消息。日本人很恼火，因为苏日邦交关系，没有办法。

二是罗果夫很积极。斯大林七月三日有个广播演说,是苏联卫国战争总方针的宣言。他与我商量,这个演说很重要,打算印一个单张,夹在杂志里。因为《时代》八月二十日出版时没赶上发表,我们把它印成单张夹在杂志里发出去。罗果夫觉得此举是成功的,扩大了宣传。接下来又出了两个小册子,一个叫《三演词》,它是斯大林的三个演讲,俄文叫 Три речи;另一个叫《二命令》,是苏联收复一些地方,斯大林下命令表扬红军的。这两个命令内容较好,篇幅较长。我们把它印成六十四开本,都附在杂志中发出去。我们两人商量,把《时代》办成个出版社,既出杂志也出书。这两本小册子是个试探,也是办成时代出版社的萌芽。

一九四二年八月二十日《时代》创刊一周年时,出一本苏联卫国战争的画册。画册用俄、英、德、中、日五种文字,把《时代》杂志上用过的、俄文报纸上用过的铜版,还加上一些新的图片汇辑而成。各种文字都根据俄文翻译,编排在一起,印好了。这个消息一传出来,日本人极为重视,因为画册上有日文,他们要来检查。他们请罗果夫去吃饭,日本军方的人出席。日本人说了半天,磨来磨去,话虽说得不明显,意思却是明白的:你们用中文、英文、德文编印都可以,只是不要用日文。他们怕日文的画册传到日本兵士手里,会动摇军心。我们商量下来,只好去掉日文。日文是我请一位苏联人叫格里涅茨帮助翻译的。

除了出画册,出小册子,在一九四二年,我们还出版了《斯大林言论集》,《言论集》中除《三演词》、《二命令》外,还收集了斯大林的其他命令、讲演、对记者的谈话。我还请了位画家画了个彩色斯大林元帅像,出中、俄、英文版。我们取名"时代书报出版社",向上海汪伪市政府登记。我们社里有些同志对这个名称表示反对,说把"书报"两个字放上去多难看。望平街上有书报发行公司叫"五洲书报社",好像招牌上用"书报"两字便降低了身份。我说,我的意思想出报纸,报纸没出成出了个杂志,现在搞个出版社,让它有权出书出报纸,因此叫"时代书报出版社"。出版社就是这么个来历。抗战胜利后,"书报"两个字取消了。

一九四二年十一月七日,十月革命节第二十五周年,《时代》杂志要出特刊。在上海、在中国,纪念十月革命是破天荒第一次,出特刊准备多登点文章、图画。罗果夫喜欢文艺,建议出一个《苏联文艺》。他说,在战争状态下,能在上海做些工作,太露骨的东西不行,文艺作品可以;文艺作品,不但要有当代反映战争的,也要登些旧俄的东西,理论的东西。办《苏联文艺》,我们几个翻译人员不够了,有的稿子我们就约外面的人来译。《苏联文艺》由罗果夫出面主编。他说,用他的名义日伪方面不会干涉。事实上,在那时候,我们也不便出面。我们翻译的东西都用笔名发表。

这时,我们自己搞了个印刷厂。我们本来在威海卫路一家印刷厂印,这家厂是中华书局罢工的一批印刷工人出来办的,叫中华书局同仁印刷所。但这个厂受一定的条件限制。正好这时党内有个新知书店的印刷厂,在武定路,叫万利印刷厂,刚办好太平洋战争便发生,他们不能开工了。我们把这个厂买了下来,添了一点字模、标题字,编辑部也搬了过去,出杂志的同时出《苏联文艺》。我们还搞了一个装订厂。出版社逐步形成,翻译力量也逐步壮大。

《苏联文艺》是月刊。封面上"苏联文艺"四个美术字是我写的。《苏联文艺》翻译的东西有个特点,字字句句与俄文扣紧,严格按照鲁迅讲的翻译方法"硬译",并且做了一些过去刊物上没有的特殊处理;凡是俄国人的姓名,附有俄文,作者名字中俄文并列,地名也用俄文标出,对国内原来已有译文的作品觉得有出入的,我们都改用俄文直接译出。《苏联文艺》一出,引起了翻译界的重视。徐雪寒(新知书店总经理)说,你们既然有这些翻译力量,我们不妨合作搞一部《高尔基全集》。此事后来没有办成。我们在《苏联文艺》上出了一些高尔基的早期作品。这时,我们不仅出政治性的书,也出文艺性的书。

一九四三年罗果夫调走。当时上海有个好条件:靠中东铁路和海参崴水路。苏联的火车经伪满洲国到山海关,苏联的轮船"北方号"大约一个月一次开往上海,可以把书报运来。经过罗果夫的请求,苏联还运来一些纸张。那时上海纸张很紧张很难买。有了纸张,我们办出版社就有了物质条件。

罗果夫告诉我,苏联政府宣传费用预算里有我们《时代》杂志一项,拨给时代社一笔钱,他用"时代"的名义把钱领来,去支持俄文报纸,因为俄文报纸的读者究竟没有这么多,而我们的杂志书籍在上海销路很大,能够挣钱自给。他还告诉我,莫洛托夫主持的部长会议上,对我们在中文书刊方面工作开展得好,取得很大成功,很满意,并对罗果夫另有奖励。苏联政府认为罗果夫是个人才,要重用他,把他调到伦敦去,在欧洲开拓宣传阵地。罗果夫当然只好服从分配去伦敦。

罗果夫的后继者叫斯维卓夫,因此,罗果夫主编的《苏联文艺》也改由斯维卓夫主编。当时的情况是,上海全部沦陷了,苏联政府不承认汪伪政权,总领事撤退,上海没有领事馆,只保留塔斯社。塔斯社成了苏联的官方代表机构。

《苏联文艺》虽改由斯维卓夫出面，一切工作照常进行，但日本人不把斯维卓夫当学者看待，只当做苏联的官方代表，因而对我们的看法不同了。

一九四三年底到一九四四年初，日伪方面要求审查我们的稿子。《时代》、《苏联文艺》排好了的校样都要送审，由匦开莫的老婆送到警察厅去审查，人等着。有时候我们的杂志"开天窗"。他们检查抽掉的东西要我们用别的文章补上，我们故意不这么干，让读者知道这地方被检查抽掉了。这时中国方面的消息越来越多，中国人的作品也越来越多，这在日本人方面是很忌讳的。我们的工作人员都是冒险在敌人的眼睛面前做工作的。给苏联人服务，他们是不是共产党员？日本人借汪精卫政府的名义一步步对我们施加压力。这时日本在太平洋前线处于不利的地位，对苏联固然还要表示友好，但总觉得时代社在上海出版的东西对它很不利。他们采取了一些办法对付我们。日本的通讯社叫同盟社。他们声称不发中文稿子，中文稿由汪精卫的中央社来发。汪记中央社跟同盟社本来就是一而二、二而一的事情。他们说，同盟社不发中文稿了，塔斯社也不能发中文稿。至于电台，苏联呼声电台可以广播俄文的，但不能播中文的。报刊可以出俄文版的，但不能出中文的，如果要出，就要接受检查。不发中文稿，意味着截断《时代》杂志的稿源。

到一九四四年二月，《时代》杂志不让出了，书也不能出了。呼声电台中文广播也不准播了。在这种情况下，斯维卓夫采取的办法是把时代社印刷厂、装订厂、编辑部的全部工作人员保留下来，等有朝一日好复刊。把这么多人全部留下，包含着很大的危险性，受到日本人的怀疑，怀疑我们这批人在干什么勾当。我们常常有人被抓去，抓去的人讯问一番，问完了便放，但威胁他们不许回去报告。不许让苏联人知道抓人的事。

我是时代社的头头，没有被抓去，他们不敢动我。一九四四年冬天，日本宪兵队有一个便衣，是下级军官，会俄文、英文，穿中国长袍，到我家来，给我名片，说要和我交朋友。这个日本人经常来缠我，有时一早来，有时很晚来，实际上在看我干什么，在监视我，我的行动不自由了。他问的中心问题，就是我们这批人在干什么。我把日本人来缠我们的情况告诉斯维卓夫，斯听了很不高兴，说"我已经告诉日方了，叫他们不要碰我们的人，怎么又来了。"

一九四五年四月间，苏军已越出国境，打到德国境内，快到柏林了。第二战场也开辟了。日本人在太平洋战线上也节节失利，形势很不妙，对我们监视得更厉害，随时可以动手把我们抓起来。我们把编辑部搬到了塔斯社内，把翻译的稿子保存在那里。在苏联官方机构塔斯社里,可以受到一定的保护。下旬,我们准备复刊。日本便衣问我,你们在干什么?我明白地告诉他:苏联人的意思要复刊。他没有办法,因为他们已经失势了。五月一日,我们不经过日本军方的同意,把《时代》复刊了,而且把苏联军队占领柏林,红军站在德国国会楼顶上的照片都登了出来。他问我印了多少份?我说印了好几千份。日本人睁只眼闭只眼。

八月八日苏联对日宣战,日本人就动手了。日本宪兵队来到塔斯社,把苏联人统统监禁起来不让走,送集中营。对我们中国人只问了问,把每个人家里的地址记下,说都可以回家,随传随到。当天夜里我没回家,就逃到家乡常州。我知道那个日本家伙天天到我家,会下毒手的。

在乡下住了一个礼拜,日本就投降了。回到上海时,时代社的几位同志,如叶水夫、马骏等人已出了一张中文报纸,叫《新生活报》。因为俄文有张报纸叫《新生活报》,所以中文报也用这个名字,是八开的。第一期登有毛主席像,而且在街上贴出来。我回到上海后,跟他们商量,因为我们是《时代》杂志,是时代出版社,出报也应该用"时代"的名义。从九月一日起改名《时代日报》。

我们出《时代日报》时,国民党还没有来得及到上海来接收,我们抢在了他们前面。同时,我们把积存的稿子,能出单行本的出单行本,能在《苏联文艺》上发表的在《苏联文艺》上发表,《时代》杂志继续出。一下子出了好几本书,那可是真正的时代出版社了。

《时代日报》国民党不敢禁,因为我们出得比他们早。有时候我们登了一点有关延安的东西,他们就来找我或把我叫去。检查处的人警告我不能登这种消息,开头说话还比较客气,以后新闻检查改由市政府管,市长吴国桢有时候把我叫去训话。国民党与日本人有异曲同工的地方。国民党中国是反对苏联的,可又是盟国。宋子文代表中国到莫斯科,与苏联签订了中苏友好条约,中东路合办,大连由苏联控制,名义上是对付日本的,实际上关系很微妙。因此,对上海的时代社只好勉强允许存在。直到一九四八年六月才查封了我们的《时代日报》。别的刊物如《苏联医学》、《苏联文艺》、《时代》杂志还允许继续出。后来苏联呼声电台的中文稿也不让发,那个理由跟日本人一样:只可以发本国文的,不可以发中文的稿。

一九四九年四月十八日,我接到党组织通知,叫我赶快离开上海,国民党要对我下毒手了。我就逃到香港,从香港经过天津到北平。五月,上海解放。我五月初与潘汉年、夏衍从北平出发回上海。时代出版社由我出面当社长。七到八月间,派陈冰夷到北平去成立北京分社。这时南京、杭州已有门市部。上海门市部在国民党时期已有了,这时在南京东路搞了个大门市部。一九四九年罗果夫从伦敦调回国,又派来上海,中华人民共和国成立后去了北京。一九五一年我们研究决定,时代社的总社设在北京,成立社务委员会,请中苏友好协会也参加。社务委员里有张仲实,搞俄文翻译工作的曹靖华,出版总署翻译局长张金人等人。上海成为分社。一九五一年北京也办了个印刷厂,在钱粮胡同,范长江帮忙找的房子。北京设社办厂买房子,用的钱就是苏联部长会议拨给时代社的那笔钱。介绍苏联的出版物,解放初期是很受欢迎的。

一九五二年我调到中宣部工作。时代社的工作我维持到这年秋天。苏联罗申大使提出,苏联要与中国政府签订一个一揽子的协议书,其中包括把时代社移交给中国(交还大连也是其中一个项目)。时代出版社于是在一九五二年秋天交给了中国政府。

原载《出版史料》第 2 期,1989 年 6 月

姚溱与《时代日报》[①]

这里所收集的是姚溱一九四七年一月到一九四八年十月在上海《时代日报》上陆续发表的军事评论文章。在这个时期，国民党发动了进攻解放区的全面内战，企图消灭抗日战争中在敌后发展起来的人民武装力量。后者，不得不对在美军支持下的国民党反动军队的猖狂进攻进行自卫作战，继而对国民党占领区进行反击，终于展开了伟大的解放战争。上海作为当时最主要的新闻报道和宣传斗争的中心城市，有必要对于国民党欺骗群众的反动宣传有所揭露，向群众报道战事实际情况。为此，优秀的新闻记者、党的卓越的宣传工作者姚溱，用"秦上校"、"马可宁"和"萨里根"的笔名在以苏商名义创办的《时代日报》上发表反映解放战争真实情况的综述和评论，使上海以及国民党控制地区的广大人民群众了解自己的武装力量怎样和美帝、国民党军队进行英勇的战斗，并逐步取得胜利。姚溱在国民党统治下的上海，又是在以苏商名义出版的报纸上发表文章，不得不采用许多特殊的隐讳的语言，巧妙地透露战争的实际情况。这些军事评论是姚溱所撰写的为数众多的战斗性文章的一部分。它是反映伟大解放战争一个侧面的历史资料。

姚溱在其不算太长的一生中（他在十年动乱被"四人帮"迫害致死时年仅四十五岁），无论是在上海地下斗争期间，还是在解放后从事宣传工作的十几年的战斗生活中，都曾写出过大量的好文章，立下了不朽的功绩。我们这次特将他在解放战争期间所撰写、发表的军事评论文章，集成一个纪念文集，是有深刻意义的。从这些文章中我们既可窥见他的闪光的才华，也可作为我们这些老友以及战斗过的同事们和亲友们对他的怀念和哀思。

[①] 本文系姜椿芳生前撰写的最后一篇文章。这篇文章原为正在编选中的《姚溱文集》一书所作的序。后因姚溱的《军事述评选集》被收入《中国记者丛书》中，序文被留存未用。——编者注

我想,在读这些军事述评时,应该了解一下当时的客观形势、背景和特殊的条件。

中国人民解放战争是中国历史上最伟大的一次全国人民反对国内反动统治和外国干涉势力的革命战争。与历代无数次农民战争不同,是人民真正取得完全胜利的一次战争。必须把这一战争的进程,人民英勇作战的实际情况,人民如何逐步取得胜利,敌人如何节节失败,如实地向广大人民群众和全世界人民作出客观的报道。这是党的新闻工作者和宣传者必须排除千难万阻奋力完成的任务。

无论从主观或从客观需要来看,报道和宣传人民解放战争都是当时迫不及待的任务,但控制上海的国民党统治者不允许这样的新闻报道。

抗战一胜利,以周恩来为首的中共中央南方局就着手准备,把《新华日报》从重庆移到上海出版,在上海准备好了编辑和采访人员,筹建了印刷厂,并召开了出刊的记者招待会,但国民党不允许它出版。《新华日报》未能出版,党便在上海出版原在重庆登记出版的《群众》周刊,可是不久,这个周刊在一九四六年九月十三日被上海市警察局下令禁止。稍前已在上海出刊的《新华月刊》也被查禁。有些党的外围刊物和进步民主人士主办的报刊也纷纷被查封或勒令停刊。一九四六年五月二日《消息》半月刊被查封,同年八月《周报》、《民主》周刊、《生活知识》也相继被禁。一九四七年三月二十日《文萃》周刊被迫转入地下,七月十九日被禁。同年五月二十四日淞沪警备司令部下令查封《文汇报》、《联合晚报》及《新民晚报》。十月《青年知识》被查禁。一九四八年四月上、中旬,《世界知识》、《国讯》和《时与文》三杂志被查封。这二三年中,国民党反动当局不仅查禁了所有敢于说真话和报道一些战争实情的日报和晚报,就连一些发表民主言论反对内战的期刊也不许存在。只有国民党清一色的报纸和它所控制的商业性报纸,按照国民党严格规定的口径发布各战场的消息,不是说"国军"在什么地方大获全胜,就是说在什么地方占领多少城市,再就是消灭多少"共匪"。

美、英、德、法等外国电讯社,总是报道国民党军队胜利的消息,也觉得太不像话,有些有良心的外国记者也不愿这样做。他们有时收听延安电台的广播,发表一些中共方面的战讯,当时苏商《时代日报》每天采登一些他们的电讯,加上一些假称美国旧金山的广播(实际是延安的广播),透露一些真相。但是经常受到市政府新闻处的责难,不得不谨慎从事,只能偶尔发表几条延安广播的重要电讯。

笔者当时担任《时代日报》总编辑,经常秘密和中共上海局文委成员姚溱联系,面对上述种种形势,研究怎样充分利用《时代日报》这块宣传阵地,在可能范围内用比较技巧的方式报道有关政治、军事、经济、工运、学运的真实情况。《时代日报》是一张八开的小型报纸,容纳不下许多新闻报道和文章,针对这一情况,决定采用报纸杂志化的方针,就是开辟三个专栏:半周军事述评、半周国际述评、半周经济述评,把每半周(后来是一周)的军事、经济、国际方面的大事用概括、综述、评价的形式请专人撰稿,一周六次轮流与读者见面。这些述评决定从一九四七年一月起与读者见面。

《时代日报》本来已有六个副刊即:新文学、新文字、新美术、新木刻、新音乐、新妇女加上新园地,每天都有一版专题副刊,实际上这份日报已经成为杂志化的报纸。现在又加上"述评",概括地向读者介绍当时的政治、经济、军事情况,成为日报与杂志混合一体的独特报刊。

姚溱介绍几位专家给我们撰稿,他自己承担了军事述评的撰写任务。我们共同商量要在《时代日报》这块"苏商"的牌子上大作文章。而所谓"苏商"时代出版社,是一九四一年抗战期间党的地下工作人员商请苏联塔斯社推荐一位苏联人出面办的一份中文报刊,先在一九四一年八月出版了中文《时代》杂志,这杂志和其他书刊便一直用苏商的名义在上海出版书刊。甚至在太平洋战争爆发后,由于苏日之间的微妙关系,日方仍允许苏商时代出版社继续活动。抗战胜利后,地下党组织又利用国民党与苏联的微妙关系,在时代出版社增出了中文《时代日报》。

当时有一种微妙的政治外交局面,苏联和美国一样都是中国在反法西斯战争中的盟国,国民党不得不考虑对苏联维持表面上的友好,而且在抗日胜利后,国民党政府刚和苏联签订了友好条约,共同防止日本帝国主义的再侵略,苏联曾几度宣布要撤回自己的军队,但是国民党政府害怕中共军队在他们的大批"国军"尚未到达东北之前在东北地区进行所谓的"渗透",一再要求苏军暂缓撤退。在这种情况下,国民党政府对于时代出版社的《时代日报》和其他书刊,不得不"委曲求全",允许其继续出版。而我们既要充分利用"苏商"这块牌子,又要考虑苏商名义下的种种限制,必须有利有节地发挥它的作用。因此姚溱所写的军事述评也不能不充分注意这一既复杂又微妙的情况而善为说辞。

说到军事述评,有一段历史值得一提。一九三七年抗日战争爆发后,有一位帝俄总司令部的将军宋巧夫撰写军事述评，经常在上海俄文报纸上用纯军事专家的观点，评述中日双方军事行动的得失。这时，中国方面有一位名记者杨昭用杨枣的笔名也发表过几篇军事述评。一九四一年苏德战争发生后，上述这位日俄将军宋巧夫一变而为苏联的爱国者，以军事专家的身份经常撰文，评述苏德各次战役，《时代》杂志也常刊载他的文章。上海外文报纸也常发表他的评论，各方颇为重视。这样，军事评述已成为读者欢迎的报刊专栏。对抗日胜利后，国共之间的军事摩擦，国民党军队进而发动"戡乱"，进攻解放区，人民军队展开自卫反击，继而又发展为伟大的解放战争。谁来发表军事述评呢？国民党方面没有专家写公开文章，因为国民党发表的公开军事消息，大多与事实不符，无法据以论述。如果他们要写军事述评，只能是自己打自己的嘴巴。延安新华社常有战况述评广播，其中包括毛主席对几次战役的总结，但是上海报刊无法公开登载。对这样伟大的、决定中国人民命运的解放战争，对为之而进行生死斗争的上海人民和全国人民不能没有准确而概括的报道和综述。姚溱这位年方二十六岁的党的宣传工作者，勇敢地抓起了锐利的笔触，在苏商《时代日报》的几方寸的篇幅上，担负起这个艰巨的任务。

《时代日报》既然是苏商办的，写评论就得用苏联人的立场，过去在《时代》杂志和《时代日报》上登过宋巧夫的文章，也常登德国评论家克尼希（建国后是民主德国驻中国第一任大使，抗战期间在上海避难）用阿尔古斯（希腊神话，百眼巨人）笔名的国际评论文章，也登过苏联女作家伊林娜用 Miss Pen 的笔名（中文叫潘小姐）的杂文。又如夏衍每两周为《时代》杂志写国际评论，用 Globe 化为 Globin（中文译为葛洛宾）为笔名，也像是外国人。姚溱用秦上校的笔名也就很自然，有姓有军衔。说他是中国人，还是苏联人都可以，但是主要看他行文的立场，显然是苏联人。后来改用马可宁和萨里根，更像是苏联人名的译音了。

秦上校的军事评述一发表，立刻引起报界和广大读者的重视。一方面是群众十分欢迎这样的军事述评，另一方面是惊讶，谁能写这样的文章，于是有很多人推想秦上校是何许人。秦上校这个笔名确实有点扑朔迷离之感，不能不令人猜疑。可是很快就有一些熟悉文坛的人互相传说，断定这是姚溱的笔名。说"秦"是从姚溱的溱字化出来的，姚溱过去写文章曾经用过秦佐的笔名，佐者就是日本军衔中的大佐，大佐在中国军衔中就是上校。姚溱本人也风闻到这些议论，觉得再用这个笔名难免出事。于是在半年之后的六月十八日耍了一个花腔，用另一个类似苏联人的名字——马可宁，在报上登了一个启事，说秦上校调离上海,把写军事述评的工作交给了他。马可宁的写法和文风确实和秦上校有所不同,秦上校的写法是直接叙述各条战线的变化,不大交代消息的出处,而马可宁却把有关战况的电讯出于什么电讯社,登在什么报上,把这些电讯用自己的语言连串起来作出判断,在小标题上也常常显露结论性的语词。战事在迅猛发展,形势在急剧变化,国民党军方也常加挑剔,用读者名义投信报馆,妄加指责。解放战争已进入新的阶段,国民党对上海报刊的控制也愈来愈紧,许多进步报刊纷纷被查封或勒令停刊。姚溱不得不又来一个花招,改用萨里根的笔名,继续撰稿。这次不是发表声明更换新人,而是让萨里根悄悄地上场,在述评的写法上全面改观,作者不发表任何主观的意见,而是让事实说话。每一条有关战事的讯息都是公开报纸上,也就是国民党报纸上所刊出的消息或者外国通讯社的电讯,每条消息都用括号注明出处,而且把原文用引号标出,说明无一字是作者的断语。所有这"三位"述评家都严格遵守一条,好像是苏联撰稿人在苏商的报纸上,用中立者的立场,对国共两军作战情况作出客观的报道和分析,带出不偏不倚的结论。不过马可宁比秦上校要求得更严格,萨里根又比马可宁要求得更加严格。所有这些作法都是为了使国民党找不到把柄,不能用什么借口来加以干涉。

军事述评行文的要求愈来愈严格,说来容易却苦了笔者姚溱。第一,他必须广泛收集、全面掌握半周或一周有关战事的报道。第二,为了做到这一点,必须订阅上海和南京的各报,还要参阅英文报纸,而且还要翻阅香港和南洋的有关报刊,对于外国电讯社的电讯,则主要是从报纸上摘录。第三,半周或一周写文章时,要有根有据地写出每条消息的出处,他必须把几十份报纸铺在地板上,一会坐在桌前撰写,一会匍匐在铺着报纸的地板上,来回寻找,寻根究底。第四,他每半周或一周撰稿都要遵循一条主线,那就是要了解延安电台的广播,这是一切评述的最主要根据,又要事前与上海地下党的领导同志交换意见。在延安的电讯中,有时可看到党组织交给他抄收延安广播的电讯稿,有时要由他的爱人韩静收听延安广播,记下的广播消息又必须十分严密地藏好(她一般是把记录藏在铁床床脚的铁管中),他们把事先写好的述评稿片断放在筐子里,用绳子打个活结悬空挂在窗外,一旦有警报,便可随时拉开绳上的结,让筐子掉下。最后把稿子送到报馆,也是一件难事,有时派人送到时代社的办事处,而不是报馆,有时由他爱人送到总编辑的家里,有时送到苏联发行人家门口特设的信箱里,每次更换送稿地点,防止敌人发现联络关系。

姚溱写的军事评论文章,有时大标题叫做半周或一周军事综述,有时叫本周军事述评。我们总称军事述评,有时从半周改为一周是为了不要频繁地刊登这种最易刺激敌人的文章。有时在时间上稍加错开,如本来星期一和星期五,后来改成星期三和星期日。有些读者渴望读到军事述评,随时在报摊上买报,发表日期不固定,对读者不方便,所以许多读者来信,要求固定,因此后来固定为星期三和星期日。在版面上,开始在第一版,这也比较招摇,后来固定刊登在第四版上。

秦上校喜欢用一些引人注意的、比较有倾向性的小标题,而总标题不突出。马可宁就比较注意,用中立的、比较缓和的小标题,有时索性用一、二、三、四……来分述各战场的情况。到了萨里根手里就常常用气候来标出战事的特点,有时用诗句轻松地、耐人寻味地勾划不同战场的特点。例如,"关内桃花,关外雪","关外鼙鼓动地开","塞上风寒,孤雁哀","半岛秋深,烽火急","江淮河汉血飘洒","东北激战中","胶东血染红","八方狼烟浓","望都血战","关外飘雪","长江浪涛","江南暮秋","鲁豫风霜","春风已度娘子关"等等。

国民党发动的内战,在一九四五年的和谈声中,已经此起彼伏地燃起了点点星火,一九四六年逐渐扩大到长江南北,大河上下,华东、华北、关内、关外。一九四六年十一月伪国大开幕后,更下令"全国动员""戡乱",战事进入新的阶段,人民军队自卫反击,战火遍布南北各地。进入一九四七年,也就是军事述评开始登场的时候,姚溱用地域性的字眼,充分反映了这一遍布全国的紧急烽火,例如"北满与南满"、"在河北平原"、"在鄂豫皖"、"陕豫前线"、"东北试炮"、"胶东方面"、"东北的炮声"、"中原方面"、"东北、胶东、华北、中原、伏牛、豫陕"、"东北攻势"、"烟台之战"、"山东内外"、"大别山上",等等。从各地战局的发展,又叙述到人民军队从防守到进攻,从自己驻地到把战火引入国民党的占地以及它的后方。在述评中都明显地指出这些变化。人民军队对一些城市的转移,即某些城市的"易手",点出人民军队不固守一城一地,而转入广大农村,展开宽广的运动战,用谨慎的语言,说出人民军队的主要战略是消灭对方的有生力量。这些论点很难由作者自己鲜明地写出,姚溱是用联合社记者的话、菲律宾华侨新报、香港中华报和香港华商报等报刊评论和论战局的文章,巧妙地铺陈出解放战争的新局面。

姚溱在军事述评中,还表现出另一个特点:以苏联评论家自居,对国民党和美国的反苏言论作出明确的反驳。在六月二十五日的评论中,引用美国记者路易·史特朗在五月号的《美亚杂志》上发表的一文中有关反苏真相的话,国民党某要人两次发表谈话,说苏联正在援助中共,如果美国不更多地援助国民党,中国就要落在苏联和中共的手里。严正指出事实上在东北的人民武装是东北的西南部的八路军部队和山东来的新四军部队加上"九一八"之后,在东北与日伪坚持十余年战斗而留下的"抗联"部队,是中国土生土长的人民武装,而不是从苏联境内派进东北的部队。对日宣战后进入东北的苏军已在一九四六年春撤走,当地中国人民说苏联严密封锁边境,东北人容易进入国民党的封锁区,却很难进入苏联境内,苏联军队没有把武器留给东北人民武装,后者是从撤退的日本军队手中缴获的武器,以及缴获国民党军队手中的美国援助的枪炮。苏联只和国民党政府打交道,不和中共领导的地方武装来往,是为了避免美国和国民党说苏联参与中国内战,而国民党则要用苏联援助中共的谎言来吓唬美国,让美国更多地援助国民党,这便是当时制造的反苏风暴的真相。

姚溱撰写的军事述评作为一项战斗任务,在上海国民党反共反苏反人民的高压政策下,冲破种种困难、种种限制,利用这张在特殊条件下得以勉强出版的报纸,连续发表了一年半,确实起了巨大的宣传作用,尤其是在《文汇报》、《新民晚报》、《联合晚报》被反动当局查封后,它是上海新闻界硕果仅存的人民报纸,透露千千万万人所日夜翘望得知的解放战争实际情况。它不仅满足上海一地读者的要求,实际上它还是上海附近各地以及国民党当时统治区人民所渴望的甘露。每逢刊载军事述评的那一天的《时代日报》,全市大小报摊上早有人在等候买报,报馆在这一天也特别要多印几千份。也有人一买几十份,分寄到外地,也有读完了又传递给别人阅读,一份报纸往往要在五、六人到十几人中传读,还有人在公园里读完了,故意遗留在长椅上,让别人拣去阅读。

《时代日报》的报馆里,编辑部的人一取到军事述评的稿子,首先争相阅读,以先睹为快。排字房的工人一拿到述评的稿子,立刻沸腾起来,抢着分片检字。校对人员一字一字地认真校对,唯恐出错。印刷工人开印报纸也总要兴奋地说:"今天有军事述评,要赶快多印几千份。"一清早负责发行的人骑自行车把报纸飞送到全市主要的几个报摊,然后再由他们分送到其他各报摊。

一九四六年、一九四七年,上海工人学生以及各界群众展开了轰轰烈烈的"要和平,反内战"、"要民主,反独裁"、"要饭吃,反饥饿"、"要民族独立,反对美帝侵略"的斗争。街上常常有游行示威的队伍高喊口号,与军警发生冲突。这时通货膨胀,物价一日数涨,金融混乱,民不聊生。《时代日报》作为仅存的一份站在人民方面为人民说话的报纸,不得不谨慎地对这些情况作一些有限的报道,和军事述评一样能使这份报纸多延长一些寿命为群众服务,国民党当局眼看这种情况,过去还勉强容忍《时代日报》的出版,到了一九四八年愈来愈把它看做眼中钉,尤其是它在军事上巧妙而无情地揭露"国军"的失败、"共军"的大胜,再也不能容忍了。终于在一九四八年六月三日由淞沪警备司令部下令《时代日报》"暂行停刊",命令上的罪名是"该报煽动工潮、学潮,扰乱金融,歪曲军情",罪名很大,但却仅仅给予"暂行停刊"的处分,大概还是对苏联采取客气的态度吧。后来报馆多方奔走活动请求复刊,而警备司令部、市政府、社会局都互相推诿,支吾其词,不让复刊。这本来是想当然的事,但是国民党当局确实还是比较"客气"的:对《时代》杂志、《苏联文艺》、《苏联医学》以及许多单行本的书并没有禁止,一直继续出版。而且在《时代日报》停刊后,在《时代》杂志上还发表过两篇由姚溱执笔的军事评述性质的文章。

姚溱在《时代日报》上发表的军事述评连续了一年零五个月,最后一篇就是在报纸被勒令停刊前一天的一九四八年六月二日发表的。这个时期正是解放战争日益扩大,国民党军队从攻势转入守势,解放军从守势转入攻势,国民党军队一个旅一个旅地被吃掉。一九四八年六月战场上的实际形势已经对整个战局呈现了决定两军胜败的局面。姚溱所写的军事述评是中国人民解放军在解放战争中胜利前进的纪录,是响亮的解放军英勇战斗的进行曲。接下去是辽沈、平津、淮海三大战役,可惜这时已经没有《时代日报》。不过姚溱还继续用别的笔名给《展望》杂志以及香港报刊撰写军事评论性的通讯,直到一九四八年十月他被国民党特务绑架,他从特务机关楼上跳下,摔伤腰脊送入医院为止。

收集在这里编印出版的军事述评文章,充分说明姚溱作为党的一个宣传工作者,在十分艰难危险、白色恐怖极其严峻的国民党统治的最大城市上海,尽了最大努力,为上海以及大江南北,甚至更远地方的广大群众报道并分析解放战争时期的各战场的真实情况及其发展形势。姚溱并不是什么"上校",也没有专门研究过军事,但是为了完成党交给他的任务,还是尽量掌握多方面的资料,锐意钻研,卓有成效地发挥了军事评论专栏作家的作用。在敌人严峻的统治下,为了使这种尖锐的最能触动国民党痛处的军事评论文章继续不断发表,使敌人找不到借口和把柄,姚溱用巧妙的闪烁的语词同时又是明白无误地说出不可易移的事实,显示了他无比光彩的才华。

写于一九八七年八月一日

原载《上海党史》第 8 期,1989 年 8 月 25 日

三四十年代苏联亚洲影片公司
在上海和重庆等地的活动①

苏联亚洲影片公司和谢雅江茨

在叙述亚洲影片公司之前,先要叙述一下苏联影片到上海放映的简史。

一九三五年由中东铁路职员苏联人谢雅江茨(苏联亚美尼亚人)和柯诺宁柯(苏联乌克兰人)携带一批苏联影片《生路》、《金山》、《循环》、《铁马》、《齐天乐》、《夏伯阳》、《傀儡》、《大雷雨》(当时译名《雷霆之威》)和上海商人李俊英等人组织明信影片公司,借北四川路上海大戏院等影院放映,这些影片,主要是《生路》、《夏伯阳》、《傀儡》等片的放映,轰动上海。

一九三六年上半年谢雅江茨和李俊英闹翻(涉讼经年,"八一三"上海战事发生后才不了了之)。一九三六年夏,谢雅江茨又和柯诺宁柯合作,组织亚洲影片公司,并租下四川北路虬江路口的上海大戏院(ISIS),全面装修一新,以完全新的姿态于九月一日开始专门放映苏联电影。

柯诺宁柯是中东铁路的老职员,他把工作数十年的退休金全部投入这一事业,谢雅江茨只是善于活动,名为总经理,实际上的老板是柯诺宁柯。亚洲影片公司和苏联粮食出口协会(苏联在中国的出口总公司的名称)订立合同,是苏联影片在中国和亚洲各国的代理人,苏联国家机关并不出面,避免在中国做生意和中国及英美等国商行发生麻烦。但一般中国人都把亚洲影片公司视为苏

---

① 本文为一九八七年夏上海市电影局党史办访问姜椿芳后,由姜妮娜根据采访记录整理而成。——编者注

联的官方影片公司。一九三六年九月一日上海大戏院开幕以来,放映了许多苏联新片如《复仇艳遇》(普希金作品)、《马戏团》、《无国游民》、《予打击者以打击》、《为基辅而战》、《今日之苏联》、《阿比西尼亚》等片。一九三七年"八一三"战事起,上海大戏院位在虹口,即在战区之内,不得不停止营业,亚洲影片公司搬进租界,在南京路陕西北路口的谢雅江茨家办公。在上海大戏院时,亚洲影片公司和戏院的工作人员混为一体,谢雅江茨为总经理,柯诺宁柯是副总经理,另外一个苏联人当戏院的经理,外聘一位姓陈的广东人为戏院经理,稍晚又请从苏联来的刘泽荣的妹妹刘梅芳为副经理。另外谢雅江茨还请上海滩一个洋行经理孙海骝为买办,这些人对电影事业都是外行,刘梅芳在俄国长大,俄语很好,但不懂中国文字,只能说几句普通话。我于一九三六年九月一日起进上海大戏院作影片翻译和广告宣传工作,外界许多人都认为我是副经理,但是在亚洲影片公司和戏院内从未定下这个职称。另外,还有几个翻译和广告的人都是有势力的人介绍来吃闲饭的。

一九三八年,谢雅江茨拉夏云瑚(后来昆仑影片公司的老板)一同到重庆去经营苏联影片的发行工作,谢雅江茨在重庆放映了许多苏联的新片,在大后方很有影响,用的名义还是亚洲影片公司。

从一九三八年起,上海的亚洲影片公司改在淮海路谢雅江茨的新居家中办公,在上海放映了《高尔基的童年》、《普希金的童年》、《彼得大帝》、《女壮士》、《普格乔》(即普加乔夫)、《钢人铁马》、《大破反苏间谍网》等许多新片。这时上海正处孤岛时期,苏联影片由苏联轮船北方号从海参崴直接运到上海,亚洲影片公司只有三个工作人员柯诺宁柯、我和一个会计卡尔宾那,曾一度聘请大上海大戏院的经理美籍华人司徒××当华方经理。一九四一年十二月太平洋战争发生后,亚洲影片公司停止活动。

一九四五年抗战胜利,谢雅江茨从重庆回上海,在广东路重建亚洲影片公司,请吴佚民任副经理和翻译,王澄清为主要工作人员,解放战争后期,谢雅江茨又到印度尼西亚开展苏联影片发行工作,可能还是用的亚洲影片公司的名义。柯诺宁柯等人则在一九四七年回苏联了。听说谢雅江茨五十年代初在印尼去世了。

我则于一九四一年秋从事时代出版社的工作,从而离开了亚洲影片公司。一九四三至一九四五年间即日本侵略军统治上海期间,亚洲影片公司和苏侨协会合作(在延安中路陕西中路口)搭一个竹草棚,每天放映苏联战争影片,中国观众踊跃去观看。日方为了和苏联维持特殊关系不便禁止,只是派许多特务在旁监视,在这几年中苏联影片偷偷地在上海放映,大大地鼓舞了沦陷区的中国人民"等待"天明的"士气"。

一九四九年上海解放后,苏联在上海设立苏联影片发行公司,起初还利用亚洲影片公司的名义与中国电影院联系。不久,中国成立电影发行公司,苏联影片出口公司和中国电影发行公司签定合同,让后者在全国放映苏联影片。

中苏电影戏剧工作者协会

一九三六年九月上海大戏院放映一系列苏联影片,中国观众十分欢迎。中国电影戏剧界的艺术家和新闻界的影评人员经常到上海大戏院来看电影,和亚洲影片公司的领导人经常开座谈会,我在中间作翻译工作,和戏剧、电影界的朋友来往频繁,这时,谢雅江茨很想利用电影戏剧界的朋友帮助苏联电影做宣传工作。在一次评论苏联影片的座谈会上,有人建议是否可以成立一个中苏电影戏剧工作者协会,使座谈会的工作进一步深入。大家很有同感,电影戏剧界的朋友请谢雅江茨作一次有关苏联电影的报告,谢答应去作。约在一九三六年的秋冬之间一天的下午,在华龙路(今雁荡路)郑君里的新婚不久的房间里举行报告会,题名"剧作在电影中所起的作用",谢雅江茨讲俄文,由我翻译,参加的人有于伶、史东山、唐纳、蓝苹、袁牧之、陈波儿、凌鹤等约三四十位导演、演员和影评人。报告后,在座的影剧界人士又进一步谈成立中苏电影戏剧工作者协会的问题,决定过几天开一次筹备会,同时谢雅江茨还答应史东山,把他所导演的根据《钦差大臣》改编的影片《狂欢之夜》译成俄文在上海大戏院重映。

过了几天,在淮海中路冠乐食品公司楼上开筹备会,中国方面有于伶、凌鹤、郑君里等五、六人,谢雅江茨和我算苏方的代表,议论了一番,决定成立筹备会。筹备委员由蔡楚生、欧阳予倩、史东山、于伶、凌鹤等人组成,苏联方面是谢雅江茨,筹备处设在上海大戏院办公室,由我主持其事。后来印发了筹备协会的缘起和登记表,分发给戏剧电影界的人士,戏剧电影界填完送来的表格共计约有一百份左右,准备在一九三六年底或一九三七年初举行成立会。苏联方面除谢雅江茨外,还有粮食协会的主任史特列里错夫和苏联对外文化协会的人。但是筹委会开了一两次会,觉得登记是一个困难问题,因此建议请中苏文化协会支持,在中苏文化协会的名义下成立一个中苏电影戏剧工作者协会,用这样的方法来避开国民党当局的阻难。决定由筹委会诸人联名写信给南京中苏文化协会,请予同意。联名信去了几个月,没有回音。后来,他们来了一封回信,说中苏文化协会下面有电影组和戏剧组可以开展中苏电影戏剧工作者的联谊工作,不必另外成立中苏电影戏剧工作者协会,否则就是"架床叠屋"了。约在六七月间一天的中午,由上海工部局华人教育处长陈鹤琴发来通知,请筹委会的委员到八仙桥青年会西餐厅吃饭。大概陈是中苏文化协会上海分会负责人之一,又是上海名流,所以由他出面请客。所以请客,是因为筹委会中有几位是上海戏剧界著名人士,如蔡楚生、欧阳予倩等。那天出席的人有欧阳予倩、凌鹤,好像还有于伶,蔡楚生没有来,据欧阳予倩说,他正在拍外景。苏联方面谢雅江茨没有去,由我作为代表。席间陈鹤琴解释说,中苏电影戏剧工作者开展联谊活动很有必要,但不必另起炉灶成立新的协会,利用中苏文化协会的组织就可以了。孙科会长委托他来向大家打招呼。这样,中苏电影戏剧工作者协会的组织就夭折了。

当初提出这个建议的人,具体的已记不清了,但有于伶、凌鹤等人。目的是要通过苏联亚洲影片公司的关系多看一点苏联影片,能邀请苏联电影戏剧工作者来中国访问,更大的希望是中国电影戏剧工作者能分批到苏联去参观,例如在筹备期间,有好多电影戏剧工作者到上海大戏院来向姜椿芳探问,何时能组织代表团去苏联参观。例如袁牧之和陈波儿就曾来和我商量,能否通过苏联影片出口单位,让他们先到苏联去学习。这时,正是"西安事变"之后,国民党当局对文化界的政治活动十分警惕。中国电影戏剧工作者想到苏联去是脱离现实的空想,而且当时中日关系很紧张,正是"七七"事变和"八一三"战事的前夜,这种活动是很难实现的。

原载《上海党史》1990年第11期

姜母十三迁

一迁：从江南到江南

一九二八年夏天,我刚从小学毕业,母亲按照半年前和父亲商定的计划,从长江南岸的故乡迁移到松花江南岸的哈尔滨。父亲长年失业,一九二七年随回乡探亲而重返东北的长兄到哈尔滨找职业,可是半年之久没有结果。面对这个情况,父母商定:他们二人到松花江下游的一个县城去,暂且寄居在伯父家,把我留在哈尔滨。我考入第三中学作为寄宿生,算是解决了吃、住、学的问题。同乡们都说:谋生?谈何容易!老年人困难,要把主意打在年轻人身上,让儿子去学俄文,找机会考试,在中东铁路上谋个职业,养活父母。除此之外没有更可靠的捷径。还是母亲下了决心,把自己多年积蓄的几件金首饰换成现款,请一位俄侨教师每天教我一小时俄文,以求速成。寄宿第三中学不是为了上一般的课,而是借一个食宿的地方,专攻俄语。

二迁：入校住宿

第三中学的设备比较好,教室、宿舍都很正规。俄语教师是一位姓格拉祖诺夫的老人,是从外面请来的,每天晚上到我教室里授课。看来这位老师有些学问,教书也很认真。但他不会说中国话,只会说几句英语,我必须在学习俄语之际,依靠小学所学水平很低的英语听课。双重负担,学俄语进程不免受到一些影响。实际上是三重负担,中学的功课不能不应付,否则就不能住在这个学校里。

离开父母,特别是离开朝夕相处的母亲,我这个十六岁的少年(我在私塾读了五年书,因此比在正规小学毕业的年龄大一些)不免有孤独之感。夜里躺在宿舍楼房的床上睡不着,常常闭眼遐想,觉得自己像只身一人在一座高山上,深感孤独。连续几天之后,逐渐从孤独之感发展为独立存在之感,接着有了自我存在的意识。在这种情况下,不禁想起陈子昂的诗:"前不见古人,后不见来者,念天地之悠悠,独怆然而涕下。"自我存在的感觉,脱离庇护人,要独立奋斗,不见过去的逝者,不见未来的来者,我必须抓住现在,努力学习和奋斗……

于是我阅读各种文艺作品,寻找新的天地。开始写诗投寄报馆,并参加冬天全市学生掀起的护路运动,和群众一起游行示威,一起向警察冲击,在学生会当代表,参加学运的讨论等活动。

三迁:道外大杂院

就在这年秋天,松花江尚未封冰,我母亲独自乘轮船来到哈尔滨。事前我并不知道,学校门房的一位穿制服的守门人到教室里来通知我,说有一位"妇道"在会客室里要见我。我一进会客室,看见确有一位"妇道"坐在那里,完全是那个时代较为老式的南方妇女的打扮:淡灰的短上衣,黑色的长纱裙。她见我进去就像客人似地站了起来,大概是相隔日久,母子相见如宾了。

母亲见到我,含着眼泪说,她在伯父处实在住不下去了,只得只身来哈找我,父亲已到另一个县城的火磨上去管仓库。她准备在哈尔滨住下,就近照顾我。

母亲怎样在这里生活呢?她果断地到初到哈市时住过的同乡家的那个院子里,租了一个小房间住下。几天后,那位已经搬走的同乡得知她重来哈市,便把她请到家里去住。

要我母亲住下来的地方是道外八道街的一个大杂院。一个方方的院子,三面都是三层楼房,他们住在最上面一层楼上。

同乡照顾同乡是出于好意,但好意也有一个表现形式,那就是我母亲作为他们的乡亲,并且尊称她为"姜太太",寄居在他们家,为他们做饭,管家务事,做女仆的工作,不拿工资,住和吃就是代价。我星期天去吃饭,寒假去寄居,就是附加的代价。

一九二八年冬天，我在这里度寒假，请了另外一位俄籍老师，学习了一个月。此人能讲中国话，并且讲得很地道。他见到隔壁的老太太，居然很随便地唠起家常来："老太太，您好吗？这两天打牌没有？运气好不好？"由于老师会讲中国话，我这一个月的进步比较大。读书之外，当然也要干些零活，虽然打地铺睡地板，总算是饱暖地度过了最寒冷的一个来月。上街常常看见个别的斗子车或是大板车，在老马身旁，有一匹小马跟着奔跑，赶车的不用鞭打小马，它自然会跟着老马跑。它不用戴辔头，决不会离开母亲跑到别处去。它的动作显得很机灵，神态也很天真。母马或叫做马母，拉着重负，样子很沉重，有时用它没有表情的眼睛瞟一眼小马。老马负着重荷，对赶车的似乎不抱怨，因为主人也负担着它小马的生活呀。赶车的用不着经心地看管老马和小马。因为它们俩现在对他都很驯服。从他悠闲的神态中，可以看出似乎他也相当满意。我看着这一情景颇生感触，与其说是老马在给小马传授自己的劳动经验，不如说是准备移交当牛做马的命运给自己的下一代。

寒假之后，继续到中学去寄宿读书，继续请那位俄侨老师格拉祖诺夫教俄文。寄人篱下的生活，没有任何收入，母亲拿她仅余的一点首饰兑换了几十元钱，为我缴学费，她竭力装着很随便的样子。我看出她是忍着眼泪的，我也装着并不在意的样子接过钱来。母亲并没有嘱咐我要用功读书，早日独立，我也并不向她说什么一定用功读书这类的话。这些话是多余的。

处在那种经济条件和生活情况下，我在学校起早贪晚地读书，抓紧时间用心读报纸，从自己受压抑的立场出发，对社会生活、国家政治、世界形势，很自然地产生了自己的看法，也就是说逐渐无师自通地思想"左倾"起来了。一九二九年夏天，南京国民党政府会同沈阳的地方政府，发动了收回中东铁路，引起中苏冲突的事件，以及后来发生的万宝山事件等，使我开阔了眼界，很自然地把个人学习、生活的问题，和国家命运、世界形势结合起来考虑了。虽然那时还年轻幼稚，但一个追求进步的世界观已在形成过程中。

四迁：马家沟

一九二九年夏天，学校放暑假的时候，按照母亲的意思，把被褥、衣服、书籍都搬回家，不准备再上学了，因为母亲已负担不起学费和膳费。所谓"回家"是回到母亲所寄住的同乡家。同乡家已经搬到马家沟的教堂街附近,这虽不是我们久居的地方,但却合乎我们的心意,因为几个邻居都是中东铁路管理局的职员。他们都是科班出身的通晓俄语的铁路专家,我母亲一有机会就去他们那里"唠嗑",寻找机缘,搭讪说话,请求他们帮助给我找个职业。我在这里则有机会去请教他们读些什么俄文书。初中才读了一年,仅学了一年俄文,口语和笔译都还没有上路,这样的程度到哪里去找职业呢?他们都说还应该学习。于是又请那位俄侨老师来补习,因为马家沟离他家较远,学费之外还要另付车费。学了两个月,母亲负担不起,还是辍学了。我只好自修,读些普希金的诗,还着手试译一些东西,只不过是出于自己的爱好,并不能借此找职业。这些"准备工作"对于我想进铁路局工作,仍是无济于事。于是通过熟人的关系,只要有招考的地方都去尝试,但总是没有被录取。我的程度不够固然是主因,但更重要的是每次考试,所有录取的人都是先已内定的,即便他们的程度比我还差。照当时的说法,这些人都是有"门子"的。

母子两人都寄人篱下吃住,待业时间长了,主人自然会有些烦言,我们自己也不好意思再这样继续下去。母亲便在附近找了一间小屋,搬了过去,母子两人自己开伙。父亲所在的火磨停火,分文不能寄来。我们只能过着非常简朴的生活。生活越是困难,读书就愈加用功。俄文读不下去,就借读各种书报。成天贪婪地阅读,知识增进,世界观也愈来愈"左倾"了。

在生活实在无以为继的时候,居然否极泰来。这年的秋冬之间,同乡人把我介绍到中东铁路工务处第八段办公室去当办事员。初去的时候,只能做俄文、中文抄写工作,渐渐地当了记账员。由于我是硬挤进去的,名下的工资要分一半给另一个新进去的工作人员。虽然我拿的是半薪,生活还是大大改善,母亲决定再次搬迁。

五迁:南岗吉林街

南岗吉林街是一个比较高级的住宅区。母亲挑选这个地方是因为有一位同姓的新交,是中国印书局的经理,同情我们孤单的母子两人,愿意把他所租的房子,挤一间出来给我们暂住。在同一个大门里的邻居是一位政法大学的教授。他家里满坑满谷堆的是书。母亲说:"你不是要读书吗?这两家邻居的书可以大大利用一番了。"

　　我那时确实想多读书,并且还想学些没有学过的课程。自以为这样年纪,正是读书学习的时候,工作赚钱仅仅是为了维持生活,难道这就是人生的目的吗？为赚钱而生活,自己觉得有些委屈,于是竭力想要摆脱仅图"赚钱"的追求,重新取得上学的机会。我不甘过安闲的生活,不愿意跟着别人去看戏看电影。除了向邻居借书看,还到图书馆里去借书。此外还请邻居那位教授介绍人教我代数、几何等课程。在这种书生气的幼稚思想的支配下,我一下班就埋头读书,也无暇和母亲多说话,母亲很是纳闷。

　　大约过了两个月,突然父亲从下江来到哈尔滨,找到我们母子的住处。我们开始一家团圆了。如果说这是"好景"的话,应着一句俗语:"好景不长。"我进入中东铁路工作的那几个月是中苏还在闹"纠纷"的时期。一九二九年底和一九三○年初,中苏之间签订了伯力协定。按照这个协定的条款,中东铁路必须一切恢复原状,在纠纷期间就职的人一律都要解职,于是我又失业了。

　　二房东说,当初是为了照顾我们母子二人,让一间房子给我们住,现在添了一个老头子,不方便,要我们另找房子。母亲也认为这间房子有暖气和卫生设备,房租太贵,现在已住不起,必须搬家。

六迁:再回道外

　　租金较低的还是道外的房子。母亲在道外住过的那个院子里还有一些熟人,她便到那里去看房子。一看成功,立刻搬家。

　　这时我找到了一个工作,为光华通讯社做翻译,把当天俄文晚报上的消息择要译成中文,由通讯社作为本市新闻的一部分,交给本市各报选用,并送给全市有关单位参考。哈尔滨当时是一个国际都市,聚居有三十多万外侨和将近五十万的中国居民。外侨对中国人的生活不无兴趣,中国居民也想知道外侨中间发生的事情。才学了一年多俄文的我,是不能胜任这个工作的,但为了生活,必须勉强去做。译新闻有时间限制,不能把今天的事推到明天,当场赶译,又不能请教别人。唯一的老师是《露和辞典》。每天要硬译、赶译两三千字,工资是"哈大洋"三十元,三口之家聊以糊口。

　　祸不单行.我生了寒腿病(冬天受寒,春天发作),行动不便,后来索性不能走路。光华社在道里,俄文晚报馆也在道里,我家住在道外,我不能上班译稿,怎么办?父亲负起传送的重任,他一吃完午饭就步行到道里,到晚报馆去拿一份刚印好还没有发行的俄文晚报,赶快步行到道外的家里。我即刻边看边译,译好后再由父亲步行送到道里的光华通讯社。为什么步行?无非为了节省两个来回两毛钱的公共汽车费。

母亲对我的病焦急万分。她利用她在这个院子里住过将近一年的熟悉关系,找到一个针灸医生给我治疗。在我能够勉强行走的时候,又请院子里的邻居给我找到另外一个职业:在一家保险公司当收款员。这样,我上午到保险公司去干半天,下午到通讯社去翻译新闻稿。保险公司的保险费,由我父亲在下午去收。两个工作都在道里,而家住在道外,实在不方便,母亲决定再次搬家,她遂去道里找房子。

七迁:道里六道街

新住址是一个中俄人家杂居的小院。我们对门住的是一家装订工人夫妇,院子里还有教俄文的老师。她这样选择的原因是,工人邻居可靠(后来确实成为我们长期往来的知交),离俄文老师近,我可以就读。

我有两个在故乡的好同学,经常通信。他们没有找到工作,我想念他们,同情他们。为了满足我的愿望,母亲决定到南方去,把两个青年同学带到哈尔滨来,帮助他们学习,设法给他们找工作。这在当时的许多熟人听来是一个冒险的举动,但是母亲顺从了我的意愿,还是只身到家乡去,很快就把他们领来了。

八迁:新安埠

一九三一年夏天,我已经参加了党的外围组织——反帝大同盟。这是瞒着家里的,我时常单独外出,回家后又默不作声。父母问我,随便用几句话支吾过去。母亲到南方去,除了接我两个同学来哈之外,心里还藏着一个自己的念头,想到家乡去挑一个中意的儿媳妇。因我一再拒绝在哈尔滨"说亲",她才决心到家乡去找。

一九三一年夏天,母亲带了我小时候的两个同学来到哈尔滨,平时在家沉默无语的我,当天就和同学谈到深夜。从国际形势谈到国内政局,又谈到国民党对革命的叛变,谈到江西的红军,更谈到我们青年人的出路。两个同学兴奋得彻夜不眠。父母亲惊异我从沉默中忽然打开了话匣子,听我们谈话的内容不像普通的叙旧和讲学问。过不了几天,到我家来的青年人开始多起来,更引起他们的注意。但他们面对这些变化并不问我为什么,我也不多说什么。

母亲又提出搬家,理由是这里这间房子虽然比较大,但究竟是一间,多了两个青年就住得比较挤,也很不方便。比较便宜的是新安埠的房子。

母亲出去找房子,从几处房子中她选中一处,让我们大家去看。那是铁道下坎的一个小院,只有一排房,是新盖的。一共有三个单元,每个单元是两间,一间是正式的房间,一间是带炉灶的外间,也可以搁床睡人。房东住在中间的单元,他们是一对中年夫妇;左面是一对年轻夫妇,右面是我们预备租下的两小间。母亲解释说:院子虽小,房子新,人家少,出入方便。大家同意搬到这里来。

这是我们第八次搬家。过去每次搬家,母亲都是为了让我受教育,为我找工作。这次迁居,我感觉到她有些为安全着想了。我和两个同学以及几个来访的人都是年轻人,她觉得我们举止有些不寻常,住得隐蔽些为好。

这是九月初,即"九一八"的前夜,我瞒着家里人已经参加了共产主义青年团。关于此事,开始时我甚至没有向两个同学谈起,只是有时拿些宣传品回来,让他们和我一道去散发。

起居在一起,敏感的两位老人对我们的言行时时在观察着。特别是"九一八"事变发生后,在周围左右人们的议论下,他们自然深切地感觉到严重的民族危机已经临到头上,对于未来忧心忡忡。年轻人不说在做什么,老人也多少猜出热心青年的一些爱国行动,大家心照不宣。

"九一八"事变发生后不久,日本军队开进哈尔滨。光华通讯社只得停办,我兼职的保险公司也把我解雇。我只得去当家庭教师和给报馆投稿维持生活,两个同学去做一些收入甚微的杂差。我们必须在经济困苦的情况下去面对更困难的政治局势。母亲冷眼看着我们的一些活动,常常一言不发地自动走上铁道去观察外面的动静,起了警卫我们的作用。她又用串门的方式和两家邻居来往,进一步去了解他们的情况。

原来房东是这一带的恶霸,是新地头蛇。另一邻居,女的是南方人,身材细巧灵活,人长得也不难看。母亲一直称她为"小女人",这个"小女人"原来是贩鸦片烟的女流氓,她的丈夫至少也是烟贩。这两家不三不四的邻居,随时都有可能犯案连累我们。我们家有三个年轻人,都是从南方来的,没有职业,而且日本人已经占领哈尔滨。这个地方不能再住下去,必须马上找房子搬家。

九迁:又是新安埠

经过母亲的努力,我们找到一处比较可以安身的地方,卜居在安顺街一个院子的楼上。这个房子有大小两间,房外有小走廊,可以搁个小炉子做饭。冬天,房子里生个炉子也可以做饭,这样比较节省。周围的邻居比较简单,有一家母女二人,"掌柜"的到苏联做买卖去了,另有一对老夫妇带了两三个小孩,看样子是农村的小地主,逃到城里来避难的,住在走廊的另一头。再有是两个西装打扮的光棍汉,大概是洋行职员,还空着几间房子。院子里有一个铁匠炉。环境不算坏,房钱不贵。主要是二楼有走廊,左右有两个楼梯。有什么紧急情况,可以有两个出路,临街的窗户可以看到街上的动静。

一九三二年初,我已经把南方来的两个同学发展为青年团员,另外又发展了两个工人子弟,街道支部会就在家里开。因为有两位老人照应内外,环境安全。青年团的军事训练班和政治学习班都在我家开班,有其他支部的人来我家参加,有上级派来的人讲课,甚至有中央巡视员来了解情况。对于来开会的人,到吃饭时,父母亲总要热情地留他们吃顿便饭,宁肯自己吃不饱。

到了四月间,团市委的成立会也在我家举行。团省委的书记和党市委的书记"老张"同志(即后来改名杨靖宇的抗联军长),都来出席指导。参加会的人多了,会议开的时间长了,两位老人紧张起来。他们在走廊里摆开炉子和锅碗瓢盆,好像请客吃饭的样子,母亲时常走到院门口的大街上去张望。父亲拿痰盂放在房间里,让开会的人小便。便满了拿出去倒掉再拿进来,免得他们频繁出入,惹人注意。

市委开会的时候,还要把住在我家的两个青年动员出去,因为他们是普通团员。老人也很知趣,不进来听会,只在走廊里忙着做饭。

事前没有告诉老人要开会,只是说几个朋友要来谈谈。开什么会,这些是什么朋友,事先事后也没有和他们说明白,但是他们无师自通地、自觉地担负起放哨、望风、接待的任务,并不追问。

父亲有一次对我说:"这事太危险了吧!"我说:"不要紧,大家小心点就是了。"以后他没有再说过什么。母亲根本不打听,好像我们一家人都讳言一件不能明言的秘密,大家都心照不宣。有一个词引起我母亲的警惕,她提出意见:不要老是说"问题"、"问题"的。她认为这个词犯忌。散会的时候,地下工作者一个人一个人分别走出去,这样可以不惊动左右邻居。每个人走出去时轻手轻脚,一到街上便是一溜烟。他们不可能每次出去都赶上走廊里没有邻居,一碰见就会引起人们的注意。经过几次会议之后,母亲提了一个意见:开完会的人要三三两两地出去,主人应该出门"送客",发现走廊上有人,还应该说两句"再见"、"有空再来啊"等等。这个意见提得好,被大家接受了。

这里的环境是安全的,还可以继续利用,但是一共只住了半年左右,又重新搬家了。

十迁:道里五道街

一九三二年九月,组织调我到团省委工作,担任团省委宣传部长。我主要负责编《满洲青年》,后改名为《东北青年报》。因为我从团市委调到团省委工作,新居要作为团省委的机关,必须与团市委断绝关系,这样就不得不搬家了。

又是母亲到道里去找房子,她找到了五道街,靠近道里公园的一个楼房上的前后一大一小两房间。据了解,房东是警察局的一个职员,看来样子还正派。母亲认为这个条件有想不到的好处,住在警察局职员的家门前,朝夕和他见面,实际上可以更加安全。当时因为房子难找,我同意了母亲的分析,连夜搬进这个新居。

这时党组织派我到英亚电讯社去工作。一方面是交给我一个秘密任务,另一方面是解决我的职业问题,使我有固定的收入。

这时到我家来的,已不是原来的那几位,而是包括几位朝鲜同志在内的另外一批人。母亲为了适应新的环境、新的人员,也采取了新的方法。她和警察局职员的妻子交好,那人生病,在生活上照顾她。她有一个待嫁的女儿,常有女友来往,母亲答应给这些姑娘找合适的婆家。

穿一身中山装的警察局职员,对我们很客气,打招呼之外,并不找机会聊天,回家就呆在房间里。但在这个新居里,我们主要做些编报的工作,开会也只开些小型的。八月十日松花江发大水,大水妨碍了我们的工作。等水势逐渐下去之后,想要在这里开一次较大规模的会议,就觉得这里很不方便,不如在新安埠的那个住所有安全感。我们的房间和警察局职员的房间门对门,中间只有一个过道,一切都暴露在人家眼前,隐蔽条件很差。母亲又考虑搬家。

这个院子有两座楼,我们所住的小楼对面是一座较大的楼,我母亲有意地去串门访问,情况摸清后便决定搬到对面的楼上去。

十一迁:成衣铺

对面的楼房,楼下是临街的店铺,楼上是一个极为宽大的工场,设有两个成衣铺。一个是宁波人开的西服工场,所谓红帮裁缝铺;另一个是扬州人开的中式成衣铺。工场楼上靠墙的地方,用板壁隔成两个房间,有举手尚够不到天花板那样的空间,是和工场相通的。工场里的缝纫机成天哒哒哒地响,这两个房间清晰可闻。一般人家嫌吵闹,不愿意住。我母亲认为这样的房间对我们倒很合适,因为在这样的房间里说话,稍低声些外面就听不见。更有利的是成衣铺来往的人络绎不绝,到我们家来的人夹在这些顾客中间,即使多一些也不显眼。再一个条件是房租比较便宜。

我们搬进去后,充分利用了这些有利的条件,有时开会到深夜,也不引人注意。工场的工人也掩护了我们地下组织的工作。我母亲作为江苏人,与宁波人和扬州人结成了大同乡的关系。同乡人在异乡是很容易打成一片,亲切互助的。

工场的门是日夜敞开的,来往的人众多,我家这个机关也就变成门庭若市的半公开场所。团省委的同志来,团市委的人也来;区委的人来,甚至支部的人也来。游击队派来哈尔滨找省委关系的人也找到这个地方,来人没有地方住,就在我家过夜。我们这个家不像秘密机关,倒像一个客店。这样的场所,虽有方便之处,但破坏了保密的原则,从长远看不宜这样维持下去。母亲不懂我们所谓的保密原则,她对来者不拒,凡是我们的人,都一视同仁地招待,但后来也觉得太乱了,不知该怎么办才好。

十二迁：十一道街地下室

团省委多次向党省委汇报工作时，都谈到我家有两位老人，如何掩护组织开会展开工作，有一个很优越的条件。党省委批评团组织滥用我们家的优越条件，破坏了秘密工作的起码的规定，必须改变这个状态。同时，党认为这样良好的条件，应该转让给党省委，因为党省委更需要有我们这样的家庭来作掩护。据说，团省委不同意，经过多次争论，团省委才被说服："一切服从党的决定。"团省委的代理书记，一位朝鲜同志，把党省委的组织部长介绍给我。

组织部长通知我：党决定让我从团转到党，即刻搬家，搬家之后只有他和我联系。我必须断绝与团组织的一切联系，以后无论团省委、团市委、团支部的任何同志都不得到我家来。

铁的纪律必须服从。找房子的任务，又交给了我母亲。

一九三二年冬天，母亲在十一道街找到了一个住所，一个半地下室，房间比较大。大房间里有两个小房间，每间都可以摆一张小床。

据母亲调查之后分析，这里的优越之处首先是半地下室，不显眼。楼上是房东，一个年老的白俄，住在一起的是他的儿媳妇和小孙子，不会干预我们的活动。邻居有苏联籍的侨民，开一个西服成衣铺，还有一家是中国工人和他的俄国老婆，有两个儿子，也在做工。

根据母亲的经验，同邻居多往来有好处也有坏处。好处是关系和睦（特别是同乡人），坏处是家里不便开会，无法防止邻居来串门。现在的院子，住的大多是俄罗斯人，只要见面打个招呼就行，我们可以"闭关自守"，很少和邻居来往。

这几个条件确实保证了我们的安全。我们在这里整整住了一年，没有出现任何干扰。这里本是省委宣传部的机关，除了兼任组织部长的宣传部部长来"办公"之外，只有他的爱人作为内部交通，常来送文件，没有党内别的人来。青年团各级组织的同志，没有一人知道这个地方，连我的同学和朋友也不知道我这个新居，真正做到了"杜门谢客"。我们从很热闹的成衣工场搬到这个半亮半暗的地下室，开始觉得有些冷清，过了一个多月才习惯了，但渐渐地又出现了另外一种热闹情况。

原来,《东北红旗报》(原名《满洲红旗》)和省委的各种宣言及传单,都在这里编写。后来因为家庭条件和环境条件好,必然要派新的用场。先是一九三三年一月中央指示信到达之后,中央派来贯彻这一指示信的新的省委宣传部长来到哈尔滨。他们夫妇两人,人地生疏,省委决定先住在我家,然后再找房子安家。一个多月之后,他们有了新居,离开我家。不久又接到通知,从南满游击队到哈市来开省委扩大会议的杨靖宇同志,没有安全的地方可住,也由省委决定住到我家来。杨靖宇同志前后也住了一个多月,而且省委扩大会议也安排在我家开。夏天,杨靖宇同志走后,中央又派来一位省委同志。他只会讲杭州话,不得已也住到我家来,一个月后找到适当的住处才搬走。

三位来住的同志,事先都征得我母亲的同意。她想方设法来掩护他们。新省委宣传部长的妻子是南方人,母亲认她为干女儿,算是来我家探亲的。杨靖宇同志是原来认识的,一九三二年上半年曾到我家多次开会。一提起"老张",我们家的二老就想起来,那是一位和气、亲切、勤快俭朴的人。我们还是称他"老张",算是我的远房舅舅,从外地到哈尔滨来办货的商人。那南方人讲一口杭州话,算是我父亲的旧同事,是做南货生意的,诡称曾在哈市稻香村南货店干过,那个店已经关闭,只得暂时在我家歇脚。

安排好以上几种"关系",这些同志先后像我们家人似地住下来。好在我们布置得很周密、很自然、很大方,毫无躲躲闪闪的动作,因此邻居并不大惊小怪,也无人来打听。偶尔有人问起"你们来了亲戚?"我们若无其事地用几句话便支吾过去了。

省委扩大会议的安排比较麻烦些。日子选在端午节,预备了一些酒菜,假装请客过节的样子。来参加会议的原省委书记"老魏"没有来过,军委李兆麟同志来过几次,其他都是常客。为了做得真像过节请客的样子,两位内部交通李以智和宋兰韵,也被作为女眷请来了。有一位"女客"还带来了小女孩,我母亲不断到院子里走动,用种种动作来掩护,或是上街买油盐,或是到院子里杀鱼、洗菜,或是到门口去晾衣服,或是带小女孩到院子里、院门口街上玩,还买些东西给小孩吃。两位女眷也抢着帮忙做菜。一席欢乐的家宴,掩盖了决定整个东北抗日战争方针政策、统一战线等问题的重要会议。抗日联军的建立,东北人民政府的建立,由杨靖宇同志到南满前线和东北各地去活动,就是从这次会议决定开始的。

在我家里设立党省委机关这一时期,我母亲和父亲一起,除了想尽办法掩护党的工作和接待借住在我家里的同志外，还帮助我做了不少"交通员"的工作。

我的任务是在宣传部长的领导下，编辑《东北红旗报》，学习写宣言，起草各种类型的传单，并且负责管理两个秘密机关——印刷所和发行所。秘密印刷所是刻蜡版、油印党报和各种传单与标语的地方。秘密发行所把印好的宣传品分送到党、团、工会等单位，进一步分发到各支部、个别党团员和工会会员手里。我要把编写好的报刊、传单等稿子，送到秘密印刷所去刻蜡版和印刷。一个青年身上带着这些秘密稿件，通过敌伪警探密布的大街小巷，是有一定危险的。而且这些稿件分量比较大，带在身上容易被敌人发觉。我送了几次，每次回家大家都要问我一路安全情况，母亲尤其注意地听我说。有一天，她提出她可以替我送这些稿件，理由是她一个老太婆，手里拿一包伪装的稿件是不大会惹起敌人怀疑的，即使被搜查，她也可以说是在地上捡到的，自己不识字，不知道这是什么东西。她的这一请求，经过省委讨论，得到了同意。我把她领到秘密印刷所，介绍给刻蜡版、搞印刷的同志和他爱人。母亲不但稳妥地完成了多次送稿的任务，还对印刷所同志的爱人做了不少工作，让他们更好地团结合作，更好地担负起这项重要的秘密工作。老太太到人家（印刷所）去串门，不被左邻右舍注意，走在路上即使遇到军警搜查，由于她神色泰然，也总是化险为夷，没有被搜身，圆满地完成了送稿任务。印刷所同志所需要的房费、生活费和纸张油墨费等，也由老太太送去，她经常去"探亲做客"，并未引起人们的怀疑。

在这里，我们住了一年多，照当时的情况看，这个地方还可以继续利用，党的机关可以安全地在这里保留下去。但是形势的发展，又迫使我们不得不再次迁居。

十三迁：经纬街

所谓形势的发展，是指两方面的形势：一方面是客观形势的变化。一九三三年底到一九三四年初，是沈阳事变之后的第三年，伪满洲国成立的第二年，日本帝国主义除在东北各地对各种反满抗日的人民武装力量加紧进行"讨伐"外，在它所统治的占领地区，则进一步深入地"肃清"在政治上反抗日伪的组织和思想，以"确保治安"。在城市里，残酷的镇压和白色恐怖更加紧了，我们党组织必须面对这个形势采取相应的措施。

另一方面,根据中央一月二十六日的指示信,满洲省委必须在组织上和方针上作根本性的重新部署和更改。还有一个内在的矛盾因素,是我的职业是英亚电讯社的翻译,这个电讯社虽然由英国人出面经营,英国自以为它对中国的治外法权可继续适用于它所不承认的伪满,似乎可以不受日伪的干预。但日伪明明知道这个电讯社是为苏联和第三国际进行宣传的机构,我出入于这个机构,肯定会受到日伪的监视。用我的家做党的机关,本来就是冒险的事,只是过去不太重视这一危险性,而且我家二老所作的良好掩护工作,使大家一时安于现状,没有积极采取措施。现在面对新的形势进行分析,两者必取其一:或者是我离开英亚社,把自己的家继续作为党的机关;或者是我继续在英亚社工作,家里不作为党的机关。省委考虑的结果,决定采取前者,即让我离开英亚社,党另外物色一个人去接替我的工作。新去的人试了几天,不能胜任工作。英亚社负责人要求党组织能同意让我继续工作一个时期,他们认为电讯社在整个伪满境内是一个重要的宣传阵地,不能由于换人而削弱它的作用。

省委考虑后,接受了苏方的要求,让我继续工作一个时期,同时把另一项秘密任务交给我执行,党组织派人和我保持单线联系。

母亲肩负起重新找合适住处的任务。多处看房后,她选中道里经纬街一个院子里的两间房子,很快便搬了过去,只有那位杭州同志知道我的新住所。

一九三四年上半年,杭州同志来过两次,以后就中断了,我没有办法找到他或别的同志,只有等候。直到解放之后,我们才得知,就在一九三四年的上半年,省委和下面的一些组织遭到敌人的大破坏,那位杭州同志也被逮捕,不久就死在狱中,杭州同志没有对敌人透露我的地址,保护了我和全家能继续安全地住在那里。我的家没有被敌人发现,我才得以继续平静地工作。

继续做什么工作呢?我们搬了家,除了杭州同志来过两次外,再没有党内的同志来过。热闹惯了的我们一家人,特别是母亲,常提到我们该做些什么?

这时,她又主动地请求给秘密印刷所送稿件。这种主动的"自觉"从何而来?她除了出于爱护儿子,也渐渐地受到了教育。我虽然没有对她进行什么"宣传",但是常到我家来的担任内部交通的李以智和宋兰韵同志,却常对母亲做工作,讲了不少情况和道理。有时母亲反而对我说,南方的工作做得好,红军已经在好几个省里建立了根据地,我们东北还在打游击战,我们也要快些把工作做好。

母亲在迁居后的第二年,在道里电影院里包了一个小卖部。她想,在大庭广众中总会遇到一些熟人。第三年她又包了这个小卖部,后来她果然和一些人取得了联系。

一九三五年春,我和张安英结婚,她是基督教会牧师张海云的妹妹,一直住在上海,结婚时才来哈尔滨。当年十二月底生了一个女儿,这就是妮娜。

我一度与党失去了联系,主要是给报刊写稿,做些宣传工作。党员在任何情况下,即使失去关系,在最孤立的情况下,也要能够独立作战。一九三六年,我和一度有组织关系的金剑啸同志等接办了《大北画刊》。这个画刊维持了两个多月就被敌人查封,我和金剑啸等约十人被捕。金剑啸同志被押往齐齐哈尔,壮烈牺牲。我因为没有暴露身份,金剑啸同志等也没有供出我,关了一个多月便被释放了。母亲为了营救我做了不少工作。她串联整个院子里的住户,包括对门的一个日本女作家、房东波兰人、在院门口开西服铺的宁波人、开洗衣作坊的山东人、一家朝鲜人、几家当地住户,联名写信给日本领事馆(我是被日本领事馆逮捕的),为我作保,保证我是"良民",愿意负责保释。因为我被捕后的口供都是假的,很容易被敌人戳穿,并且当时白色恐怖十分严重,我可能重新被捕。于是,全家和有关同志商量后,决定离开哈尔滨到上海去。

母亲为我准备行装和筹措路费,又四处奔忙。因为我到上海不会马上找到工作,她和父亲决定留下。她准备住到别人家去,为别人帮工自食其力地维持一个时期。

一九二八年夏天,是母亲把我这个刚满十六岁的少年带到哈尔滨。现在,一九三六年夏天,她又把我这个二十四岁的青年(还有她的儿媳妇和孙女)送上火车,嘱咐我到上海好好地开始新的工作。

原载《上海文史资料选辑》第66辑,1991年7月

音乐家沈知白

从谈论舞剧开始

一九三九年夏天一个星期天的下午,我应邀去苏联籍的犹太作曲家阿甫夏洛穆夫家会见沈知白先生,从此开始了我们之间的莫逆之交。

当时我对沈知白先生的印象是:一位典型的中国文人,说话文雅,举止有些拘谨。他进入会客室时,穿一袭夏布长衫,时当夏令,主人请他宽衣,他脱下长衫,里面是一身纱布短裤褂。那样热的天气,面无滴汗,姿态幽静。

主人有意让他和我相识,事前向我们二人分别作了简单的介绍,说他是一位教师,说我是一个新闻记者,对于音乐事业有兴趣。但是我们都互相不知道对方的身世,也不知道各在什么单位工作。

沈先生约略说了几句有关中国民族音乐的话,便转入舞蹈问题。我是一个音乐、舞蹈的门外汉,但是沈先生并不以内行的姿态,滔滔不绝地大讲音乐舞蹈,而是像一个重逢的故友,只谈问题,不作"演讲"。

也许因为这段时间,阿甫夏洛穆夫主要热衷于舞剧的创立,沈先生和我的谈话,主要偏于舞蹈问题。

他说,京剧(当时用"平剧"这个名词)有不少舞蹈动作,除起霸、走圆场、趟马、甩袖、舞刀剑、耍枪戟等富于舞蹈的表演手段外,还有杂技、技巧式的开打。戏剧界把表演的基本动作称为身段和工架。

沈先生在谈话中,为了说明京剧如何富于戏剧性的舞蹈动作,提到许多出京戏。幸而我也是经常看戏的,知道这些戏的大致情况,于是我们愈谈愈投契,好像进入了一个过去没有探讨过的新的境界,现在突然把那些常见的演出形式提升到艺术与科学的高度,颇为心怡神往。沈先生和我都不是京戏的票友,更不是有什么根底的演员,但是我们谈得那样有兴味,似乎对中国的音乐、戏剧、舞蹈艺术有所新的发现。我们谈到周信芳的《扫松戏》[①]边唱边扫,富有节奏的动作和含有感情的唱腔《黄叶飘飘》;谈到《罗成叫关》、《龙虎斗》,还进而议论《盗草》和《水斗》、《拿高登》和《水擒史文恭》、《恶虎村》和《十字坡》,等等。

我惊讶这位温文儒雅的文人,竟像一个说戏、教戏的老师,但他始终是不动声色地谈,偶尔喝口茶,面部没有表情,手足不作比划,而是把京剧舞台上的那些"玩意"当做学术问题来谈。我钦佩沈先生看过这么多戏,做了这么多细致的观察和分析,概括了一些特点,作出了学术性的结论。阿甫夏洛穆夫懂一些中国话,他知道我们谈的是什么,他有时插进几句话,我们一会用英语交谈,一会用俄语对话,情绪热烈。但沈知白先生始终是冷静地发言,从不激动,只是偶尔笑几声。

这第一次识荆,沈先生给我的印象是:对于京剧深有观察,对于舞蹈艺术颇有见解,他和阿甫夏洛穆夫一样,正热衷于建立中国舞剧,几乎把沈先生看作是一个舞蹈研究者。

既然我们对于中国民族音乐和中国民族舞蹈有所认识、有所设想,总想进一步有所探索、有所实践,常常找一些有志于此的同好,讨论如何组织起来,做些实验演出。我把新认识的昆剧名角,演小生蜚声于上海的顾传玠介绍给阿甫夏洛穆夫,后者又约沈知白先生一起在他家聚谈。顾传玠谈到他小时候怎样在苏州学艺,怎样练功,后来怎样在《仙霓社》演出,包括在上海的多次演出,他还做了一些昆剧的富有舞蹈性的动作。沈先生的几次插话,触及《罗成》、《醉写》、《思凡》等戏中的舞蹈动作问题,证明他对昆剧也是有研究的,《仙霓社》难得在上海演出,他总是抓紧机会去观看的,他的舞蹈观点是从观察中提炼出来的。

一九四〇年春夏之交,阿甫夏洛穆夫重新排练他创作的中国舞剧《古刹惊梦》,邀请沈先生和我去看排练,那时这三幕舞剧的排练已进入成熟阶段,从三幕连排中已经可以看出整个舞剧的艺术成就是很高的。后来又几次去看,并请梅兰芳、金素琴、尤金圭等京剧界的人士去提意见。

在几次旁观中,沈先生逐渐和我熟识起来,我们有机会谈得久一些,即使不是"畅谈",但从多次交谈中得到的启发也多了,对他的了解也多了。

---

① 指周信芳于一九三九年编演的《赵五娘》中《扫松下书》一折。——编者注

沈先生从中国舞剧谈到中国音乐,音乐和舞剧的关系,提倡中国民族音乐为什么"不得已"要从舞剧入手,中国民族舞剧为什么要请京剧、昆剧演员来排练,今后应该怎样向前发展。实际上这次《古刹惊梦》的排练,沈先生是提供了不少建设性的意见和协助一部分组织工作的。一位业余话剧和京剧演员,懂英语的陈钟同志就是沈先生介绍给阿甫做排练教师的。《古刹惊梦》原来是英文写成的,题作《慧莲之梦》,或作"Incense Shadows",意为香烟缭绕中的影子。一九三五年曾演出,名《香缘梦》,沈先生曾把它译为《茑萝梦》,取其香烟缭绕一如茑萝之缠绕。一九四〇年夏,由我联系,请《益友社》用《中国红十字会》的名义在上海最大的戏院大光明电影院公演,我考虑到为争取上海广大观众,要有通俗的剧名,改为《古刹惊梦》,沈先生也表示同意(请梅兰芳题字)。该剧在一九四四年曾再度演出,换了一批演员,沈先生也参与了不少工作。这舞剧中的"千手观音舞"(新创作)、"灯舞"、"玉盘舞"、"扇子舞"、"长袖舞"以及武打等,是沈先生多次和阿甫讨论,由他提出设想、加上陈钟的具体安排而体现了他多年的幻想、憧憬和探索。

这时我们在上海已经看过苏侨和白俄在兰心戏院演出的《唐吉诃德》、《睡美人》、《胡桃夹子》、《海侠》、《天鹅湖》等舞剧。我们想,外国有舞剧,为什么中国不能有舞剧呢?中国人既可以排演外国舞剧,也可以创造自己民族的舞剧,从中国固有的戏剧,主要是昆剧和京剧的舞蹈动作中完全可以汲取出、提炼出中国民族舞剧的基本动作和别具风格的舞蹈形式。

在阿甫热衷于创立中国民族音乐和中国民族舞蹈的尝试中,沈先生是一位支持者和辅助者,没有这样一位中国学者,而且是一位对中国音乐和舞蹈研究有素、观察细致的学者,一个外国人是很难跨出确信的步子、认定明确的前景的。

博学的音乐家

通过沈知白先生的谈话,以及他在《古刹惊梦》的演出中就具体实践而作的议论,在我的认识中逐渐形成了一种看法:沈先生对中国民族音乐和中国民族舞剧是有一套完整的理论的。

以后从日益增加的来往中,知道沈先生对中外音乐都有很深的研究和造诣。他不喜欢标榜,他很谦虚,他总避免显示自己知道得多。因此,对于他满肚子的知识,我们这些和他交往的朋友,是一点一滴地逐渐发现的。

在上海沦陷时期,朋友们既不能进行太多的暴露自己的活动,总想坐下来多搞些学问。于是请沈先生讲音乐知识,举行两周一次的座谈会。他开讲"西方名曲介绍",有时还在讲解的过程中,请人弹奏一两首曲子。他讲得头头是道,西方许多名家的生平与作品,一些名曲的内容,像诗话、史话那样,资料丰富,曲折有致,听了引人入胜,为他音乐知识的渊博而惊叹,他总是不动声色地、娓娓动听地讲述。没有耸人听闻之言,没有哗众取宠之语。谦虚朴实是他的特点。

他又讲述对琵琶、胡琴的考据,古琴、古筝等古代乐器的特点,以及二十年代曾经进行过的中国乐器的改革过程,西方小提琴的发展历史等等,讲得使人神往。

曾经请卫仲乐先生演奏琵琶、二胡等乐器,沈先生详谈《十面埋伏》、《净水瓶》、《普庵咒》、《病中吟》、《光明行》等乐曲的来龙去脉、作品内容、作者生平等等。

他是一个"博古通今的音乐研究者"这一概念牢固地在我脑中确立下来。

从他所讲述内容的丰富细致来看,他的治学精神是踏实、深入的,他旁敲侧击,搜寻许多资料,经过分析研究才得出合乎科学的结论。

李伯龙同志曾告诉我,沈先生为了研究莎士比亚,把莎翁的全部著作的原文,都细细地读了一遍,凡是陌生的字,都详查英文字典,非完全弄通不休。他的神经衰弱、经常失眠,据说就是因为读莎翁著作引起的,我问过沈先生这件事,他支吾着不肯多谈,谦虚地不愿在研究莎士比亚这点上炫耀自己的渊博。

在上海沦陷期间,我们为时代社的《苏联文艺》月刊做翻译和编辑工作,其中关于俄国和苏联的音乐,陈冰夷同志和我,译了不少介绍文章,知道了不少俄苏音乐家的名字和他们的作品。有一次和沈先生谈话,接触到这个题材,他不仅谈了格林卡和柴可夫斯基,他还谈到普罗柯菲耶夫、米亚斯柯夫斯基、斯特拉文斯基等等,连肖斯塔柯维奇、哈恰图良等新作曲家的作品及其特点,也都了如指掌。我们认为,他可能对德、奥、法、意、英的作曲家知道得多一些,不料他对我们这些翻译工作者刚接触到的俄苏音乐家的情况,也非常熟悉。只是这些音乐家的姓氏读音,他是从英文习惯读法读出的,和我们的俄文读音有些异样,我们不能不对他的博学暗暗钦佩。

后来听见公共租界工部局图书馆的馆员告诉我们说,这个图书馆所藏的一千多种涉及世界各国音乐论著、许多作曲家、演奏家的英文书籍,他都借去读过了。世界各国最新的音乐刊物,他也广为浏览。据此,这个饱学之士在随便的闲话中,随口说出这国、那国的音乐家,是经过长时间探索的。

从这一点,也可以说明,他的神经衰弱为什么会这样严重,为什么要逐渐增加治疗失眠症的安眠药的剂量。

他不仅读了许多英文著作,他也读了不少中文的古今图书。他浏览中文图书之广,也是很惊人的。

有一次我和他谈起,要找一些有意义的题材写剧本,或为歌剧、舞剧,或为京剧、越剧。他一下子便谈了好几个故事。有的出处,我知道,有的书籍根本没有涉猎过。他谈到见于《燕丹子》的荆轲刺秦王的适于写歌剧或京剧的题材。他说,"燕赵多慷慨高歌之士",荆轲、狗屠、高渐离等就是这种人物,可以写出不少独唱、对唱、齐唱的歌曲和戏剧的场面。"风萧萧兮易水寒,壮士一去兮不复返",可以写出一些独唱、合唱的悲壮曲调。秦王上殿,众乐齐鸣,女伎或唱或奏乐,作曲家可以有广阔的创作天地。"图穷匕首见",荆轲追逐秦王,乐队可以发挥戏剧性音乐的激越效果。

我根据他的启发,读了《燕丹子》和《刺客列传》,写了四幕或五幕剧的提纲,但一直没有写成本子。后来我和周信芳同志谈起此事,他很感兴趣。我把《荆轲刺秦王》的提纲送给了他。他说,他可演荆轲一角,这与京剧中已有的、由花脸扮荆轲的《荆轲传》应完全不同。可惜这件事,始终是一个设想,大家一直没有动手。

他又提到了女歌唱家唐朝永新的故事,御河浮出宫女尸首的故事。我根据他的启示,在唐人段安节所撰的《乐府杂采》一书找到这些故事。御河女尸一事,和周信芳同志也谈过,他说,可以编一个以弹奏琵琶为主线的悲欢离合的不太大的剧本。《永新》的故事,我作了详细的设计,和好几位艺人谈过,可编新型歌剧或京剧。我请沈先生为这些剧本写曲子,他笑而不答。

沈先生对于改革京剧已经没有多大兴趣。他主张,要改就应从改革音乐入手。在今天来说,枝枝节节地改已没有意义。他曾经建议,请一部分京剧演员学唱现代歌曲,让他们自己体会出京剧唱腔必须改革的道理,然后由京剧演员自己要求改革,自己实现改革。写新剧本,分幕分场,灯光布景,割裂一些曲词再重新搭配的"唱腔设计",考据一些好的服装另制新装等办法,都不是京剧的根本性改革,他提出一条结论性的意见:中国新歌剧形成之日是京剧改革成功之时。他认为新歌剧不能脱离京剧、昆剧等剧种而创立,京剧不能囿于过去的成规旧形,特别是不能维持旧音乐而作些枝节的改革。因此他不主张为京剧写几只曲子而不作彻底的戏剧音乐的大改革。他有时笑而不答,有时也详细阐述此点。

苏联的动画片《黄鹤的故事》是根据中国同名民间故事改编的,颇有风趣,可以发挥音乐与舞蹈的性能。我和沈先生谈起,他说,可以参考《齐谐记》的故事参杂改编。我找到了《齐谐记》这只故事的原文,就是"黄鹤一去不复返"的长期脍炙人口的故事(后来我和沈先生一起设计为舞剧,他准备写乐曲)。

有一次谈到阿甫的一首曲子,沈先生说,可以用龚自珍的一首颇有气魄的诗来配它。

从沈先生所举《燕丹子》、《乐府杂采》、《齐谐记》等书名来看,可以断定他也读了不少古籍,不仅是有关音乐的,也涉猎了其他文学、诗文、历史等著作。

后来常到他家里去。他当时住在相当偏远的,靠近苏州河的武定路一宅弄堂房子里。房子已破旧,两楼两底,一个小天井。楼下一间客堂,年老的父母二人住在客堂旁的厢房里。他和他的夫人住在楼上,外间堆杂物,里厢是卧房。家中一无长物,只有一架小风琴比较突出。我以为他家中一定藏书很多,而且一定是洋装书和线装书堆得"汗牛充栋",我仔细巡视一下,只发现几本书,都不是大部头的书,这位博古通今、遍览群书的沈知白先生,怎么是"家徒四壁"、书架空空的人呢?

原来他"家贫好学",数十年如一日,都是借书阅读,随读随记,而且主要靠脑子记,借来的书,必须读得快,限时归还,因此迫着他多读快读。有时就坐在图书馆里看书,东查西抄,把书中珠玉装在脑子里回家,回家后满腹经纶、满脑珠玉,满得睡不着觉,就吃大量的安眠药。他有时对朋友们开玩笑地说:"我吃安眠药的量,如果别人吃了,就要长眠不醒了,我吃少了却睡不着。"他在十年内乱中被迫自杀,也是服的安眠药,为了长眠不醒,不知用了多大的剂量。

翻译・著作・教育

沈知白先生以他所精通的英语为工具,阅览了大量的英文音乐著作,包括细读了莎士比亚的作品,并进行音乐理论的研究,已如上述。为了能经常向他请教,创造机会和他多接触,我和陈冰夷同志曾在上海沦陷期间,商得沈先生的同意,每周两次,晚上,到他家去学习英语。他选了一本英文小说作读本。他不肯收"学费",送东西又不受,教学不到一年便中断了。

他的英语程度确实很不错,正因为如此,日帝刚一投降,我拉他去美国情报处当翻译和为党代表接见一个美军代表做口译工作,正是这两件事连累他几次受到审查,最后在"文化大革命"中受到种种迫害,终于送了性命。

他英语会话流利,他和阿甫以及上海当时文化圈子里的英美人颇多接触,谈论音乐和其他学术问题。

正因为他的英语根底深,熟悉许多西方各国音乐家的著作,解放后,负责华东音乐工作的贺绿汀同志要他组织一个英文翻译班子,翻译重要的音乐论著。他对一部分青年翻译,做细致的培养工作,他亲自仔细校对原文和修改译文,使这批青年通过翻译的实践,培养成为很有修养的专业翻译工作者。

沈先生自己也翻译了几部世界音乐名著。其中包括:威廉斯的《民族音乐论》、罗曼·罗兰的《意大利歌剧的起源》、辟斯顿的《配器法》。

在他的领导下翻译的有:

音乐理论技术丛书——

《迦氏作曲法》(迦特纳著,顾连理译)

《调式及其和声》(马德莱·理查生著,杨与石译)

《和声处理法》(柏西·勃克著,吴增荣译)

《和声分析》(雷曼著,顾连理译)

《辟氏和声学》(辟斯顿著,丰陈宝译)

《普氏曲体学》(普劳特著,朱建译)

《管弦乐法》(戈登·雅各著,丰陈宝译)

音乐历史传记丛书——

《德沃夏克传》(朱少坤译)

《亨德尔传》(顾连理译)

《我的音乐生活》(里姆斯基·柯萨科夫著,吴佩华译),等。

这些书的译稿,都经过沈先生的校订,在这方面他费了很大的心血。为了确定选题,首先要熟悉世界各国音乐理论、历史、技术方面的大批书籍,即使没有一一阅读,也要一般地浏览一下。因为他过去在图书馆里曾经成年累月地阅览过上千本音乐方面的英文著作,他具有这方面的充分条件,因此选题适当,为音乐文化的基本建设作出了贡献。

沈知白先生对世界各国音乐理论、历史有研究,对杰出音乐家的生平和作品比较熟悉,我们也是通过具体事实逐渐观察到,而不是他自己"炫耀"出来的。一九四一至一九四五年间,他在上海苏联呼声电台做世界名曲介绍的广播,还断断续续,不够系统,一九四九年上海解放后,他在上海人民电台所作的世界名曲介绍就全面而且系统了。

一九四五年抗战胜利后,他在上海音专教课,范围就更为广泛,既讲中外音乐历史,又讲作曲理论,进一步发挥他这方面久有素养的才能。

一九四九年上海解放后,进上海音乐学院教课,除主持翻译室的工作外,后来还担任民族音乐系主任,从讲授外国音乐理论、历史又转入中国民族音乐的教课,接着又向研究和教授亚非拉音乐方面发展。

沈先生成为卓越的音乐教育家。他一向谦虚好学,不事标榜,不把音乐知识据为私有的作风,特别在教育工作中表现出来,取得了杰出的成就。

从一九五六年起,沈先生开始担任上海音乐学院民族音乐系主任,从此对中国民族音乐学的建立和充实作出了巨大的贡献。一九八〇年在南京举行的第一次全国民族音乐学年会和一九八二年在北京举行的第二次年会上,与会者都强调了这一点。

在沈先生教学过程中直接受到指导而现在拿出成果的,为数已相当可观。例如夏野同志的《中国古代音乐史》,谭冰若同志的《外国音乐史》,高厚永同志的《民族器乐概论》,胡登跳同志的《民族管弦乐法》,刘国杰同志的《西皮二黄音乐概论》,赵佳梓同志的《东方音乐》,陈应时同志的《琴律学》,费师逊同志的《先秦时期的音乐思想》等等。

曾经听过沈先生的讲课得到启发,找到线索的学生们当然也做了大量搜集资料、占有资料的工作,举一反三地进行了深入的研究,才写出完整的著作来。

现在广东担任《民歌集成》的《广东卷》编辑的费师逊同志,沈先生曾亲自教过他"古代音乐思想和民族音乐知识";现在中国音乐学院创研部理论研究室工作,担任"全国民族音乐学"工作委员会常务秘书的沈洽同志,也在沈先生那里学到了民族音乐的知识、现任上海音乐学院院长、民族音乐理论教授,最近出版《汉族民歌概论》专著的江明惇同志,是从小跟沈先生学习民族音乐理论和作曲的。

作曲家、曾任上海音乐学院院长桑桐同志，中央乐团指挥李德伦同志，上海音乐学院作曲系主任陈铭志同志，作曲家瞿希贤、罗忠镕同志等，当年在国立音专都曾受教于沈知白先生。

一九五六年沈先生被邀请参加社会科学发展十二年规划音乐部分的拟订工作，许多一同工作的人，都为他对古今中外音乐知识的渊博而钦佩。一九六三年受周扬同志邀请参加文科教材办公室讨论计划工作，他曾参加《辞海》早期修订工作，与倪瑞霖同志一起负责音学词汇的修订补正工作，后者也颇得沈先生的教益。

有志于作曲

一九三九年或一九四〇年，我参加一次卫仲乐先生主持的音乐会，在节目中有沈知白先生作的丝竹合奏《洞仙舞》。顾名思义，这只曲子应该是十分幽雅动听的。演奏效果也确实如此，既是洞中之仙，已是离尘脱凡，优美入胜，还要翩翩起舞，那就又有昂扬生动、活泼欢快之感了。那时我和沈先生坐在一起聆听，过去他从来没有提起过，他曾作曲，作有《洞仙舞》这样的民乐合奏曲。他谦虚地回答说，这是很久以前写的，很不成熟。我问，是否把它扩大一下，排演一个小型舞剧。他说，他不想再写丝竹演奏的曲子，《洞仙舞》如值得改编，应该写成管弦乐曲。那就是说，他有意写作现代管弦乐队演奏的乐曲。

约在一九四三年至一九四四年之间，傅雷先生发起，召集一个双周座谈会，请文学、艺术、工程、医学等各方面的专家学者，轮流讲述自己的专业知识，然后大家议一下。轮到沈先生时，他讲中国民族音乐，并且拿出他新写的四手联弹钢琴曲来作为例子，阐述中国民歌怎样入钢琴的问题。傅雷先生先请两位女同志到他家利用傅聪学琴的那架钢琴练了几次，然后在座谈会上插在沈先生的讲话中弹奏。那次座谈会到的人比平常为多，有不少非座谈会成员，专门赶来听沈先生的新作。有些人听了说，有东北民歌《小鸿雁》的味儿，傅雷先生说，从钢琴键盘上弹奏出来的音色，确实有深厚的民族音乐韵味。宋琦先生听了对我说：有好几句对话很俏皮。

约在一九六〇年至一九六一年之间，我又看了苏联动画片《黄鹤的故事》，更觉得可以改编为中国舞剧，可以安排黄鹤的独舞和群舞，可以出现观看鹤舞的普通群众的各种舞蹈,伴随黄鹤来往的吹笛少年,可以在音乐方面作很大的发挥。我写信通知沈先生也去看这部影片。后来我们在北京一起商量这个舞剧的构思,沈先生发表了许多创造性的意见。商定用中国历代诗人歌咏过的"黄鹤一去不复返"的故事,与中国民间流传的《黄鹤的故事》结合起来,并即用武汉黄鹤楼为舞台背景,整个有情有节的音乐舞蹈,就在黄鹤楼前展开,吃茶的人,楼前来往行人和摆摊叫卖的群众都纳入舞剧,沈先生决定为《黄鹤楼》作曲。经过一两年,人去曲不来。我曾几次写信去催,有一次罗列八十个有鹤字的成语,如"舞鹤"、"鹤舞于庭"、"松鹤延年"、"松鹤长春"、"梅妻鹤子"、"风声鹤唳"、"鹤鸣之士"、"鹤立鸡群",用"鹤"去打他的心门,用"鹤"的旧词去引起他的创作之情。一九六三年,沈先生来北京,说《黄鹤楼》的主题曲已想好,舞剧分三幕,剧情如何展开,也已想好,并且当即画出以黄鹤楼为背景的舞台图。

那个时期的沈知白先生在工作和家庭中,都遇到一些不愉快的事情和种种困难,心情很不好,他常常在黄昏来临之时,无处可去,无人可谈,久行街头,不问剧目,遇到什么戏院,就买票进去,看了戏,也不知道是什么戏。我听到这些情况曾去信上海请常与沈先生往来的袁励康同志去劝他,不管写出来的文章能否发表,也不管写出来的曲子能否演奏,还是应该抓紧时间写,留下一些毕生研究与构思的作品,对后人总是有用的,可参考的。否则再过几年,年老情衰,就没有精力创作了。据说,沈先生颇为动容。

约在一九六四年,沈知白先生重来北京,带来他的新作——交响诗《花之舞曲》,一本上海音乐学院的五线谱作曲簿,写得密密麻麻,抄得清清楚楚。我非常高兴,我说,如把《花之舞曲》改为《百花齐放》更为切题,不管他用谦虚之词来分辩,我就自以为是地写上了新题目,不久之后,我和陈冰夷同志一起,在一个雨后的秋夜,找到和平里地区的安波同志的家,向他推荐此曲,希望试奏一下。久无消息,曾将此情白之于广播局梅益同志,他说可由电台的乐队试奏,沈知白先生闻讯,也很高兴。但不久,安波同志病逝,因去索要乐谱,多次寻找,已杳无影踪。我告诉沈先生,他无可奈何地说:不要紧,我还有一部分底稿,有些部分还记得,可以重写。这些话,带几分安慰我的意思。以后未见下文。再不久,就是"文化大革命"的苦难时期了。我们都在难中,既不能见面,也不能通信。直到一九七五年我出狱才得悉他已在上海被迫害而死!

沈知白先生除了学习、研究中外古今的音乐,从理论到历史,从作品到技巧,翻译和介绍了西方有代表性的论著,并涉猎了中国和外国的文学作品,特别是对中国古籍下过工夫。他对教学工作很重视,并且做出了卓越的成绩。他也从事音乐的创作,他谱过歌曲,创作过民乐、钢琴曲,还写了交响诗,也计划写舞剧音乐。所有这些在音乐创作方面的努力,除了《洞仙舞》曲谱可以找到,其他却一无所存,经过十年浩劫,今后是否能找到一点残稿,现在还很难说。

政治立场坚定

我和沈知白先生相识以来,没有专门谈过政治问题。似乎他不关心政治。我也不正面和他谈政治。但是不谈政治,并不能说明他根本不关心政治,更不能证明他没有政治立场。他知道我是从事俄文文化艺术翻译工作的,他也知道我一个时期在时代出版社工作,这个出版社与苏联人有关,在租界、敌伪和国民党统治时期,这个出版社是半公开的与党有密切关系的机构。换句话说,他不会不猜想我是党的地下工作者,他不怕我,不回避我,而是相信我,和我成了知己朋友。他完全是一个革命同情者,一个紧跟党前进的人,只是他心照不宣、忠实地为党工作,我要他做什么事情,不管有多么困难、有多么危险,他都没有二话说,总是服从差唤,严格执行。

一九四五年八月,日帝一投降,我要他去打进美国情报机关当英文翻译,他"勉为其难"地去做了(夜里去和他谈,他一口应承,第二天就去上班)。所谓勉为其难,是说他没有做过这类工作,他的英语知识主要是在音乐范围内,不熟悉政治、军事、情报方面的词汇。要他把译好的英文,打字记录,更是勉为其难。他出色地完成了任务。一九四五年十月间,我要他去为梅益同志当翻译,和一个美国军人谈话,谈的是军事问题和解放区情况,他也欣然接受了这个任务,只是说:恐怕翻不好。

也就是这两件事,种下了"祸根",使他每逢运动就挨整,肃反、"三反"、"五反"、"反右"、"文化大革命",没有一次不受"左"的影响,被追查、批斗、甚至被迫害而死。

动员沈先生去担任情报系统中的一项工作,主要因为他是革命同情者,他忠实可靠,在他被整的过程中,我的证明往往不被重视,在"左"的影响下,整人的人唯恐有人证明挨整的人没有过错,等到我也被整的时候,非但不能解除沈先生的种种嫌疑,反而加重了他的罪责,于是便发生了沈先生被迫害而死的悲剧。

在解放前夜，许多工厂和科研单位以及高等院校，国民党反动派都派人劫去机器、仪器和文物，我动员沈知白先生到音专和工部局管弦乐队去动员进步人士保护乐器和乐谱等主要器材，他确实去做了不少工作，但解放之后，我却没有紧接着帮助他靠拢本单位党的组织，受组织领导，甚至加入党组织，而是让他孤立在组织之外，等候我和他个别联系。

自己事忙，对他照顾不够，甚至不闻不问，是很大的错误；我离开上海，他继续留在上海，两地相隔，不能经常和他联系，更不能给予他帮助，这个错误是第一个错误的发展。沈先生经常挨整，最后被迫害而死，今日痛定思痛，不能说我没有责任。回忆往事，我们数十年之间的种种往事，我就更为沉痛。

我曾经说，沈知白先生的谦虚是他的美德，但他过于谦虚便成为他的缺点了。

经过了解情况，经过深思，这一说法，也要一分为二地看待。

他写了文章，不好意思拿出来，总说还不成熟，有时索性有见解、有意见，不写出来，不说出来。写好的文章，要别人催他、逼他，他才"被迫"拿出来发表。这是他的过分谦虚。他写了音乐作品，也不拿出来，甚至不说，他也是努力作曲的，以至于许多人，包括他的同事，他的直接领导，他的学生，长期以来都不知道他会作曲。这是他的过分谦虚造成的"假象"。他对音乐历史、理论有研究，他掌握的中外今古的音乐知识很丰富，他常常不畅所欲言，不侃侃而谈，却常常讷讷于口，虽然并不是秘藏不宣，有意留一手。这也是过分谦虚的表现。也许用"大智若愚"这个成语可以解释他被某些人把他目为冬烘先生的"假象"吧。

这是沈先生谦虚的一面。实际上还有另一面：

一个经常被整的知识分子，学会了"藏拙"来保护自己，他明明肚子里有货色，他尽量不随便倾吐，他设法在教课时适当地、适量地亮出来。尤其在他讲授民族音乐学时，他因材施教，分别地对这个或那个学生讲这个内容和那个内容。哪个学生，只要真心诚意地向他学习，他就根据他的素质和爱好，专门谈音乐方面的某个问题。有时他讲解之外，出题目，让某个学生搜集资料，进行研究。他这样做，不留下讲义，不留下著作，免得被整，但种瓜得瓜，种豆得豆，他还是有收获的。学校当局要他带研究生，他反复考虑，非常谨慎地挑了赵佳梓同志。六十年代初，他把赵佳梓同志带到北京来搜集亚非拉音乐资料，他对我说：我所以选择赵佳梓,因为他出身好,又是党员,他学习勤奋,且有较好的中外文和中外音乐基础。看,他在那时那地的条件下,是用什么样的标准挑选人,怎样苦心地寻找他的传人。

正由于他采取了因材施教、分别细谈,他播下的种子,收到了丰硕的果实,这便是前述那些学生受了他的教育和启发,成为各有专长的专家,写出各有特点的著作。

沈知白先生没有写出长长大篇"文化大革命"的讲义,他只是偶尔写些提纲式的讲稿,在他逝世之后,近年出版的《中国音乐史纲要》就是一例:简要、不深入、不多发挥。他把一生学习、钻研而形成的见解,毫无保留地交给了他经过选择的学生,把津梁和钥匙交给了这些不同类型的学生。可惜沈先生没有见到他播下的种子现在绿树成阴了。

这便是为什么他的许多高足今天用这样深沉的、激动的心情怀念这位杰出的音乐教育家。这便是为什么我这个老友今天这样沉痛地、痛定思痛地哀痛这位死于非命的音乐家!

写于一九八三年八月

原载《沈知白音乐论文集》,上海音乐出版社 1994 年版

回忆宋庆龄副主席[①]

一九二九年宋庆龄乘火车由苏联西伯利亚沿中东铁路回国，途经哈尔滨。中东铁路是中苏合办的。她从苏联回来，一路上苏联方面对她很照顾、很尊重，非常隆重地接待她。中东铁路的职工一半是中国人，再加上哈尔滨社会上的各界人士和学生，都动员起来去车站欢迎宋庆龄。车站扎了彩。当时我在哈尔滨，还是学生，也参加了欢迎的行列。我学过俄语，一九二九年秋天进中东铁路工务处工作，在那里抄写账单，发现账单中有一项是关于"欢迎宋庆龄的费用"，由此而留下对宋庆龄的第一个印象。

一九三六年在上海成立了普希金逝世一百周年纪念会筹备委员会，并树立普希金铜像。宋庆龄是纪念会筹备委员会主席，委员有蔡元培、法国总领事、苏联总领事，以及上海各方面的知名人士，可能还有鲁迅（因为筹委会是一九三六年成立的，鲁迅一九三六年十月才去世）。一九三七年一月某日，正好是阴历大年夜，纪念会在上海大戏院（虬江路）举行。当时我正在上海大戏院工作。这个戏院是苏联租下来专门放映苏联电影的。我就是一九三六年开始在这里做翻译苏联电影的工作，因此认识不少上海文艺界、电影界、戏曲界的人士。我也就是在那时开始认识宋庆龄的。苏联方面邀请上海文化界和各界知名人士出席普希金逝世一百周年纪念会。苏联大使鲍格莫洛夫也出席了。会上苏联演员和中国演员表演了音乐节目，音乐家冼星海和任光等都参加了组织工作。那次宋庆龄是出席纪念会的头号贵宾。

一九三七年上半年，苏联领事馆举行一次电影招待会，放映的是显示苏联军事力量的纪录电影《为基辅而战》。应邀出席招待会的有上海中外各界人

[①] 该文由姜林红根据中国福利大会一九八六年四月十四日采访姜椿芳的录音整理，经陈冰夷和金常政编定。——编者注

士,包括国民党的领导人,宋庆龄又是第一号贵宾。

同年五六月间,抗战开始前不久,有一部苏联电影叫《予打击者以打击》,轰动一时。这部影片也是宣传和显示苏联军事力量的。后来针对日本的侵略,我们也用了"予打击者以打击!"这个口号。苏联大使鲍格莫洛夫邀请宋庆龄观看了这部电影。鲍格莫洛夫穿了一身新的米色西服,苏联人一般不穿这种服装,而上海当时很流行。那天宋庆龄先到影院,请柬上注明的座位是楼座第一排。她泰然地坐在第一排座位上,其他的人还没有来。这时发生了一件事:上海大戏院有个英文讲得很好的苏联工作人员,他上楼看见一个妇女坐在第一排,便走过去对宋说:"这个地方是招待贵宾的,是不是请你坐到后边去。"宋庆龄反问:"为什么?"他说:"这里等一会儿有大使和中国朋友来。"宋未表明自己身份便移坐到后面去。后来这个苏联人告诉我:"我犯了个很大的错误,她是中国的第一夫人呀,我怎么可以这么没有礼貌?"

苏联驻上海总领事馆每逢十月革命节都要举行招待会。抗战胜利后,宋庆龄回到上海,连续两三年都是招待会的头号贵宾。我在时代出版社工作,每次参加招待会都会遇到她。招待会专门为她安排一个小房间,请她在那里喝酒,吃点心。苏联方面和我们时代出版社的同人一起接待她,她会说一句俄语:"祝您健康!"这句话是她二十年代在苏联时学的。我还记得,她几次出席招待会总是穿那同一双高跟鞋,皮鞋上镶有金边。看来她很喜爱这双鞋,平时少有机会穿,保管得很好。她动作敏捷活泼,不时举杯用那句俄语祝酒。宋庆龄连续几年出席上海总领事馆举行的十月革命节招待会,我个人遂有机会和她熟悉起来,她也由此而知道我的姓名和工作单位。

时代出版社出版《时代》杂志等刊物和图书。我们所以能维持并得到发展,是与苏联源源不断地供应纸张有直接关系。苏联在海参崴有一艘轮船叫"北方号",经常来往于上海和海参崴之间,从海参崴运大量的纸张到上海,供应时代出版社的需要。宋庆龄当时办了一个《儿童时代》杂志,还出版儿童书籍。她多次写信给塔斯社社长罗果夫,请苏联支持她,为她办的杂志和出版的图书提供一些纸张。罗果夫在这方面虽然卡得很紧,但还是拨出一些纸张支持了她。同时罗果夫也请宋庆龄支持时代出版社,特别请她为时代出版社翻译出版的苏联儿童故事《黑母鸡》(磊然译)写了篇序言。

解放战争胜利前夕,宋庆龄从香港到东北,住在沈阳。接待她的是林伯渠同志。党派林伯渠经常与她保持联系,介绍解放区的情况和政策,争取她参加解放后的人民政府。后来在她与我一起出国的途中,她时常谈到林伯渠同志,她对林老是很尊重的。

一九四九年十月初,中华人民共和国刚成立,苏联派出了第一个代表团到中国来。苏联那时很谨慎,怕美国人说中国解放战争是在苏联帮助下打赢的,从而引起苏美对立,所以苏联不派政治性的代表团,而派了一个以西蒙诺夫为团长、格拉西莫夫为副团长的文化艺术和科学工作者代表团。代表团的成员有作家、作曲家、演员和科学家,多是中国人最熟悉的人,如西蒙诺夫是剧本《俄罗斯人》和长篇小说《日日夜夜》等作品的作者,格拉西莫夫是苏联著名电影导演。他们在北京参加各种活动后到达上海。苏联代表团的团长、副团长和几位主要演员应邀到宋庆龄副主席在上海的家中(在淮海中路底)作客。我是这次接待工作的翻译。宋备办了宴席,但她的家只有一个中等大的厅,只能摆几个小桌招待。在座的还有罗叔章,现在也八十多岁了,我在宋的家里才认识她。

宋家在门前摆着一架木制的老式中国织布机,上面还卷有一些织好的布。宋对苏联代表介绍说:"这是我为体现生产救国精神而自备的一部纺织机。"苏联人听了很感兴趣,因为他们从未见过中国老式木制织布机。格拉西莫夫还动手摸摸弄弄。

招待会的场面较热闹,但是因为刚解放,接待工作还有很多不周之处,如摄影、酒菜等方面。宴席是中餐,用的是筷子,没有刀叉。宋说,筷子也可以当刀叉。她向客人们表演如何把筷子当刀叉:一只手拿一根筷子,用一根筷子叉住鱼,用另一根筷子把它剖开,吃别的菜也可以这样,如鸡、鸭、牛肉、猪肉等。格拉西莫夫等人看着,也模仿宋把筷子当刀叉。这场面当场还拍摄了照片。罗叔章也在一旁作类似的表演,我也拍了几张照片,可惜在"文化大革命"期间丢失了。

吃过饭,宋副主席拿出一些孙中山先生的照片和字画给苏联朋友观看。主人和客人并排而坐,亲切热情,不像在大饭店那样的大场面。宋庆龄副主席以家宴接待苏联文化艺术和科学代表团,当时报纸都作了报道。

那次我在席上当翻译,对宋有了进一步的了解。宋讲上海话,我用上海话翻译给她听,有时也用几句普通话。主客交流欢畅尽兴,宋庆龄很高兴。金仲华同志后来告诉我,宋副主席对我的翻译生动活泼而不僵硬十分欣赏。这次宴会给苏联人留下很深的印象,给我也留下了深刻的印象。

一九五二年一月,我从上海调到北京工作。宋副主席在上海有家,在北京也有家(在南小街),常往来于京沪两地。自一九五二年十月国庆节开始,直到苏联十月革命节(十一月七日),我国举行"中苏友好月"活动。那时宋在北京。苏联派出了以吉洪诺夫为首的苏联友好代表团到北京,宋副主席也出来接待。那时中苏友好协会会长是刘少奇,副会长是宋庆龄。这次接待又是由我担任翻译。有一次在北京饭店举行宴会,我坐在宋庆龄和高岗的旁边。苏联人上台讲话,接着刘少奇上台讲话,那天周恩来总理也在场。有件事表现了宋的政治态度。高岗对宋讲,"我大部分时间要住在北京,不让我回东北。"这句话带有抱怨的味道,那时党中央为了加强集中统一的领导和防止地方分散主义的倾向(高岗就想在东北搞半独立),决定全国各大行政区的领导人大部分时间都要在北京。高岗对宋副主席讲这些话显然是有用意的。他们两人都是国家副主席。宋对高岗这些话中的抱怨情绪沉默不语,不予表态,脸上也没有表情。并不是她不懂高岗的北方话,但她就是不答话。这是苏联人上台讲话时,我坐在他们旁边听到的。

一九五二年十二月,在维也纳举行"世界人民和平大会",宋庆龄是出席大会的中国代表团团长,郭沫若为副团长。这个代表团很大,约有四五十人,其中包括陈叔通、梅兰芳、常香玉、于兰等人。我被派去作代表团的五六名译员的头。当时我是中共中央宣传部斯大林著作翻译室主任,归胡乔木同志领导。他本不同意我去。代表团秘书长、中苏友好协会的刘贯一同志一再坚持要我去,他向中央打了报告,说宋副主席一定要有一个她最熟悉的人去当翻译。最后还是决定我去。出国之前,周总理在中南海召开了一个小会,宋庆龄副主席出席了,金仲华、史良、陈维博和我也参加了。一般代表团出国,周总理都要接见嘱咐几句。他说:"宋副主席来了,我不是做这个工作的,是来听听宋副主席有什么意见。"但是周总理还是讲了些话,印象最深的一句话是他高兴地笑着说:"我给你们组织了一个上海帮。"因为宋是上海的,史良、陈维博、金仲华和我也都是上海的。他说完就大笑起来。周总理谈到在苏联要注意些什么。他说苏联建设虽然比我们早许多年,经济上比我们好,但也有落后的方面,比如,还有简陋的煤渣路,有的旅馆还没有洗脸池,而是用一个洋铁桶放在架子上,上面有个塞子,拉开塞子放水洗脸。他叫大家有个正确认识,对此不必大惊小怪。

我们代表团分两批走,大部分成员乘坐火车。宋副主席和我们几人乘苏联军用专机走。机舱里放有一张长桌,大家可以坐在一起谈话。另外,各人有自己的小房间可以休息。我们乘坐的这架飞机一路上降落好几次。飞机上午从北京起飞,下午两点钟到伊尔库茨克降落,停下来过夜。宋副主席想到伊尔库茨克市区去看看,我对机场旅行社的一位女同志说了,她同意,并叫了一辆汽车。那时苏联较困难,也只有宋副主席提出的要求才全然照办,别人是办不到的。我陪她去市区游览,一路上机场的那位女同志介绍市内情况,我翻译给宋听,宋副主席那次去苏联兴致很高,她还回忆起从一九二七年到一九二九年在苏联时的情景。这次是旧地重游,她要看许多从前去过的地方,会见许多她过去来往过的人。因此一到伊尔库茨克,她就要出去看看。

后来飞机又在斯维尔德洛夫斯克停留了一夜。这个城市从前叫叶卡特琳堡,十月革命后以苏维埃全俄中央执行委员会主席斯维尔德洛夫的名字命名①。它是苏联乌拉尔第一大城和工业、交通、文化中心,是斯维尔德洛夫斯克州的首府。州政府主席出面招待我们晚餐。在座的还有朱可夫元帅。朱可夫元帅在卫国战争中立过大功,不知由于什么原因,斯大林不喜欢他,把他调到西伯利亚这个偏僻的地方来工作。朱可夫是军人,快人快语(有点像我们的陈毅元帅)。他半开玩笑地说:"我在这里是让我离开中央远点,也不是秘密,这位州主席是监视我的。"宋对他的话笑而不答。朱可夫还一再对宋讲:"我离你们中国可最近。"宋听了也只是笑笑。

朱可夫喜欢敬酒,席间大谈他打仗时的情景。他见到宋很兴奋,他了解宋的生平和地位。但宋说话不多,有时应酬几句。史良(当时是我国司法部长)向朱可夫灌酒,朱可夫看到中国的司法部长是位女同志,很感兴趣,凡是史良敬酒他都来者不拒。宋不敬酒,只是随便地让让,说声"祝大家健康!"史良则不客气,一再向朱可夫敬酒。苏联的伏特加酒很厉害,朱可夫喝得大醉。后来史良一路上炫耀她把个朱可夫元帅给灌醉了。

到了莫斯科,我们在宾馆住了一夜,第二天乘小飞机去维也纳参加世界人民和平大会。到了维也纳,由廖承志安排。他说,你们不住旅馆住公馆。苏军占领维也纳后,成立了苏美英法四国军队的占领区。我们住在苏军占领区内一个奥地利共产党人的住宅里。这个住宅是一幢二层楼的房子,房东夫妇是亲苏的,外面人不知道,因此比较安全。奥地利使用德语和英语,我不会德语,我们只能用英语跟他们讲话。宋副主席送给这个住宅的女主人一件皮袄,还送给她的孩子一些礼品。

---

① 现已恢复旧名。——编者注

我们陪宋副主席到山上和街上转了一圈,梅兰芳演出和常香玉演出她都未去观看。开妇女会时,她参加并主持了会议。我坐在她旁边,她说话声音很轻,我给她翻译时就得声音大些。她主持的会开得很不错。有一次苏联作家爱伦堡讲话,是在晚上,我没有请她去。第二天她责备我说:"爱伦堡是苏联代表,是会议的主要代表。他讲话我应该去听的,怎么不通知我?"我觉得晚上请她去不太方便。看来她对苏联代表的讲话是很重视的,爱伦堡和法国的代表对宋也都十分尊重。

在维也纳住了一个多星期。去时乘小飞机,颠簸得很厉害,还要时常降落加油,路上很冷,很不舒服。回来时宋提出乘火车。我们几个人乘坐一节专车,苏联军方派了一个约十六岁的新兵,给我们做饭、做菜。火车要经过喀尔巴阡山脉,还要经过匈牙利等一些国家。到匈牙利首都布达佩斯是晚上。匈牙利共产党的领导人在车上举行酒会招待宋副主席。匈牙利一位领导人说:"我虽未与宋副主席见过面,但久已闻名,一向是敬佩的。"酒会上,宋也简单地说了几句话。火车到了苏联境内,经过乌克兰的一个车站时恰在白天。有位苏联女作家手拿一本画册和她写的一本小说,走上火车送给宋副主席。在书的扉页上题着:"谨赠中国人民的女儿宋庆龄"。宋副主席到莫斯科作了书面讲话,由我译成了俄文。我们回到莫斯科时住在苏联接待国宾的地方,离红场不远,街名为克鲁泡特金街,当时是刘少奇同志住的。他让出来请宋住,他自己住到另外的地方去了。这里不是宾馆,而是一所别墅,房子很漂亮。到莫斯科第一天吃过晚饭就去看表演,特地出来招待宋的是芭蕾舞演员乌兰诺娃。那天她穿了一件中国旗袍,很合体,更显得身材苗条、漂亮。她坐在宋的身旁,我为她们翻译。乌兰诺娃对宋很尊敬,她对宋说,美国记者见到她就问:"你挣多少钱?"乌很生气地对美国记者说:"你们认为我们就是为挣钱而工作的吗?"宋笑了。

在别墅里我和陈维博住一个房间,金仲华住一个房间,宋副主席住一个大房间。这时史良住到别的地方去了,宋在苏联时很兴奋。金仲华年纪较大,每次吃饭宋都要他坐在中间,说是让金爸爸坐在中间。点菜时,宋要我点过去她吃过的苏联菜。吃饭中间她还要我讲彼得大帝的故事,其实她过去听过,是想让其他的人也听听。

到莫斯科后第二天,她要去医院检查身体,去书店买书,去文具店买咖啡色墨水。她喜欢用咖啡色墨水写字,中国没有这种墨水,可惜这次在苏联也未买到。我们乘坐吉姆牌汽车,车上装有能发出特殊尖声的喇叭。像斯大林、莫洛托夫等领导人乘坐的车那样,一发出这种声响,其他车都要停下来让路,交通警即刻开绿灯放行,这是国宾车。

宋副主席要会见加里宁(原苏联中央执委会主席,已故世)夫人,她用俄语说:"米哈依尔·伊凡诺维奇·加里宁。"一九二七年蒋介石背叛革命,宋很不满意,于一九二七年到欧洲和苏联去。当时苏联中央执委会主席加里宁和夫人把宋接到家里去住。加里宁当时住在郊区帝俄时代一位公主的别墅。房子周围有很大一片草地。我告诉苏联的保卫人员,有这么一个加里宁住过的别墅,宋副主席要去看看。这时是冬天,地面被大雪覆盖,我们来到一所带有大花园的别墅。隋学芳(宋庆龄的服务员)搀着宋在草地上走来走去。宋说,当年在这里时是夏天,加里宁夫人曾抱着她在草地上打滚,看来这里不像。结果并未找到原来那所别墅,扫兴而归。后来我和代表团的其他代表一起去列宁格勒。宋不想去,也不要翻译,给我们一次自由活动的机会。警卫人员和隋学芳留下。在我们去列宁格勒期间,宋要警卫人员帮她找到了原来的加里宁住处,她承认,那里是加里宁夫人和她在草地上打滚的地方,确实是她住过的地方。这表明宋庆龄的怀旧深情,她要找回旧梦的心情之切。

宋副主席还访问了幼儿园、小学校,送给每个孩子一个毛主席纪念章。宋是带了不少礼品去苏联的。她带了多件上海少女爱穿的小猪皮夹克,她送了一件给所住宾馆的女服务员。她很周到,无论到哪儿去都不忘带礼品,所有招待人员和厨师都得到了她送的礼品。

我们从维也纳来到莫斯科,住了一个月。白天在一起下跳棋,宋不喜欢太复杂的娱乐活动。每天吃过饭要去台球室,警卫人员和我们都陪她打台球。

宋副主席旧地重游之后又想去拜访加里宁夫人。加里宁于一九四六年逝世,加里宁夫人已不在莫斯科,迁居加里宁市①了。警卫人员向中央作了报告,三天没有回音,过了三天再问警卫人员,仍无消息。那时张闻天是中国驻苏联大使,戈宝权是参赞。他们说,可能是斯大林与前主席意见不合,你们两次问没有回音,就不必再问了。第二件事,宋准备送斯大林一件礼物,打听斯大林的身材,想用蓝色丝绸为斯大林做一套既柔软又暖和的丝棉衣裤。警卫人员回答,从保卫角度考虑可能不会给这个尺寸,后来再问也无回音,宋的一番心意没有办到,她很失望。还有一件事说明宋的细心,我们上街买到一种旅行闹钟,是外

---

① 现已恢复旧名特维尔。——编者注

面套着皮盒子的,放在枕边听不见钟走动声,到点闹起来声音也不大,但能听见。宋求我们替她买两只,一只自己用,一只送给毛主席。

宋想吃中国菜,须要到中国使馆去。后来隋学芳说她来做,她教苏联厨师做中国菜。过了几天,苏联厨师做出来的菜味道虽然不及中国菜,但也不错。

在莫斯科住了一个月后,苏联中央派不久前还是驻中国大使的谢尔巴可夫(那时他是苏联中央懂中文的秘书)到我们住处,以斯大林的名义邀请宋庆龄、郭沫若到他的办公室去会见。我问:"翻译呢?我去不去?"他说:"你可以不去,你要去就等在外面。"我遂决定不去了。他们已经安排费德林做翻译,斯大林不喜欢别人翻译。这次会见谈话很风趣。斯大林问宋:"你是怎么保养自己的?几十年过去了仍然那么年轻。"斯大林还问宋和郭:"你们准备什么时候走啊?"宋回答说:"我们一切准备就绪,行李都打好了,随时可以走。"斯大林笑道:"噢,好嘛,原来责任在我身上。你们早就准备好了,马上就可以动身?就是因为我耽误了你们这么多时间,这是我的过错呀。"那天的谈话很愉快,斯大林问两人在中国的生活,做什么事。郭沫若的耳朵不灵,带着助听器,也说了几句话。会见时的气氛是轻松愉快的。会见之后,宋副主席决定马上回国。宋的意见还是乘火车,不乘飞机。那时还没有图-104大客机,都是小飞机,一路上要停许多次,她宁愿乘火车。于是列车又挂了一节有大餐厅的专车。史良和金仲华已回国,剩下四个人(宋副主席、隋学芳、陈维博和我)以及两个苏联警卫分住几个房间,宋住一个房间。一路上饭菜做得很好。我们每天上午和下午休息之后就是玩,有时下跳棋。但主要玩牌九。牌是木制的,只有二十多张,玩接龙或玩老羊,赢了还有湿羊、干羊。宋很感兴趣,两个苏联警卫也和我们一起玩。最后告别时,那两个苏联警卫就把这副牌送了宋庆龄,她回国后可能还打过此牌。

宋副主席邀请两位警卫人员到北京玩几天,两人欣然同意。快过国境时,他们说已请示上面,不批准去京。过境时,换了中国专车,那两位苏联警卫只负责苏联境内的保卫,便带着遗憾回去了。

车过满洲里和海拉尔都停下来,我们下车吃中国饭。宋庆龄很愉快。那时天气很冷,我和陈维博不顾寒冷,还是上街走了一圈,海拉尔属于内蒙。到哈尔滨停了半天,黑龙江省的领导接待了她。到了北京,周总理亲自到车站迎接。宋很激动地感谢总理。总理也感谢我们陪同人员一路上照顾她。在火车上她对我说,到了北京我要送你一件礼品。她看到我有一大串钥匙带在身上。她见过东安市场有一种放钥匙的小皮夹,遂悄悄地告诉隋学芳,到北京不要忘记去东安市场买这种小皮夹送我。她还告诉我她在南小街的住址,邀请我到她家去玩。回京之后,由于种种原因,加上事务纷繁,我始终未去看她。后来在几次外事场合曾再见过面,但已经没有从前那种从容谈话的机会了。

原载《怀念集》,奥林匹克出版社1997年版

图书在版编目（CIP）数据

姜椿芳文集·第九卷/姜椿芳著.

— 北京：中央编译出版社，2012.6

ISBN 978-7-5117-0488-7

Ⅰ.①姜…

Ⅱ.①姜…

Ⅲ.①姜椿芳（1912~1987）—文集②革命回忆录—作品集—中国—当代

Ⅳ.①C53②I251

中国版本图书馆CIP数据核字(2012)第097556号

姜椿芳文集·第九卷

责任编辑：	谭　洁　战　歌
责任印制：	尹　珺
出版发行：	中央编译出版社
社　　址：	北京市西城区车公庄大街乙 5 号鸿儒大厦 B 座（100044）
电　　话：	（010）52612345（总编室）　　（010）52612340（编辑室）
	（010）66161011（团购部）　　（010）52612332（网络销售）
	（010）66130345（发行部）　　（010）66509618（读者服务部）
网　　址：	www.cctphome.com
经　　销：	全国新华书店
印　　刷：	北京印刷一厂
开　　本：	787 毫米 ×960 毫米　1/16
字　　数：	390 千字
印　　张：	23.5
版　　次：	2012 年 7 月第 1 版
定　　价：	130.00 元